自由与市场经济

FREEDOM AND MARKET ECONOMY

许小年·著

上海三联书店

致中欧国际工商学院的同学们

致　　谢

　　本书收集了我在过去十几年间发表的文章、讲话和访谈,内容涉及我国的经济改革、政府的职能和市场经济的制度基础。

　　面向市场的经济改革在中国已进入了第三十个年头,在一个背负沉重历史包袱的文明古国中,建立市场体系是一项极为艰巨的任务。如同人类历史上所有的新型制度,市场经济只能在前进、反复、倒退、再前进的磨难中克服传统的阻力,不断为自己开辟生长的空间和道路。

　　传统对于市场制度的抵触与排斥是多方面的,几千年的人治遗产阻碍着法治的推行,儒家的纲常情理否定了权利和契约。市场经济最基本的活动是交易,交易要求法律保证契约的顺利执行,而法治的确立又离不开尊重个人权利与价值的社会意识。沿着市场、法治、社会意识的逻辑,一个经济学者不得不将研究领域扩展到他并不熟悉的法律、政治和文化,不得不从历史中寻找制度变迁的启示,本书所选的近年来的一些文章就反映了这样的一个思考路径。

　　感谢中欧国际工商学院的同学们,他们对我研究和教学的充分肯定,以及对独立分析和独立观点的热切期盼,为这本文集的出版提供了持久的激励和鞭策。除了精神与思想上的支持,中欧国际工商学院的李晓昱同学花费了大量的时间,阅读和整理了所有的稿件,提出了文章取舍与分类的建设性意见。王国锋同学安排了安静和舒适的环境,使我能够集中精力,在短时间内完成了书稿的修订。北京大学的赵锦勇同学和中欧国际工商学院的高蕊女士亦对本书的出版颇多贡献,在此一并致谢。

许小年

2008 年 12 月 11 日于北京

目　　录

自由市场与改革

自由市场与制度

自由市场与理论

自序：自愿、自由与市场经济

在上一世纪的世界经济史上，最激动人心的一页，莫过于欧亚大陆上的计划经济国家向市场经济转变。在经历了几十年勇敢的和代价高昂的试验后，计划经济黯然退出历史舞台。尽管先进的军事和空间技术曾带来久违的自豪感，工业化的急促步伐也曾唤回被西方列强埋葬了的自信心，但消费品的长期匮乏如同腐蚀剂，无声地摧毁了牺牲的精神，在中央计划者所造成的巨大资源浪费面前，人们如梦方醒，开始寻找替代的资源配置机制。这个机制不仅要保证经济的持续发展，而且应该更好地服务经济活动的终极目标——满足日益增长的社会需求。这个机制就是市场。

市场对计划的优势如此明显，以至于无论经历了多少挫折，无论前面还有多少磨难，在转型经济国家中，市场化的社会共识从未发生过动摇，市场化的进程或快或慢，甚至时有倒退，但已呈现出不可逆转的势头。

转型经济国家之所以走上市场经济的道路，根本原因在于市场比计划具有更高的效率。在探讨市场经济的效率根源之前，有必要澄清"效率"这一广泛使用又经常被误解的概念。准确定义效率，对于说明市场经济的优势是至关重要的。

效率的含义并非经济的高速增长，不是"多、快、好、省"，也不是计划体制下的生产效率概念——"以最小的投入获得最大的产出"。既然经济活动的目的是满足人们的需求，效率的定义必然和需求的满足有关。需求是无限的，但资源是有限的，这一有限和无限的矛盾决定了资源的稀缺性，经济学的中心课题就是如何在各种不同的用途中分配资源，以最大程度地满足人们的需求。资源配置的效率就必须用需求的满足程度来衡量，满足度越高，效率就越高，需求得到最大程度的满足就意味着效率的最大化。然而,问题是,满足程度又该如何定义的呢? 特别是,由众多个人组成的社会的满足程度是如何定义的呢?

一位 20 世纪的经济学家首先提出了以他命名的效率概念,帕累托效率。设想有两个资源配置方案 X 和 Y[①],在方案 Y 下,社会成员发现,他们之中有些人比在 X 方案下的感觉更好,也就是满意程度更高,而没有人感觉比在 X 方案下差,"有人受益而无人受损",我们就说资源配置 Y 比 X 更有效,并称 Y 为相对于 X 的一个帕累托改进。

当资源配置从 X 转变到 Y 时,社会上"有人受益而无人受损",资源配置的效率提高了,这时人们会继续寻找不同的配置,比如说 Z,看看相对于 Y,Z 是不是一个帕累托改进。如果在配置 Y 下,社会再也找不到改进的可能,也就是任何对 Y 的偏离都会使至少一人受损,这时 Y 就是帕累托最优的了,我们就说社会实现了资源配置效率的最大化。

帕累托效率定义虽然由经济学家提出,却有着深远的法学、政治学和社会伦理学意义。"无人受损"决定了帕累托效率标准是"极端"个人主义的,如果从 X 变换到 Y,100 个社会成员中,99 个人都受益,只有一人受损,无论这 99 人的满意程度提高了多少,Y 也不是一个帕累托改进。社会不能以多数的名义强迫那一个不幸的孤独者接受资源配置 Y,不能以多数的名义要求那一个人牺牲自己的利益。那一自私的个人可以理直气壮地拒绝 Y,拒绝"多数人的暴政",理直气壮地坚持按照方案 X 配置资源。

如此个人主义,似乎显得不近情理。实际上,从社会伦理的角度看,帕累托准则是极为合理的,更为准确地讲,是符合理性的。倘若多数人可以侵犯少数人的权利,每一个今天的幸运多数都有可能变成明天的悲惨少数,每一剥夺他人者都有可能沦为被剥夺者。保护自己最有效的方法,就是在全社会确立这样的原则:每一个人的权利都是神圣不可侵犯的,这就意味着,每个人都必须承认和尊重他人的权利。在帕累托效率准则下,权利而不是情理和道义构成法律体系的基础。

---

① 为便于理解,可以设想只有一种稀缺资源——饮用水,在 100 个社会成员之间进行配置,X 是一个矢量,矢量的第一个元素代表第一个社会成员得到的饮用水数量,第二个元素代表第二个人得到的水量,依次类推。

帕累托准则还为社会正义和公平做了最好的说明。不分职位、地位、人种、信仰、富裕还是贫穷，你的权利都和所有其他人的权利一样得到尊重和保护，在权利面前人人平等，每个人都有权决定自己的命运，这难道不是最为公平的吗？世界上最大的不公平，莫过于一些人凌驾于另一些人之上，莫过于一些人有权决定另一些人的命运（更多的讨论见"自由市场与观念"部分）。

帕累托准则和"少数服从多数"的公共决策规则并不矛盾，少数之所以愿意服从多数，不是因为他们思想境界高，顾全大局，无条件地放弃自己的权利，也不是因为多数人永远代表了真理。居于少数的人们意识到，如果他们不接受多数人的意见，无法就公共事务作出决策，社会将因少数—多数的对峙而陷入混乱，较之服从多数，少数人的利益损失会更大。少数派因此愿意让渡出部分权利，以换取社会秩序和社会稳定，有序而稳定的社会能够更有效地提升少数派自己的利益。对少数派而言，"少数服从多数"有可能是一个帕累托改进。另一方面，多数派理解，为了打破僵局，少数人不得不放弃部分自己的利益，若想争取广泛的支持以通过他们的决定，多数派会尽可能地补偿少数派，因为即使在扣除了补偿之后，多数派的所获也大于无决策的僵局状态下的收益。

帕累托准则要求社会成员具有理性和妥协的精神，而不是革命时期的"阶级斗争为纲"。

有了帕累托效率定义，我们就可以探讨市场经济的效率源泉了。由于交易是市场经济中最普遍和最基本的活动，市场经济的效率因此必然也只能来自于交易。如果交易是自愿的，交易就一定是互利的，在仅对一方有利的情况下，交易不会发生。互利就是双赢，就是"有人受益而无人受损"，每一项自愿交易因此都是一个帕累托改进。自愿交易越多，资源配置的效率越高，当交易成本等于零时，所有潜在的自愿交易均可实现，而当所有的自愿交易完成之时，社会再也找不到新的交易，再也找不到帕累托改进的机会时，就是资源配置效率的最大化之日。

达到帕累托最优的关键是交易的自愿性，惟有自愿，交易才是互利的，才能保证"有人受益而无人受损"。

自愿交易和效率的关系为我们理解计划经济的失败提供了线索。

计划经济中的生产和消费活动不是出自人们的意愿,而是在中央计划者的指令下进行的,这些活动能否保证"有人受益而无人受损",中央计划者并不关心,企业和消费者也没有机会表达自己的意愿,这样的资源配置方式怎么可能实现帕累托最优?中央计划的失败并不是因为计划方法和手段的落后,强制性的指令本身决定了资源配置不以满足社会需求为目标,决定了配置效率的低下。

自愿交易可以改善资源配置的效率,下一个问题是如何找到互利的交易双方。在成千上万的企业和数以亿计的消费者之中,绝大多数并不知道潜在的交易伙伴在哪里。对企业而言,生产什么和生产多少,原材料购买的种类和数量,雇用员工的技能和人数,产品卖给谁,在什么时间和地点以及卖多少,这些决策都必须在发现了交易伙伴后才能执行。消费者则要决定购买哪一厂家的产品,什么时候买和买多少,作为劳动力的供应者,他们也要选择就业的单位。交易说来容易,在实际经济生活中,发现交易伙伴却是"众里寻他千百度"的艰难过程。如何为潜在的交易者牵线搭桥?如何为互利的甲方和乙方配对?自从走出了自给自足传统经济而进入商品社会后,人类只发明了两种促成交易的方式:依赖权威例如中央计划者的直接安排,或者间接地借助市场缔结契约。不同的缔约方法构成了完全的不同的经济体系,并决定了经济体系的资源配置效率。

作为交易的社会中枢和指令中心,中央计划者或者政府必须掌握大量的信息,它必须了解所有企业的生产技术和成本,以及所有消费者的收入与偏好。政府遇到的困难不仅在于信息量大到了超出其处理能力,而且还在于这些信息并非静止的和一成不变的。在技术加速更新的时代,在消费模式与潮流日新月异的时代,今天得到的信息明天就可能变为过时的无用储存,要想准确地找到互利的甲方和乙方,信息收集、分析和判断的工作量即便不是无穷大,也远远超出了政府能够承担的范围。

市场是怎样解决这一信息难题的?关键在于价格机制。只要有了市场价格,企业就知道应该生产什么和生产多少,而根本不需要政府插手。如果牛肉面的价格是5元,面粉、食用油、牛肉等原材料的价格以及人工价格即工资也是已知的,餐馆老板可以算出牛肉面的总成本,若低于5元而有利润,他就卖牛肉面赚钱,若成本大于5元而亏损,他就会尝试其他产品。在市场的另一端，也不需要政府告诉消费者应该吃面条还是米饭，牛肉面给他带来的消费满足度（经济学中称为效用）大于5元，他就吃面；如果牛肉面的效用小于他支付的价格5元，他就选择其他的食品，继续进行效用和价格的比较，直到做出最终的消费决策。

沿着这一简化却强有力的逻辑推理，不难看出，5元代表了消费者效用的最低值，也就是消费者愿意支付的最低价格，消费效用比5元更低者，比如说一些喜欢米饭的南方人，不会进入市场，市场就这样通过价格筛选出了所有潜在的购买者。对于供应商也是一样，成本高于5元的餐馆不会卖牛肉面，成本低于5元的自动进入市场，价格机制就这样筛选出所有潜在的供应者。市场就像一个巨大的撮合系统，有效地连接买方和卖方，促成自愿交易，而每一笔自愿交易的完成都代表着资源配置效率的改进。

价格机制不仅为买卖双方配对，而且自动调节数量，实现社会总供给和总需求的平衡。当供给大于需求时，价格下跌，比如说跌倒4元，原来游离在市场之外的消费者中，效用超过4元的人就会进入市场购买牛肉面，而成本超过4元的餐馆就会退出市场。于是社会总需求上升，总供给下降，市场经过价格和数量的调整达到新的平衡。

想象一下，在没有价格的情况下，政府如何撮合全社会的交易和平衡供需？政府不得不针对每一产品，调查每一企业的生产能力和了解每一消费者的需求，安排企业为附近的消费者提供产品和服务。除此之外，政府还要加总企业生产能力得到社会总供给，加总消费者需求得到社会总需求，如果总供给大于总需求，政府需要在企业之间分配生产定额，以防止生产过剩，并根据生产目标和企业的需要，为企业安排好原材料和生产要素的供应。若总供给小于总需求，政府就必须对消费品实行配给供应，计划时代的粮票、布票都由此而来。为了弥补供需缺口，政府需要制定投资计划，提高社会的未来供应能力。

诚如哈耶克所指出的，计划经济的问题主要不是理论上的缺陷，而是在现实世界中的不可行。政府安排生产、消费和投资所需要的信息散布在经济的各个角落上，存在于消费者和企业管理人员的头脑中，尽管信息技术取得了突飞猛进的发展，迄今为止，人类尚未开发出有效的技术手段，使政府有可能利用计算机、数据库和通讯网络收集到足够的信息。

如果数据不足,政府计划有可能遗漏互利的经济活动,错过提高资源配置效率的机会。更为有害的是,如果信息失真,政府安排的经济活动可能是非自愿的,使一方受益而另一方受损,甚至双方受损,这样的经济活动非但不能提高反而会降低资源配置的效率。如同我们在下面即将看到的,由激励机制所决定,政府获得的信息必然充满了扭曲和失真,归根结底,中央计划对市场经济的效率劣势源于激励的不协调。

当政府要求企业上报生产能力时,企业预见到所报数据将影响政府下达给自己的生产指标,企业一定会低报,明明可以制作5000碗牛肉面,故意报成3000,在报酬与业绩无关的制度下,谁也不愿意多干。低报产能还有另一好处,政府要想提高生产指标就必须追加投资,企业可以获得更多自己能够支配的而且是免费的资金。在上传信息时,企业也会高报原材料消耗以及所需要的资金和员工,从政府那里得到更多的投入品与生产要素。另一方面,消费者则倾向于夸大需求,引导政府增加对消费品生产的投入,保证消费品的供应。如同我们在计划体制下曾经见过的一样,企业与个人从自己的利益出发,在上报数据中掺入了大量的"水分",信息收集和计划制定的过程变成了上下的博弈。微观经济个体的这种"作假"行为与道德水准没有太大的关系,信息虚假的根源在于基层的激励与政府的不相协调,信息的失真和扭曲是制度性的而不是技术性的。计算机和网络技术可以提高政府收集信息的效率,却对计划体制中的激励问题无能为力,要想从根本上改善信息的准确度,必须变革制度以消除信息汇集过程中的激励不协调。

市场的效率来自于信息效率,信息效率体现在决策所需信息量小,收集和处理信息的成本低。计划经济要求集中决策的政府无所不知,而市场经济中分散的企业和消费者只需要知道价格,信息成本随着决策所需信息量的降低而大幅减少。和中央计划者不同,分散决策的厂商不必了解所有消费者的情况,而只关心它的产品是否有人买,买家愿意付的价格是否足以补偿它的生产成本,也就是有无利润可赚。中央计划者必须掌握所有消费者的情况,才能进行消费品的全社会配置;而市场经济中的消费者"各人自扫门前雪,莫管他人瓦上霜",他们需要的只是价格信息。

分散的经济个体所需要的信息量远远低于中央计划者，但为什么资源配置的效率反而更高呢？这似乎是个违反常识的结果，奥妙就在于信息的本质不同。计划经济中的政府不得不自己收集原始的信息，自己进行加工和处理，而市场经济中的价格是已经经过综合和浓缩的信息。前者是矿砂，后者已提炼成金。价格由千百万消费者和厂商的交易形成，反映了供给和需求的总体关系。如果价格上升，说明社会对该产品的需求大于供给，厂商不必掌握所有消费者的情况，这时也知道应该增加生产，消费者不必了解所有供应商的情况，这时也知道应该减少购买。

市场和中央计划者资源配置功能的实质都是信息处理，但市场无所不在，无所不包，通过交易将散布在经济的各个角落、存留在人们头脑中的信息综合起来，形成价格。市场经济中，参与信息收集和处理工作的是 13 亿人，而负责经济计划的政府官员最多不过几千人，两种体制的优劣高下就寓于这简单的数量对比之中。更为重要的是，市场经济中的价格在自愿的交易中形成，交易者在自身利益的驱使下进入市场，他们既不需要欺骗自己，也不需要欺骗别人，在市场价格的形成过程中，也就是信息的收集和处理的过程中，不存在困扰计划经济的激励不协调问题，从制度上保证了信息的准确度。

至此我们说明的自愿交易的重要性，因自愿，交易就是帕累托改进，即自愿配置效率的改进；因自愿，在信息收集与加工的过程中避免了激励的不协调。自愿是市场经济的最基本特征，自愿是市场经济的效率源泉，坚持市场经济就要坚持自愿交易的原则（参考"自由市场与理论"部分）。

自愿原则的第一个推理就是否定对交易的干预，或者说保证交易的自由。无论以何种名义与借助何种手段，干预都会改变交易的自愿性质。政府干预必定违背交易的一方甚至双方的意愿，如果干预能够得到双方的支持的话，那就不需要进行干预了，交易双方可以在市场上自发实现政府所希望的结果。因此干预的定义就是违背市场参与者意愿的行政措施，以强制性手段将交易转变为非自愿性的。非自愿性意味着"有人受益，有人受损"，或者无人受益，这样的交易不再具有帕累托改进的性质，市场配置资源的效率因此而下降。

是否存在着一种情况,政府干预的收益大于损失,从而社会的净收益大于零,干预因此仍是值得做的呢? 我们可以严格地证明,政府干预的社会净收益永远是负数,也就是干预带来的损失永远大于干预的收益,从效率的角度看问题,政府对经济活动的干预永远是不可取的。

为了证明这一结论而又避免使用过于复杂的数学工具,设想政府管制牛肉面的价格,规定一碗 4 元人民币,而不是市场均衡价的 5 元。很明显,消费者将受益于较低的价格,餐馆则是受害者,按照官方的法定价格做生意,每碗少赚一元钱。有人受益但也有人受损,价格管制肯定不是帕累托改进。就算消费者的收益和餐馆的损失相抵,价格管制还会造成另外的资源配置效率的净损失,而净损失来自于管制下的市场规模的缩小。当政府执行 4 元的价格时,生产成本高于 4 元的餐馆由于无利可图而退出市场,社会供给总量因此而减少,一部分消费者将买不到牛肉面。被价格管制推出市场的这些餐馆和消费者成为受害者,这些消费者的效用损失和餐馆的利润损失构成社会的净损失。即便从全社会的角度看问题,政府对经济和市场的干预也是不可取的,干预破坏了交易的自愿性质,降低了资源配置的效率(详见"自由市场与政府"部分)。

我们无法以效率论证政府干预的正当性,实际上,除了"自然垄断"、"外部效应"等少数"市场失灵"的场合,政府对经济的干预永远是降低资源配置效率的。政府干预的正当性不在于改进经济效率,恰恰相反,是以牺牲经济效率为代价,以实现某些特定的社会目标,比如说减轻低收入家庭的生活负担。在上述的牛肉面例子中,价格管制的实质是向部分人(退出市场的餐馆和买不到牛肉面的消费者)征税,牺牲他们的利益,补贴低收入家庭。

需要指出的是,就实现社会目标而言,行政手段干预经济也不是最有效的方法,如果遵循市场规律,政府能够以更低的成本收到预定的效果。如上所述,价格管制减少了牛肉面的供应总量,供给无法满足社会需求,某种形式的"配给"是不可避免的,如何分配有限的牛肉面就成为一个问题。我们可以恢复计划时代的票证,限制每个家庭购买牛肉面的数量;或者让消费者到餐馆去排队,各自去试自己的运气。无论计划分配还是随机分配,都不能区别对待,有针对性地帮助低收入阶层。比管制价格更为优越的一个替代政策是直接的补贴,政府发给低收入家庭食品券，相当于现金，可用于购买牛肉面等政府指定的食品。这样既帮助了低收入家庭，又不会打乱市场价格，避免了价格管制导致的社会福利的净损失。

从这里我们可以导出一个一般的原则，即经济效率目标和社会福利目标的分离，或者称之为"恺撒的归恺撒，基督的归基督"，经济效率的问题留给市场解决，改进社会福利的任务由政府财政承担。倘若两者混合，最常见结果就是恺撒的事情做不好，基督的事情也做不好。

自愿交易的第二个推论是产权与法治的必不可少（详见"自由市场与制度"部分）。交易的实质是产权的交换，在5元一碗的牛肉面交易中，餐馆将面条的支配权让渡给消费者，换取消费者的5元购买力。这项交易的前提条件是明确的和不可侵犯的所有权，即餐馆对自己产品的所有权以及消费者对自己货币购买力的所有权。如果社会不能有效地保护餐馆和消费者的权利，非自愿交易如抢劫和欺诈就有可能发生。非自愿交易意味着"有人受益，但也有人受损"，这样的交易是损害效率的。

界定和维护产权可以靠政府，也可以靠法治。由政府界定和保护产权有两个无法解决的问题，产权的不确定性以及政府侵犯产权的危险。与成文的法律相比，政府官员的主观判断难以保持一致性，如果"朝令夕改"，民间将无所适从，而官员的更换也会破坏政策的连续性，所谓"一朝天子一朝臣"。缺乏一致性和连续性造成对产权预期的不稳定，再考虑到政府侵权的倾向，靠政府保护产权的成本就有可能过高，不利于交易的进行和市场的发展。

唐朝诗人白居易曾做《卖炭翁》一诗，描写了一位烧炭老人的遭遇，可以作为产权保护人——政府——自己侵权的一个古代案例。老翁到市场上，原想卖炭得钱，买回"身上衣裳口中食"，偏偏碰到一群太监，声称奉皇帝圣旨采办物品，甩给老人"半匹红绡一丈绫"后，将千余斤木炭连车一起强行拉走。老人无处讲理，产权的界定没有客观公正的标准，天子近臣说了算，国家机器本应是用来保护产权的，到了太监手里却变成剥夺臣民的工具。白居易在诗中没有交代后来发生的事情，可以想象，老翁不再烧炭了，木炭交易不久就在市场上绝迹。

人治的劣势就是法治的优势，法律白纸黑字，避免了官员的主观任意性。法律一经颁布就不可更改，由此而保证了预期的一致性。法律规范了市场参与者的行为,降低了未来的不确定性。更为重要的是,法律限制了政府的权力,防止政府利用自己掌握的强制性手段侵犯民众的产权。市场经济必须实行法治,不仅是出于社会公正的考虑,从经济学的角度分析,法治能够比人治更有效地保护产权,或者说依靠法治保护产权的成本更低。

产权有两种形式,私人和公有。就经济体制的产权基础而言,市场经济和公有制风马牛不相及。市场经济的基本活动是交易,交易的实质是产权的交换,产权的交换必定在不同的权利所有者之间进行,也就是在私人所有者之间进行的。在一个完全的公有制经济中,交易没有存在的必要,产权归全体社会成员所有,你的就是我的,我的也是你的,根本不需要交易,没有交易当然也就不需要市场。在公有制经济中,市场乃多余之物。另一方面,市场经济必然意味着私人所有权。

私人所有权不仅是自愿交易的前提,从而是静态资源配置效率的保障,而且对于有效地进行资源的动态配置也是必不可少的。动态资源配置的效率体现在创新上,关于创新,我们在这里沿用熊彼得的定义,指现有或者新技术的大规模商业应用,而“发明”则指技术上的突破。发明可以是偶然的和孤立的事件,创新则需要系统性的制度保障。发明与创新之间没有必然的联系,例如中国古代有“四大发明”,但是没有创新,发明并未对社会的生产效率和人们的生活方式产生重大的影响。这一历史遗憾的原因在于制度,在于将发明转化为创新的激励机制的缺失。

创新者走的是一条充满危险的未知之路,一旦失败就有可能倾家荡产,如果没有足够的回报作为激励,不会有人愿意拿自己的身家性命去赌博。私人所有制正好提供了这样一种激励机制,如果创新成功,公司上市,企业家可以在一夜之间从无名之辈变成亿万富翁。私人所有制就这样为市场经济装备了一架强大的引擎,市场经济因此而成为一部创新的机器。诚如熊彼得敏锐地观察到的,市场经济的精髓不是完全竞争所形成的静态帕累托最优,而是不断创新的机制,是通过创新所实现的动态资源配置效率。市场竞争产生持久的压力,怠于创新者将被无情地淘汰;另一方面,私人所有制和市场又为成功的企业家准备了丰厚的报酬,使企业家有可能实现其资产和思想的价值,或许更为重要的,使他们有可能实现自己的人生价值。

理解了所有制、激励和创新的关系，就不会对以下的现象感到奇怪：自工业革命以来，重大的创新都和个人或私人公司的名字联系在一起，瓦特之对于蒸汽机，范德比尔德和铁路，爱默生与电力，福特的汽车，贝尔实验室的电话，英特尔和盖茨之对于电脑。政府在创新的过程中发挥过作用，比如为高校和基础研究项目提供资金，但创新的主体始终就是在市场上竞争的私人企业和企业家。熊彼得认为，企业家的职能就是创新，正是创新的职能区分了企业家和管理者。

创新成功的标志是企业家的财富积累，财富不是剥削公众所致，恰恰相反，财富的实质是公众对价值创造的承认，而承认的方式就是自愿的交易。网络公司一上市就是几百亿的市值，如此巨大的财富来自网民的一个个自愿点击。既然是自愿的，就谈不上剥削。若认定是剥削，可以不上网。假如将剥削定义为效用或者收益小于所付出的代价，剥削就仅存在于政府和公众之间，就像《卖炭翁》一诗所描述的一样，剥削的前提是交易的一方能够强迫对方完成非自愿交易，而掌握强制性手段的只有政府。在任何一方都不能动用强制性手段的情况下，厂商与消费者、厂商之间、企业和工人之间进行的交易都是自愿的，都是收益大于成本的，不存在谁剥削谁的问题。

在市场竞争中脱颖而出的企业家虽然是少数，这并不意味着社会大众的失落。持续的创新提高了社会的生产效率，为众多个人的富裕奠定了基础。创新令贫困消失，人均寿命随着营养和医疗的改善而不断延长，不仅使亿万大众享受着工业革命前国王和贵族才敢问津的物质生活，而且以令人眼花缭乱的节奏和方式，推出了 iPhone、多媒体影视、网上社区、网络期刊和小说等过去难以想象的产品，极大地丰富了人们的精神和社会生活。由于创新深化了社会分工，提供了多样化的技术手段，今天的个人即便没有达·芬奇的多才多艺，即便不具备爱因斯坦的超人智力，也可以发挥自己的一技之长，实现自己的梦想，获得前辈大师们才敢企望的社会尊敬。所有这些可能，离开了私人所有制激发的创新是难以想象的。

如果市场经济的基础是私人产权，在现实世界中，为什么各国或大或小都有一个国有经济部门呢？暂且不论国有制和公有制的区别，国有经济的存在多缘于历史和政治上的传统，比如中国的市场经济从公有制为基础的计划经济过渡而来，由于经济体制改革的不到位，留下了一个相对强大的国有部门。与此相类似,西欧的国有经济与二次大战中政府对经济的战时管制有关。除了这些原因,国有部门出现在市场经济中,其合理性并非国内通常所理解的资产保值增值,而是作为克服市场失灵的最后对策。若为资产保值增值,更好的办法是将国有资产承包给民营企业经营,或者出售给民营部门,由激励机制所决定,民营企业能够更有效地创造和增加资产价值。

国有化可以作为克服市场失灵的一个对策,但它既不是惟一的,往往也不是最有效的对策。以自然垄断为例,厂商利用垄断地位,提高价格以最大化利润,损害了消费者的利益。为了克服这类市场失效,政府可以进行干预,可供选择的政策起码有以下几类:(1)拍卖垄断经营权,政府出面组织拍卖市场,将拍卖所得用于补贴消费者,厂商获得垄断经营权后,在法律许可的范围内,拥有完全的决策自主权,政府不再过问。(2)私人厂商经营,政府监管价格、质量或数量。(3)国有化或政府经营;(4)放任自由。

每一政策都可带来社会收益,但也都会产生社会成本,究竟采用何种政策,视收益和成本之差即社会净收益的比较而定。监管可以降低价格,保护消费者的利益,但如何制定价格监管却颇费周折。价格定高了伤害消费者利益,低了则厂商有可能亏损,厂商为减少亏损而降低产出,造成产品的社会供应不足。为了找出合适的价格,政府必须了解消费者的偏好和厂商的生产技术和成本。收集和处理信息不仅会有成本,而且由于激励的不协调,监管者面临中央计划者曾碰到过的同样难题——人为的信息扭曲和失真。为了引导政府制定较低的价格,消费者一定会低报自己的偏好;而厂商为了赚取更高的利润,一定会高报成本,以争取较高的监管价格。政府如根据误导性信息制定价格,将造成资源的错配,也就是社会福利的损失。

监管的另一问题是被厂商收买,成为厂商谋取利益的工具,非但不能克服市场失灵,反而给公众利益造成更大的伤害,斯蒂格勒称这种现象为"被俘获的监管"。我国一些地区发生矿难,就是"被俘获监管"的案例。安全生产不达标的煤矿,照样通过了检查,拿到了安全生产证书,原来政府官员在煤矿中入了股,监管形同虚设,政府失灵了。

当监管成本过高时,政府可以将自然垄断行业国有化,这是国有部门存在于市场经济中的主要原因,这也是为什么国有企业多集中于电力、电信等带有自然垄断性质的行业中，或者外部效益显著的公共设施与公共服务。在这些行业中，国有企业的任务不是资产的保值增值，而是降低产品与服务的价格，保护社会公众的利益。实际上，资产的保值增值和国有经济的根本目标是相冲突的，要想资产增值，就要设法提高价格，这就违背了国有企业促进公众利益的初衷。

国有化作为克服市场失灵的一种手段，虽然避免了监管成本，但又产生了新的成本——国有企业的效率损失。因包括管理层在内的雇员个人利益和企业的业绩脱钩，国有企业没有改进技术和降低成本的积极性。国有经济的低效率因此是必然的和制度性的，技术落后与管理不善仅仅是体制病的症状而已。

国有经济的另一明显的弊端是创新不足，这仍然与激励有关。国有企业的管理者是拿工资的职业经理人或者公务员，创新与个人的收入与升迁无关，他们虽然偶尔也以奖金的形式分享创新的收益，但不可能也不应该像私人企业家那样独享创新的成果，因为创新的资本投入来自于政府而不是管理者个人。如果国企的管理者缺乏创新的激励，可否由政府指令国有企业进行创新呢？这显然是不可能的，因为政府官员自己连奖金都不能拿，他们的创新激励甚至还不如国有企业的管理者。

倘若国有化的成本也太高，就不如放任自由，让厂商去垄断算了。与监管和政府经营相比，市场垄断所造成的社会福利净损失有可能是最小的。考虑到监管和政府经营的一个常见倾向——用行政垄断代替市场垄断，更有理由相信，放任自由可收到比政府干预更好的效果，这也是中国古代先哲所讲的"无为而治"。在行政垄断下，公众可能仍要支付过高的价格。市场垄断固然不可取，但"天长地久有时尽"，技术的进步不断威胁着现有企业的统治地位，例如 IBM 曾是电脑领域里的巨无霸，苹果电脑的问世动摇并最终结束了 IBM 的垄断。相比之下，由政策和法律制造的行政垄断，如我国的电信服务业和石油工业，却是"此恨绵绵无绝期"，只要行政性进入壁垒存在一天，消费者的选择机会就受到限制，在买卖双方的博弈中，始终处于被动无力的地位。

自由市场不是完美的制度，在历史上曾经问题不断，从 1930 年代的"大萧条"到今天的金融海啸，今后也还会出现这样和那样的问题。为什么这些灾难过去没有将来也不会终结自由市场制度？原因在于我们的世界中根本就不存在完美的制度,市场不完美,政府也不完美,在各种非完美的制度中,自由市场仍然是最好的。"好"在这里具有多重的含义:与中央计划相比,自由市场能够更有效地配置资源;与政府管制相比,自由市场可以更公平地分配机会;与形形色色的等级身份制相比,自由市场为现代社会的人创造了更为广阔的发展空间。

自由市场与政府

转变增长方式与转变政府职能

——吴敬琏、高尚全、江平、许小年四人谈

《财经》主持人语：

10月8日至11日在北京召开的十六届五中全会,提出了中共中央关于制定"十一五"规划的建议。由是,加快转变经济增长方式,引人注目地成为"十一五"时期的战略重点;而为了转变增长方式,进一步转变政府职能、让市场机制在资源配置中发挥更大的作用,也成为改革的方向。

转变增长方式和转变政府职能的话题,并非始于今日。然而,多年悬而未决之后,当前的形势似乎已把中国推到非解决这个问题不可的位置。要解决这个问题,政府必须自我改革,整个社会亦需共同参与;说中国经济的长期健康发展与此息息相关,当不为过。

为了梳理问题,澄清困惑,展望前景,《财经》杂志近日邀请了国内经济学界和法学界的四位专家展开面对面的讨论。他们是:国务院发展研究中心研究员吴敬琏、中国经济体制改革研究会会长高尚全、中国政法大学终身教授江平、中欧国际工商学院教授许小年。

从他们各自意见的切磋砥砺之中,或许可以窥见转变增长方式和转变政府职能问题的关键所在。

无法回避的问题

《财经》：转变经济增长方式和转变政府职能,现在已经被提升到国家发展的战略重点的高度。这个问题是从何而来、又怎样发展到今天这个位置的?

吴敬琏：转变增长方式是20世纪60年代后期苏联最先提出的,

可是直到苏联解体,他们的增长方式始终没有转变过来。中国经济学界也早在那时就已经引进这个概念,但政府只是在改革开放以后才逐渐意识到问题的重要性。

转变增长方式问题首先是在制定"九五"计划(1996—2000年)时由国家计委提出来的。中央在作出"九五"建议的时候认真考虑了这个问题,提出实现"两个根本转变",即经济体制转变和增长方式转变的任务,并且指出实现经济体制转变是实现增长方式转变的关键。这个理念是很先进的。由于1993年中共十四届三中全会以后,宏观经济改革取得不错的成效,"两个转变"在"九五"计划期间取得了一定的成绩。

"十五"计划提出了以结构调整和结构优化为主线。按理说,这与增长方式转变是一个路子。问题在于,产业结构由谁来调整和向什么方向调整:是更多地发挥市场的基础性作用,还是一切由政府来指挥和操办。如果按前一方向,经济结构就能够向优化的方向走,实现经济学所谓"帕雷托改进";如果按后一种办法去做,实际上是从改革开倒车。由于旧体制的遗产像各级政府继续掌握很大的资源配置权力、土地等生产要素价格严重扭曲等没有得到清除,有些地方在执行中实际上变成了由各级政府官员按照自己的意愿去调整结构,大搞"形象工程"和"政绩工程",这就引发了一系列问题。

高尚全:对这个问题首先要有清晰的理论认识。什么是"社会主义市场经济"?按照十四届三中全会的提法,是"市场在国家宏观调控下对资源配置起基础性作用"。这里有几个问题需要深入研究:一是宏观调控是资源配置的前提条件,还是市场经济的重要内容?二是资源配置的主体是政府还是市场?是政府主导型的还是市场主导型的市场经济?三是谁代表国家进行宏观调控?国务院当然代表国家,但地方政府也自称代表国家,大家都来代表国家进行宏观调控,行不行?

另一方面,市场经济下创造财富的主体是企业和个人。过去计划经济年代,政府是创造财富和投资的主体,通过国家财政把纳税人的钱收起来,然后在各行各业投资;老百姓则把钱存银行,银行就把这些钱大部分贷给国有企业。企业借钱的时候就没有还的打算,认为无非是从国家的一个口袋进到另一个口袋里。

国有企业、国有银行、国家财政"三位一体"的体制,现在难以为继了。政府的角色应当转换为创造市场环境的主体,企业和个人才是创造财富的主体,这样财富的源泉才能充分涌流出来。

许小年:为什么苏联提出要转变增长模式却解决不了?为什么我们提了这么多年也解决不了?因为现有的增长模式有一个非常坚实的基础,即政府主导资源配置。只要政府仍然主导资源配置,增长模式就不可能转换。

政府配置资源的目标函数不是效率,一定是别的指标,例如速度、规模、市政形象等等。这就决定了政府配置资源不可能也不应该是追求效率最大化的。政府的功能主要是实现社会目标,而不是盈利。因此,只要政府配置资源,就会追求速度、规模,具有很强的规模扩张冲动,从源头上就忽视效益。只有民间办企业、建工程,才会追求效率的最大化。

解决增长模式转变的问题,政府要逐步退出经济;要弱化政府配置资源的功能,让市场和民间发挥更大的作用。苏联没有作经济体制的根本改革,所以不可能实现经济增长方式的转变。中国改革进行了二十多年,有了很好的开端,下一个课题是政府如何从资源配置的领域中退出来,这是实现增长模式转变的最重要前提。

《财经》:*中国目前的政府和市场之间具体处于一种什么样的关系?这种关系朝什么方向发展有利于中国经济的可持续发展和社会进步?*

吴敬琏:现在各级政府在土地、信贷等资源配置中仍然有过大的权力,这是改革还不够彻底的结果。例如,由于银行改革没有到位,各级政府实际上对银行信贷发放仍然有很大的影响力。许多地方的做法是,由领导班子开"办公会议"决定项目,要银行给予支持。又例如"十五"计划时期各级政府掌握了一项新的重要资源——土地的批租权力。加上与政治周期重合,有些地方急于出"形象"、出"政绩",于是投资项目纷纷上马,大量投入土地、资本等资源来实现改善"形象"和增加产值的目标,很快就造成了2003—2004年的经济过热。这使"十一五"不能不重提增长方式的转变问题。

许小年:尽管中国有了一个社会主义市场经济的大模样,但目前市场能够发挥较大作用的仅仅是产品和服务市场,三大要素(土地、劳动力、资本)的配置还是政府主导。土地的一级市场几乎由政府垄断。劳动力特别是职业经理人的配置方面,国有企业的高层主管大多数由政府指定而不是在市场上选聘。资本市场过去有股票发行的配额制，现在有核准制；企业发债券还是要政府批额度；上市公司主体仍然是国有企业；政府对资本市场有很大的影响。

有数据表明，银行信贷资金中，国有企业大概拿走 50% 以上；就投资而言，全国固定资产总投资来自于政府、国有企业以及国有控股企业的也在 50% 以上。除了直接控制的资源，政府还通过价格管制，包括存贷款利率、汇率、股市的市盈率，间接进行资金配置。所以从总体上看，中国经济要素配置的市场化程度还很低，需要进一步的改革。

要继续深化改革特别是要素市场的改革，政府不仅要退出产品市场，也要逐步退出要素市场，让市场根据效益原则在要素配置上发挥更大作用。政府退出还意味着解除价格管制，让价格反映资源的稀缺程度。现在的增长方式的基础是什么？廉价的能源、原材料和资金。价格管制的结果是人为扭曲资源的真实成本，助长了浪费资源的倾向。

高尚全：政府的主要职能是公共产品的提供者、良好市场环境的创造者、人民权利的维护者。政府职能的本质是服务。因此，建设服务型政府是政府改革的重要目标。

建设服务型政府，首先是要为老百姓提供公共产品、搞好公共服务。现阶段存在着的是公共需求的全面、快速增长与公共产品供给严重不足的矛盾。因为人均 GDP 到了 1000 美元的时候，大家对于公共产品的需求会快速全面地增长；但政府热心于私人产品而非公共产品，导致公共产品提供严重不足。为了适应公共需求的全面快速增长，政府必须扩大和强化公共服务职能，把主要精力和财力集中到发展社会事业和扩大公共产品的供给上来，切实解决好民生问题。

市场经济中的政府职能

《财经》：看来增长方式的转变要归结到政府职能的转变。那么转变政府职能的关键在什么地方？

高尚全：需要从根本上解决政府在经济生活中的所谓越位、缺位、错位问题。政府"越位"——当了运动员而不是裁判员；现在的重要问题是，各级政府仍然管了许多不应该管又管不好的事。"缺位"——政府的职能本来要提供公共服务和公共产品，首要的是提供法律和秩序，但不少应该由政府管理的事却没有管好。"错位"——投资主体本该是企业和个人，而一些竞争性产品政府却充当了投资主体。这是改革不到位的重要原因。

要转变政府职能，必须要做到的是，"越位"的要退下来，"缺位"的要补上去，"错位"的要改过来。

《财经》：很多人认为，这些现象在地方政府身上表现得尤其明显，比如说，地方政府为了追求政绩什么都干。对此应当如何理解？

吴敬琏：有人误解说经济过热的原因只在于各个地方有扩张冲动，毛病只出在地方政府。我看这是一种不正确的判断。地方政府和任何一个社会主体一样，需要考虑自己和本地区的利益，问题的症结在于，人们在什么样的体制环境下去争取自己的利益。设定适当的体制，使局部和整体能够"激励兼容"，这就是中央政府的事情了。现有制度存在许多不合理的地方。例如，把产值增长看成最重要的政绩指标，对土地、贷款等生产要素规定了过低的价格等等，自然会鼓励各级官员不惜资本和其他资源耗费去追求"形象"改善和产值增长。

现在有一种说法，认为只要制定出一套全面的考核指标，就能防止各级政府只追求产值增长。西方经济学家讨论研究全面的人类发展或社会福利指标已经几十年了，至今还没有制定出公认的良好指标体系；更何况这里要的不是一种研究性的指标体系，而是考核用的指标体系，更是谈何容易。

我看更容易见效的解决办法，还是毛泽东在和黄炎培关于历史周期律的谈话中所提出的那一条，就是实现民主。要让各级政府官员都受纳税人，即全体成年公民的代表的监督，这样专注于产值增长而不顾资源耗竭、环境破坏等损害群众切身利益的做法就很难行得通了。因为任何只靠由上而下的考核，而没有作为社会主人的群众有效行使民主权利，是管不住官员的越权行为的，更没办法保证所有官员都自觉自愿地为大众谋福利。

许小年：现在有一种看法很流行，认为给地方政府或者国有企业"设计"一套考评体系，就能解决问题。其实不可能找到一套完美的指标，最好的评价体系是市场。

市场上那么多企业给职业经理人打分，综合分数就是总经理的工资，这就是最准确的指标。这也是为什么要发展劳动力市场的原因，市场给出总经理的价格,给出专业人士的价格。在价格信号的指导下,人力资源得到有效的配置。同样的道理,地方政府最好的评价体系是老百姓的打分,是民众的满意度。

《财经》:政府发挥作用的另一个途径是影响产业。最近,中国几个比较重要的行业,像资源和能源产业,相继出台了一些产业政策。其中非常重要的一条,是设立严格的市场准入的行政许可制度,反而强化了政府的主导作用,同时,真正的垄断大企业仍然可以设立新厂。怎么看待这些打着贯彻中央政策旗号的产业政策呢?

吴敬琏:这不符合十四大"市场要在资源配置中起基础性作用"的决定,也不符合市场经济法治的一个基本理念,即"非禁即入"。"非禁即入"意味着从事一切不损害他人利益的活动,是每一位公民的天然权利,并不需要行政许可。因此只要法律没有禁止,公民都有权自动进入,而不是说人民只能干政府批准你干的事情。像最近的手机生产核准制就非常严苛,条件包括技术、资本、土地等等。最近中央全会的决定指出,"政府不该管的坚决不管"。问题是,首先必须明确什么是政府不该管的。"产业政策"泛化的结果是,政府管的事情越来越多。即使是日本这样一个产业政策大行其道的国家,产业政策也是一个存在很大争论的问题。在我看来,可能还是反对产业政策万能的意见比较正确。

现在认识和实践上还有一种误区,就是把产业政策等同于宏观调控。这种说法完全搞乱宏观调控的概念。宏观调控是总量的调控,指用货币、财政等宏观经济政策调节社会总需求,而不是去管具体部门的发展和企业的运营。现在有一种倾向,把任何政府的管理、干预都叫宏观调控。这样一来,就把所有的行政干预都说成是必要的、合理的了。

许小年:关于监管、垄断、市场准入,美国经济学家斯蒂格勒(George Stigler)在 20 世纪 60 年代对电力行业做了一个经典的研究,发现凡是实施电力监管的美国各州,电价比没有监管的各州还高。他提出"监管俘获"的理论解释这种现象,即垄断厂商把监管当局和政府俘获了,监管当局成了维护垄断厂商利益的工具。

这个说法现在基本被学界接受,斯蒂格勒也因此获得诺贝尔经济学奖。这个理论对我们理解中国的情况很有帮助,我们有没有监管俘获的问题?监管是削弱了垄断,还是制造了垄断、巩固了垄断?

法治与公平

《财经》：从法治的角度看，如何理解转变政府职能？

江平：我认为有四个问题需要注意。

第一，有文件说，国家政府调控经济是通过法律手段、经济手段和行政手段。但是，这三种手段之间是什么关系？行政手段离开法律手段是什么？经济手段离开法律手段又是什么？政府并没有对三种手段的使用领域、条件、方法做出规定，从而会造成一个模糊的空间，似乎政府愿意采用哪种手段就可以用哪种手段。

第二，国家调控市场的理念，特别是市场准入和退出机制方面，任意性非常大。《公司法》第八条关于公司设立的第一款规定是准则主义的，即符合条件就可以设立，第二款才讲需要经过审批作为前置条件。一般第一款的自由设立是基本原则，第二款的审批是作为例外的。但在实际中却反过来了，自由设立是例外，审批才是正常。

第三，三种手段对应三种权利和权力。一是私人自主的权利，在法律上讲是当事人意思自治；二是社会中介机构和社会组织的权利；三是国家介入市场经济领域的权力。

改革开放以来，在法律上讲有私法和公法之分，本质上就是要重新设立私法和公法的制度，特别要建立私法的范围和空间，其手段就是私人意思自治，由当事人自己解决。国家要保护每一个市场参与主体的权利不受侵犯，这是一个服务功能，不是某种批准性的、强制性的功能。在市场的活动范围内，能由当事人自己解决的，尽量由当事人自己解决；能够由中介机构解决的，尽量由社会中介机构解决；只有当事人意思自治解决不了，必须由国家干预，必须通过审批手段使经济有序发展的时候，国家才出现。这个先后顺序是市场中非常重要的理念，但是长期以来是倒过来了，国家被放在第一位。

第四，现在的问题是国家干预的无序性，即缺乏程序性规范，而无程序就是无法律。现在某个主管部门、某个领导的批示，就有可能成为市场活动的依据。因此，通过严格程序来界定国家权力、政府权力，极其重要。

《财经》：这就是把政府行为纳入法治的轨道。具体而言，政府行为在市场经济中应当受到哪些约束？

江平：要回答这个问题，我们需要从法律角度理解市场经济。市场里有三种自由：一是财产自由，私人财产不受侵犯；二是契约、合同自由；三是营业自由。

第一，财产自由，只有在社会公共利益下才可以征收征用，而且必须合理补偿，国家干预只能在这个范围内。法律其实写得很清楚，但滥用的多得很，不给予补偿是经常的。

第二，交易行为、合同行为，一个是法律没有禁止的都是合法的，另一个是违反公平竞争秩序的国家要干预。国家的干预不是任意的，必须依法。

第三，营业自由，就是准入和退出的机制。这方面中国做得最差。准入机制国家干预很多，退出机制更是不完善。这里还有两个政府权力的特区，一个就是宏观调控，另一个是整顿市场秩序。宏观调控让你进你就进，不让你进你就进不了；整顿市场秩序，让你关你就关。这两方面还没有规范性操作，宏观调控可能具体到一个企业的审批，整顿秩序是哪怕你有正常的营业执照，让你关就得关。将来的《反垄断法》会有一条，反对政府垄断和行政垄断。

许小年：政府还需要正确理解用法律和行政手段调节经济的含意。如果理解为调节经济周期是有问题的。经济周期波动三年五年来一次，法律要有相对的稳定性，法律总不能三到五年调一次吧？经济运行时松时紧，时冷时热，不能让法律跟着变动。经济学意义上的政府干预，是在经济发生周期波动的时候，政府用宏观政策调节经济运行。

颁布《反垄断法》《公平竞争法》等，并不是用法律手段干预经济，而是为市场的有效运行创造法律环境。如果否定了用法律手段调节经济周期的话，行政手段调节经济也就失去了依据，因为行政手段必须要有法律基础，对经济周期的调节就剩下经济政策一个选择。

《**财经**》：现在大家看到市场存在很多不公平的现象，认为只有政府才能去维持公平；如果政府退出资源配置，会导致社会的更不公平。对此应当如何理解？

吴敬琏：保持社会公平是社会主义国家政府的一项重要职能。而且，贫富悬殊的确是目前我们社会中违反社会公正的社会主义原则的一个严重问题。要妥善地解决这个问题，首先要弄清楚，不公平的根源来自哪里,才能对症下药。收入不平等有两个可能的来源:一个是机会的不平等,一个是结果的不平等。照我看,目前中国社会贫富悬殊,主要来自机会的不平等,例如贪官污吏利用手中的公共权力,通过权力寻租,通过盗窃公共财产,通过买官卖官,很容易就成了千万、亿万富翁。

市场经济中因为能力、财产等等不同造成富裕程度有差别,这个问题也要妥善处理,但是孰轻孰重必须分清楚。这个事情不弄清楚,事情就会搞乱、搞糟。比如有人说,现在不应当强调效率优先了,应当以公平为主。这种说法就把两种不平等混为一谈,而且把主要的矛头对准了结果的不平等。这是有问题的。效率优先兼顾公平这个口号是有点问题,问题就在于这里所指的平等是结果平等,结果的平等和效率提高在许多情况下是有负相关关系的,比如平均主义的分配就会损害效率。但现在主要的不平等是机会不平等,而机会平等和效率提高是正相关关系,机会越平等,效率越高,增进平等和提高效率方向是相同的,而不是相反的。

混同两种不平等,把矛头主要指向结果不平等的最大问题,是把"反腐"和"反富"混为一谈。矛头不是指向贪官和"红顶商人",而是指向中等收入阶层的上层分子,如医生、教授、国企高管、中小企业主等等,这在政治上也是错误的。"腐"和"富"之间容易混同,但是领导和传媒的责任正在于帮助大众分清二者,真正懂得谁是我们的朋友,谁是我们的敌人。令人担忧的是,现在好像集中注意的是结果的不平等,于是就要限制国企经理的最高薪酬,对一般的富人征高额税等等,还动不动就要"向富人开枪"。这种说法和做法不但没有抓住要点,还会导致严重的社会后果。贫富悬殊,是腐败、是用权力换取收入,即权力寻租造成的。

内地一个大学校长告诉我,在那边最腐败的是卖矿,不大的官员卖一个小煤矿的采矿权,他和他的亲戚朋友一年之中就可以净赚一两千万。政府官员在什么地方拥有资源支配权力,就在什么地方造成了寻租环境,什么地方就是腐败的温床。贫富差距就会因此而扩大。

卖官这么猖獗,就是因为权力有价。如果制止不了这个,限制国企经理人员的薪金等做法都是舍本逐末。

江平:我举一个例子。这次讨论《物权法》,很多学者提出,不是老讲农村贫困吗?那就干脆让集体土地自主开发、自主交易,这不是能解决这个问题吗,为什么非要限制? 限制的结果就是集体土地跟国有土地根本不平等,造成了农民贫困。

高尚全:计划经济的时候似乎大家很公平,每人每个月半斤肉三两油,但贫穷不是社会主义。搞市场经济要承认按劳分配,按要素分配,结果不可能一样,如果一样就是平均主义了。每个人能力不同,掌握的要素也不同,收入肯定不一样,因此,政府要创造公平竞争的环境,同时要通过税收调节收入差距。

现在大众最不满意的就是权力市场化,搞权钱交易。过去是利用价格双轨制,一个批件就可以发财;后来利用土地批租、资金信贷和股权融资等,可以一夜暴富。这种暴富侵犯了他人创造社会财富的收益,是对社会财富的瓜分,加强了社会的利益关系失衡。

许小年:与现代市场经济相适应的平等观念,是机会的平等,而不是传统的"不患寡而患不均"的平等,那只会限制人们的勤奋与创新。所以搞市场经济,观念要更新,知识分子有责任推动这方面的讨论,逐渐转变社会的观念;观念要能够适应市场经济,否则会束缚经济的发展。

改革的动力与前景

《财经》:政府改革的问题,你们一方面认为很迫切,一方面认为很困难,那么怎样才能解决问题? 是需要一个总的转变,还是先做一个一个具体的事情? 哪些事可以先做? 是否要从政治体制改革的高度来看这个问题?

吴敬琏:原则其实都已经很清楚了。要看领导对问题的认识是不是足够清楚,政府对完善制度有没有足够的决心和魄力。至于政治体制改革,先做什么、后做什么很费斟酌。但不管怎样,法治总是第一位的。

江平:有一个对十六届五中全会的很好解读:"让社会主义更加社会主义,让市场更加市场。"让社会主义更加社会主义,就是要让分配更公平;让市场更加市场,就是要更加市场化。至少在政策口号上,已经达到一定高度了。

高尚全:改革应该是渐进的。当前应当把政府改革提到很突出的位置,这是全面深化改革的关键。政府改革既联接社会体制改革,又联接政治体制改革,处于中心环节。

《财经》:现在似乎缺乏专门的推进改革的机构?

高尚全:改革需要公正协调,这靠垄断部门肯定不行。我提出过三个方案:第一是恢复体改委;第二是国务院成立高层次的改革协调领导小组,总理任组长,副总理任副组长,综合部门第一把手当组员;第三是发改委要加强改革的职能。

恢复国家体改委方案的难度大一些,因为需要进入全国人大的程序。如果由国务院成立领导小组来操作,会相对容易。

《财经》:政府的行为是出于自己的利益和惯性的,很难想象它会由于思想认识到了而发生转变的——何况它还认识不到。你们怎么看待前途?

高尚全:前途是光明的。如果不加快政府改革,国有企业、金融改革以及要素市场化很难着力推进。

许小年:动力有两个,一个是巩固执政党地位,二是不改的话,可能会出事。日本的邮政改革为什么只有在今天才能成功?如果日本没有十年萧条,小泉的改革会寸步难行。十年萧条迫使日本商界、政界、民间都反省问题到底在哪里。尽管传统上自民党很保守,随着日本经济和金融形势的恶化,自民党上下认识到日本的问题不能再拖了,社会上改革的呼声也越来越高。小泉及时把握机会,推动改革,获得了党内外的支持。我们则不能等到这个地步才进行改革,完全可以采取主动。

《财经》:你们认为政府感受到这样程度的迫切性了吗?

吴敬琏:这次决议把政府职能转变提到了这样的高度,说明领导上已经认识到了问题的重要性和解决这些问题的必要性和迫切性。

许小年:现在的改革和二十年前也不一样。二十多年前基本是自上而下的推动,现在民间的改革力量也已经很强了,会有很大的推动作用。

江平:现在无论哪个领导人都不会、也不能让改革往后退。当然,也不能寄望太高。中国的改革是一个波浪式前进的过程。

高尚全:我们还要注意排除干扰。有人批判改革,否定二十多年来改革的成就,我们对此千万不要上当,否则会有灾难性的后果。

（原载 2005 年 11 月 14 日《财经》）

莫以机构调整　代替职能改革

　　2008 年中国行政体制改革的重点,是"大部门体制"。这对于减少机构重叠、提高办事效率无疑将起到积极的作用。

　　然而我们必须看到,当前改革的核心问题不是政府机构的调整,而是政府职能的界定;不是行政管理方法的技术性改善,而是从理论上厘清政府应该管什么和不应该管什么,在此基础之上决定机构的设置,并从法律上确定行政管理的手段、内容和程序。

　　界定政府职能的基本原则是拾遗补缺,凡市场能够有效配置资源的,统统交给市场。如十七大报告所强调的,发挥市场在配置资源中的基础性作用,仅在市场失灵时,政府才进行干预。

　　迄今为止,已知的市场失灵有"外部效应"(例如污染)、自然垄断、公共品的供应、信息不对称、收入再分配等。除了这几种情况,市场都能产生比政府管理或政府经营更好的结果,政府没有必要介入。

　　在市场失灵的情况下,界定政府职能的第二个原则是应对措施的有效性,即效率原则。市场失效不等于政府有效,行政管制和政府经营并不是克服市场失灵的天然最佳方案。

　　如果以监管治理自然垄断,效益是价格降低,但政府的信息和操作成本较高。若无关于厂商成本的充分信息,就不能准确定价。如果政府直接经营,最常见的结果是行政垄断代替市场垄断,垄断价格和垄断利润依旧。我国的电信业就是这样一个例子。

　　意识到政府也有信息不对称,也会失灵,人们转向了"政府加市场"的方案。政府在市场上拍卖垄断经营权,用拍卖所得补贴中低收入家庭,就像拍卖土地,收入用于市政建设一样。

　　企业付费获得垄断经营权后,根据市场供需,自行决定价格。因具有信息成本、管理成本和腐败成本低的优点,市场化方案在实践中得到日益广泛的应用,各国政府不仅拍卖电信经营权和石油开发权,而且建立了污染权交易市场,显著地降低了治理"外部效应"的成本。

仅在市场失灵时考虑政府干预,以及采用最有效的方式克服市场失灵,这两个原则意味着政府的经济功能降至最小。绝大多数的投资、产业结构调整、资产经营活动,都应在价格信号的指导下,通过自愿和自发的市场交易来完成,没有必要设立政府机构进行管理,现有的经济职能部门应予以缩编和裁撤。

对于自然垄断和"外部效应",政府机构的主要任务不一定是自己经营企业,甚至不一定是监管,而是建立如垄断经营权和污染权那样的市场,并负责维护市场规则与市场秩序。

目前中国固然存在着政出多门和机构重叠的问题,但对发展市场经济影响最大的是政府部门的经济职能过强,管得太多太细太死。究其原因,部门利益和"寻租"冲动为首,其次是认识上的偏颇,常见的就有"事关国计民生""社会公益性""市场不完善"等似是而非的说法。

实际上,产业无论大小,哪个与国计民生无关?柴米油盐、衣食住行,如果都要政府管起来,岂不又回到了计划经济?至于市场不完善怎么办,回答是发育和完善市场,而政府的干预往往没有促进反而制约了市场的发展。改革开放 30 年的历史证明,培育市场最为关键的一步是解除政府管制。若非当年废除中央计划,就不可能有今天各类市场的繁荣。

对于一类特殊公共品的供应,政府的确比市场有效,这就是以法律和监管为核心的制度体系。法律就是游戏规则,游戏规则其实也可以通过多次博弈,由市场参与者协商,自行制定和执行。政府的有效来自于规模经济,与各式局部和小范围的民间规范相比,统一法律体系的人均立法和执法成本更低,一项法律适用 13 亿人,并且因标准化程度高,产生误解和纠纷的概率也比较低。

从市场与政府分界的角度思考改革,政府机构的调整方向就异常清晰:在缩小经济职能部门的同时,大力加强立法和监管部门。

这里有两点需要强调,一是立法和监管机构独立于行政部门,二是实行以信息披露和市场规则为主的监管。目前行政部门立法过多,执法者立法,必然倾向于从部门利益而不是全局利益出发考虑问题,必然是立法从紧,为执法留出更多的解释权和裁量权。

为避免立法过程中的利益冲突,亟须加强全国人大的立法职能,特别是在全国性的法律和执行细则的制订方面。行政执行部门应回避与部门有关的立法,部委的立法职能和机构应逐步移交全国人大。同样为了避免利益冲突,有必要恢复直属中央和地位超然的国家体制改革委员会,负责制定各项改革方案。

改革开放至今,政府改革已成焦点,当务之急是政府角色的准确定位,而非机构的调整;是政府和市场边界的划分,而非政府部门间权力和利益的重新分配。只有搞清了该管什么和不该管什么,如何管和由谁来管的讨论才有意义。

(原载 2008 年 3 月 3 日《财经》)

阉割企业债

  企业债市场是为企业信用定价的机制。投资者研究企业的销售、盈利、现金流和负债，判断企业的偿还能力和违约风险，在此基础上决定企业债券的买卖。债券交易所形成的价格代表了众多投资者对债券的综合评价，因此含有丰富的信息，不仅对证券投资和收购与兼并具有指导意义，而且对银行信贷的发放也有着很大的参考价值。然而由于政府干预，中国的企业债市场基本不具备为企业信用定价的功能。

  首先，政府通过发行审批制控制了企业债的供给。虽然政府部门并非企业的股东，无权决定企业的融资方案，但在现阶段，企业若拿不到主管部门的"路条"与额度，就不能发行债券。

  有一种观点认为，中国企业债市场不成熟，需要政府为买卖双方把关。此说的错误在于假设政府比市场参与者高明，具有明察秋毫的能力。照此推理，政府不仅应为企业债把关，还应在全国各地设立检察站，为消费者判别家具、电器、房屋的质量，为厂家验收原材料、机器设备，甚至经理和工人。与此相类似的另一说法是企业的自我约束机制不健全，政府有必要监控其债务水平。这样的企业可能确实存在，但出路在于企业的改造和重组，而不是由政府代办。

  政府不仅对企业债的发行实行额度管理，并且规定了债券利率的浮动区间，即限定了发行价格。在价格管制下，投资者即使研究了企业的基本面，也不能以价格的形式将企业的信用等级在市场上标出，价格的信息含量大为降低，不能代表真实的资金成本，从而失去对社会资金配置的指导作用。彻底阉割企业债的最后一刀，来自强制性的担保要求。根据现行规定，企业债的偿还必须由国有银行、中央级企业或者国家基金担保。这样，从发行的行政审批开始，经利率管制，到银行担保为止，企业债终于完成了从企业信用向国家信用的转换，就此退化为具有准国家信用的大额协议存款。企业债市场有其名而无其实，转了一圈，回到原地，回到一切仰赖国家信用的计划时代。

政府的审批和国有机构有限的担保能力制约了企业债市场的发展，更为有害的是，在如此安排下，企业的信用风险经政府部门和国有银行的操作，又重新集中到国家手中，国家扮演了债务最终偿还人的角色，与我们发展市场以分散风险的初衷完全相反。政府对企业债发行全过程的"保驾护航"，非但没有促进市场的发育与形成，反而引发了严重的"道德风险"。投资者不研究也不关心发债体的偿还能力与信用风险——既有政府批准，又有银行担保，何必杞人忧天？而且做了研究也没用，在利率管制下，投资者无法根据研究结果为企业信用定价。中国债券投资者中的很多个人与机构，到现在仍不知如何分析企业的信用，不懂得如果根据信用风险和债券收益制定投资计划。没有成熟的投资者群体，投资者不能识别风险，不会为风险定价，债券市场就失去了长期发展的基础。

政府之所以介入市场为投资者"排忧解难"，除了部门利益和"寻租"的诱惑，在很大程度上出于对市场的误解。市场上交易的不一定全都是准国家信用的优秀企业，二三流甚至有破产危险的企业也可以在市场上发债，无需政府审查和担保。市场本来就是为不同类型、不同质量产品定价的场所，并不局限于高档、高质产品，正像奢侈品既有欧美名牌的专卖店，也有北京秀水街上的仿制品，只要购买者能够鉴别，只要价格与价值相符，市场照样繁荣。

政府管制的另一常见理由是维护社会稳定。实际上，在绝大多数情况下，市场参与者的抱怨集中在"游戏规则"的不公平上，而并非结果的不理想。政府没有必要也不可能为投资者创造只有收益而无风险的企业债产品，没有必要也不可能维持一个只赚不赔的企业债市场。对于不想承担风险者，政府可劝说他们退出，转向国债或银行存款，而不应刻意迎合，削足适履，把企业债做成准国债或实质上的银行存款。

在社会与银行体系流动性过多的今天，尽快发展债券市场，为多余资金寻找出路，已成为一项刻不容缓的任务。要想完成这一任务，关键在于解除管制。首先要取消额度管理，改审批为报备，并禁止以报备为名行审批之实，从法律上保护企业发债的权利。只要满足监管的要求，任何企业都可以在债市上融资,投资者收益自享,风险自负。第二,应解除企业债的利率管制,发行利率由市场供需决定。第三,取消强制性的国有机构担保,回归企业信用,让市场为企业信用定价,通过市场分散国家的风险。第四,开放信用评级,允许中外评级机构独立地研究和评估企业,提高市场的定价能力。

(原载 2006 年 4 月 3 日《财经》)

反垄断——竞争还是管制？

最近有电力行业减薪的消息，理由是垄断利润带来高收入，违反社会公平原则。反垄断的愿望固然良好，管制工资却是选错了目标。

垄断的最大危害是价格过高，伤害广大消费者的利益。减薪丝毫没有触动垄断价格，况且高收入不过是垄断利润的一部分，要想解决各行业苦乐不均的问题，根本性的措施是破除垄断。在保持垄断地位的情况下减薪，无异于士兵中箭受伤，大夫仅剪去外面的箭杆，而让箭头继续留在体内。

垄断的克星是竞争，在竞争压力下，厂商不得不降低价格，公众由此受益。随着垄断利润的消失，厂商没有额外的财力提高工资，行业平均工资于是向竞争行业靠拢，社会公平的目标得以实现。有一种观点认为，并非所有的行业都适合竞争，例如自然垄断，只能由政府管制或者政府专营。暂且不论电力是否属于自然垄断，从理论上讲，并不存在自然垄断定要政府干预的逻辑。在实践中，政府干预往往解决不了垄断的问题，反而人为制造和强化了垄断。

自然垄断的困扰，在于政府的两难境地。经济学家庇古建议政府管制垄断行业的价格。在自然垄断条件下，如果政府将价格定在社会最优的水平上，厂商会发生亏损，政府要么提供财政补贴，要么自己经营；若想使厂商盈亏平衡，政府就必须将价格定在平均成本上，但这又不具备社会最优的性质。

无论财政补贴、政府专营还是价格管制，庇古主义的政策都意味着，政府干预下的自然垄断行业只能是微利或者亏损的。现实却恰恰相反，大多数政府干预下的垄断行业都利润丰厚，所以才有对其职工高收入的非议。实践证明，价格管制和政府专营并没有解决垄断价格和垄断利润过高的问题。

诺贝尔经济学奖得主斯蒂格勒指出，美国各州对垄断行业的管制之所以没有收到预期的效果，原因是垄断厂商"俘获"了政府。他发现，对于实施价格管制的各州，平均电价比没有管制的各州还要高；发电商获利，消费者埋单。在这个交易中，官员从垄断厂商那里获得选举捐助及个人好处。考虑到垄断厂商"俘获"政府的可能性，有必要重新审视反垄断的理论与政策。经济学家鲍莫尔认为，厂商的数量并不是垄断程度的指标，进入壁垒的高低才是关键所在。如果不存在任何进入壁垒，即使只有一家厂商，由于高价下的垄断利润将吸引潜在的竞争者进入，该厂商不愿看到多家公司瓜分市场的局面，就不得不自我约束，适度定价。鲍莫尔理论的重大意义在于说明了垄断的实质是进入壁垒，政府管制很有可能提高而不是降低进入壁垒，反垄断因此应该解除管制，而不是加强管制。为避免利益集团"俘获"政府，经济学家德姆塞茨建议政府拍卖垄断经营权，拍卖所得作为财政收入，用于社会福利开支。虽然都是对垄断利润进行再分配，拍卖这样的市场化方案显然比管制更为有效，也更为公平。

经济学理论和实践的进展打破了"市场失效找政府"的传统思维，人们进一步引申出反垄断政策设计的一般性原则。对于自然垄断行业，可能的对策有三类：一是自由放任；二是私人厂商经营，政府管制价格；三是政府专营。三类政策均有利弊，要对每一政策的收益和成本进行分析，在计算净收益的基础上决定政策取舍，不存在"市场失效"则政府必然有效的逻辑。

自由放任的弊端显而易见，消费者要支付高价，厂商赚取垄断利润。然而如德姆塞茨所建议的，如果拍卖垄断经营权，补偿消费者，就可以改善收入分配。在这一方案下，政府政策执行成本低，厂商与政府串谋的可能性也较小。若要管制价格，政府就需要掌握厂商的成本信息，而厂商必然想方设法夸大成本。为了核实信息的准确性，政府不得不投入时间、资金、人力，政策成本因此上升。如果推行社会最优价格，政府还要向厂商提供财政补贴。这个方案的另一问题就是厂商"俘获"政府，价格管制有可能走向政策初衷的反面。

政府专营意味着监管者与垄断厂商的合一，这时政策成本并非主要的考虑，核心的问题是公众利益缺少制度化的保障。正如许多案例所表明的，政府专营行业的高利润已经偏离了反垄断政策的目标。庇古主义者在书斋中构想政策时,假设政府会谋求公众利益的最大化,但他们忘记了,公众利益的守护神必须是博弈中的利益无关方。反垄断的理论和实践告诉我们,市场与政府之间不存在简单的替代关系;对于市场经济中的政府职能,需要进行深入的理论研究,并在实践中不断探索,才能找到准确的定位。

(原载 2006 年 12 月 11 日《财经》)

摒弃要素价格的计划控制

面向市场的中国经济改革已进行了二十多年,但被我们从前门送走的计划经济,近来似乎正以各种形式从后门悄悄地溜回来,价格管制即为其中之一。

与我国市场经济发展的总体趋势相反,要素价格特别是资本价格时常呈现出僵化甚至固化的倾向。以外汇资金市场为例,尽管我国实行的是"有管理的浮动汇率制",但人民币对美元的汇率却被钉在 8.28 左右的狭小区间内已长达七年之久。其间美元的供给与需求形势发生了巨大的变化,亚洲金融危机期间维护人民币稳定的必要性也早已时过境迁,人民币汇率却始终如一,以至于国际国内都有不少人误认为中国实行的是固定汇率制。如同汇率作为外币的价格反映美元的稀缺程度,利率作为信贷资金的价格,在市场经济中反映信贷的稀缺程度。中央银行根据宏观经济形势及时调整基准利率,基准利率再作用于市场利率,实现全社会信贷资金的高效配置。然而在我们推进利率自由化的改革过程中,却出现了利率单边黏性怪现象,调低容易调高难,在央行 10 月 28 日加息之前竟然变成了单边刚性。

与利率单边刚性如出一辙,作为股本资金成本指标的股票价格长期以来只能升不能降。每当股价指数跌到市场人士所称"铁底"附近,要求政府救市的呼声蜂起。为了实现"可持续圈钱",政府也几乎是有求必应,发社论、出政策、注资金,种种利好措施向市场宣示的,都是政府管制价格的政策取向。

政府管制价格不仅导致要素错配和效率损失,并且还阻碍了市场发挥分散风险的功能。固定汇率并没有消除汇率风险,汇率风险的根源是美元供给与需求的变动,政府保证汇率,不过是替市场参与者承担了全部的汇率风险。同样的道理,托市的政策也不可能降低或化解股市风险,股市风险的根源是上市公司业绩的不确定性以及非规范的市场操作,政府对股市的干预只不过将价格下跌的风险从投资者转移到自己身上而已。如果要素市场既不能很好地配置资源,也不能很好地分散风险,有其名而无其实,这样的市场还有什么意义? 政府承担所有的风险,这是市场经济还是计划经济?

退一步讲,就算政府包揽一切,政府是否具有长期支撑市场的能力? 为了维持8.28元人民币兑换1美元的汇率,央行不得不增发货币买进市场上多余的美元,因而不可避免地冲击国内货币政策。当资本账户开放,面对国际资本时,央行若仍想保留国内货币政策的自由度,就没有力量再坚守固定汇率。在股票市场上,政府已经尝试过几乎所有的救市手段,仍然无法从根本上改变局面,政府还有多少资源可以动用,还有多少政策可以出台?

市场经济中的价格本来就是要波动的,价格风险并不可怕,可怕的是微观经济个体没有识别和控制风险的能力,正像火灾并不可怕,可怕的是人们缺乏防范火灾的意识和措施。若以稳定和安全为名限制甚至试图消除价格波动,其逻辑则无异于害怕引起火灾而禁止百姓点灯。事实上,政府通过价格管制为经济个体"排忧解难",非但没有降低风险,反而增加了道德风险,即经济个体因政府兜底而低估和忽视风险的倾向。经济个体不能很好地控制风险,系统风险因此上升,导致市场萎缩甚至消失。政府试图干预"无形之手"的运作,结果不仅无法实现预期目标,反而扭曲和窒息了市场,阻碍了市场的发育和发展。

在刚性价格下,市场丧失配置要素和分散风险的功能,价格变成单纯的利益再分配工具:汇率不能动,因为人民币升值对出口企业不利;利率不能调,因为加息对房地产和证券市场有负面影响;股价不能跌,因为投资者和从业机构将遭受到损失;我国目前要素市场上的价格刚性的主要原因之一也正是利益集团的游说。

然而,价格不应作为单纯的利益分配工具,否则就会陷入逻辑终点的困境。例如,为了帮助出口企业,人民币岂不是应该一贬到底? 为了维护房地产和证券市场的繁荣,名义利率岂非降到零最好? 为了保证投资者赚钱,政府岂不是应该持续地推高股价? 价格只升不降,谁人见过这样的市场经济?

通过要素价格进行利益分配的另一问题是公平性和公正性。价格如同双刃剑，高也罢低也罢，总是几家欢喜几家愁。弱势本币使出口商开怀，却令进口商忧虑；低利率下的高房价为房地产公司带来丰厚的利润，中低收入工薪阶层的购房却因此日渐困难。不幸的是，在事关要素价格的政策制定过程中，受益者的声音往往超出受损者，受益者的游说活动在很大程度上左右了最终的决策。

当然，在市场经济中，任何个人与团体都有追求自己利益的权利，任何个人与团体都可以影响政策的讨论和制定，都有权争取对自己有利的政策。但不正常的是，游说活动缺乏透明度和广泛的代表性，还没有纳入制度化和规范化的轨道，这就使一部分社会群体被排斥在政策酝酿和讨论的过程之外，经济政策自然也就无法很好地照顾到他们的利益。

为了给所有的利益方平等的影响政策的机会，全国人大可以考虑召开政策听证会，邀请赞成和反对汇率浮动的企业、民间团体、政府机构、学者发表各自的观点，并说明自己观点的理论和实证依据。听证会对公众开放，经电视、报纸等形式的媒体向全国传播，政策制定部门在听取各方包括公众的意见后作出决定。利率政策的制定可根据同样的原则进行，请工业、地产、金融、各级政府以及学术界人士到会辩论，为什么要加息，或者为什么不能加息。在听证会讨论的基础之上，中央银行做最后的权衡和决策。

需要指出的是，为了确保从最大多数人的长远利益出发制定政策，有必要逐步提高央行等政策制定部门的独立性，不仅要独立于所有的利益集团，也要独立于行政系统。这是因为目前各级政府、政府机构和政府所属企业仍是积极的市场参与者，是重要的利益相关方。政策制定部门从属行政，政策就会向与政府有密切关系的利益团体倾斜，对于其他市场参与者，不能不说是有失公平。

利益集团的游说是形成要素价格黏性与刚性的重要原因，若想提高价格的灵活度，就要打破特定利益集团对游说的垄断，提高社会各方的参与。就深层次而言，应该考虑启动政府决策程序的改革以及政府自身的改革。

（原载 2004 年 11 月 1 日《财经》）

公共品不等于政府品

自凯恩斯以来,"市场失效靠政府"已成为一种习惯性的思维定式。市场的确有失效的时候,但市场失效不是政府有效的保证书,不能作为政府干预的入场券。

公共品(public goods)是市场失效的一个经典案例,似乎只能由政府生产。其实未必如此。公共品如街道的一个特点是非竞争性(non-rivalry),甲在路上行走并不影响乙在同一道路上散步;而私人品如面包,甲吃掉了,乙就不能再吃同一面包。公共品的另一特点是非排除性(non-excludability),即便市民没有交费,也无法禁止他们使用城里的街道;而要想吃面包,消费者必须先付钱才能如愿。

非排除性决定了公共品的供应不足。由于不付费也可使用,城市里的道路不能产生足够的收入,没有私人公司愿意投资修建,导致公共设施供应的短缺,市场失效了。人们认为,此时应由政府出面,代表社会征税,相当于事先收取道路使用费,用于道路建设。

然而政府的作用就到税收和财政开支为止,倘若继续延伸,政府拥有和经营建筑公司,则有"越位"嫌疑。政府应主持城市规划,确定市政建设项目及预算,通过竞争招标,将项目承包给施工质量好且报价低的私人公司。只有当私人承包的成本高于预算,或不能满足工程的性能、质量、完工期等要求时,才考虑由政府投资和经营。换言之,仅在政府的效率更高时,政府经营公共品才是可取的。即便像国防那样似乎是天经地义的政府专营品,历史上也存在着不少反例。

在中世纪,现代财政体系尚未形成,保持一支常备军的成本过高,西欧的封建君主和城邦国家经常雇佣私人军队从事战争,用现代的话来讲,叫做防务"外包"。那时的雇佣军是私人的赢利性机构,司令官相当于总经理,士兵相当于雇员,军队的目的是出售防卫服务以获取利润。

到了十五六世纪,民族国家兴起,国土扩张,巨大的军备成本分摊到广袤的领土上,单位面积的防卫成本下降,国家财政支持的常备军才显示出规模经济优势,私人雇佣军退出历史舞台,政府成为防卫服务的惟一提供者。

可见,政府经营国防这种公共品,并不是因为国防具有政府经营的天然属性,而是与所有的民间机构相比,政府提供防卫的成本最低。像国防那样政府能够有效经营的公共品,比一般想象的要少。诺贝尔经济学奖得主科斯研究了英国港口的灯塔设施,发现灯塔的建设和管理经历了从政府转向私人公司的过程;私人公司通过海关向进出港口的船只收费,保证了灯塔建设的资金来源和投资收益,航行安全也没有发生过问题。基本教育也可以看做公共品,因为基本教育是宪法规定的公民权利,即使无力支付学费,也不能拒绝学生入学。由于基本教育的非排他性,中小学学费收入可能不足以弥补学校的开支,需要政府提供财政补贴。然而政府的作用亦到此为止。如果认为学校一定要由政府经营,就忘记了选择公共品供应方式的决定性因素——效率,而政府未必是成本最低的教育服务提供者。政府可以向所有家庭发放"教育券",家长和学生自由选择私立学校,以券代币,缴纳学费,学校再凭券从政府兑取现金。这样既保证了基本教育的普及,又引入了竞争机制。至于大学教育,原本就不是公共品,可考虑私立大学加财政和民间资助的体制,政府部门只监管基本课程的设置。

民间机构和企业能够比政府更有效地提供公共品,原因与市场经济对计划经济的优势一样,一是激励机制,二是竞争机制。政府官员管理公共品的生产和供应,既无降低成本和改进质量的激励,也没有市场竞争的压力。在缺乏公众监督的情况下,政府专营的公用事业还可能演变为高收费的行政垄断,伤害社会公众的利益。

对于公共品的误解,也造成了政府在公共品供应上的"越位"。世界上不存在天然和永久的政府专营公共品。道路在城市里是公共品,因为无法在道路两侧每个居民的家门口建收费站。但出城到了郊外,就能够以较低的成本将公路封闭起来,向过往车辆收费,保证收入足以回收投资。一旦找到排除未交费者的办法,仍具有非竞争性的产品或服务的性质就转变为所谓"俱乐部物品"。在充分竞争条件下,俱乐部物品的供给可以达到帕累托有效的结果,不需要政府的特别干预。

确定市场与政府的边界,需要分析哪些产品在什么情况下是公共品,并且要比较政府和民间的供应成本,才能得出结论。主观武断地划界既不利于效率的提高,也有碍社会公平的实现。

（原载 2006 年 12 月 15 日《财经》）

解析"七大行业"

国资委负责人近期答记者问时,明确了七大国家控股的行业,即军工、电网电力、石油石化、电信、煤炭、民航和航运。为什么选择这七大行业? 国资委的《关于推进国有资本调整和国有企业重组的指导意见》(以下简称《指导意见》)给出了这样几个标准:"涉及国家安全的行业,重大基础设施和重要矿产资源,提供重要公共产品和服务的行业,以及支柱产业和高新技术产业中的重要骨干企业。"

仔细分析不难发现,在国家安全、基础设施、矿产资源、公共品、支柱产业和高新技术这六大选取标准中,仅公共品具有严格的经济学定义,其他均带有主观任意性。下面首先来看一下军工行业。

军 工

军工既不属于基础设施和矿产资源,也不是支柱产业。虽然国防是公共服务,武器却不是公共品。

公共品和公共服务的定义是非排除性,即未交费者也可使用的产品和服务。国防为公共服务,因为即使没交费,也不能将国民排除在保护的范围之外,正如不能禁止未交费的市民使用城市里的街道一样。非排除性决定了提供公共品和公共服务的厂商会面临收入不足的问题,私人企业因此不愿介入,这时需要政府进行干预,以保证公共品和公共服务的充分供应。从这个角度看问题,国防应由政府负责,武器则是经济学意义上的私人品,具有可排除性,完全可以由市场配置资源,在民间进行生产。

军工显然符合"涉及国家安全"这条标准,但《指导意见》没有说明,为什么国有资本必须绝对控股军工，才能保证国家安全。世界上大多数的军工产品都是私人企业生产的，未曾听说因此而危及了国家安全。如果为了保密，政府可以通过立法和监管，制定规则，要求民间企业严格执行，并可派人到现场检查和监督。国家安全的关键是军队的装备计划、预算以及尖端武器的研发，而不是常规常用武器的生产，如果战机和军舰从外国进口，也就是购买外国企业生产的武器，尚不致影响国家安全，为什么不能从本国民间企业购买，而非要国家资本控制生产呢？

世界上大多数的军事强国采取了民间生产和政府招标的体制，政府以科研和武器采购招标的方式，指导民间企业的开发与生产活动。这个体制的另一优势是在军工品的供应中引入竞争机制，通过竞争降低国防成本，激发企业的创新冲动，保持国家在军事技术上的领先。

电网和电力

电网的确是重大基础设施，但《指导意见》没有解释为什么政府应该绝对控股基础设施。尽管在实践中，政府比较多地介入基础设施的建设，然而这并不意味着基础设施具有政府专营的天然属性，政府的作用主要是克服"自然垄断"和"外部效应"引起的"市场失效"，或者因为政府经营基础设施的效率比民间企业更高。

像电网这样由技术因素形成的垄断称为自然垄断，如果私人厂商经营，厂商会利用其垄断地位，提高价格，牺牲消费者的利益，赚取超额垄断利润。为了维护公众利益，政府应该有所作为，但政府专营并非惟一的对策。政府可以通过立法或者监管，降低价格，仅在监管解决不了电网收费过高的问题，或者监管成本过高时，才考虑政府专营。如果政府专营的成本也比较高，放任自由反倒有可能是最佳政策。这里公共政策设计的一般方法是成本—效益分析，对不同的方案进行比较，从中筛选出净效益最大的，不存在自然垄断和政府绝对控股之间的必然联系。

即便电网属于自然垄断，电力供应却与自然垄断毫无关系，不知为何也进入政府绝对控股之列。电力也不是公共品，因为供电公司可以很容易地发现未缴电费的用户,及时停止供电,将他们排除在外。电力也不是基础设施,电力是竞争性行业生产的私人品。或许电力以支柱产业的身份入选七大行业,但支柱产业的定义又是什么?占全国人口一半以上的农业是不是支柱产业,占 GDP 40％左右的服务业是不是支柱产业?如果都是,那什么是非支柱产业?没有明确的定义,就无法对产业的性质和政府的作用进行科学和客观的分析。

退一步讲,就算电力是含义模糊的支柱产业,政府绝对控股支柱产业的经济学原理又是什么?因为政府能够比民间企业更好地发展支柱产业,还是在支柱产业中政府能够以更低的成本满足社会的多样化需求?

石油石化

石油符合《指导意见》中的"重要矿产资源"一条,问题在于为什么矿产资源一定要由政府控股经营。我国宪法规定,"矿藏属于国家所有,即全民所有",这并不意味着矿藏必须由国家开采。所有权和经营权可以分离,矿产资源的国家所有和民间开采并不矛盾。假若政府专营是出于国家安全的考虑,和上述关于军工行业的讨论相类似,如果每年我国原油消耗的一半从外国进口是可以接受的,为什么不能从国内民间石油公司购买,而非要政府控股开采呢?

至于石化行业,除了没有定义的"支柱产业"外,不符合《指导意见》中的任何一个标准。

电　信

通讯的物理网络属于基础设施,而电信服务既不是基础设施,也不是公共服务。对于涉及国家安全的通讯网络和服务,可考虑另建专门系统,以满足保密和可靠性等方面的特殊要求。

煤　炭

尽管煤炭是重要矿产资源,国家所有和民间开采完全可以并存,道理与上面对石油的分析相同,不再重复。

民　航

机场是基础设施,民航客货运输既不是基础设施,也不是公共服务。要想找到国家绝对控股航空公司的理由,似乎仍要依赖没有定义的"支柱产业"说。

政府建设和经营基础设施的另一常见理由是"外部效应",机场、公路、桥梁等公共工程不仅为使用这些设施的人带来了便利,而且促进了设施所在地例如机场附近和公路两侧的经济发展,也就是产生了"外部效应"。由于投建基础设施的公司只能从设施的使用者如进入高速公路的车辆那里收取费用,而无法从"外部效应"上获得收入,民间企业的投资积极性不高,基础设施的供给因此低于社会最优水平。"外部效应"的存在使基础设施带有公共品的性质,构成政府干预的理论基础。

然而政府介入公共品供应并不意味着政府自己去建设和经营基础设施。政府应主持基础设施的规划,制定预算,通过竞争招标,将公共工程承包给民间公司。实际上,我国目前已广泛采用了这样的方法,并取得了较好的效果,没有必要再强调和坚持国家在基础设施领域中的绝对控股。

至于"外部效应"这一说法本身,诺贝尔经济学奖得主科斯指出,在交易成本等于零的情况下,只要产权得到明确界定,市场可以将"外部效应"百分之百地内部化,或者说"外部效应"的概念实际上是没有意义的。的确,正如在我国一些地区所观察到的,机场、公路等基础设施的"外部效应"已反映在机场附近和公路沿线的高地价与高房价上,已在市场上得到了有效的配置,无需政府的干预,政府的职能仅为界定和保护产权。当然,现实世界中交易成本不会等于零,在这种情况下,仅当政府干预的成本小于民间交易成本时,政府干预才是可取的,不存在市场失效则政府一定有效的逻辑。

航　运

港口、码头、航道是基础设施,分析方法与机场、公路相同,这里不再重复,而内河与远洋运输根本就不是基础设施。

就经济而言,政府的作用是补充市场的不足,也就是仅在市场失效的时候,政府才有理由进行干预,政府职能的范围因此由市场失效的范围决定,政府干预的力度由市场失效的程度决定。界定政府职能的依据不是行业的名称,也不是行业的技术属性,更不是笼统的"国民经济命脉"或者"支柱产业",而是产品和服务的经济特征。迄今已知关于市场失效的理论有自然垄断、公共品、外部效应和信息不对称等,政府的作用就在于减少市场失效所造成的社会福利损失。

无论哪一类市场失效,政府的角色都是为社会排忧解难,而不是与民争利。自然垄断行业价格过高,政府可以监管或者自己经营,目的都是降低价格,保护公众的利益,而不是最大化国有企业的利润,为此政府需要提供财政补贴,或者自己承担亏损。公共品的情况相类似,由于非排除性,预期收入不足,私人企业生产公共品的意愿低下,政府经营不赚钱的公共品供应,目的也是提升社会福利。外部效应的实质是从事某项经济活动的私人收益小于社会收益,要想达到该项活动的社会最优水平,商业亏损难以避免,只能由政府来承担。由此可见,在市场经济中,凡政府经营的都应该是微利或亏损的,凡赚钱的都应该交给市场,国有资产的经营目标不能也不应该是保值增值,而是实现政府的社会目标,国有资产保值增值和政府职能之间存在着根本性的冲突。

政府控制行业的实际情况如何?利用 2005 年 A 股和部分 H 股上市公司的数据,计算七大行业以及与之相关产业的毛利率,我们可以看到,除了发电、石油加工和航空,其他行业毛利率均显著高于一般认为是暴利的房地产开发业,后者 2005 年的毛利率为 35.3%。数据说明,政府要么进入了不该进入的市场仍然有效的行业,要么资产增值的冲动已超越了克服市场失效的原有目标。

最后值得一提的是,既然涉及国家资产即全民资产,重大的政策就应先提交资产的所有者审议,在全国人大上经资产所有者的代表讨论通过,而不是资产的管理者自行决定。

(原载 2007 年 1 月 4 日《南方周末》)

产业何需政策

经济学中讨论最少而又在实践中最多见的，当属产业政策。检索新旧经济学文献，鲜有关于产业政策的理论研究，而在现实经济中，却处处碰到产业政策名义下的行政干预。

从经济学理论可知，仅当外部效应、自然垄断、公共品或信息不对称造成市场失灵时，政府干预才有可能（而不是必然能够）补充市场不足，改进资源配置的效率。尽管与所有这些导致市场失灵的因素都不搭界，产业政策的拥护者们还是找到了一些说法——通常是人们习以为常但又经不起推敲的说法，作为产业政策的理论支持。

论证产业政策必要性的第一个说法是调整和优化产业结构，承袭了改革开放前"有计划、按比例"等旧信条的遗风。要想优化，必须知道什么是最优，否则就不知道往哪里优化。然而，最优产业结构是否存在，至今仍无定论。

在市场经济中，产业结构取决于资源禀赋，国民需求偏好、技术水平、国际贸易、制度特征以及经济发展的历史条件。矿产资源的蕴藏决定了中东各国石油业发达，中国则是世界第一大产煤国。由需求偏好导向，农业在欧洲以生产肉制品和乳制品为主，在中国则是粮食。诺贝尔经济学奖得主道格拉斯·诺斯指出，英国率先建立了保护产权的制度，所以第一个完成了从农业到工业的经济结构大转变。产业结构在这些因素的影响下，经自然演化而形成，本无所谓优劣，当然也就谈不上调整和优化。

且不论最优的意义是什么，即使存在着最优产业结构，政府能否认识到最优结构，也是一个很大的问号。计划经济时代推行"农业以粮为纲，工业以钢为纲"的产业政策，历史证明，这一政策没有优化反而扭曲了产业结构,造成大量的资源错配与浪费。

产业政策的第二个说法叫做扶持支柱产业,培育具有国际竞争力的企业。何谓支柱产业?从未有过明确的定义。在社会化分工异常发达的今天,每个行业都是国民经济不可缺少的一部分,识别支柱产业如同谈论人体各个器官的相对重要性一样,几乎没有任何意义。脊椎骨难道就比头骨更重要,应该作为支柱优先发展?同理,石油工业在什么意义上比农业更重要?航天航空是支柱,为什么占 GDP 40% 的服务业就不是支柱呢?

退一步讲,就算存在着支柱产业,例如在世界近代经济史上占有重要地位的火车、电力、汽车、电子、计算机和信息产业,没有一个是政府的产业政策扶持出来的。在市场竞争中和良好的产权保护下,追逐利润的企业和个人开创和推动了新兴产业的发展,从汽车业鼻祖亨利·福特,到软件业巨人比尔·盖茨,未曾听说有谁得到过产业政策的支持。

中国企业自身的经验也证明了一点,产业政策的效果起码是值得怀疑的。汽车行业长期执行向大厂倾斜的政策,今天能在国际市场上与外商竞争的,却并非重点扶持对象,而是当年无法享受优惠政策甚至受到限制的小型民营企业。再看家电、计算机、通讯设备、互联网等行业,在具有一定国际竞争力的企业之中,又有哪一家是产业政策扶持的结果?

产业政策的第三个说法是舒解瓶颈制约和控制产能过剩。实际上,以此为目标的产业政策既无必要,也不会奏效。凡供应短缺之处,必有价格的上涨和供应商利润的增加。在利润的吸引下,更多的厂家进入,扩充产能,消除短缺。反之,当产能过剩时,利润随价格下跌,厂商退出,供给减少,无需政府干预,市场自动恢复供需均衡。

市场化的调整常给人们留下"盲目"和"浪费"的印象,殊不知有意识地通过产业政策进行主动调控,效果可能更糟。前些年政府担忧装机容量过剩,严控电厂投资,未曾想经济增长加速,电力供应不足,到处拉闸限电,产业政策扩大而不是缩小了供需失衡。

产业政策的失败,最清楚不过地体现在计划经济的实践上。政府统一安排生产,结果是供需严重脱节,一方面消费品短缺,另一方面没有需求的工业品积压在仓库中,反映为宏观指标,新增存货占 GDP 的比重平均为 7% 左右,最高时达到 13%。随着 20 世纪 80 年代后期城市经济改革的展开,市场在衔接供需方面发挥了越来越大的作用,存货对 GDP 的比率不断下降,进入本世纪已低于 2%。

从逻辑上讲,产业政策的必要性与合理性依赖两个关键的假设前提,一是世界上存在着最优产业结构;二是政府比市场高明,能够认识最优产业结构,并且能够制定政策调整结构,实现市场无法实现之目标。当这两个假设都不成立时,对产业政策的持久迷信与热衷就只能解释为计划经济的惯性,或者部门利益的驱使。

(原载 2007 年 7 月 31 日《财经》)

从"国退民进"到"官退民进"

中国经济的结构已经发生了巨大而深刻的变化,最为显著的标志之一,当属国有部门在国民经济中的比重下降。

粗略估计,国有部门的 GDP 份额已从改革初期的 90% 以上,降到近年的 50% 左右。

生产要素从国有转入民营部门,资源向效率更高的部门转移,提高了中国经济的总体效率。即使资源总量不变,配置的改变也可增加产出,促进经济的增长。

国际货币基金组织最近的一份报告表明,按附加值计算,中国民营企业的资本回报率比国有独资企业高 50%,比国有控股企业高 33%,比国有参股(国有股权小于 50%)企业高 24%。考虑到民营企业在资金、土地和矿产等自然资源的使用以及经营范围方面所受到的限制,民营企业的资产回报实际更高。

国内一所重点大学的一项研究也证明,从 1998 年至 2005 年间,在全部规模以上工业企业中,如果以税前净资产收益率衡量,民营企业的效率平均比国有独资及控股企业高 133%,尽管两者的差距近年来有所缩小。

中国改革与开放的实践和学术界的实证研究都说明,非公经济的成长和国有部门在经济中比重的降低,改善了中国经济的总体效率。从资源配置效率的角度看,有必要继续坚持"国退民进"这个正确的方向。

实现国退民进有多种途径,股份制改造即为一项行之有效的措施。从 20 世纪 90 年代初的试点,到近年大型国企和金融机构的上市,国际和国内私人投资者参与建立公司治理机制,端正企业经营目标,加强了管理和风险控制，提高了资本回报。国有企业管理人员的股权激励计划、管理层收购乃至最近股权分置改革中无偿给予私人股东的"兑价"，都属于国退民进的范畴。在民进的过程中，固然在法理、程序、透明度等方面出现了这样或那样的问题，影响了社会公平，但我们不能因噎废食，否定提高效率的所有权改革。实际上，国退民进的最佳方式是市场选择，不需要特别的政策予以鼓励或者限制。无论国有还是民营，如果所有企业都具有平等的竞争机会，都面对同样的进入和退出机制，市场将根据效率决定哪些企业退，哪些企业进。而要想让市场发挥择优汰劣的作用，政府必须解除管制，取消行政性进入壁垒。不无遗憾的是，随着时间的推移，行政性进入壁垒非但没有降低，反而出现了逐渐增加的趋势，国退民进似乎已让位于国进民退。

政府有关部门最近发布文件，明确提出国家绝对控股的七大行业，即军工、电网电力、石油石化、电信、煤炭、民航和航运。列入"七大"的标准是"涉及国家安全的行业，重大基础设施和重要矿产资源，提供重要公共产品和服务的行业，以及支柱产业和高新技术产业中的重要骨干企业"。只是这些标准中，除了公共品，其他均无经济学上的定义，而且这七大行业的选定也多处与文件给出的标准不符。政府和市场的分界应根据产品和服务的经济学特征决定，而不是其物理属性。即使对于外部效应、公共品和自然垄断这些经典的"市场失效"，理论与实践都证明，政府所有制不是惟一的、也往往不是最有效的解决方案。比如，为控制污染这样的外部效应，有几个方案可供选择，如市场化的污染权交易、惩罚性征税、政府监管等，只有当这些方案的成本过高时，才考虑国有化，即政府通过控股企业来减少企业的污染排放。同样，对于城市街道这样的公共品供应，政府所属公司投资修建并非惟一方式，招标承包给民间公司可能更有效，因为竞争会迫使承包商降低成本。经济学原理告诉我们，针对"市场失效"的政府干预都不应该赚钱。私人企业不赚钱的项目，国有企业也无法赚钱，政府必须提供财政补贴。同理，对于自然垄断这一"市场失效"，政府干预的目的是降低垄断价格，造福社会公众。理论上可以证明，社会福利最大化的价格必然令垄断厂商亏损，政府也要给与财政补贴。从上述分析可以推理：如果政府所有制作为克服"市场失效"的一个手段，国有企业应该是微利或者亏损的，国有资产的经营不可能也不应该以保值增值为目标。如同政府的职能，国有资产应该是公益性的,而不是赢利性的。

然而实际情况与理论相左,2005 年 A 股和部分 H 股公司的数据显示,七大行业以及与之相关产业的毛利率大多处于高位,发电供电行业的毛利率为 24.8%,石油开采业为 47.4%,石油加工为 7.7%,电信 46%,煤炭 43%,港口和机场为 52%,航空 15.8%,铁路为 54%,水运为 40.6%。除了发电、石油加工和航空,毛利率都显著高于一般认为是暴利的房地产开发业。

显而易见,政府进入了不该进入的领域,或者在尚有理由进入的行业中,追求着不该追求的目标。行政性进入壁垒的保护、资源使用的优惠以及定价的权力并未实现降低价格以提升社会公众利益的目标,反而转化为对竞争的排斥,以及随之而来的高价格与高额利润。市场经济中政府职能界定之困难,在于习惯性思维中"国"与"民"的分隔,以及实践中"国"与"官"的混同。倘若将消费者利益和公众利益作为国家利益的最重要组成部分,对于国退民进还是国进民退的思考,恐怕与眼下流行的讨论大不相同。

如果将官员视为国家政策的执行者,而不一定是国家利益的天然代表,正像总经理是公司的管理者,而不是公司股东利益的天然代表一样,就不难理解,为什么"国进"的推动力经常来自于"官进",而"民进"之中也不时看到官员的身影。从国民经济总体效率的角度看问题,政府没有必要经营那么多产业。然而对于官员而言,管理资源越多,审批权限越大,"寻租"的收益就越高。明明市场能够有效配置资源的地方,也要坚持"国进",看似不合逻辑的现象,背后是"官进"的理性冲动。

民营化的进程也因官员的参与而复杂化。近来因曝光而轰动一时的"鲁能事件",看似错综迷离,其实正是一起典型案例。而现下民营小煤矿事故率高,安全措施不达标也照样开工,原因是官员持有煤矿的股份,确保了证照齐全。在苏联和东欧计划经济国家的私有化过程中,频繁发生政府官员、管理者和民间资金三位一体,将众多中小投资者的资产转到私人名下的事件。如何防止民营化中的"官进"? 对策当然不是国进民退,而是政府退出市场,退出经济。政府如何退出市场? 首先要研究官员的激励机制。历史上的君王靠整顿吏治,到了今天已无多少现实意义;对清官的颂扬和对贪官的道义谴责,同样显得虚弱无力。政府职能的准确定位要靠制度保障,要建立起官员不越位的制度,例如高薪养廉,以及缩小政府配置资源的范围,通过经济和政治体制改革,实现向公益型政府的转变等等。这就又回到了本文一开始的命题——国退民进,实际上,更准确的提法应该是官退民进。

(原载 2007 年 2 月 5 日《财经》)

国企一石不能二鸟

国有资产的管理似乎正成为当前我国经济体制改革新的关注点，一些省份和城市已开始引入外资和国内民间资本进行产权多元化的尝试，对国有资产管理体制的讨论也呈现出不断升温的势头。在分析各种各样的国有资产管理方案时，人们往往忘记回答最基本也是最根本的问题，在市场经济中国家为什么要经营资产？国有企业的经营目标到底是什么？大前提确定之后，关于国有经济发展方向、国有资产管理体制、国有企业经营方式的讨论，才能有共同的逻辑原点。

国家经营资产的经济学理论基础有如下几项：1.生产资料公有制以实现更为平等的收入分配；2.国有企业作为推进工业化的工具；3.保证国家对战略部门的控制；4.经营国有企业以实现充分就业；5.保证国家税收；6.提供公共产品和服务；7.克服自然垄断造成的市场失灵；8.国家作为大股东强化公司治理机制；9.利润最大化，或者资产的保值增值（可以证明，在有效资本市场上，公司资产价值最大化等价于利润最大化）。在上述目标中，除了最后两项以外，其他均为非商业目标。国家在谋求非商业目标时，不可避免地要牺牲效益，以资产的少增值为代价，满足政府政策和社会的需要。换句话讲，如果认可非商业性目标，就必须降低甚至放弃国有资产保值增值的要求，因为两者本质上是相互冲突的。同样的道理，如果我们追求的是资产增值，就必须减少或排除非商业目标对国有企业效益的影响。学术界在过去几十年中的研究表明，国有企业"预算软约束"和效率低下的原因正在于其多重的非商业经营目标。若不澄清国有企业的目标函数，仅在管理体制上做文章，我们或许永远摆脱不了自相矛盾的困境。一石不可能二鸟，管理体制再好，国有企业也无法同时兼顾商业效益和非商业的社会目标。即使认定国有企业是国家的政策工具,其主要功能为承担社会责任,我们也需要分析国家经营企业是不是实现这些社会目标的成本最小的方法。下面从政策成本出发,逐一讨论上面列出的国有资产经营目标。

收入均等说。在完成了工业化之后,如何利用市场机制提高资源使用效率,通过可持续的经济增长提高人民生活水平,成为新的经济工作重点。经济的发展和技术的进步使得通过生产要素占有的社会化以实现收入的平均分配这一传统政策逐渐失去意义。"十六大"提出了"确立劳动、资本、技术和管理等生产要素按贡献参与分配的原则",在新形势下将生产要素的定义扩大到劳动以外的领域中。这意味着缩小收入差距的社会目标已很难再通过生产要素的全社会占有来实现,如果资本起码从理论上讲还可以共享的话,技术和管理在很多情况下是不可或不应让渡的,因此无法共同拥有。试想如何将比尔·盖茨的商业智慧和管理才能社会化? 英特尔的芯片技术如果为全民所有,英特尔就不可能获得超额利润,也就无法投入巨资进行前期的研究与开发,若没有研发,技术进步从哪里来? 现代经济中生产要素的不可让渡性决定了"让一部分人先富起来"的必然性,"十六大"报告也进一步提出"一切合法的劳动收入和合法的非劳动收入,都应该得到保护",以及"完善保护私人财产的法律制度"。在新阶段,国家应该依靠其他政策手段,调节收入分配。近代市场经济国家侧重运用税收和转移支付等财政手段缩小收入差距。如果认为发展中国家财政制度不健全,这种分配政策不足以有效改变收入格局,仍然需要国家掌握资源,通过经营国有企业调整收入分配,我们就必须回答两个相关的问题:在国有经济占国内生产总值不到 40% 和全部就业仅 1/9 的今天,国家能够在多大程度上利用国有企业调整全社会的收入分配? 为了实现同样的收入分配目标,经营国有企业和强化财政功能哪种方法成本更低?

实际上,就社会公平而言,机会的均等较之收入均等更为重要。在这方面,推进法治、抑制特权、防止腐败和普及教育都是极为紧迫的工作,国家经营企业不仅和维护公平没有紧密的逻辑联系,并且有可能反过来导致机会的不均等。例如曾经在相当长的时期内,外贸、电信、银行和保险等行业,只允许国有企业经营,国内民营资本无法进入或者没有同等的进入条件,即为典型的机会不均等。

战略部门说。我们认为,事关国家安全的资源和信息一定要掌握在国家手中,核心问题是如何定义战略部门。广义的战略部门用"凡涉及国计民生"定义,面广而空泛,不易把握,哪个行业与国计民生无关?即使对于国家认定的战略部门如能源和军工,国家经营也不是惟一的选择。例如为了确保石油供给,国家可以拥有大型石油公司,也可以建立石油战略储备。军事装备的研发与生产也可以考虑由民营部门承担。这里的讨论又回到成本比较上,如何以较低的成本实现同样的战略目标,国有企业的选择是否成本最低?

充分就业说。当前一些国有企业已经破产却迟迟不能结束营业,顾虑之一是工人下岗。世界几乎所有的国营企业都有一个特点:冗员。究竟应该通过国家花钱办企业,还是依靠民间力量来创造就业? 数据表明国有经济创造工作岗位的效率远远低于民营部门,从 1997 年到 2001 年,国有部门的固定资产投资不断上升,但雇佣职工的数量却持续下降,民营和外商投资企业每年新增就业人数则在 1500 万左右。资金投在民营部门中可以创造更多的就业机会。除了促进民营部门的投资外,政府还有另外一个选择:将国有企业占用的资源用于完善和充实社会保障体系,同样可以达到维护社会稳定的目的,而且成本有可能比经营国企更低。

保证税收说。持此说者认为,为了保证国家税收,国家需要继续经营国有企业。我们的计算表明,虽然国有部门的税收贡献大,国家也为此付出了巨大的代价。2000 年国有企业缴纳所得税 827 亿元,财政对国有企业的补贴为 279 亿元,净值为 548 亿。此外,每年 1 万多亿的新增银行贷款,国有企业获得了起码 50% 以上,其中部分贷款由财政贴息;在过去几年中国家发行国债 6000 多亿元,相信国有部门是最大的受益者;股市每年 1000 亿左右的募集资金,绝大多数归国家控股的上市公司使用;从 1999 年 7 月到目前为止,国有企业债转股 4050 亿元。此外国有企业还享有资源的垄断使用,便利的市场准入等优惠。问题是,首先,国家的金融系统能否照这样的规模长期支持国有企业,依靠国有部门和经营国有企业以保证政府税收的模式有无可持续性? 其次,国家以这样高的成本换取税收是否合算,究竟是靠经济增长增加税收,还是给低效的企业输血以维持不断萎缩的税基?

民营部门的税收贡献偏低的确是一个问题,但不能因此得出返回计划经济的结论,而是应承认和保护私有产权,优化税率以减少偷税漏税的动机,拓宽融资渠道,降低民营企业对自有资金的依赖,加强信息系统的建设,提高实际征收率等等。

公共产品说。 基础设施、普及教育、国防等在经济学中被列入公共产品或服务,只能由政府预先收取使用公共品的税收,再向全民提供公共品。需要指出的是,首先,由国家保证充足的公共品供应并不意味着政府必须掌握公共品的生产能力,政府可以将公共品的订单交给民营企业,民营企业生产公共品的成本一般低于国有企业。其次,即使政府一定要保留企业,也只能是在公共品行业之内,没有必要在非公共品行业中继续经营企业。

自然垄断说。 电力、通信、铁路等行业具有很强的规模经济,平均成本随生产规模的增加而不断下降。这些行业在传统上被认为是自然垄断行业,全部产出由一个企业生产成本最低。在自然垄断行业内,由于缺乏竞争,厂商可以通过控制供给获得高额利润,使消费者成为最大的输家。因此,政府需要进行干预。政府介入自然垄断行业固然有其合理性,但经营国有企业绝不是政府干预的惟一手段。20 世纪 80 年代美、英、日等国先后将航空、电力、运输等国有企业私有化,政府或者成为少数股东,或者完全退出,转向依靠监管减少和消除低质、高价等垄断造成的弊端。这些行业的效率因此提高,而各项法律和监管则保护了广大消费者的利益。

经验表明,随着技术的进步和市场化程度的提高,自然垄断的范围越来越小,政府在这方面的作用也越来越着眼于创造良好的监管环境,而不再直接经营资产。电力、电信、铁路产业变迁的历史莫不如此。

治理机制说。 根据这一理论,证券市场上小股东在上市公司中所持股份有限,不可能认真监督管理层;而大股东从监控中获得的收益高,是建立和加强公司治理机制的希望所在。发展中国家专业的机构投资者薄弱,不得不依赖国家或企业的控股家族作为大股东,担起监控管理层的重任。此说忽视了国家所有制中的代理人问题和国家股东与中小投资者之间的利益冲突问题。在现有的国有资产管理体制下,财政部为出资人,组织部、国务院大企业工委和地方政府管干部,经贸委指导投资和生产,谁是拥有全权和负有全责的所有者代表?"十六大"提出要"建立中央政府和地方政府分别代表国家履行出资人职责,享有所有者权益,权利、义务和责任相统一,管资产和管人、管事相结合的国有资产管理体制",如何确保出资人代表的利益和国家的利益相一致,有待进一步的具体化和制度化。

更为根本的问题是国家所有者和中小投资者之间的利益冲突。中小投资者谋求上市公司的利润最大化。国家所有者的目标函数相对复杂,已分析的七项中没有一项是商业效益指标,从而每一项都和利润最大化都有程度不同的冲突。例如为了保证就业,尽管人员已经过剩,国家大股东仍会要求公司增加雇佣工人。又比如在自然垄断行业里,国家股东希望将公司的产品或服务价格降下来,以照顾广大消费者的利益,但这样做会伤害该公司的中小股东的利益。不仅如此,一旦发生利益冲突,中小投资者很难制衡国家股东,国家股东不可避免地会利用它的影响力,作出有利于自己的规定,牺牲中小投资者的利益,以实现国家的社会目标。

此外,上市公司的国家大股东(通常为一非上市的集团公司)还经常迫使公司和自己进行交易,例如集团公司将资产以高于市场的价格卖给上市公司,或者干脆直接占用乃至抽走上市公司的资金,将上市公司变为国家大股东剥夺中小投资者的工具。

保值增值说。国有资产保值增值的提法本身就有着内在的逻辑矛盾,它隐含着国家应该经营资产、国家经营资产比私人部门更有效的假设。国家是非赢利机构,一般仅为实现社会目标而经营资产,既然是非商业性的,强调资产的保值增值又有什么意义? 第二,大量的实证研究和正常观察证明,民营部门的商业效率高于国有部门。如果国家希望代表全民,提高全民所有的资产价值,最好的办法是将这些资产交给民营部门经营。如果一定要保持国家所有,则应该在人、财、物等方面做到真正的政企分离,特别要改变政府任命国有企业高层管理,以及国家公务员经营企业的现状。公务员受雇于政府,他们的职责是实现政府确定的社会目标,而不是资产价值的最大化。

以上讨论中多次涉及国有企业和民营企业的效率比较,对这个问题尽管仍然需要做进一步的实证研究,但中国经济改革的成就已经给出了初步的答案。民营部门在过去二十多年中高速成长,占国内生产总值比重从 1990 年的 34% 跃升到 2001 年的 48%。与上述讨论密切相关的另一个问题是政府职能。自 20 世纪 80 年代开始,政府逐渐弱化资产管理的功能,加强社会服务以及建立和维护市场高效运行所需要的"软件基础设施",已成为国际上的趋势。在建设现代市场经济体系的过程中,我国政府的职能如何作相应的转变将在很大程度上决定国有部门的发展方向,决定国有企业在经济中的定位,我们期待着关于这个问题的进一步讨论。

(原载 2002 年 12 月 20 日《财经》)

国有资产是否应该保值增值？

近年来，原油价格飞涨，而成品油价格处于政府管制之下，不能联动，国有炼化企业发生亏损，呼吁提高成品油价。以笔者之见，价格管制固然没有必要，炼化企业的亏损却也在情理之中，因为从理论上讲，国有企业本来就不应该赚钱。

凡是能够赚钱的经济活动，市场的效率更高，无需政府插手，市场可以有效地完成这些活动。只有在赚不到钱的地方，私人企业投资与生产意愿低下，单纯依靠市场将发生供给不足，即经济学中所说的"市场失效"，这时才需要政府拾遗补缺，接过民间食之无味的"鸡肋"。

以市政道路等公共品为例，政府之所以介入其间，并非公共品和政府有着天然联系，而是因为赚不到钱，私人企业不愿意做。公共品不赚钱的原因在于它的非排除性，即供应者无法将未交费者排除在消费之外。城里街道的两侧住着千家万户，总不能在每家门前设一个收费站，谁不交钱就不让上街吧？收不到钱，私人建筑商就没有修路的积极性，完全依靠市场的道路供应将低于社会的需求。

为克服公共品供给的"市场失效"，政府动用财政资金修建道路，增加供给。政府在拨款修路时就知道，由于公共品的非排除性，它也无法回收全部投资，更不要说令人满意的投资收益了。因此，政府经营公路不可能也不应该以赢利为目标。

政府干预经济的另一经典领域是"自然垄断"，即效率因素决定的独家经营，例如输电行业，一张电网就比两张重叠电网的效率高，投资的节省和调度的方便降低了单位输电成本，产生规模经济效益。一般而言，规模经济效益越大，厂商的数量就越少，当规模经济趋向无穷大时，就只能由一家厂商经营。

对于效率导致的"自然垄断",我们不能用《反垄断法》治理,但放任自流又会伤害公众利益,垄断厂商将利用其市场独占地位提高价格,赚取超额利润。对于这样的垄断,政府应当实施监管,规定输电收费不得高于法定标准,以保护消费者利益。法定费率如何确定?我们可以证明,对社会最有利的费率等于厂商的边际成本。

然而按照边际成本确定费率会带来一个新的问题:厂商将发生亏损。自然垄断的特有性质就是厂商的边际成本小于平均成本,费率若等于边际成本,厂商的单位输电收入低于成本,亏损在所难免。预期监管价格过低而赚不到钱,没有私人公司愿意进入输电业,电网建设落后于社会需求,市场又"失效"了。

这时政府又要动用财政资金,或补贴私人电网公司,或自己投资电网,建成后按照边际成本收取电网使用费。于是与公共品的情况一样,政府经营电网不可能也不应该以赢利为目标,而是保证价格等于边际成本,以最大化社会福利。必须强调的是,政府进入自然垄断行业,意在减少垄断的危害,而不是以行政垄断代替市场垄断,自己赚取垄断利润。

上述两个案例证明,凡政府经营的都应该是不赚钱的,或者说,国有资产不应保值增值,国有企业的使命是赔钱以实现公众希望的社会目标。国企其实不必分红,因为本来就不赢利。考核国有企业,不看利润或市值,而要看少赔了多少,要看是否以较低的成本实现了预定的社会目标。以此论之,国有炼化企业亏损完全符合逻辑。政府希望控制通胀,反倒是石油公司的暴利令人尴尬。

保值增值让位于社会目标,这样的案例屡见不鲜。以眼下股市上大热的"资产收购"概念为例,国际市场上的规律是收购方的股价跌,被购者的价格涨,我们正相反。这个中国特色的奥妙就在低价收购,上市公司以几十倍的市盈率发行股票融资,再以几倍市盈率的价格从国有母公司收购资产,低买高卖资产,收购方的股价当然要上涨。只不过,收购完成后,保值增值的是原有散户与机构股东的资产,而母公司的国有资产则"流失"了,或者说被"贱卖"了。

当然,这里"流失"与否的判断标准是市场价值,而不是计划体制下的账面净资产值。市场经济中,资产的价值取决于资产的赢利能力,因为投资者占有资产的终极目标是现金回报,实物资产不能吃不能花,账面净值无论多大,若不能带来现金流入就没有任何价值。

论者或以为非上市的国有资产注入上市公司后,将同上市公司一样,拥有几十倍市盈率的定价,资产也增值了。这种观点的错误在于估值的双重标准,用账面净值为非上市的国有资产定价,对已上市的资产则用市盈率,两把尺子衡量同一资产,当然会有皆大欢喜的"双赢"。

偷换尺度的虚幻"双赢"是经不起推敲的。设想一家国家与公众各持 50% 的上市公司,现从国有股东购入账面净值 100 万的资产,作价 180 万。假设收购后股权结构不变,而 100 万账面净值的资产变成了 500 万的市值。国家向公众股东出售了 50 万净值的资产,收到 90 万现金,并继续持有注入资产的另 50%,总计资产价值 $90 + 250 = 340$ 万。按账面净值算,国有资产增值了 240 万,按市价估值,则"流失"了 $500 - 240 = 260$ 万,因为这 100 万净资产本来就值 500 万,无论上市与否,都可以给所有者带来 500 万的收益,否则投资者也不会给它 500 万的市场定价。上市并不创造价值,而只是实现价值。

国有资产在股市上"流失",验证了本文的结论:保值增值服从社会目标。以低于市场价格的成本向上市公司注入资产,现有股东特别是散户投资者获利,维护了社会和谐。对此,投资者心知肚明,纷纷锁定国有控股上市公司,特别是拥有大量优质非上市资产者,急切地找寻下一顿"免费的午餐"。其实说"免费"并不准确,没有那边的资产流失,哪有这边的股价大涨?

为实现社会目标而贱卖国有资产本无可厚非,只是与保值增值的现有陈述相矛盾。为保持政策与实践的一致性,应该修改的或许不是资产注入的做法,而是国有资产的经营目标。政府经营资产的目的可以是保证公共品的充足供应,降低垄断行业的价格以保护消费者利益,或者促进社会和谐,但其目标惟独不能是利润或市值,因为利润和所有这些社会目标都不相容。政府逐利,则公共品势将匮乏,垄断价格也必然高居不下。最后,政府如果逐利,就不可避免地要与民争利。

(原载 2007 年 10 月 9 日《财经》)

政府逐步退出金融界

主持人：

　　各位来宾，下午好。欢迎各位来到 2004 年中国金融市场论坛现场，下半场马上开始了。我们今天上午探讨了如何在资本约束下，市场不规范的情况下，不尽如人意的时候，怎么完成商业银行的国际化，这是一个重要的课题，也是每个人思考的课题，下面的课题更加具体一些，两个主题是资本缺口、金融改革与商业银行应对策略以及提升管理素质与之中国商业银行国际化。同样跟上午一样，我们先请出主讲嘉宾中欧国际工商学院经济学和金融学教授许小年先生，还有点评嘉宾西南财经大学教授曾康霖以及中央财经大学教授秦池江先生。

许小年：谢谢主持人，谢谢招商银行给我这样的机会。讲两点声明。今天在这里的讲话如果要发表的话请征询会议和我本人的同意。第二，我要再次感谢招商银行让一个有争议的人在讲台上讲话。

　　我今天讲的是政府和市场关系。这是中国金融改革中经常被提起的问题，但是到现在为止没有看到一个很明确的思路，到底在金融领域当中，政府和市场的关系到底如何？政府哪些事情该做，哪些事情不该做？在中国接近 25 年改革过程中，我们在其他的各个方面，总体来说改革的政策、实践基本上是成功的。但是我觉得我们金融体系是一个例外。讲金融领域当中政府和市场的关系，这个话题是从哪里开始呢？是从国际研究开始。这个国际研究当中，研究了银行业政府与市场的关系，这对我本人有很大的启发。我首先介绍一下国际的研究，然后谈政府与市场的关系中的两个，一个是政府直接经营金融资产，政府在金融市场当中是一个直接市场参与者，它的负面作用是什么？第二，政府在金融体系监管方面它所发挥的功能以及产生的负面影响。随后想谈一下我个人的看法，为了进一步规范政府行为，为了推动中国金融市场的我们应该做哪些事情。

刚才我提到的市场研究，由四个金融学家研究了世界上的国有银行，他们的样本包括世界上 92 个国家，在 2002 年发表的。这四个人中间有一个作者是核心人物，这是大家比较熟悉的人物。因为他的名字比较吃亏，所以被排在最后。我的名字用汉语拼音也比较吃亏，因为是 X。这项研究中，一个主要的人物是 Shleifer，他是美国兴起的一个经济学家，据说将来也有希望获得诺贝尔经济学奖。他的研究有几个趋势，是两大趋势。第一个趋势是过去几十年中间，政府在各国所占的比重越来越下降，从 1970 年他们研究的 92 个国家当中，政府拥有 60% 的银行股份，到了 1995 年的时候，这个比重已经降到 42%。下降了十多个百分点。据他们估计，如果把研究的样本往后拉，拉到今年 9 月份，政府在各国银行拥有的股份会继续降低，这是一个统计的趋势。第二，国有银行一般都集中在欠发达国家，集中在产权保护薄弱的国家，集中在政府对经济有比较强的干预的国家。经济越不发达，银行国有程度越高。他们最重要的结果是什么呢？就是把金融体系的发展和经济的发展与银行国有程度做了一个统计分析，这个统计分析发现金融体系的发展，经济和生产力的增长与银行的国有程度成反比。这是这项研究当中最重要的一个部分，也就是说一个银行的国有程度越高，这个国家的金融体系就越不发达，经济的发展速度慢。生产力的提高就越慢。这个结论是什么呢？银行的国家所有制实际上对国家的金融发展、经济发展有负面作用。这四位学者进一步分析为什么国家要拥有银行？

这里学术界提出两个假说，一是发展经济说。持有这种说法的学者认为，在落后国家由于私人信用的缺失使得市场机构无法承担发展金融的任务，这时候不得不用国家信用代替私人信用，推动国家发展。第二个假说是由科尔曼提出的，他是一个匈牙利籍的美国经济学家，因为提出了计划经济下国有体制预算的约束而享有盛名。科尔曼说国家控制企业以及国家控制银行并不是为了发展经济而是为了提供就业和补贴，用就业和补贴换取政治上的支持甚至贿赂，这就是科尔曼提出的政治动机说。美国学者检验了两种不同的假说，认为他们的实际结果倾向于支持后者。如果发展经济说是能够成立的话,我们应该发现在发展中国家,凡是国有银行投入比较高的,经济和生产力的增长应该也比较高,但是他们的实证结果是在国有程度比较高的国家他们的发展都慢于私人银行占主导地位的国家。因此倾向于这实际上是非经济的、非商业的。这个研究使我们想到金融领域中间,在发展我国金融事业当中,政府与市场的关系到底是什么关系?这个问题在发达的市场经济国家不是一个问题。在发达的经济发展国家,政府的决策非常清晰,它不参与金融业的日常操作,它所起的作用只是为金融体系的健康发展提供一个非常坚固的法制监管环境,非常好的制度基础,这个关系在发展中国家在中国是一个亟待解决的问题。因为在我们这里,政府是市场的参与者,我们国家金融机构和机构投资者大多数到现在为止仍然是国有企业,政府又是市场的组织者,我们的深交所、上交所都是国营单位。

与此同时,政府又是市场的监管者,我们所有的监管机构甚至人民银行都从属于行政,它是行政体系中的一部分。为什么研究这个问题呢?研究这个问题就是要看国家到底在哪些方面可以起到推动金融市场发展功能,在哪些方面国家的过多卷入实际上阻碍了我国金融市场发展。这里就要谈到金融市场最基本的功能是什么?金融市场最基本的功能,从经济学的角度讲不是融资而是为了资产的收益和风险定价,以便于全社会在价格的指导下进行资源的配置。这是金融市场的最基本功能。从这个最基本的功能出发,我们要看一下国家在哪些方面促进了金融市场在这些功能方面的发挥,在哪些方面阻碍了金融市场这一基本功能的发挥。我刚才讲到今天要谈的是两块,一块是国家直接在金融市场中作为一个参与者,它作为一个游戏者,会有哪些后果。后果实际上我们已经看得非常清楚了,就是国家直接经营金融资产,效率低下。

我们的国有银行资产负债表严重失衡,40％左右的不良资产。当然人民银行的同事可能会提出不同的意见,说现在建行已经降到4％,工行已经是5％了,但是这些坏账在国家的资产表上,从建行转到资产公司也罢,从资产公司核销也罢,所有这些不良资产仍然在国家的不良资产负债表上,我们40％的不良资产率,有人说甚至比40％还高,已经高过亚洲金融危机的不良资产率,是世界金融史上最高的。这是国有资产在金融领域当中低效率的表现,低效率的另外一个表现是金融效率低,大家都知道,我把一些数据放在这里给大家参考。我们的工行、中行、建行和世界上其他大型银行相比，在规模上差不多，第一列数据是银行的总资产数据，我们看一下差得并不多，我们查的是效益指标上。在总资产效率里用黄色标出，花旗银行 RA 2002 年是 1.5％，而工行 2002 年总资产收益率是 0.14％，也就是说我们工商银行总资产收益率，只有花旗银行的 1/10。我们看一下净资产收益率，花旗银行 2002 年净资产收益率是 20％，而我们工商银行是 3.35％，基本上差了一个数量级。政府在经营行业当中经营资产的直接后果是什么呢？资产效率低下。低一个数量级。我们国有银行不断地依靠财政和央行注资以及依靠中国老百姓的高储蓄维持它的运转，现在已经到了财政无资可注的地步，只有由央行发行国债。实际上是通过社会来弥补银行的亏损。高储蓄的情况会随着人口的老龄化以及储蓄资金的流动和对外开放逐渐下降，我们 2006 年全面开放，我们国有银行的形势是不容乐观的。

为什么国有银行效率低？我们看一下世界上的银行，正如前面我讲到的四位学者所研究的结果证明的，国有银行效率低，不光是在中国，在世界其他地方也是如此。为什么国有银行效率低？是因为政府，银行的所有者政府，不是一个盈利机构，政府是非盈利机构，因此政府的目标不是利润最大化，也不是资产的保值、增值，也不是公司的价值最大化，政府的目标是多重的非商业目标。往往包括社会的、政治的目标。所以政府的性质决定了政府经营资产，不可能以利润最大化为目标，政府追求的是就业，追求的是公共服务，追求的是国家安全，不是利润最大化。股东不追求利润最大化，你怎么要求国有银行追求利润最大化。因此国有银行效率低是很自然的事。在政府所有制下，还有很多代理问题。公司治理机制问题是一个永远解决不了的问题。除了委托代理的问题外，还有后面我讲到的其他方面的问题。国家银行由官员当经理，官员追求的不是利润最大化，而是最大化自己的升迁的机会。这个评论没有任何褒贬的含义在里面，你让我当官员，我的目标很清楚，我就是想从处长当局长。你不能责怪政府官员，大家干这一行，追求的就是这个，拿破仑也说每个士兵都想当元帅。不管目标是什么，他的目标不是利润最大化。政府官员当经理，没有纪律约束，没有信用约束。我作为职业经营家，我一定要把银行搞好，因为搞好我的银行，我在市场的身价才能不断地上升，因此市场的纪律和信誉对职业的银行经理构成强有力的约束,使得他们有这种激励,也有这种制衡能够迫使他们或者引诱他们来经营好银行,而我们的官员当经理就没有市场约束。所以这种委托代理关系是国有银行效率低的第二个原因。

在国有所有制下,公司治理无从谈起,公司治理的前提是利润最大化,公司治理的目的是要最大化股东价值。那么现在国有银行目标不是利润最大化,你谈什么公司治理呢?当银行是由国家独资控制的时候,金融机构不可避免为社会服务。当银行是由国家控股的时候,国有股东和小股东的利益是有根本的不同。国家不是一个盈利机构,它追求的是社会目标,而小股东追求的是利润指标、价值利益,所以在国有股东和其他股东混合所有的银行中间,大股东和小股东的利益是没有办法通过公司治理机制给予协调,因为两者的目标从本质上说是完全不一样的。在这种情况下,第一,股东没有利润动机,第二,管理层没有利润动机,第三,公司治理机制不可能非常完善,所以国有银行低效是不可避免的。在这里,我们想强调的是什么,国有银行低效不单纯是经营不善,而是从根本上说,国有银行不可能也不应该以增值为目标。所以,这样的话,就形成了在金融领域中间,国有机构的效率、国有机构的风险控制和同类型的国际上的私人机构相比,那就差得非常大。不仅如此,在金融市场上,过多的国有机构参与市场还会发生什么问题呢?还会发生市场参与者的行为扭曲,我们经常看到国有金融机构行为的两极化,一极是过度冒险。因为用的是公款,不心疼,豪赌一场。另外,我们也看到它过分保守,为什么呢?因为如果输了,国有资产流失,是一个非常严重的政治错误。我们看到国有金融机构在市场上行为走两个极端,一方面可以拼命地冒险,另一方面一点都不敢冒险,这里的区别是什么呢?要看这些金融机构是不是由内部人控股,如果是内部控股,它往往敢冒险。如果不是,它就不敢冒险。因为一冒险,国有资产流失是一个很大的政治问题。金融市场上,市场的参与者对风险没有一个正确的认识、评估,对风险没有一个完善的控制,这样的市场不可避免地就有各种各样的风险问题。这不是个人的问题,而是我们的体制问题。在金融市场上,政府应该做什么?政府应该在金融市场上只经营政策性金融机构,为政府的社会目标服务,除了国家开发银行、进出口银行、农业开发行外,其他的银行应该是实现民营化。政府要放弃经营商业性金融资产,只保留政策性资产。这是我们对政府作为一个市场参与者的一点意见。

政府是市场的监管者,因为我们的监管机构都不是一个独立的机构,也不是市场自发组织的机构,而是从属于政府,因此,我们的监管机构就不可避免地以政府的社会目标为己任,来成为政府实现其社会目标的工具。大家都知道,政府当前最重要的社会目标是稳定,因此社会稳定,自然也成为我们金融监管机构的首要任务。在这个过程中,监管机构最基本的任务反而退居其次,本来应该是制定游戏规则、规范市场参与者的行为,应该是保证市场的进入和退出,严格按照法律的程序进行,监管应该是不断地降低交易成本,扩大交易和发展市场,这是我们监管机构应该做的,但是所有最基本的任务都让位于政府维护社会稳定的目标。这样使得我们的监管不断创造道德风险,不断增加道德风险,使我们金融体系的系统风险不断上升,具体我们看一下银行业,财政部也罢、央行也罢,只注资不问责。这样的话,直接造成银行的道德风险,出了坏账没有关系,央行买单。因此,我们1998年用2700亿特别国债充实银行资本金,2002年再剥离12000亿元坏账⋯⋯只注资不问责,结果银行的道德风险非但没有控制,反而因为注资道德风险越来越坏。

到现在为止,我们还不能很有把握地说我们已经从根本上铲除了坏账的机制。光注资不能解决产生坏账的机制,必须配合改革。在银行业中,另外一个道德风险的来源是存款的无限担保,造成储蓄者和银行的风险,储蓄者不关心银行有没有破产的危险,反正银行后面全是国家担保,储蓄者在市场上不去注意选择银行,这使得银行不必通过竞争来争取到储户,经营好坏无所谓。证券业,在座很多是证券业人士,我们知道管指数是中国的一大特点,管指数的结果是造成投资者和券商的道德风险,管指数的方法很多,向市场注入资金、控制发行结构,发社论,想方设法把市场指数稳定在不至于发生案子的水平上,这使得投资者不去研究上市公司的基本面,形成靠天吃饭的心理,也鼓励了投资者过度冒险,因为我现在冒险没有关系,将来指数跌下来,自然有政策把指数打上去。投资者不研究市场基本面的原因是股票不反映市场的价值面,抱怨的是股票不反映股票价值,大家老抱怨中国经济增长这么好,为什么股市情况没有像经济增长这样,为什么中国的股市不是晴雨表,原因是我们的投资者不去看基本面,你自己不看基本面你怎么可能想象股票的价格能够反映经济的基本面。为什么投资者不去看基本面？因为有政府在那里顶着。

所以管指数的结果是造成了投资者和券商的道德风险。管客户保证金，这样的结果使得投资者不去认真选择券商，我把钱交给谁都没有关系。因为大家都有一个心理预期，最后国家会100％保证我的资金安全，所以管指数形成了一个心理预期，就是国家管我的投资回报，管客户保证金，因为100％偿还，至少我的本金还在，这样又形成了一个心理预期。券商的服务好坏我无所谓，这样就会导致券商在市场上不必依靠经营和风险管理进行竞争，使得风险管理比较好的券商无法竞争。这根源在哪里？就是我们市场的竞争选择机制被100％的客户保证金担保淹没了。最荒谬的是国家对市场管的是我们的企业，央行批利率、国有银行担保，只有大型国有企业具有发行资格，全部3A评级，评级机构为准官方机构。这样看上去国家替投资者把风险都控制了，国家替投资者把方方面面的危险都考虑了，结果是什么？结果是我们企业家在市场根本没有企业信用可言。仍然是准国家信用。发行人不顾发行状况，把时间放在压利率，用在怎么样做好发改委的公关把指标批下来，而不是去改善自己的经营状况。发行者的行为、投资者的行为也随之发生扭曲，因为投资者不用审查发行人的信誉，如果发生违约，银行拿钱。最近我们看到，信托公司发了信托产品，到时候能不能兑付，投资人不去找公司，而去找银行要钱，因为银行是国家的。他打一个大牌子，某某某某银行还我钱。其实他的钱给信托公司吃光了。投资者根本不去审查发行人的信用，发行人对自己的信用也不关心，我们这样的市场是一个大额存单市场，不是企业债市场。企业债最根本功能是为企业信用定价，使得投资者的资金能够流入最有信用的企业，能够支持那些最有效率的企业，我们这样完全被政府管死，表面能起到融资功能，但是市场的精髓已经被政府淹没掉了。市场的精髓就是为企业的信用定价，为企业的违约定价。

如果没有这个市场功能，我们要市场干什么？市场经济就是在价格指导下，进行资源的有效配置。现在我们的价格完全被扭曲，我们要这个市场干什么？你就搞一个大额存单市场算了，你就跟保险公司那样，跟银行谈判，谈一个双方接受的利率，把钱存进去算了。还有什么意义？证券业里，我们政府还管从业机构，直接造成从业机构的道德风险。从业机构经营失误不必负责,经营失败也不必退出。最近发明出一个新名词,叫行政接管。造成我们行政机构不怕出事,就怕出事出得不大,出事没有关系,但是别小事,出大事国家一定管,出小事国家未必管。从业机构出事,报道不绝于耳,每次都没有什么新的内容,惟一一点是窟窿越来越大,补的金额越来越多,买单人的级别越来越高。刚开始是股东级买单,地方政府买单,地方政府买不了了,由央行买单。央行买单的能力无穷大。买单人的级别越来越大,道德风险越来越高,中国金融体系的风险也越来越高。在银行业、证券业由于政府的兜底、政府的担保造成我们的投资者发生金融道德风险不断上升,政府对银行的管理阻碍了市场的发展,窒息了市场的发展,还表现在对新市场的开拓和新市场的孕育发展的阻碍方面,比如中小企业民营机构为什么禁止入内? 是防止金融诈骗,动机非常好,但是监管者没有看到不安定的根本原因是什么? 根本原因是投资者不能识别控制风险,投资者不能识别和控制风险的原因是投资者从来没有机会学习,也没有学习的动力。国家是100%保证资金的安全,在过去民间融资当中发生了一些诈骗案,每次诈骗案最后都由国家出面保证出资人的出资安全,形成了社会上的心理预期,这种心理预期是社会不安定的最根本原因。设想,如果有一个地下钱庄卷了10亿人民币走了,结果出钱的人一分钱没有拿到,我们想一想,还会不会有第二件这样的事发生,不会有了,或者很少发生。但是就是因为国家大慈大悲,很快补上,使得出资人下次还给,为什么呢? 我给了他后,我说不定可以赚20%的利润,一旦卷走了,国家补。所以投资者没有识别风险和控制风险的动力,更谈不上识别风险和控制风险的能力。长期以来有一个认识上的误区,认为建立信用一定要政府出面,未必如此,你放开手让市场运作,市场可以创造出信用,建立市场信用未必要政府出面。这里我经常举山西钱庄的例子,山西的钱庄从雍正年间发展起来的,当时中国没有商业银行、资本充足率,为什么山西钱庄可以从雍正年做到光绪年,字号遍布全国,从中国做到韩国,靠的是什么? 靠的是民间的信用。大兴银行的成立是在1906年,大兴银行成立后要求山西钱庄注册,把资本金报上来,那个时候是银行监管的开始,但是在中国银行业监管之前,民间金融机构已经非常活跃了,民间的信用已经非常发达了。所以市场信用的建立需要政府做工作,但并不是说如果政府不出面,民间信用就没有希望。这个结论不成立。我们宁可要市场化的保险,也不希望由政府来兜着,来担保。大家会问如果中小金融机构开放,存款安全怎么保证?我们完全可以建立存款保险。存款保险也一样,存款保险不应该是100%,也不应该承担无限责任,只要100%保护,马上就有道德风险。如果你进行金融机构创新,不开放中小民营金融机构这样的渠道,我国中小企业融资问题永远得不到解决。另外一个监管压得市场发展没有空间,那就是,我们的创投基金也罢,产业基金也罢,被非法集资一句话判了死刑,为什么非法?因为没有法。所以我觉得这个非法集资是一个非常没有道理的说法。我想合法集资,但是你不给我法,所以我成了非法。为什么不立法?怕乱,怕金融诈骗,怕各种各样的机构把老百姓的钱卷走了,动机非常良好,但是问题是一不相信群众,二不相信市场。不相信市场的参与者自己可以建立信用,以为信用就是国家的事情。这是违反最基本的历史常识的。我们创投基金没有退出渠道,法人股问题长期得不到解决。而没有创投基金,二者永远是一个炒作概念,不可能有给投资者带来满意回报的高科技公司。这里有一个观点,也是我们长期强调的观点,科技公司、中小企业长期资本的来源,二板不应是主要来源,而应是风险基金。风险基金是科技公司的襁褓和摇篮,如果没有这个襁褓和摇篮,孩子永远长不大。为什么会出现问题?我们的金融监管,我们政府在金融体系当中的作用为什么和发达市场国家有这么大的出入?原因在什么地方?原因之一在我们监管目标设立的偏差。设立的偏差最重要的原因是刚才我已经讲过了,我们监管部门是政府的一部分,要执行政府的社会功能,要为实现政府的社会目标服务。而真正的监管在英语中本来的含义并不是监管,这个翻译上是有一定问题,但是这个翻译非常适合从计划经济过来的政府官员的思维方式。监管是监督和管理,但是监管英文原词 regulation 的意思是规范,主要是规范。没有任何管理的含义在里面。它和管理是两个完全不同的英文单词,是市场的规则秩序而不是监督和管理。历史上我们把它翻译成监管,所以我们把它叫监管。监管的终极目标是维护出资人的权利,而不是维护社会稳定。社会稳定是政府的事,不是监管当局的事,监管当局要向出资人负责,维护出资人的权利,要保护出资人的权利,所以,在这一点上,我们长期在监管上有认识上的偏差,把regulation 理解为管理者,把目标认定为维护稳定,而忽视了出资人的利益，长期把它解释为保证资金安全和回报，即所谓保护出资人。但是，我们想强调，保护出资人绝对不能等同于保证资金安全，更不等同于保证资金回报，这是两回事。保证出资人最好的办法是规则公平，信息披露的充分，操作的透明，这是对投资者最好的保护，保护投资人绝对不意味着保证他的资金安全和保证他们的回报。公平、公正、公开是社会稳定的根本保障，而不是保证回报和保证资金安全。

道德风险，因为政府认识上的误差形成道德风险。道德风险是什么？国内经常把道德风险解释为道德败坏。这是两回事，制度行为的扭曲导致风险。大家日常看到的汽车保险，有了保险后导致行为扭曲，反而过度冒险，使得事故率更高。这就叫道德风险。有了医疗保险，反而不注意锻炼预防，发病率反而更高。这就是制度性的行为扭曲导致了系统风险的上升，这就叫道德风险。金融机构和投资者的道德风险使得机构和投资者丧失了识别和控制风险的动力与能力，最后的结果是什么呢？结果是我们的金融市场不能为资产的收益准确定价，价格不能准确反映资产的隐含的风险和带来的收益。道德风险的另外一个恶果，是无底洞，我们会陷入政府干扰而产生道德风险。道德风险产生后，系统风险上升，系统风险上升后政府出面救助，这样产生更大的风险。我们在这个无底洞里挣扎，已经十几年了，到现在还看不到脱离泥潭的希望。这使我们金融市场出现危机，我们的金融市场好像建立在沙滩上。金融市场真正的根基是一批能够识别和控制风险的投资者，是一批能够识别和控制风险的金融机构。怎么办呢？要解放市场，政府干预破坏了风险收益的平衡，使市场参与的行为发生激变，价格信号的失真，使市场萎缩甚至消失。政府需要全面退出金融市场，国有金融机构实行股权多元化和民营化，使我们的金融市场主要是由民营机构组成，要建立独立的和以法制为基础的金融监管，监管机构和央行对人大负责，要通过立法保证金融机构相对行政体系的独立，提高监管过程的透明度，防止行政干扰，培养终身执业监管人员。养成依法监管的制度。政府退出金融市场，还意味着要取消所有的行政审批，刚才我讲的企业债的审批是非常荒谬的东西，企业债本来是企业和投资者之间在市场基础上自愿的商业行为，为什么要发改委来批准？利率为什么要由央行来定？这都是市场上的自愿行为，为什么要由政府来批？我非常纳闷。政府一分钱不掏，为什么要它批。取消所有的隐性和显性的政治担保,特别重要的是要禁止政府干预金融机构的退出,严格按照《破产法》的退出体系,市场经济中,企业的生与死是正常的事,为什么政府要干预?上午我特别向人民银行同志请教过,这是否属于非法行为?《人民银行法》有没有规定你们可以这样做。得到的答复是《人民银行法》没有规定不可以这样做。如果没有规定不可以这样做,我建议规定货币政策的目标是《人民银行法》规定的维护币值的稳定,不应该用货币政策来救助金融机构。货币政策救助金融机构已成为中国预算软约束的最大来源。因为大家都知道人民银行的资金成本等于零,是自己印出来的,可以无限提供流动性。这对我们金融改革乃至国家的经济改革危害都非常大。不应由人民银行救助金融机构,要推出市场化的重组与购并。

最后一个是大力推进法制建设,强化股权人和债权人的法律保护,尽快解决股权分置问题。这里我们提出立法的原则,立法的原则不是以人为本,立法的原则是以权利为本。《破产法》规定,破产资金第一用途是职工的安置,体现以人为本,我觉得是把这个精神用错了地方。在商业活动当中,在市场经济当中最基本的是权利,我们最近的立法还有《交通法》,不管谁的过错,只要小汽车撞了自行车,就是小汽车的错,为什么这样立法?有人说这叫以人为本,这就是用错了地方。相反,应该要问一问谁有道路通行权,立法的根本是权利。谁有道路通行权这个官司就应该判谁赢。行人闯了红灯,被汽车撞死,汽车没有任何责任。我们不能把以人为本滥用。在《破产法》当中,我认为银行的地位应该进一步提升,至于破产后职工的安置那是社会保障的事情,希望能够尽快颁布《创投基金法》和《产业基金法》,尽快颁布《中小基金法》来拓展我们的市场。

最后的结论是什么?为了进一步发展中国金融市场,为了进一步发展中国金融业,我们需要认真探讨政府与市场的关系,要理清政府的决策、功能,能够尽可能给市场更大的发展空间,相信市场能够做到政府做不到的事情。这就要求一系列的改革,这很痛苦,我也很理解,但是除此之外,没有其他办法。

(2004 年 8 月 19 日在"2004 年中国金融市场论坛"上的演讲)

为宏观调控正名

　　近年来我国经济出现了投资增长过快、流动性过剩和通胀等问题，政策层面上的反应似乎是犹豫不决、求全兼顾，措施上则习惯性地以行政手段代替经济杠杆，以致政策目标相互矛盾，顾此失彼。宏观调控已有数年，内外部经济失衡未见明显缓解，政府的政策公信力受损，未来政策的实施会更加困难。

　　为了改善宏观调控，有必要澄清三个基本的概念：(1)什么是宏观调控，(2)如何进行宏观调控，(3)宏观调控与改革及民生的关系。目前在媒体上、政策部门甚至学界中，"宏观调控"的含义被随意延伸，概念的混乱几乎到了令人啼笑皆非的地步。

　　顾名思义，宏观调控指的是运用宏观政策调节社会总需求，这里需要强调的是"宏观政策"和"总需求"。宏观政策有两类，并且只有两类，即货币政策与财政政策，政府控制货币供应总量、税收与财政开支，调节以国内消费与投资为主的社会总需求。宏观调控从来不以供给为目标，从来不以产业结构为目标。

　　宏观经济和宏观调控始终是关于总量的，"过热"意味着社会总需求大于社会总供给，而"局部过热"的说法将总量偷换为具体行业、具体市场甚至具体产品的暂时供需失衡，是为计划体制下行政管理的卷土重来做舆论的铺垫。同样，通货膨胀意味着价格总体水平的上升，将通胀解释为个别产品价格的上涨，除了文过饰非，就是为具体产品价格的行政管理发放通行证。

　　宏观政策的目标是总量——社会需求总量，手段也是总量——货币供应总量和财政预算总额。各部委颁布的产业政策、房地产政策等因此都不属于宏观调控的范畴，而是行政管理或管制具体行业的供给。

如此界定宏观调控,看似过于拘泥词义,未免狭窄与刻板,实际上却有着坚实的法理和经济学理论依据,并且在实践中得到了验证。

市场经济中的政府不管供给,因为关于产品、产量、销售、价格的决策都是企业的经营自主权,只要符合法律,政府不能以任何名义进行干预。同理,投资和融资也是重要的企业经营自主权,完全由企业根据自己的利益决定,政府只能通过利率和税收等间接的手段引导企业的投资方向。从法理上讲,控制牛肉面和商品房的价格是剥夺了企业的经营自主权,而审批项目或责令项目下马则侵犯了企业的投资自主权。

市场经济中的政府既不可以也不应该管理供给,因为政府不可能比价格机制更有效地衔接供给与需求。凡供不应求,价格必然上涨,抢先增加产出者可从高价获得超额利润,厂商的趋利导致供给缺口缩小,价格回落,无需政府干预,市场自动实现新的均衡。

政府不管供给,自然也就排除了所有以"优化结构"为名的调控措施。实践中,计划体制的失败早已为"优化"的努力作了结论。从理论上讲,优化的前提是最优结构的存在,并且政府对这个最优结构的把握比市场更为深刻和更为全面。然而正如哈耶克所指出的,政府根本就不具备这样的信息能力。全国有数以百万计的企业,产品以千万计,而消费者有 13 亿,纵有三头六臂,政府也无法获得关于生产与消费的足够与详细的信息。没有充分信息,怎么可能认识"最优结构",又怎么可能合理安排社会经济活动? 正因为意识到政府的局限性,我们于 30 年前开始了一场伟大的改革,将资源的配置从政府手中转移到市场上来。

宏观政策不以供给结构为目标,这并不意味着它对结构没有影响。以利率政策为例,若运用得当,可实现比行政性产业政策效果更好的结构调整。当利率上升时,资金成本增加,企业会重新算账,取消预期投资收益低于资金成本的项目,将资金转入投资净收益仍然大于零的领域。这样的调整是基于效率的,由市场择优汰劣,而不像产业政策那样按行业"一刀切"。因是自愿调整,既不存在"下有对策"的困扰,也没有主观判断所引起的社会公正性问题。

根据宏观政策和预期市场环境的变化,微观单位作出投资的调整,由此而形成的产业结构就是最优的,因为它最有效地衔接了社会供给和需求。换言之,"最优产业结构"是市场自发活动的结果,是在无数市场参与者的趋利活动中形成的,它不可能被任何个体(包括政府)所事先预知,当然也就不可能作为政策的目标。

至于如何进行宏观调控,目标与手段的对应为一重要原则。社会总需求的目标决定了政策工具也是总量,而不应是具体的生产要素或生产资料的数量。严控银根无疑是正确的,严控地根则为中外宏观政策实践中所未见。且不论行政部门是否有权控制农民集体所有的土地,仅照此逻辑推理,为了抑制固定资产投资,行政部门将来会不会严控"钢根"或"水泥根"? 严格地集中管理土地供应,也与政府降低房价的目标相矛盾,成为房地产市场上一系列扭曲的根源。

目标与手段的对应也意味着"一石一鸟",即一项政策只能实现一个目标,例如货币政策顾了通胀就顾不上汇率,反之亦然。"一石一鸟"的原理不仅符合常识,而且有着经济学理论的严格证明,它在代数学中的表述就是一个方程只能解一个未知数,要想确定 n 个未知数,就必须有 n 个方程。货币政策怎么可能同时兼顾通胀、汇率、经济增长、股市、房价、民生? 土地政策又如何兼顾房价和粮食安全这两个相互矛盾的目标? 政策多目标的最可能结果就是一只鸟也打不到。

确立"一石一鸟"的原则,有助于理清思路,避免多个政策目标之间的冲突。紧缩银根以防止经济过热,放开土地供应以降低房价,民生问题则主要靠财政补贴解决。由于没有更多的手段,稳定汇率的目标不得不让位于抑制通胀的需要,人民币因此不得不加快升值的步伐。经济政策永远是成本和效益之间的权衡,不存在马儿跑得快而且又不吃草的万全之计。

最后,宏观调控还要处理好与改革的关系。一般而言,后者的重要性高于前者,因为改革是宏观经济稳定运行的长远和根本保障。宏观形势可以影响改革的时机,但不能动摇改革的决心,例如不能因通胀抬头就放弃成品油市场化定价的改革,也不能因经济过热就搁置投融资体制的改革。诚如胡锦涛总书记在十七大所强调的,改革开放不能停顿和倒退。

(原载 2007 年 12 月 24 日《经济观察报》)

严格区分两类不同性质的问题

——为宏观调控再正名

概念不清，逻辑混乱，目标冲突，利益纠缠，跟跄而行的宏观调控又一次来到岔路口上。经济景气下降原本是政策想要实现的目标，真到效果初现时，人们却又惊异不安起来，近日各种议论见诸报端，援引中小企业融资困难等理由，吁请政府缓行宏观调控。

中小企业融资的困难由来已久，并非始于宏观调控之时。虽然与宏观经济形势有关，从本质上讲，中小企业的融资不是宏观经济问题，而是微观结构性障碍所致。与此相类似，出口企业目前经历的主要是转型的痛苦，如果说宏观因素的话，外部需求疲软的影响更大，即便放松国内的宏观调控，恐怕也无法从根本上扭转局面。对于微观问题，需要寻求微观解。

中小企业融资难的根子在于金融机构的缺失，在于金融改革的落后。我国的金融体系以银行为主导，由其业务性质决定，银行不可能满足中小企业的融资需求。银行信贷有着显著的规模经济效应，无论贷给小企业 10 万元还是贷给大企业 10 亿元，贷款成本差不多，银行都要投入人力、财力和时间，调查分析借贷人的还款能力和信用历史，而这两笔贷款的收益则相差 1 万倍，银行理所当然地会"嫌贫爱富"。第二，中小企业没有太多的固定资产作为抵押品，对于这类客户，银行往往敬而远之。第三，中小企业多为民营，若贷给国企出现坏账，一般认为是银行业务人员的工作失误；贷给民企而无法回收时，经办人则有可能面临经济犯罪的指控，这种风险的不对称已成为银行业的一个潜规则。

在以银行为主的金融体系中，成本—收益的不对称以及风险—收益的不对称决定了中小企业的融资难具有内生的制度必然性，而当前的宏观政策不动利率而控制贷款数量,对中小企业如雪上加霜,加之在人脉和关系上处于天然劣势,它们很难拿到贷款额度,不得不求助于地下信用机构,承受几倍甚至十几倍于官方利率的借贷成本。

中小企业的融资靠大量的、民营的、小型草根性金融机构来解决,目前东南沿海 60%～70% 的民间利率正说明了社会上存在着对这种金融服务的巨大需求,同时也反映了这类金融机构的严重短缺。"凡是存在的,都是合理的",民间草根性金融机构的合理性就在于它们能够解决大型银行所无法解决的问题——成本和收益的不对称以及风险和回报的不对称。贷款业务的最大成本是信息成本,贷款的风险也来自于信息的缺乏。小型的草根性信贷机构因贴近中小企业,熟悉当地情况,获得和分析信息的成本远低于营业部设在城里的大银行。笔者曾碰到一位民营信用社的业务员,每天骑着自行车在乡间间里走访他的客户,"别说客户的生意和收入,连他家今天冰箱里有什么东西我都知道"。有如此充分的信息,难怪这家信用社的不良资产低得出奇。

"凡是存在的,都是不合理的",70% 的民间利率的不合理性显而易见,但这不是宏观调控的过错,对民间金融机构的过度管制堵塞了融资渠道,利率和信贷数量的行政管制则分割了市场,造成了资金成本的极大扭曲。在利率和信贷市场化的环境中,相信宏观再紧缩,利率也不会高到 70% 的地步。中小企业融资的解决方案因此应该是放松管制,加速金融机构的创新,推进微观层面上的改革,而不是将微观问题宏观化。

能否暂缓宏观调控,待中小企业度过眼下的难关后再启动金融改革?答案是否定的,因为通货膨胀比中小企业融资问题更为紧迫,一旦放松宏观调控,通胀立即抬头。归根结底,这是一个你到底想要什么的问题,是成本和效益的权衡,牺牲几个百分点的经济增长以控制通胀,还是容忍通胀继续上升以保持增长?熊掌和鱼不可兼得,世上没有免费的午餐,宏观调控不可能同时兼顾两个相互矛盾的目标。

相互矛盾的政策目标近年来屡见不鲜,各种各样的"既要……,又要……",看上去全面公允,实则以一厢情愿的幻想代替不可避免的痛苦选择。例如既要保证成品油的供应,又要抑制物价的上升;既要维持汇率的稳定,又要防止流动性过剩;既要控制通货膨胀,又要保持经济的增长。说穿了其实就是一句话,既要马儿跑得快,又要马儿不吃草。

当涉及目标选择时,宏观政策就已超出了纯经济学的范畴,利益博弈成为影响政策的重要因素。实行扩张性宏观政策没有问题,发票子,给补贴,无论多寡,好处人人有份,个个称赞政策英明。紧缩就不同了,房价地价下跌,地产商和地方政府收入减少,于是有暂缓调控的呼声;上市公司盈利下降,股市牛去熊来,股民和市场人士也盼望暂缓;企业经营困难,税收和就业形势严峻,商会、协会和地方政府上书,同样是众口一词地恳请暂缓。倘若跟着民意走,宏观政策必然变成单边的,只许扩张,不许紧缩,就像我们的股市一样,只许上涨,不许下跌。

回顾 1993、1994 年的高通胀期,那时的情景与今日何其相似,除了中央政府,几乎没有人警示通胀的危害,即使 CPI 通胀已达 20% 以上。为什么只怕经济增长放慢而不怕通胀?这又和风险—收益的不对称有关。地方长官关心的是本地的税收与就业,也就是本地的经济增长,而不必承担高增长的风险——通货膨胀,控制通胀是中央政府的责任。

为了更好地平衡短期和长期利益以及局部和整体的利益,我们再次提出建立宏观政策的听证会制度,再次呼吁加强政策制定部门特别是中央银行的独立性。中央银行直接向全国人大汇报,不再作为内阁的一部分,行长任期与政府任期错开,立法保证中央银行制定货币政策的全权。中央银行在充分听取各方面的意见后,独立地做出关于货币政策的最终决定。

当前经济问题的复杂性在于宏观和微观交织,国内与国外互动。我们需要准确判断,理清头绪,既不能将微观问题宏观化,用宏观政策扶助企业;也不能将宏观问题微观化,用行政管理的方法治理通胀。通货膨胀的定义原本清晰无误,“通货”即流通中货币,“膨胀”就是增长速度过快,“通货膨胀”指货币超发引起的物价全面上涨,是个总量问题,是个货币现象,从紧的货币政策此时万万不可放弃。

微观层面上的问题要从改革上找答案,解除管制,开放投资领域,特别是重要的服务业如金融、电讯、交通运输、文化教育、医疗卫生、媒体娱乐等等,加速资源从制造业向服务业的转移,创造就业机会,通过经济结构的调整降低能耗和排污,尽快实现我们谈了多年却鲜有进展的经济转型和企业转型。

(2008 年 7 月)

行政调控要有合法性与合理性

近日行政性调控措施密集推出,令人目不暇接。多年来,市场上还没有见过如此大规模的行政手段运用,恍惚间时光倒流,不禁有回到计划经济之感。

因成品油提价后油荒未见缓解,政府部门要求国有石油公司"全力承担保证市场供应的责任",严格成品油市场准入制度。金融监管当局指导商业银行收紧甚至停止信贷,以抑制投资的过快增长。政府还将启动高规格的全国房地产市场检查风暴,12个工作组分别由副部级官员挂帅,奔赴房价大幅上升的省区市。宏观调控正演变成微观管理,经济杠杆被束之高阁,以宏观调控为名的行政手段日渐流行,被当做调节经济和驾驭市场的万应灵药。

不管力度多大,行政手段注定不会奏效。违反经济规律和伤害基层经济利益的"上有政策"必然引发各种各样的"下有对策";企业与个人的理性应对使行政调控要么不起作用,要么走向政策目标的反面。成品油市场反复出现供应短缺,银行贷款增速越调越高,房产价格越压越涨就是证明,难道我们还要交更多学费才能认识到么?

比效果更为严重的问题是行政手段的合法性。市场经济中绝大多数经济活动是政府不能干预的,因为这些活动属于消费者自由选择的权利,或是企业自主经营的权利。在正常情况下,凡涉及权利,只有通过法律程序才能调整,行政部门不得以任何名义限制或取消经济个体的权利。无论目标如何崇高——低收入阶层民生还是宏观调控需要,未经利益相关方同意,行政部门都不得将自己的意志凌驾于经济个体的权利之上。

为产品定价是企业最基本的经营自主权,只要没有串谋等违法行为,柴油多少钱一升,牛肉面多少钱一碗,房子多少钱一平方米,理应由企业自行决定,与政府没有丝毫关系。同样,卖多少产品、卖给谁,企业也有权作出最符合自己利益的决策。炼油厂可以将柴油出口到国际市场上,也可以存放在仓库中以后再卖;银行可以在经济形势好时多发贷款,也可以为了控制风险而少发一些。至于生产什么样的产品,更是企业自己的事情,规定商品房面积的逻辑如同指令餐馆做多大的馒头一样荒谬。

与生产者类似,多少家庭住多大面积的房子是消费者的权利,政府无权作硬性规定,而只能通过税收和补贴方式,引导人们的消费倾向,在避免侵犯消费者权利的前提下,实现政府的调控意图。

论者或以为在特定经济形势下,政府可以要求企业肩负起应有的社会责任,主动控制信贷规模,或者在发生油荒时,即使亏损也要保证成品油供应。

这一观点的持有者忘记了弗里德曼的名言,"企业最大的社会责任是为股东赚钱",股东包括国家、机构和个人投资者。只要能为股东赚钱并且符合法律,企业的任何行动都不应受到道德谴责和行政管制。无论面对何种指责,"囤积居奇"、"牟取暴利"也罢,"为富不仁"、"扰乱市场秩序"也罢,企业都应该理直气壮地去最大化股东的利益,这既是企业管理者必须履行的社会责任和法律义务,也是他们必须坚守的职业道德。

除了法理基础,行政调控还要有合理性,遵循经济规律,以最小的成本实现预定的政策目标。成品油供应不足,基本的对策一是价格市场化,降低市场准入壁垒,增加供给;另一对策为继续控制价格和市场准入,打击囤积和出口,全面监督成品油的生产和销售。为落实后一政策,政府需要派出多少工作人员到各地检查炼油厂和加油站?检查组一回到北京,基层还会贯彻执行上面的政策吗?若否,是不是还要掀起第二波、第三波检查风暴?

同样的分析可用于房地产业。严控土地供应、限定户型面积和比例等政策打乱了市场的正常运行,开发商和消费者都预期未来价格走高,前者拿到地后不急于开发,等待土地升值,而后者计划明年买的房子赶在今年就买。结果供给放缓,需求激增,房价焉有不涨之理?政府于是不得不再派工作组,除了户型,还要检查开发进度。可是全国有多少房地产项目？要投入多少资源才能查出个究竟？即使查出，又要消耗多少人力、财力才能有效监控？

与行政调控相比，市场化对策不仅维护了消费者权利和企业经营自主权，而且能以更低的成本实现政策目标。成品油价格市场化将一劳永逸地消除油荒，土地供应市场化将从根本上解决房价过高问题，而利率和汇率等经济手段将比贷款数量控制更有效地调节货币供应，纠正中国经济的内外部失衡。

市场化对策的成本低，原因是它建立在尊重经济个体权利的基础之上，"顺水行舟"阻力小，事半功倍，这就是经济学所讲的激励协调，也是市场效率远超政府的关键所在。

（原载 2007 年 12 月 10 日《财经》）

医疗行业中的市场与政府

乍听到"医疗的市场化改革过了头"的说法,不免诧异。将老百姓的看病难归咎于市场,提出重回政府主导的道路,更是令人费解。市场配置资源的效率比政府高,这是一条经济学的基本原理,我国近三十年的市场化改革成就也令人信服地证明了这一点。如果市场可以很好地解决柴米油盐的供给问题,不知为何到医疗行业中就不灵了,阿司匹林和大米究竟有什么不同,非要政府来主导?

食品与医疗均为关系民生的大事,从数量上看,食品的重要性远大于医疗。2006 年食品占城镇家庭开支的 36%,药品及医疗服务只占7%。医疗和食品都有很强的需求刚性,价格高也罢低也罢,饭总是要吃的,有了病也总得看。需求刚性决定了消费者在市场上处于弱势地位,鲜有讨价还价的能力,只能被动地接受供应商的"敲诈"。食品和医疗对产品/服务可靠性和安全性的要求也相当高,都是人命关天,马虎不得。柴米油盐的供给可以并且已经市场化了,为什么医疗仍要靠政府?

经济学原理告诉我们,政府和市场的分界由产品与行业的经济性质决定,仅在自然垄断、公共品、"外部效应"和信息不对称等少数市场失效的地方,才有政府干预的空间。食品和所有这些市场失效都不搭界,因此政府基本不管,而医疗必须至少符合这些条件中的一个,政府才有可能(但不是必然)比市场更有效。至于报刊文章常用的"公益性"一词,因无严格的经济学定义,不能作为政府介入的理由,更不能用这个含义不清的说法证明政府比市场有效。

显而易见,医疗不存在自然垄断的问题。医疗也不是公共品。公共品的特征是非排除性,即由于法律的、技术的或经济的原因,无法将未付费的使用者排除在外。城市里的街道是公共品,因为市政当局不能禁止没交养路费的市民在街上行走。医疗则不同,除了重大事故和急诊,医院完全可以拒绝给未付款的患者看病,尽管这样做或许是不道德的。

和医疗相类似的是基本教育,不同的是后者为一项公民权利。从法律上讲,任何学校都不得将未交学费的小学生或初中生拒之门外,接受九年义务教育是他们的权利,国家以财政资金保障了这项权利。基本教育具有非排除性因此是公共品,而医疗像食品一样,是典型的私人品。如果将来我国宪法规定基本的医疗为公民权利,那时医疗就变成了公共品,即使未交费公民也有权享受的产品和服务。然而在今天,只要医疗仍属于私人品,市场就是比政府更有效的资源配置机制。

医疗和食品的不同之处在于"外部效应",医疗的社会收益可以大于个人收益。治愈一个非典病人,患者的个人收益是避免了痛苦和病假导致的工资损失,而社会的收益不仅包括了患者的个人收益,并且还因他的康复减少了传染源,防止了疾病在社会上的大面积扩散。在完全市场化的环境中,医院的收入只反映了个人收益,医院的收入偏低,医院仅有治疗而无防止传染的财力,仅有治疗而无防止传染的积极性,医疗防治的供给低于社会最优水平,这时需要政府介入。

必须强调的是,需要政府干预绝不意味着政府主导。在论证了政府干预必要性的同时,"外部效应"也严格界定了政府干预的范围。一般的头痛脑热、外科、心脑血管疾病甚至癌症都没有什么"外部效应",市场能够提供足够的药品和服务,无需政府插手。实践中,世界各国政府和国际卫生组织仅在控制流行性疾病传播等方面发挥了主导作用,原因就在于这类疾病巨大的"外部效应"。

造成市场失效的最后一个因素是信息不对称,制药商比消费者更了解药物的效力和成本,医生比病人更清楚手术的实际费用。食品市场上虽然也存在着信息不对称,但程度有所不同,把握大米的质量比理解药品的化学方程式要容易得多,米店和消费者之间的信息不对称问题因此没有医疗那样严重。信息不对称会被供应商利用以抬高价格,高价令市场萎缩,例如病人宁可寻找偏方或者求神拜佛,也不去医院看病,市场不能提供足够的药品和医疗服务,市场失效了。

在这里特别需要区分信息不对称和价格管制下的医疗费用上升,

切不可把两者混为一谈。政府规定的药费和医疗费率有可能低于市场均衡价格,然而经济规律是管不住的,它一定会顽强地表现自己,以各种各样的形式绕过或突破价格管制。常为人们所诟病的医生拿红包现象,如同计划经济年代广泛存在的黑市一样,在大多数情况下,就是市场对于价格和工资管制的否定。这样的费用增加和信息不对称下的价格虚高在性质上完全不同,与大夫的医德也没有多大关系。

信息不对称为政府干预留出了空间,同时也将政府的职能限制在信息严重不对称的领域中。对于常用和常见药,消费者已掌握了足够的信息,政府若进行干预,除了打乱市场的正常运行,难有其他作用。从这点上看,阿司匹林和柴米油盐确实没有什么不同,政府不去主导食品的生产,也没有必要主导阿司匹林等常用药的供应。公众不很了解的新药,才是政府关注的重点。

即便对于新药,政府干预也并非天然有效的解决方案,因为政府同样面临信息不对称的问题。新药可以由政府机构主持验证,也可以交给信誉卓著的民间协会或者医院,经临床试用后,再向社会推荐。到底是民间的市场化方案还是政府干预,要看谁的信息成本更小,不存在市场失效时政府就必然有效的定律。民间机构的优势首先在于专业人才和专业知识,对新药的了解一般要超过非专业的政府公务员,能够更有效地克服信息不对称。但是,民间机构必须面对市场竞争,而政府就没有这个压力。市场的惩罚迫使民间机构认真负责地进行新药的测试,任何有意或无意的误导公众都有可能给它们造成无法弥补的商业损失。

即使在信息不对称的情况下政府有理由进行干预,"主导"也不是惟一的方式。既然市场失效是由信息不对称引起的,立法机构可以规定强制性信息披露的要求,由政府监督执行,就像食品出厂必须标明成分和有效期一样,或者像上市公司的季报和年报制度一样。因为信息不对称,政府就要自己管医院、管大夫、管工资、管价格,其逻辑等同于政府自己经营食品厂,或者政府自己经营上市公司。证券市场上的信息不对称丝毫不亚于医疗行业,既然以强制性信息披露为核心的监管被证明是保护广大投资者的有效措施,为什么医疗就一定要政府主导呢?

小结上述的讨论可知,政府的职能仅限于具有显著"外部效应"或者信息严重不对称的个别场合。对于"外部效应",政府可提供财政补贴,而立法和监管则是克服信息不对称的有效手段,"政府主导"的说法缺乏经济学理论的依据,市场能够比政府更好地解决药品和医疗服务的供应问题。这一结论的政策含义是不言而喻的:医疗改革的方向不是重回政府主导的体制,而是解除对市场准入、工资和价格的管制,让市场充分发挥配置资源的作用。

解除管制后,短期内价格可能会上升,但正是高价所带来的利润吸引更多的资金和人才进入医疗行业,结果是供给增加,价格回落。我国经济改革的历史反复证明了市场消除短缺的神奇力量,例如1978年开始的农业改革,将柴米油盐的凭票限量供应送进了博物馆。1980年代后期,国家解除了对主要生产资料的计划管制,市场上一度出现钢材、水泥等产品的短缺,价格上涨,"倒爷"盛行。当时我们并没有因为企业买钢难的问题重回政府主导的老路,而是坚持改革,坚持市场导向,很快就实现了主要生产资料的供需平衡。

温故而知新,当前社会上的"看病难"、"买房难"等问题,和过去的"买肉难"、"买钢难"的性质相同,都是由供给不足引起,对策应当是开放市场,尽快增加供给。如果一味用行政手段打压价格,只能阻止更多社会资源的进入,反而抑制了供给。另一方面,人为设定的低价又刺激了需求,供需失衡进一步恶化,消费者将不得不面对更大的价格上涨压力。

无可否认,在废除了完全由政府统筹的医疗体制后,低收入阶层的确碰到了看病买药的困难,正像废除了政府分配公房的制度后,房价超出了他们所能承受的程度一样。这一部分人的医疗、住房、教育等问题,才是真正需要政府主导予以解决的。实际上,政府在市场经济中的主要职能之一,就是提供这些市场无法提供的基本社会保障,例如基本医疗保险、廉租房或者像香港那样的政府公屋,以及由财政资金支持的义务教育。

必须强调的是,市场无法提供基本的社会保障并不意味着市场失效。市场的作用是配置资源,其效率主要体现在经济领域中;而基本社会保障的实质是收入的再分配,属于社会目标的范畴。医疗体制改革的复杂性,在于它经济和社会的双重属性,在于增加医疗供给和为低收入阶层提供医疗服务双重任务的交织。这两类任务密切相关,却又性质不同,不可混为一谈。经济问题以市场化解决方案为主,而社会责任应主要由政府承担。市场能够有效地增加医疗的社会总供给,但不能由此延伸为低收入阶层的医疗服务也交给市场。同理,基本的医疗服务靠政府,但不能由此得出政府主导整个医疗行业的结论。

为了推进医疗体制改革,需要进行深入的理论与实证研究。在既无严格经济学理论的论证,又无事实与数据支持的情况下,匆匆忙忙地设计各种各样的方案,不仅有失学者的严谨,而且有可能伤害对于学者来说是最为宝贵的独立性。方案若成为部门利益的载体,而不是公众利益的保障,方案就失去了意义,相信无论公众或政府,都不愿看到这样的改革设计。

(原载 2007 年 6 月 11 日《经济观察报》)

不可驾驭的市场

日前的成品油法定价格上调,标志着长期为人们所诟病的价格管制出现了松动。管理层是否将以此为契机,推动成品油定价的市场化,尚有待观察,对于"驾驭市场"的习惯性思维而言,市场无疑已给我们上了生动的一课。

我国的原油消耗近年来随着经济的增长迅速上升,十年前原油基本可以自给,今天所需的一半依靠进口。当国际原油价格从 2003 年的约 30 美元一桶急剧上涨到接近 100 美元时,能源安全自然引起人们的忧虑。

依照市场规律,成品油价格应随原油价格上涨。价格反映资源的稀缺性,指导企业和个人更有效地使用资源。价格管制破坏了市场配置资源的机制,扭曲了价格信号,误导企业与个人,鼓励了稀缺资源的滥用和与浪费。

价格信号扭曲的后果可以是严重的。根据经合组织的估计,以购买力平价计算的 2003 年单位 GDP 能耗我国是日本的 8 倍,是美国的 4 倍、韩国的 2.5 倍、印度的 1.5 倍。在当前的经济景气周期中,高耗能的重型制造业项目大量上马,低耗能的服务业比重下滑,我国经济的总体能源利用效率可能进一步恶化。包括成品油在内的能源价格管制已成为建设节约型社会的障碍,并造成环境的加速破坏。

管制价格和驾驭市场的试图之所以不可取,不仅因为市场自有其功能,而且因为市场是不可驾驭的,成品油行政定价的失败就是明证。

市场的强大在于激励协调,而驾驭市场的困难也正来自于激励的不协调。市场上的自由交易都是自愿的,自愿说明交易的互利性质,互利意味着交易双方的激励协调,利益的一致,保证交易的顺利完成。与自愿交易不同,政府驾驭市场的举措必然会伤害一些企业或个人的利益。面对成品油价格管制,理性的炼油企业会想方设法减少损失,例如降低产出和干脆停产,或者将成品油走私出口到价格较高的海外市场上,国内则遭受供应短缺之苦,四处油荒告急。

凡政策与经济个体的利益相冲突,企业与个人必然会有应对之方,正是他们的策略调整与规避,使得政策失去作用甚至适得其反,这一现象在经济学中被称为"理性预期下的政策失效",用通俗的话讲,就是"上有政策,下有对策"。成品油提价后为何油荒继续?法定价格仍在市场均衡水平之下,提价虽缩小了炼厂的损失,也强化了进一步加价的预期,导致惜售现象更为严重。

市场经济中,"下有对策"乃天经地义,无可指摘,也不必抱怨,政府应预见到"下有对策",承认其合理性,在此基础上考虑经济政策的制定。

知道炼油厂会减产停产,为了在管住成品油价格的同时确保供应,政府需要拥有极强的执行能力,及时发现和惩罚故意减产厂家及走私犯。驾驭市场的问题恰好出在这里,有限的人力财力决定了政府不可能监控所有厂家,更为致命的是缺乏准确的信息。面对政府的检查,企业可以报称设备故障或检修,原油没有按时运到,炼油亏损发不出工资等等,政府无法核实哪些是真实原因,哪些仅为借口,当然也就无法处置违规者。政府这时会面临两个选择,要么完全控制成品油生产,要么放弃价格管制。

实际上,政府的确掌握了石油行业的绝大部分资源,国有企业占有80%以上的成品油市场。即便如此,市场依然顽强地显示了自己的力量,不仅中小企业对过低的成品油价做出了符合自己利益的反应,就连政府绝对控股的石油巨头也呼吁提高价格。驾驭市场的主观愿望最终不得不让位于对客观规律的尊重。

如果在政府绝对主导的石油行业内,市场尚且无法驾驭,规模比成品油大得多而且政府控制力度弱得多的房地产市场又怎么调控得了呢?遑论规模已超过经济总量的股票市场。

和成品油市场一样,驾驭股市的问题也是利益的不一致。为了防止股价的大起大落,政府试图协调投资者的行动。市场低迷时发表社论,暂停上市,增发基金,全面营造利好;眼见泡沫膨胀就警示风险,指导减仓,惩办违规。投资者可以领会政府的意图,但绝不会步调一致听指挥。由利益驱使,政府唱多时他们蜂拥而入,唯恐落后,因为夺得先机者可以稳赚后来者的钱;政府看淡时也不可能有序撤退,而是争相逃命,因为慢一步就要被深度套牢。结果市场不飞则已,一飞冲天;不跌则已,一跌千点。防止大起大落的政策变成引发大起大落的原因,市场的辩证法就是这样的无情。

若想驾驭"羊群效应"驱动的股市,政府就必须具有管住所有投资者的能力。协调几十家机构投资者或许不难,但对号称1亿的散户,政府却无可奈何。既然管不了,何必非要去管?何不听从古代先贤的告诫,"清静无为"以达到"无所不为"的境界?

政府之对于市场,有如人类之对于自然。工业革命以来,科技的飞速进步与生产力的巨大提高曾使人类误认为自己无所不能,以"人定胜天"的豪情试图将自己的意志强加于自然。在付出了无数沉重的代价之后,人类终于意识到自己的渺小,放弃了过去的无知与傲慢,开始保护自然,治理环境,修复生态。人不可能胜天,不仅因为人只是自然的一小部分,而且无论科技怎样发达,他也无法以有限的智力参透自然的无限奥妙。

与自然科学的哲学原理相同,政府不可能以有限的认知能力把握市场的无穷变化,更不可能以有限的执行能力驾驭宏大深厚的市场。对市场的敬畏是制定经济政策的前提,敬畏来自于对经济规律的尊重,而经济规律则代表着亿万市场参与者的根本利益。

(原载 2007 年 11 月 23 日《财经》)

股市与价格

　　市场经济对计划经济的优越性,在于价格机制能够比计划更有效地配置资源。众多市场参与者的自愿交易形成价格,价格综合反映了每一时点上的社会需求和供给。价格上升时,需求大于供给;反之,供给大于需求。价格的变动传递了供需相对关系的信息,厂商依此决定增加还是减少供给,消费者相应调整购买的品种和数量,在价格信号的指导下,资源及时流向社会最需要的地方。

　　市场配置资源的效率由价格信号的准确度决定,因此应尽可能地减少对价格体系的干扰,以避免人为的价格信号扭曲,以及由此而产生的资源错配。至于希望实现的社会目标,特别是低收入群体的基本生活,应尽可能地通过社会保障和财政补贴来实现,不可随意为社会目标去"调控"市场价格,打乱市场的运行。

　　股价是股本资金的价格,利率是债务资金的价格。价格反映了资金的稀缺程度,指导资金流向最需要也就是愿意给出最高回报的企业。对于资金配置的效率,价格信号的准确性至关重要,而不恰当的干预则扭曲了资金成本。

　　在政府的隐性担保下,A 股市盈率已达 50 倍左右。对企业而言,这相当于 2% 的融资成本,考虑到风险,股本金成本已大幅低于债务成本,颠覆了金融学的一条基本原理。人为压低的资金成本刺激了低收益项目的上马,然而一旦经济周期逆转,企业就可能发生亏损,企业效益的下降将导致银行坏账增加,严重时有可能酿成亚洲金融危机那样的灾难。防止金融危机的关键是企业投资的高效益,而要想准确估计投资效益,企业必须面对真实而不是扭曲的资金成本。需要强调的是,政府没有责任也不应该保证炒股的回报。

公交和住房属于基本生活品,而股票是投资品。当低收入群体的生活必需品发生困难时,政府可以动用公共资金给予帮助。但如果政府保证股票投资收益,炒房出现亏损怎么办?实业投资失败是否也可找政府赔偿?

政府不能保证炒股收益的第二个原因是定价机制的不同。成品油与房屋的价格由产品的效用决定,而股票的价格取决于收益和风险两个因素。政府显性或隐性地担保只涨不跌,则收益和风险失衡,股民低估或干脆忽略风险,投入资金不断推高价格。50 倍的市盈率早就脱离了资金的真实成本,仅仅反映了只赚不赔的非理性预期,价格信号严重失真。违反经济规律,不可能不受到惩罚,房价越打压越高,股市越调控风险越大。出路何在?严格区分问题的性质,找到准确的定位。凡供需失衡引起的价格波动,统统由市场自行调节,因为市场能够更有效地配置资源;价格波动所带来的社会问题,特别是低收入阶层的生活问题,则主要由政府负责。市场和政府功能需要清晰地界定,我们在成品油价、房价、股价乃至外汇价格(汇率)上的政策误区,正是源于两者关系的颠倒,社会职能被推向了市场,而市场能够有效解决的资源配置反而被置于管制之下。

(原载 2007 年 9 月《财经》)

油价、房价和股价

　　市场经济对计划经济的优越性,在于价格机制能够比中央计划更有效地配置资源。众多市场参与者的自愿交易形成价格,价格综合反映了每一时点上的社会需求和供给。价格上升时,需求大于供给,消费者相应调整购买的品种和数量,在价格信号的指导下,资源及时流向社会最需要的地方。

　　市场配置资源的效率由价格信号的准确度决定,政府因此应尽可能地减少对价格体系的干扰,以避免人为的价格信号扭曲,以及由此而产生的资源错配。至于政府希望实现的社会目标,特别是低收入群体的基本生活,应尽可能地通过社会保障和财政补贴来实现,不可随意为社会目标去"调控"市场价格打乱市场的运行。

　　以油价为例,近年来世界原油价格不断攀升,而国内成品油的价格仍处于政府管制之下。管制的动因之一是控制城市公共交通和农用车的运营成本,显然,政府将价格当成了实现社会目标的手段,但经济却为此付出代价。成品油价格虚低,不能如实反映资源的稀缺性,鼓励了能源的浪费,并且因国内外的价格倒挂,出现了国内部分地区的"油荒"和成品油出口并存的怪现象。

　　调控价格不仅伤害效率,而且因违反经济规律,往往适得其反。看到房价的上升,政府采用行政手段打压,价格未来不确定性的增加抑制了供给,供给短缺的预期又刺激了需求,供需缺口进一步扩大,推动房价继续上涨。

　　令人忧虑的是,行政调控从价值延伸到了房屋供应的规格与数量。住多大面积的房子、有多少人偏爱什么样的户型,本来是消费者的自由选择,作出硬性的划一规定,不仅侵犯了消费者的权利,而且打乱了市场供应。政府现在不仅要管房产商的开发计划,还要管买房人的偏好,经过近三十年的改革,计划经济似乎又在向我们招手了。

另一对经济效率伤害极大的价格调控发生在资本市场上。股价是股本资金的价格,利率是债务资金的价格。价格反映了资金的稀缺程度,指导资金流向最需要也就是愿意给出最高回报的企业。对于资金配置的效率,价格信号的准确性至关重要,而政府的干预则扭曲了资金成本。

在政府托市的隐性担保下,A股市盈率已达50倍左右。对企业而言,这相当于2%的融资成本,考虑到风险,股本金成本已大幅低于债务成本,颠覆了金融学的一条基本原理。人为压低的资金成本刺激了低收益项目的上马,然而一旦经济周期逆转,企业就可能发生亏损,企业效益的下降将导致银行坏账增加,严重时有可能酿成亚洲金融危机那样的灾难。防止金融危机的关键是企业投资的高效益,而要想准确估计投资效益,企业必须面对真实而不是扭曲的资金成本。

价格波动的确会引起低收入阶层的生活困难,但解决方案不应是价格调控,而是财政补贴。政府补贴城市公交和农用车,让成品油价格随市场供需关系波动;政府主持廉租房的建设与分配,让市场配置中、高收入阶层的住房。

需要调强的是,政府没有责任也不应该保证炒股的回报。公交和住房属于基本生活品,而股票是投资品。当低收入群体的生活必需品发生困难时,政府可以动用公共资金给与帮助。但如果政府保证股票投资收益,炒房出现亏损怎么办?实业投资失败是否也可找政府赔偿?

政府不能保证炒股收益的第二个原因是定价机制的不同。成品油与房屋的价格由产品的效用决定,而股票的价格取决于收益和风险两个因素。政府显性或隐性地担保只涨不跌,收益和风险失衡,股民低估或干脆忽略风险,投入资金不断推高价格。50倍的市盈率早就脱离了资金的真实成本,仅仅反映了只赚不赔的非理性预期,价格信号严重失真。

违反经济规律,不可能不受到惩罚,房价越打压越高,股市越调控风险越大。出路何在?严格区分问题的性质,找到准确的政府定位。凡供需失衡引起的价格波动,统统由市场自行调节,因为市场能够比政府更有效地配置资源;价格波动所带来的社会问题,特别是低收入阶层的生活问题,则主要由政府负责。

市场和政府功能需要清晰地界定,我们在成品油价、房价、股价乃至外汇价格(汇率)上的政策误区,正是源于两者关系的颠倒,政府应该承担的社会职能被推向了市场,而市场能够有效解决的资源配置反而被置于政府的管制之下。

政府与市场的关系该理理顺了。

(原载 2007 年 7 月 9 日《财经》)

涨价没错　串谋不对

　　不久前,方便面集体涨价,舆论哗然,政府迅速展开调查,认定这些厂家违反了《价格法》第十四条,"经营者不得相互串通,操纵市场价格",责令立即改正错误。厂家在各方的压力下,连忙道歉和降价,近日方便面价格已回复到涨价前的水平。

　　世界各国的反垄断法都有明文规定,禁止各式各样的价格联盟或者价格卡特尔。所谓价格联盟,是指厂家协商制定价格,共同遵守。由于联盟价格高于市场均衡价格,厂家牺牲消费者利益而获取超额利润。如果方便面厂家确如媒体所报道,开会协调涨价,则构成垄断操纵行为,当然要受到舆论的谴责和法律的制裁。

　　如果方便面厂家没有串联,分头涨价,又该如何看待?例如某市牛肉拉面的提价,是否也需要政府介入,甚至实施价格管制?

　　看看数据就知道,厂家也有难言的苦衷。今年上半年,方便面和牛肉面的主要原材料及劳动力成本都出现较大幅度上升,与去年同期相比的价格上涨率面粉是 7.5％,花生油 17.4％,牛肉 11.9％,职工工资同比增加 17.7％,而且成本的上升有不断加剧之势。在竞争性市场中,价格应该也必然会反映成本的变动,厂家提价或有违民情,却与经济学原理相符。

　　倘若不许涨价,厂家可能会以次充好,或者缺斤短两,用不易察觉的质量降低抵消成本的上升,结果仍然会损害消费者的利益。能否监督所有的生产者,保证方便面的出厂质量?政府有无足够的资源进行有效监督是个大问题,况且厂家还可以削减产量应对,或者干脆退出市场。一旦发生供给短缺,深受其害的还是消费者。

　　在通货膨胀的环境中,只要没有像串谋那样违反法律,厂商提价以转嫁成本就无可指责。面对通胀,消费者也会要求提高工资,以避免实际生活水平的下降。消费者力图最大化自己的福利,而厂商目标是利润的最大化,人人都在谋求自己的利益,这是一个公平的利益博弈,没有任何人负有天然的"道德原罪"。

市场的公平体现在消费者和厂商都有选择的自由。方便面 A 太贵,消费者可以买方便面 B 或者拉面;做方便面不赚钱,厂商可以改行经营汉堡包。法律之所以禁止串谋,正是因为厂商的集体行动缩小了消费者的选择范围,破坏了博弈的公平性。

由此看来,方便面集体涨价属于合理但不合法的行为,厂家不可以串谋;而牛肉面涨价则既合理又合法。这里所说的"理",不是传统观念中的情理之理,而是总结经济规律的经济学原理,是理性之理。

理性地分析面条涨价,在无串谋的前提下,厂商与消费者之间的利益博弈有三个可能的均衡——提价,平价但质量降低以及平价但产出减少。至于保质、保量而且平价的产品,只是一厢情愿的幻想,根本不可能在市场经济的现实中存在。平价虽好,但消费者不愿见到低质产品和供应短缺,而且产出的下降还会造成失业。综合考虑这些因素,可以证明,当成本上升时,提价对包括消费者和厂商在内的社会整体福利的影响最小。

主张提价合理是否会导致价格失控? 当然不会,因为市场对厂商的定价形成了强有力的约束。市场的制衡来自于两个方面。如果厂家 A 定价过高,必然给其他方便面公司可乘之机,它们会不涨价或少涨价,以抢夺 A 的市场份额。千百万消费者则构成对厂商定价的第二重制约,价格太高不仅令 A 的短期销售下降,而且负面的"口碑效应"将对 A 的经营产生长远的不利影响。

涨价的合理性意味着政府调控价格的不合理。政府及时地指出串谋违反法律,维护了博弈规则的公平,但政府的职责也就到此为止,再向前跨一步,就会处于越位状态。试图通过打击串谋来"威慑"合理合法的涨价,或者管制牛肉面的价格,不仅有侵犯企业经营自主权之嫌,并且抑制了厂家之间的价格竞争,而竞争是消费者利益的最根本保障。政府的越位还体现在行政部门代行司法权,是否违反《价格法》以及如何处罚原本是司法部门的职责,行政部门可以提出公诉,但既不可以判案认定,也无权"责令立即改正错误"。

通货膨胀乃宏观经济现象,只能用宏观政策调节,不应嬗变为行政手段干预微观价格。为了防止可以接受的轻度通胀转变为恶性通胀,中央银行需要紧缩银根,降低人们的通胀预期,避免过高的通胀预期引起价格—成本的交替上升。从这个角度看问题,当前仍有必要继续加息,同时扩大人民币汇率的浮动区间,以减少境外热钱的流入。

(原载 2007 年 8 月 27 日《财经》)

价格管制合法吗？

近期政府开始管制生活必需品和化肥的价格，官方文件援引《价格法》说明本次管制的合法性。在仔细查阅了 1997 年颁发的《价格法》后，疑问依然存在。

《价格法》中有两条赋予政府干预价格的权力：

第十八条　下列商品和服务价格，政府在必要时可以实行政府指导价或者政府定价：

（一）与国民经济发展和人民生活关系重大的极少数商品价格……

第三十条　当重要商品和服务价格显著上涨或者有可能显著上涨，国务院和省、自治区、直辖市人民政府可以对部分价格采取限定差价率或者利润率、规定限价、实行提价申报制度和调价备案制度等干预措施。

政府的确有权干预价格，但必须严格遵守法律确定的干预程序。关于程序，《价格法》有如下两个条款：

第二十二条　政府价格主管部门和其他有关部门制定政府指导价、政府定价，应当开展价格、成本调查，听取消费者、经营者和有关方面的意见。

第二十三条　制定关系群众切身利益的公用事业价格、公益性服务价格、自然垄断经营的商品价格等政府指导价、政府定价，应当建立听证会制度，由政府价格主管部门主持，征求消费者、经营者和有关方面的意见，论证其必要性、可行性。

以笔者的理解，第三十条中干预价格措施的性质属于政府指导价或政府定价，因此也需要事先征求社会公众的意见。在实行本次价格管制之前，政府部门既没有按照要求开展价格和成本调查，也没有听取消费者和经营者的意见，与中国现行法律不符。政府虽有权干预价格，但不可以随时和任意使用这个权力，仅在公众的认可之后，政府才能动用价格管制权。

事前征求意见和听证会的制度极为重要，这是因为价格涉及方方面面的利益，没有利益相关者的广泛参与，缺少了酝酿和形成共识的过程，政府的管制方案就可能有失公平，不仅影响社会和谐，而且会导致利益受损方的"下有对策"，千方百计打擦边球，使价格管制流于形式。

在听证会上，主要的利益相关方——厂商和消费者直接见面，说明各自的立场。厂家提供成本和利润的数据，争取消费者对于提价的理解；消费者则以工资和生活费用的比较，论证价格管制措施的迫切性。这里需要强调一点，厂商所代表的，不是抽象和笼统的商家利益或企业利益，而是具体的股东利益或股民利益。例如当政府宣布 2008 年电力价格不涨时，国内外上市的电力公司股票价格应声下跌，投资者遭受损失。因此，关于价格管制的公众听证，一定要有投资者的代表参加。

如果消费者和厂商都是理性的，在事实面前，双方应该能够形成共识，而共识是社会和谐的最重要基础。如果不能达成共识，双方只好谋求妥协。若连妥协也无法实现，政府若想坚持价格管制，就必须给予补贴——消费者的物价补贴或厂商的亏损补贴，正像不久前补贴高校食堂和炼油企业一样。

听证会的第二个作用是约束政府，由于《价格法》没有对政府干预的前提做出明确和具体的说明，防止权力的滥用就成为执法环节上的关键。例如"政府在必要时可以实行政府指导价或者政府定价"，什么是"必要"？由谁来判断必要还是不必要？又如"与国民经济发展和人民生活关系重大的极少数商品"，"关系重大"是怎么定义的？由谁来定义？柴米油盐、衣食住行，哪个不"关系重大"？倘若都由政府部门说了算，岂不是给了政府实行计划经济的权力？

除了这次临时性的生活必需品价格管制，政府对自然垄断资源、公用事业和公益性服务的大多数定价也没有经过听证和论证，因而都不符合《价格法》的要求。成品油调价，主管部门一句话说了算。最近电信资费调价的听证会竟然在封闭的状态下进行，相关部门法律意识之薄弱可见一斑。除了事先未向社会公众征求意见外，对这些部门的价格管制也背离了《价格法》的精神，将第十八条的"必要时可以实行政府指导价和政府定价"，即有条件的管制变为实际上无条件的永远由政府定价。

有违法嫌疑的价格管制还出现在地方上。《价格法》明文规定，各级地方政府没有定价权，必须在中央的定价目录的范围内提出方案，报国务院价格主管部门审定。前不久发生的牛肉面价格管制，为地方价格管理部门的擅自决定，显然违反了《价格法》的这一条款。

《价格法》规定，政府只对"极少数"产品和服务实行指导价和定价，这是非常正确的。在市场经济中，价格的首要和最重要的功能是反映资源的稀缺性，指导全社会有效配置资源。价格的收入再分配功能是第二位的，并且与第一位的资源配置功能相冲突，即为收入再分配而管制价格，不可避免地要伤害效率。有鉴于此，政府应尽量避免干预价格，更多地通过财政政策调节收入分配。

为了进一步推进中国经济的市场化，在认真贯彻《价格法》的同时，有必要对这部法律进行修改，缩小政府干预价格的范围。例如第十八条中"资源稀缺的少数商品"、"重要的公益性服务"可由政府定价，应考虑删除。因为从经济学的角度讲，所有的资源都是稀缺的，几乎所有的服务也都有公益性，医疗卫生、金融、电讯、交通、理发、零售、娱乐，哪个服务业没有公益性？法律条文中不应出现无法准确定义的概念。

从长远来看，市场经济国家是否需要一部《价格法》，起码值得怀疑。随着经济的市场化程度的提高，政府对价格的干预仅限于自然垄断和公用事业等极少数地方，而总体价格水平的调控则通过货币政策实现。如果现阶段《价格法》仍有必要的话，其主要作用应是确定政府干预的范围，说明启动干预措施的程序，保护消费者、企业和投资者的权利。

（原载 2008 年 2 月 18 日《财经》）

政府该如何应对通胀

如何抑制通货膨胀,已经成为 2008 年的一个主要的政策课题。通货膨胀说到底是个货币现象,本应以货币政策应对,但近期市场上看到的,却是不断升级的行政调控。

例如,政府要求保持化肥价格的稳定,确因成本上升需调整的,必须报政府价格主管部门批准。同时又宣布,对达到一定规模的生活必需品实行生产企业的提价申报制,以及批发、零售企业的调价备案制。

为自己的产品定价,本是企业最基本的经营自主权,对于这一点,相信社会上不存任何误解,似无必要再费笔墨进行论证。需要引起注意的,倒是行政管制价格的违法嫌疑。我们不知道哪条法律赋予了政府审批价格的权力,也不知提价申报制的法律依据是什么,如果不能给予说明,价格管制就构成明显的侵权行为。

历史上,市场经济国家仅在战争等非常时期实行过大规模的价格管制。即便在紧急状态下,政府也必须遵循法律程序,从立法部门得到授权,在法律许可的范围内,执行正常情况下所没有的一些特殊职能。

如果政府无权干预企业的定价,是否可以号召企业履行社会责任,在通货膨胀时期自觉保持价格的稳定?对于这个问题,弗里德曼的回答可谓一语中的——企业最大的社会责任就是为股东赚钱。如果企业的股东一致同意不涨价,牺牲自己的利益,为社会作贡献,毫无疑问,这些股东应当受到褒奖。但他们既没有法律上的责任,也没有道德的压力非这样做不可,毕竟企业不是慈善机构。

至于"囤积居奇""哄抬物价"等道义谴责,在法律上本无任何意义,而类似传统戏曲中的手法,贴上一个白脸就是奸臣奸商,行政部门就有了兴师问罪的由头。什么叫"囤积居奇"?如同炒股票者,价格未涨到心理价位时当然捂着不卖,追求利润何错之有? 如果股票可以囤积,为什么消费品和土地不能囤积? 股市上也常见众多的投资者追捧少数几只股票,推动股价一路上升,对此,莫非也要按照"哄抬物价"治罪?

若真要打击"囤积居奇"和"哄抬物价",必须先在法律上给出严格的定义,道德标准不能作为行政处罚的依据,况且逐利行为未必就是不道德的。

撇开法理和伦理不谈,就控制通货膨胀的目标而言,价格管制无异于火上浇油。一方面,企业的成本在不断上升;另一方面,产品价格因行政管制而无法上调,预期利润率下降,企业会选择减少产出或者干脆停产,市场上的供应短缺进一步恶化,价格管制增加而不是降低了通货膨胀的压力。

由于行政手段的低效和无效,预期未来通货膨胀得不到有效抑制,企业提价的冲动更加强烈,职工要求增加薪水的呼声更加高涨,一旦形成工资—成本—价格之间的恶性循环,成本推动的食品和能源价格上升就可能引发全面的通货膨胀。当前宏观政策的关键,不在控制实际的通货膨胀,而在管理通货膨胀预期。管理预期最有效的方法就是实行紧缩性的货币政策,及时和果断的银根紧缩将给市场送去清晰的信号,降低企业与个人的通货膨胀预期;而价格管制的作用则正好相反,强化了社会的通货膨胀预期。

在通货膨胀的环境中,价格管制的另一弊端,是统计数据的失真。设计与公布各种价格指数的目的,就是跟踪与反映供需的失衡。现在人为地冻结价格,相当于病人已经发烧,偏要用冰袋捂着体温计,虚假的读数,或许可以给病人带来短暂的安慰,却有可能因误诊而造成严重的后果。

生活必需品价格上涨的确影响了民生,但价格管制有可能雪上加霜。如同计划体制下的情形,价格管制的结果必然是黑市的盛行,一般民众无力支付黑市的高价,而企业会千方百计地将产品从管制下的市场转移到黑市上,从而加剧大众市场上的短缺。为了搞到紧缺产品,要么耐心等候,要么托"关系"走后门,深受其害的仍是工薪阶层。这个计划经济中人们极为熟悉的现象,为价格管制的民生意义作了最好的注解。

从收入分配的角度看问题,水、电、成品油的价格管制都具有"劫贫济富"的性质。高收入家庭的水电消耗显著大于中产阶层,路上跑的大排量汽车也多为富裕家庭所拥有。在煤炭和原油价格不断上涨的情况下,政府管制电力和成品油价格,等于提供变相补贴,能源消耗越多的,得到的补贴就越多。不仅如此,价格管制惩罚了节能企业,因为当能源价格过低时,节能带来的成本下降可能不足以补偿对节能技术的投入。同理,过低的能源价格奖励了高耗能企业。

与计划思维方式不同,当能源、食品价格上涨时,如果背后的原因是供需失衡,市场化的解决方案是让市场发挥作用,政府不必干预,高价带来的高额利润自然会吸引厂商进入,增加供给,促使价格回落。如果能源、食品价格的提高由成本推动,例如玉米和原油价格的永久性上涨,而不是周期性的波动,政府的最佳对策仍然是"无为而治",高价将迫使企业与个人进行资源的重新配置,寻找新的替代品,提高资源使用效率,减少对原油和粮食的依赖。这正是价格机制应有的作用,而行政管制恰恰阉割了价格的这个最重要功能,将价格变为单纯的收入再分配工具。

无论宏观经济形势如何,定价永远是企业不可剥夺的权利,只要没有串谋等违法活动,他们就可以理直气壮地涨价。政府应该做的不是管制具体的价格,而是通过坚决和果断的货币政策,管理社会的通货膨胀预期。

除此之外,政府还应该向低收入家庭发放价格补贴,缓解因生活成本上升造成的困难。

从长期看,管制还是放开价格,关系到要不要坚持市场配置资源的主导作用,切不可为一时的简单和方便,放弃了市场化的改革方向。

(原载 2008 年 1 月 21 日《财经》)

政策市再掀狂澜

股指不应成为政策目标

在各方的压力下,政府宣布于 10 月 2 日停止国有股减持方案的实施。这不啻于以实际行动向市场宣示它的确有一个股指的底线,与委托资产管理的保底本质上并无两样,使人们不得不怀疑监管层"不以股指为监控目标"的承诺有多少公信力,投资者更有理由认为我国股市将回到"股指下跌—政府托市—股指回升、泡沫形成—泡沫破灭"的恶性循环中。

政府对股市一再的干预,打乱了正常的市场预期,政府干预的不可预测性增加投资者决策时的不确定性,增加了中国证券市场的系统风险。不仅如此,监管层的隐性保险造成风险和收益的不对称,指数上升,高高兴兴赚钱,指数下跌亦不必担忧,政府会来救市。凡风险和收益不对称时,投资者的预期和行为都要发生畸变,导致价格信号的扭曲和资源错配:中国一级市场上长时间的只赚不赔,二级市场上保证回报的委托资产管理都发生了问题,其根源正在于风险和收益的不对称。

有一种误解认为,美联储制定货币政策时同样要看市场指数,香港政府在 1998 年亦曾入市干预,并依此得出结论,政府干预市场是很正常的。格林斯潘的确是历史上第一个强调资本市场重要性的美联储主席,但即使在他的领导下,美联储也从来没有把道—琼斯指数或者纳斯达克指数作为货币政策目标或社会稳定的晴雨表,而是将证券市场视为重要的货币政策传导机制,美联储的政策目标始终是实体经济中的通胀率或经济增长率而不是股指。纳斯达克指数暴跌 60% 以上,美联储并未采取什么针对性措施,在美国经济明显放慢和出现衰退迹象时,才连续降低利率。香港政府 1998 年的入市,则是为了在危机时刻保卫港币对美元的联系汇率制。

什么样的资金链? 什么性质的断裂?

在政府宣布停止国有股减持前后,不断有人渲染形势的严重性,例如资本市场的资金链条正在断裂,券商挤兑引发金融危机,股指下跌将危及社会安定等等,压政府出面救市。关于资金链的问题,如果是银行和企业违规资金,或者是保证回报的委托管理资产,这些资金链条本来就不应该存在,早一些断裂有何不好? 根据我们的计算,在最差的情况下,证券业的问题可能引起银行呆坏账率增加两到三个百分点,但如果放任不管,更多的银行坏账还在后面。另一方面,股指下降 30% 就引起资金链条断裂,难道不正说明我们的证券机构在风险管理方面存在着严重的问题? 若真如此,又有什么理由要求政府承担资金链条断裂的后果? 基本的经济学和金融学常识告诉我们,券商不存在银行那样的挤兑(Bank Run)问题(为了区分银行和券商,我们在下文中凡涉及券商时用"挤提"一词)。从理论上讲,券商只要不挪用保证金,就不会有支付困难。换句话说,凡是出现挤提的,都是挪用了客户的保证金。你违规操作,为什么要让政府来救?

就是在券商出现挤提时,它对整个金融系统的冲击与银行挤兑也有着本质的不同。银行系统利用存款发放贷款,创造和放大了信用。挤兑将通过负向的乘数效应引发信用的急剧收缩,如果乘数为 10,银行损失一元存款,全社会信用总量将减少 10 元。券商则不同,它们没有参与信用的创造,投资者挤提一块钱,社会信用的损失也就是这一块钱,这也是为什么世界各国毫无例外地设置中央银行的原因,央行充当商业银行的最后借款,防止银行挤兑引起社会信用大幅度收缩,给经济带来灾难性后果。这样的机制没有必要在证券业设立。中国银行资产的大多数为国家银行拥有,银行挤兑有可能发展为国家信用危机,政府有责任维护国家信用。尽管国内很多券商亦为国有,但它们的股东是国有法人,投资者挤提时不会追索到国家,也就不会涉及国家信用。我们强调券商和银行的区别,并不是说证券公司不重要,券商经营发生困难时,需要采取措施予以解决,但解决方式绝对不应是抬高股价,让投资者为券商"脱困"。

"财政部方案"与划拨方案

国有股减持当然会增加流通市值,从而对股指形成一定的压力。市场上有一种看法,认为国有股减持所带来的潜在扩容是这一轮市场调整的主要原因。实际上,在过去的几年中,A股市场上的新发和增发每年都相当于流通市值的10%以上(1999年12%,2000年13%),却并没有妨碍股指的一路攀升。国有股减持的步伐可以比较大,但套现可以慢得多,套现和减持是两回事,必须严格加以区分。减持而不套现,比如说采用划拨方式,不会对市场造成直接冲击;减持而不套现同样可以实现上面所讲的第一和第二目标。仅当需要资金以弥补赤字时,社保基金才会将减持到它手中的国有股出售套现。社保支付高峰估计在2006年前后,近期内,国家不会也没有必要很快套现。

停止执行的"财政部方案"给市场造成了错觉,投资者误以为国有股减持将从市场上抽走大量资金。这是因为在"财政部方案"中,减持以出售国有股的方式实现,减持和套现同时发生。更糟糕的是该方案没有任何关于社保基金如何运作的说明,投资者感到困惑,无法建立起新的预期。以数值为例,假设出售国有股社保基金得到100万元人民币,而当期社会保障赤字为5万元,社保基金会留下5万以弥补赤字,将其余95万投入股市和债市,比如说用50万元买债券,45万元买股票。对社保基金而言,手中持有过多的现金没有意义,现金不能增值,社保基金也要做一个投资组合。

这样,因国有股减持从股市上流失的资金就不是100万元,而是55万元,资本市场(股市加债市)上流失的资金仅仅5万元。如果说明了社保基金的运作规则,并留出一定的准备时间,投资者就可以调整预期,在股市和债市上进行一些操作,以规避风险。

财政部方案的另一问题是按新发或增发的10%减持,即使以后不再发行不可流通的国有股,也需要几十年甚至上百年的时间才能将全部已有国家股转人流通。

相比较而言,划拨的方案对市场冲击较小。划拨的好处是将减持和套现在时间上分开,先将国有股划拨给社保基金,达到减持的目的,社保基金在锁定期结束之后才能将国有股出售,到市场上套现。在锁定期未满之前,投资者可以调整自己的预期和投资组合,实现较为平稳的过渡。

划拨方案的第二个优越之处是可以进行大规模的减持,而不必受10％的限制。从理论上讲,一次性将所有国家股划拨给社保基金或其他国有资产管理部并非没有可能,但要设计好锁定期,有计划分阶段(比如说 5 到 10 年)套现,在套现时还可考虑香港盈富基金的方式,进一步减少对市场的冲击。

第三,市场现在的价格建立在国有股不流通的基础之上,在锁定期内,投资者预期的调整会引起市场价格的变动,锁定期结束时的市价应该已充分反映了国有股流通的影响,易于为投资者所接受。

当然,划拨方案也有它的问题,无论公司效益如何,划拨时社保基金都必须接收,不能进行选择,而且受到锁定期的限制,无法通过二级市场的交易,在短时间内建立最佳的投资组合。

无论采用何种方案,必须指出的是,国有股减持刻不容缓。不仅社会保障系统需要大量的资金,更重要的是上市公司的治理机制问题也已到了非解决不可的地步。如果仍然是国有股一股独大,投资者看不到建立有效公司治理机制的希望,他们的利益很难得到保护,投资者信心也就无法恢复,市场会因此长期低迷。

定价的基础是盈利

这次国有股减持的市场定价方法似乎备受争议,不少人认为应该按每股净资产出售。我们认为,净资产不能作为定价的基础。道理很简单,假设一家公司账面净资产值 100 万元人民币,公司存续期间总共可以产生 60 万的利润;再假设公司终止时的残值为零,如果标价出售这家公司,任何一个理性投资者的投标都肯定是 60 万元以下,而绝不会是 100 万元。同样,如果这家公司在存续期间可以产生 150 万元的利润,公司所有者也不会以净资产值 100 万元的价格出售。这个简单的例子说明股票的定价基础是公司的盈利能力,这也是我们在市场上经常使用市盈率这个指标的原因。市场上之所以存在净资产值定价的误解,多少和股票发行价格不得低于每股净资产的规定有关。我们呼吁政府有关部门尽快修改这一规定，以免一误再误。

市场定价并不止交易所二级市级价格一种，凡是在自愿互利基础上形成的价格都是市场价，但价格形成过程要透明，要有充分的信息披露，每个投资者都有平等的机会进入国有股减持的市场。

中国证券市场已反复多次，每次似乎都是上一次的重演。当前的调整再一次显示了我国证券市场中存在的深层次结构性问题，从监管方式、上市公司和证券及中介机构的操作，到投资者的价值取向，都有很多值得反省和总结的地方。如果政府能够真正放弃监管指数，上市公司和从业机构能够切实转变行为，投资者能够重塑投资理念，中国证券市场的健康发展仍然充满希望。

（原载 2001 年 11 月《财经》）

正本清源还是短期利好

2004年2月1日国务院颁布了《关于推进资本市场改革开放和稳定发展的若干意见》(以下简称《意见》),就发展中国资本市场的重要问题表明了政府的政策取向。细读文件,可看出此次《意见》和以往几次旨在营造市场气氛的官方文件不同,在表述上突显了资本市场作用和实际经济功能,可具正本清源之功。

实体经济为本

《意见》指出,资本市场的作用是"促进资本形成、优化资源配置、推动经济结构调整、完善公司治理结构等"。这是近年来我们看到的关于资本市场功能的较为准确的一个表述。

值得注意的是,这四方面的作用无一例外地体现在实体经济中,这就为我们正确判断资本市场的形势提供了终极的标准。资本市场发展得如何,不能只讲交易量的大小、开户数的多寡、指数的高低,甚至印花税收入的多少,而要看资本市场是否有效地将社会资金转化为长期投资,在多大程度上优化了实体经济中的资源配置,如何推动了国有经济的结构调整和非国有经济的发展,以及对实体经济中的公司治理结构到底发生了多大影响。一句话,实体经济为本,资本市场要为实体经济服务,资本市场存在和运行的全部价值在于促进实体经济的发展。从这一意义上,《意见》纠正了一个长期流行的认识上的本末倒置。

根据《意见》所强调的资本市场的实际经济功能,不难看出中国资本市场发展过程中存在的"深层次问题和结构性矛盾"。以长期资本形成为例,虽然国内市场平均每年融资额达数百亿或上千亿元,统计数字表明,其中真正用于固定资产投资的只有 10％到 15％,而且这个比例有逐年下降的趋势。其余 80％以上的募集资金哪里去了? 无非用作流动资金、委托理财、自己炒股或干脆浪费掉了这样几种可能性。由此可见,中国资本市场对实体经济的支持和促进作用远未得到充分发挥,而在某种程度上成为自我循环、游离于实体经济之外的封闭体系。

关于《意见》所提到的资本市场另外三项功能,它们的实现取决于市场效率,也就是市场价格是否反映资产的内在价值。不错,我们可以通过市场配置资源和调整经济结构,但前提条件是要有准确的价格信号,失真的价格将导致大量的资源错配和资源浪费。

由于价值由资产的盈利能力决定,在有效的资本市场上,价格应该反映公司的盈利能力。中国资本市场上的价格是否以公司盈利为基础? 在相当长的一个时期中并非如此,直到最近才逐渐发生一些转变,出现了绩优蓝筹股的估值上升、垃圾小盘股价格下跌的价值双向回归。然而,当市场气氛稍有好转时,炒作概念、追逐消息、期盼政策利好等痼疾又有抬头之势。要造就有效资本市场,规范操作和价值投资理念是必不可少的条件。《意见》没有强调资本市场本身效率的重要性,这是一个明显的美中不足。

在改革和规范中发展

《意见》提出,发展资本市场要"遵循'公开、公平、公正'原则和'法制、监管、自律、规范'的方针,坚持服务于国民经济全局",从而对社会上关于"发展中规范"还是"规范中发展"的争论做出了正面回应。在我们看来,"规范中发展"是《意见》所表达出的明确无误的信息,法制、监管、自律虽在内容上有所不同,本质都是一个:规范。发展是目的,规范是手段,惟有规范,才能实现稳定和可持续发展,因为惟有规范才能保护中小投资者的利益,才能促使上市公司提高盈利。市场以信心为基础,这是社会共识,然而信心的建立和维护一靠对投资者特别是中小投资者的制度保护,二靠稳定的公司盈利增长。

国内外的经验一再证明,规范中发展,可以长治久安,而发展中规范,往往欲速不达。非规范操作"简化"了交易,或许可以造成短期的市场繁荣,但同时为剥夺中小投资者打开方便之门。在法制基础薄弱的国度中,规范的重要性再怎样强调也不过分。除了规范中发展,《意见》还及时地提出了中国资本市场的改革方向,例如改变"重上市、轻转制、重筹资、轻回报的状况",使"机构投资者成为资本市场的主导力量","积极稳妥解决股权分置问题",逐步推出商品期货和金融衍生产品,完善上市公司法人治理结构,推进从业机构的重组和建立健全退出机制,严厉打击市场违法活动等等。

政府角色尚待解决

一份文件不可能涵盖所有的问题,除了上面提到的资本市场本身的效率之外,《意见》也将政府的角色以及与此密切相关的"预算软约束"问题留待了日后讨论。

证券市场的健康成长离不开清晰的政府职能的定位。在我们看来,政府在资本市场上的职责只有一个:推动制度改革和制度建设。这里政府的定义是狭义的,仅指行政系统。如果广义的政府包括司法和监管体系,则政府在资本市场上的职责就是制度建设和执法。

为了提高执法的公信力和执法效率,司法和监管部门应该独立于政府的行政体系,并且独立于市场参与者特别是被监管对象。监管与行政不分,监管目标混同政府的社会目标,是中国证券市场深层次结构问题的根源之一。

首先,监管的公平与公正性得不到保证,例如监管机构要执行帮助国企脱贫解困的政策,自然会采取措施推高市场价格,结果伤害了公众投资者的利益。在国有股流通的问题上,监管部门也处于既要保护国有资产,又要照顾公众利益的尴尬境地。

第二,因为同样从属于政府行政系统,监管部门对国有市场参与者(包括上市公司、中介机构和投机者)经常是网开一面,更像是监管对象的主管单位而不是监管单位。即使对于公众投资者,监管当局也必须以政府维护社会稳定的目标为己任,自觉不自觉地充当公众投资者的"青天大老爷"。

第三,在服从政府社会目标的前提下进行监管,产生了一系列带有中国特色的监管方式,例如隐性地以价格指数为监管目标,股票和债券发行的审批制,控制发行节奏和发行价格。动机固然良好,保护投资者利益以及为投资者降低风险。然而正是监管者的越俎代庖,令投资者不能正确地估计风险,市场不能发挥正常的定价功能。顺便提一下,所谓资产定价由两部分组成,对收益的估价以及对风险的估价。监管机构和政府对于市场参与者的关爱是无法形成有效的市场退出机制的根本原因,它使原存于中国经济中的"预算软约束"问题进一步恶化,导致资本市场的系统风险长期居高不下。何谓"预算软约束"?资金使用者不必对资金使用的结果负责。上市公司的"预算软约束"表现为退市难;依靠不停顿地融资和注资维持经营,是从业机构"预算软约束"的典型症状;而投资者的"预算软约束"则主要体现在对政府救市的心理预期。既然把上市公司搞垮了也不会丢饭碗,既然委托理财出现大量亏损也日子照过,既然选股票选券商的决策失误了有政府兜底,谁还会认真分析和控制风险?

低估风险和敢于冒险是中国证券市场上的普遍现象,究其根源,都和各种各样的政府隐性保险有关,而隐性保险又来自于监管和行政不分,监管目标和政府社会目标的混同。在成熟市场上,除了依法建立和维护市场秩序,监管当局不再有其他目标。尽管不可能面面俱到,《意见》对发展中国资本市场的重大问题做了正本清源的阐述,它将对发展和完善中国资本市场产生深远的影响。如果仅仅将《意见》简单地视为短期利好的政策白皮书,就有可能重蹈昔日的覆辙,井喷行情之后,市场阴跌不止,这是任何希望中国资本市场健康和持续发展的人都不愿见到的。

(原载 2004 年 2 月 20 日《财经》)

救市不如政策"松绑"

——答《搜狐证券》记者问

"记忆中这是第三次了"

搜狐证券：许先生,您如何看待股市这轮下跌?

许小年：股市暴跌,记忆中这是第三次了,1993—1994 年一次,2001 年一次,现在是 2008 年,每隔七八年来一次,形成了固定模式的周期循环。市场低迷时,政府想方设法提升人气,报纸发社论,官员谈远景,放水注资金,新基金发行,降低印花税,2005 年是国有股流通给兑价,无非鼓励大家买股票。看看指数上得太快了,就警示风险,控制发行节奏,加印花税,调控基金仓位,打击违规违法活动,震慑投机炒作。说打压也不是一打到底,而是要"快牛"变"慢牛"。这十几年的循环,基本都是同一套路,记者打电话来做访谈,我发现连自己说的都是以前的车轱辘话,毫无新意,不断重复过去那点东西,惟一不同的就是时间和指数点位。

看来我们没有从前两次吸取什么教训,这次泡沫形成的原因和以前一样,都是价格脱离了基本面的支持。泡沫破裂的方式、后果,甚至政策层面的反应估计都和前两次没什么两样。我总搞不清楚的一件事就是,为什么我们总是犯同样的错误? 为什么要一而再,再而三地交学费?

"非理性环境中的理性行为"

搜狐证券：什么是泡沫?

许小年：泡沫就是价格虚高，没有公司盈利的支持，不能持久，一有风吹草动就爆掉。价格为什么炒得这么高？是投资者不理性吗？绝对不是。机构也罢，散户也罢，到这市场里来摸爬滚打，都是为了赚钱，谁不希望买的股票涨？谁不小心谨慎地回避风险？问题不是投资者行为的非理性，而是收益和风险的扭曲，而收益和风险的扭曲又来自于制度环境的非理性。

搜狐证券：挤压泡沫之后市场如何走上正轨？

许小年：股民不看公司的基本面，不看盈利，也不关注风险，因为股价和基本面没什么关系。政府要又快又好地发展资本市场时，鸡犬升天，什么都涨，到了"慢牛"阶段，泥沙俱下，什么都跌。我在深圳碰到一个炒股的企业家，他告诉我，他从来不看公司报表，不是看不懂，因为他也是做企业的，而是看了没用。他每天晚上看电视新闻，早上仔细读报，体会领导讲话的精神，琢磨政策风向，然后决定怎么操作。

问题就出在这里，政府讲了话，当然希望股民听话，可是如果大家都听话，都相信市场能涨，他们会怎么行动？每个人都恨不得第一个冲进营业厅，第一个下单，好让后面的人来给我抬轿子，争先恐后地进货，价格焉有不涨之理？不但涨，而且一定是暴涨，这就叫"哄抬物价"。去年市场估值已经很危险了，为什么仍然盲目乐观？不就是因为相信党代会前不会跌吗？等到大家都觉得政府要养"慢牛"了，每个人就争着抢在别人前面出货，生怕击鼓传花，自己成了最后一棒，结果当然就是暴跌。

搜狐证券：看政策炒股将会产生哪些后果？

许小年：只要政府调控价格，市场一定是暴涨暴跌，越强调防止大起大落，越是大起大落。在市场上博弈，每个人都是为了自己赚钱，揣测政策风向是有必要的，但操作上决不会"服从命令听指挥"，涨的时候不会"有序进入"，跌的时候也不会"有序撤退"。

不光是大起大落，看着政策炒股票还有另一后果，也许是更为有害的后果，股票价格不反映公司的盈利能力，价格信号不能引导资金进入最有效率的行业和公司，市场不能有效地配置资金。我们的市场因此和实体经济脱节，不能作为国民经济的晴雨表。价格信号里一堆噪音，反映的是股民对于政策的预期，对市场传言的追逐，乱七八糟什么都有，就是缺少关于公司基本面的信息。这就好比在菜市场上，如果价格不反映萝卜、土豆的质量,这样的市场有什么用?还有谁愿意到这个市场上来?它能维持下去吗?

现在我们强调投资者教育,告诫大家要注意风险,要作价值投资,理性投资,这些都很必要,但投资者并非没有理性,投机炒作是在非理性环境中的理性行为,是追求收益的投资者对非理性环境的理性反应。关键是要把市场的制度环境和政策环境搞对,政府不能再干预了,投资者教育的关键实际上是政府教育。

"别把股票当选票"

搜狐证券:作为政策制定者,管理层该如何行为?

许小年:政府为什么总是有强烈的指数情结?为什么总要调控指数?把经济问题和社会问题混在一起了,"剪不断,理还乱"。市场是配置资源的,不是慈善机构,价格也首先是配置资源的,不是收入再分配的工具。民生是重要的社会目标,实现这一目标的最有效办法是发展经济,而发展经济就要让市场发挥作用,让价格发挥作用,先把饼做大,再谈如何分的问题。老是为怎么分饼发愁,结果饼都做不出来,还有什么好分的?收入再分配主要靠财政和税收政策,不能眉毛胡子一把抓,非要市场承担政府的社会职能。

搜狐证券:政府如果放手,如何确保投资者利益不受损?

许小年:我们说了多少年了,保护投资者利益并不意味着保证投资回报,这是完全不同的两回事。充分的信息披露,严格的市场规则,平等的投资机会,透明和稳定的政策,这些是对投资者利益最好的保护,这些事情做好了,投资者赔钱也没有怨言,都能正确对待,并不是非要永远上涨才能保持社会和谐。潮涨自有潮落时,政策制定者为什么要天天盯着指数的上上下下呢?政府的工作怎么样,人大、政协会上的代表有评价,媒体有民意的反馈,为什么非要看指数?谁说指数上涨就是政策到位,下跌就是不到位呢?别把股票当成了选票。

"没有危机,何谈救市?"

搜狐证券:美联储宣布减息,明确表态要救市。比照欧美,我国政府该不该救市？在什么情况下政府才应该出手救市？

许小年：救市？救什么市？出现危机了吗？我们的金融体系出了大问题吗？经济要进入萧条了吗？美联储近期的一些政策是针对实体经济的，另一些是救市，我并不认同这些的救市的行动，实际上次贷的根子就是美联储滥发货币，但毕竟次贷问题已危及到美国甚至世界金融体系的稳定，美国经济已处于衰退的边缘，不得不采取措施。国内股市从不正常的高位回落，没有影响金融体系的稳定，也看不出经济萧条的迹象，救什么市呢？就像感冒的病人开始退烧，难道不是好事么？为什么要在这个时候给他打强心针呢？这会儿来托市，过几天又狂涨，再打压，接着暴跌，不又陷进了政策市的循环？我们什么时候才能走出这样的轮回呢？

搜狐证券：美国的救市与我们所希望的救市有何不同？

许小年：别人是有危机才救，我们是没危机也救；别人在非常时刻救市，万不得已时才行动，我们把救市当成家常便饭。不仅常规化，而且几乎制度化了，股民的预期也固化了，市场一跌，就千万双眼睛看着政府，政府也就义不容辞，打出一套政策组合拳，救民于水火。

搜狐证券：现在业界普遍希望政府调整印花税收政策？您如何看？

许小年：现在大家又讨论印花税，把这当成救命稻草，印花税哪一次救过命？2001年暂停国有股流通，没能阻止市场的下滑，现在大非小非解禁也不是关键所在，如果怕对市场有冲击，可以先划拨到全国社保基金，以后分阶段逐步释放，这个不是什么大问题。问题是信心的基础，而不是信心的本身。前面已经讲过，只要人们继续把信心寄托在政策上，股市就必然大起大落。政策利好可能只救得一时，但救不了一世，很多场合下，甚至连一时都救不了。要把信心的基础从政策转移到公司的基本面上去，转移到行业和经济的基本面上去，股市才能健康和持续地发展。

政策救不了市，市场的建设要靠制度改革，像我们过去三十年的改革开放一样，从计划经济转变为市场经济，这是实质性的和体制性的变化。资本市场的改革就是要改变市场博弈的性质，改变游戏的规则，从政策市转变为以基本面为主的定价体系，对投资者而言，要从政策、消息和题材转向以基本面分析为主的营利模式。

"合理市盈率 20 倍以下"

搜狐证券：A 股已从高位跌下 2000 多点，动态市盈率已降至 20 倍左右。您如何评价 A 股的估值水平？

许小年：讨论点位毫无意义，千点也罢，万点也罢，判断一个市场是否有泡沫，要看盈利与股价是否匹配。如果盈利增长好，100 倍市盈率也不一定有泡沫；如果盈利没增长，5 倍市盈率也可能是泡沫。

当然了，我们这里讲的盈利增长是可持续的长期增长，主营业务利润的增长，而不是像去年那样的超常增长。我看到券商的估算，去年上市公司的盈利中，30％以上是投资收益，炒股票炒出来的，虽说也是钱，但这样的盈利增长不可持续，不能作为估值的基础，今年上市公司的投资收益极有可能是负增长。所以我更看重主营业务利润，比较靠得住，具有可持续性。

看看全球的市场，没有一个股市能够长期支撑 50 倍以上的市盈率。50 倍市盈率什么概念？大致要求公司未来几年的盈利每年以 50％的速度增长，这么高的增长率，没有几家公司做得到，而去年上证 A 股的市盈率最高时 70 多倍，你说不是泡沫，还能是什么？

假设中国经济的长期可持续增长率是 10％，这已是很乐观的估计了，再假定上市公司是中国经济的精华，盈利增长可以高于 GDP 的增长，比如说每年 15％到 20％，股市的合理市盈率就应该在 20 倍以下，合理的意思是可持续。当然这是算总账，只是一个很粗的概念，不能代替对具体公司的具体分析，而且合理市盈率还与资金成本有关，不存在合理市盈率的绝对标准。

根据盈利定价，市场波动就小，因为公司盈利比政策稳定，也比较容易预测。只有价格跟着盈利走，资金跟着价格走，效益好的企业才能拿到钱，股民才能赚到钱，市场才能发挥有效配置资源的作用。

"救市"不如"松绑"

搜狐证券：如何进一步推动市场化改革？

许小年：放松和解除管制。股票发行包括增发、基金、公司债和信托发行、并购重组等,都是公司和投资者之间的自愿交易,民间的事儿,互惠互利,"周瑜打黄盖——愿打愿挨",没听说开打之前还要报吴王孙权批准。如果审批是为了对黄盖负责,那就要问怎么个负责法? 是打坏了孙权包赔吗? 如果是这个意思,那股票跌破发行价,审批部门也负责赔偿吗? 如果不赔,审批还有什么意义呢? 替投资人控制风险吗? 也就是让周瑜手下留情了? 问题是黄盖本来就想让周瑜把自己打得血肉横飞,如果假打,被曹操看出破绽,那不坏了大事? 孙权在这出戏里纯属多余,所以他连面都没露,这就对了。

市场发行都是民间的钱,不涉及国家财政资金,不需要审批。发多少,什么价格发,既是公司的经营自主权,也是投资者的自由选择权,双方谈判协商决定发行数量和价格。我们应该学学香港的聆讯制,以信息披露为中心,保证发行符合法律和监管的要求,合规性监管,而不是审批,也不是以核准、报备为名的审批。

一搞审批制,监管就成了调节指数的工具,我们的发行节奏不是由企业的需要决定,而是随着指数波动,指数涨就多放行几个,跌的时候就少批或者干脆不批。最近的再融资争议也和指数有关,还被扣上了"恶意圈钱"的大帽子。什么叫"恶意圈钱"? 世界上有"善意圈钱"吗? 农民卖萝卜都希望多卖几个,卖得价钱高一点,你能说他是恶意圈钱吗? 你能要求他综合考虑市场形势,合理确定萝卜数量和萝卜价格吗? 而且还要选择恰到好处的上市时间! 你不愿意就别买啊,谁也没强迫你买。自己想赚钱,却要人家具有超高的道德水准,这就是投资者的非理性了。黄盖不能自己想立功,又抱怨周瑜"恶意伤人",天下没有这样的逻辑。你可以说他信息披露不充分,但不能指责人家"恶意圈钱",公司管理层对你的"善意"就是对股东的"恶意",他拿股东的钱,当然要为股东谋利益,只要合法,他可以理直气壮地拒绝所有的道义指责。

搜狐证券:除了放松审批制,推进市场化还需哪些措施?

许小年:除了发行,还有机构的设置、新产品的开发、高管的任命,甚至内部操作和风险控制方面都有行政管制,我们的监管机构越来越像计划体制下的主管部门,管的结果就是市场成长不起来,比如企业债市场,到现在仍然不成气候,私募股权市场甚至连雏形也看不到,审批猛于虎,山羊、猴子都不敢出来。管的结果就是政策市,机构和散户行为趋同,市场上产品和服务趋同,搞金融创新,我们喊了好多年,哪里有创新的空间和自由？都给管死了。趋同化是资本市场最忌讳的,趋同必然是大起大落,趋同就没有交易,没有交易市场就没法繁荣。观点不同才有交易,有人看空,有人看多,才有愿卖的和愿买的,才有愿打的和愿挨的,市场需要分散化、多样化,需要创新的精神和空气,行政管制却无时不在窒息创新。行政管制也没降低风险,相信每一个投资者都能体会到我们市场的高风险。

搜狐证券：没有做空机制,是否也是一大缺憾？

许小年：做空机制作为一项创新,可以放出来,没有什么时机成熟不成熟的问题,定好交易规则,输赢自己负责,政府不用管。但我不主张散户去炒,没有一定的专业水平和经验,最好不要碰,风险太高。

搜狐证券：松绑之后政府做什么？

许小年：松绑之后,政府集中精力搞监管。监管这个词翻得不好,给人的印象是"监督"和"管理",它的英文词根是 regular,即"规则"或者"规范",比较好的翻译是"规治",也就是规范化治理,有一点监督的意思,但没有丝毫管理的内涵,我们沿着计划经济的思路,顺手就解释和理解成管理了。

除了规治,政府还要做服务,为经济、企业和投资者服务,以企业和投资者为中心的服务,而不是以行政部门为中心的管制。政府能否按照十七大的要求转变为服务型政府,在很大的程度上,决定我们市场的未来。

（2008 年 3 月 19 日）

中国 2008，日本 1988？

亚洲两个最大的经济体何其相似，区别仅在时间上相隔了 20 年。

20 年前，在世界各地的旅游景点，处处可见摇晃小旗的日本游客；今天从巴黎到洛杉矶，散漫喧哗的国人成为酒店饭馆的新宠。20 年前，巨额贸易顺差迫使日元大幅升值，今天处于同样境地的是中国的人民币。20 年前，日本人在全球寻觅资产，加州的高尔夫球场、纽约的洛克菲洛中心，无论价格几何，悉数收入囊中；今天轮到中国公司，大手笔购进巴西的铁矿、中亚的油田。20 年前，世界十大银行日本占据九席，今天按市值计算，中国已十有其四。20 年前，东京的股市和地产掀起非理性狂潮，今天上海的 A 股突飞猛进，很快就打破了东邻扶桑的泡沫记录。

两个亚洲大国的经济不但形同而且神似。战后日本经济的重建和起飞靠的是投资，投资对 GDP 的比率从 1955 年的 15％快速上升，到 1970 年代初期已接近 40％。我国经济增长最强有力的推动也是投资，投资率从改革开放初期的 25％提高到 2006 年的 42％。作为对照，战后美国的投资率一直稳定在 15％的水平上。

表面上看，投资驱动并无不妥，日、中两国先后都实现了经济的高增长和低通胀。从 1955 年到第一次石油冲击的 1973 年，日本的 GDP 增长约为 10％，而消费物价通胀年平均不到 2％。低通胀的原因是投资形成了新的生产能力，过剩产能下的过度竞争限制了厂商的定价能力。同样由投资驱动，我国当前经济周期的特征也是高增长和低通胀。

高增长掩盖了诸多深层次的结构问题，改革的意愿消失在满足于现状的欣慰之中，低通胀则解除了货币政策当局的警惕，银根松宽，信贷供应充足。信贷刺激了投资，投资带动景气上升，企业盈利的改善诱使银行发出更多的贷款，如此形成投资—景气—信贷之间的循环，进一步强化了投资驱动的增长模式，并为日后的流动性泛滥埋下了伏笔。

投资驱动的问题在于增长的不可持续性。如同所有生产要素，投资服从边际收益递减的规律，就像在给定面积的农田里施肥，第一袋肥料可增产 100 斤的话，第二袋只能增产 60 斤，第三袋所带来的新增产出更少。换一个等价的说法，为了获得一定的产出增加，农民必须使用越来越多的肥料。同理，为了维持一定的 GDP 增长比如说 10％，仅有高投资率还不够，必须不断提高投资率。然而投资率存在着上限，理论上讲不可能超过 100％。现实的上限在哪里？50％？即一年之内所创造价值的一半用于投资，另一半留作消费，这是一个迄今为止世界上从未见过的比率，我国经济距离这一点已经不远了。

一旦投资下滑，增长奇迹终结。自 1970 年代初开始，日本的投资率从 35％ 的高位上回落，GDP 增长率随之降到年平均 4％ 以下，进入 1990 年代之后，增长基本停顿。人们自然要问，我国的投资率还有多少上升空间？如果投资趋向稳定或者下降，我们是否还能保持高速增长？

除了增长的不可持续性，投资驱动造成经济结构的扭曲，资本密集型的制造业过度发达，而劳动密集型的服务业相对落后。虽然人均 GDP 和美国相差不多，日本服务业占 GDP 的比重仅为 65％，比美国低了至少 15 个百分点。我国服务业产值不到 GDP 的 40％，并且近年呈现出不断下降的趋势，目前与印度相比也要低十多个百分点。

制造业与服务业的失衡对经济产生了深远的影响，贸易顺差和本币的升值都与之有着很大的关系。服务产品在本土消费，不会引起国际贸易摩擦，而制造业的过剩产能只能由海外市场吸收，强劲的出口实为投资驱动的必然结果。倘若当年日本及时将经济发展的重点转移到服务业，或许可以避免"广场协议"的城下之盟；倘若我们能够及时叫停"二次工业化"的自编狂想曲，或许资源的消耗不致令世界感到难以承受，环境的破坏恐怕也不会严重到今天的地步。

制造业的过度发达源于政府对经济发展的指导，日本有产业政策，中国有五年计划。凡政府规划必然是重制造业，轻服务业，因为它既不知道如何也没有足够的信息制定服务业的规划。回顾历史不难发现，日本以往的产业政策实际上都是制造业政策，而我国的五年计划的编制也是围绕制造业展开,对服务业仅轻描淡写,几笔带过。

制造业和服务业的区别在于前者多为集中、已知和确定的,而后者却是分散、未知和不确定的。汽车如何制造,看得见摸得着,一个互联网站能否招徕到足够的用户,没有人说得清楚,甚至在街角上开一家餐馆能否赚钱,要到开业经营之后,才能有个大致的估计。服务业在这里包括了对可持续增长至关重要的科技创新,虽然科技产业也有制造业的成分,但它的价值创造主要体现在无形的智力产品上。政府可以规划汽车行业的未来发展,两个汽车公司就是一个行业,但对于服务业特别是科技创新,政府既非专家又缺乏信息,不可能事先做出符合实际的预测与规划。

无论产业政策还是五年计划,政府导向的资源配置不可避免地向制造业倾斜。"日本模式"曾为世人所津津乐道,其核心是政府、工业和金融的三位一体,在产业政策的指导下,银行为重点行业和重点企业提供廉价资金,企业进行快速的规模扩张。为了强化集体行动能力,银行与企业以及企业之间交叉持股,结成利益共同体。在我国,执行产业政策的是大型中央企业和国有银行,政府所有制则作为协调和沟通的连接纽带。除此之外,地方政府也制定了各自的区域经济规划,运用行政影响为重点项目提供融资。

随着时间的推移,政府规划对企业的约束日趋衰弱,但产业政策以及与其配套的监管却长期压抑了服务业的发展。政府对重要的服务业如金融实施了严格的市场准入、产品开发和定价的管制,不仅限制了这些行业自身的成长,而且由于机构与产品的单一和过分集中在银行业,不能给服务业提供有力的金融支持。银行要求借贷者拥有足够的固定资产作为抵押,并有稳定的现金流以支付利息,制造业因此受到青睐,而服务业和科技企业则遭到遗弃。

日、中两国都非常重视科技,日本建有筑波科技城,中国的科技园区更是遍布全国。然而不无讽刺的是,政府越重视,创新能力的提高似乎就越困难,日本的信息技术落后美国不止 10 年,而中国在经济高速成长期间甚至少有丰田、索尼那样能够进入高端国际市场的公司。

日本给人以科技发达的印象,其实正如日本前金融相竹中平藏所指出的,日本的特点是二元经济,外向与国际市场接轨的制造业部门创新能力较强,可与欧美竞争,而国内的金融、地产、建筑、零售等行业长期处于政府的保护之下，产品技术陈旧，效率低下。我国的二元经济也不宜再以城乡划分，而与日本类似，一方面是监管保护和政策扶持下的国有部门，与之并存的是在国内外激烈市场竞争中成长起来的民营部门，我国目前具有国际竞争力的企业大多出自后一部门。

创新能力不足成为日、中两国经济的软肋，为保持增长，两国都不得不追加投资，以弥补投资收益递减留下的缺口。美国之所以能够以 15% 的投资率实现战后的中度增长，关键是通过创新不断改进效率。尽管山姆大叔的增长成绩不如东亚耀眼，但他有理由对 85% 的消费率感到满意，毕竟发展经济的目的不是增长本身，而是提高国民的生活水平。

当增长失去势头时，日本找到了快速创造财富的捷径——经济泡沫化。由于直接融资手段缺乏和资本市场的畸形，民间储蓄的大部流入商业银行，而银行消化储蓄资金的方法只有放贷。与直接融资不同，贷款会派生出新的存款回流到银行，迫使银行发放新一轮的贷款，由此造成流动性的过剩。股市和地产狂飚曾使东洋感觉已站在世界之巅，同样的纸面繁荣 20 年后在中国重新上演。

1989 年近代历史上最大的泡沫破灭，日本经济从此陷入停滞和萧条，十几年间首相更换有如走马灯，认真反省"日本模式"的只有小泉政府。小泉在任内整顿金融，开放市场，打破交叉持股，缩小政府规模，最能代表其政策取向的，当属邮政储蓄的私有化。

历数"日本模式"的诸要素，产业政策、投资拉动、制造业优先、银行为主的金融等等，所有这些都可追溯到一个源头——政府对经济的积极干预。至于"日本模式"的另一面，消费不足、服务业落后、创新乏力、流动性过剩、资产泡沫，则可以归结为市场的虚弱。实际上，"无形之手"之所以未能充分发挥作用，正在于"有形之手"的过于强势。

今天的日本在发展道路上的十字路口徘徊，是沿袭自明治维新以来形成的传统，继续政府主导的"日本株式会社"模式，还是相信市场，依靠企业和个人的创造力？对这些问题的回答将决定日本经济的未来走向。中国能否避免日本式的繁荣—萧条大循环，今后几年的政策是关键，希望 2008 年将是改革开放的第 31 年，而不是激情与惶恐交织的泡沫元年。

（原载 2008 年 4 月 25 日《财经》）

自由市场与改革

有效资本市场和中国经济改革

20年经济改革的成就有目共睹,中国经济在过去20年中实现了近10％的年平均增长率,市场逐渐取代政府,成为配置资源的主要力量,国民经济的总体效益大幅度提高。然而,必须看到的是,经过20年的努力,我们仅仅建成了一个较为发达的产品市场,这是远远不够的,我们距离较为完整的社会主义市场经济体系仍有相当长的路要走。市场经济体系不仅包括产品市场,资本市场、人力资源市场和外汇市场是这个体系不可缺少的组成部分,在这些市场上形成的产品价格、资本价格(利率和股票价格)、劳动力价格(工资)和外汇价格(汇率),构成了广义的价格体系,它全面反映资源的稀缺程度,是市场配置资源的重要依据。市场的欠发达导致价格信号的扭曲,而扭曲的价格信号又会造成大量的资源浪费,如何发展资本市场、劳动力市场和外汇市场,成为中国经济改革宏观层次上的一个紧迫问题。本文探讨社会主义市场经济体系中资本市场的功能,以及资本市场和正在进行的各项经济改革的关系。我们认为,资本市场能否健康地发展,在很大程度上决定了国有企业和国有银行改革的成败,决定了投资和融资的效益,决定了社会保障的成本,资本市场已成为当前我国经济改革的支撑点。由于效率的低下,我国目前的资本市场还不能满足深化改革的需要,是国民经济中的一个薄弱环节。针对资本市场存在的问题,我们提出若干政策建议供决策层参考。正确的政策来源于对资本市场的正确理解,在本文的最后一节中,我们列举了一些目前较为流行的关于资本市场的误解,并试图澄清这些误解,希望由此在政府和民间形成共识,共同采取措施,建设一个有效的资本市场,推动中国经济改革的深化。

一、资本市场:深化改革的支撑点

资本市场包括间接融资市场和直接融资市场,也就是通常所说的信贷市场和证券市场。需要指出的是,直接融资市场并不完全等同于证券市场,非证券化的直接融资如私募在发达市场经济国家也很流行。我国的信贷市场目前由国有银行主导,预期这一局面在今后相当长的时间内不会有根本性的改变。在国有银行尚未完全改造为真正的商业银行之前,信贷资源的配置不可避免地受到政府的强烈影响,市场无法充分发挥作用,间接融资的效率无法进一步提高。资本市场的另一半是直接融资市场,其发展程度甚至还不如信贷市场,由于政府的严格管制,私募市场几乎不存在,证券市场的规模、深度和效率也远不及发达市场经济国家,资本市场发展的滞后不仅导致融资和投资的低效,而且严重制约着中国经济改革的深入。尽管私募市场和信贷市场是资本市场的重要组成部分,限于篇幅,本文将重点讨论证券市场。当前中国经济改革的各方面工作几乎无一不涉及资本市场,从国有企业和国有银行的改革到投融资体制的改革及社会保障体系的改革,我们都可以看到资本市场的关键性作用。

1. 国有企业改革

我们将国有企业需要解决的问题按照重要程度排列如下:

● 相互矛盾的多重经营目标,如保障就业、税收收入和经济效益;
● 公司治理结构,所有者缺位或内部人控制;
● 负债过高,资本结构不合理;
● 融资渠道单一,过分依赖银行贷款;
● 经营管理不符合国际规范;
● 决策过程和操作缺乏透明度;

很显然,将国有企业上市可以部分解决这些问题,例如发行股票充实企业资本金,降低负债率,并为企业开拓新的融资渠道。另一方面,为了满足上市的要求,企业必须改进管理,努力向国际规范靠拢,上市时和上市后强制性的信息披露毫无疑问会增加公司操作的透明度。正因为看到了资本市场的这些作用,"上市"被看作国有企业改革的重要措施,国有企业海内外上市的步伐也不断加快。

遗憾的是，在国企上市的设计中，主管部门忽视了两个最根本的问题：多重经营目标和公司治理结构。上市未能起到应有的战略性作用，变成技术性的"圈钱"，用"捡了芝麻，丢了西瓜"来形容，恐怕并不为过。典型的国企初次发行只卖 20%～30%的股权，国家保留控股股东的地位，公司的高层管理人员继续由政府任命，小股东的利益则无人保护。这种操作方式实际上反映了决策者对国有企业改革的终极目标尚未做出明确的判断，将企业上市仅仅作为一项权宜之计。

我们认为，国有企业的几乎所有问题都来自于相互矛盾的多重经营目标，甚至虚弱的公司治理结构和"预算软约束"都可以由政府对企业的多重而且往往是非商业的目标来解释。我们目前所讨论的公司治理结构均以企业价值最大化为前提，定义为监督诱导管理层努力工作，不断提高企业价值的一种制度安排。如果政府的目标不是企业价值最大化，它怎么能有积极性去过问公司的治理结构？假设政府的目标是地方就业或税收，为达此目的，它不需要设计一套复杂的制度，只要掌握了任命和撤除总经理的权力就可以了。至于总经理们是否在利用职权牟取私利并不重要，只要不影响地方就业或税收都可以容忍。当所有者的目标取向是企业价值最大化时，情况就不一样了，总经理们的谋私一定会和所有者的企业价值最大化的目标相冲突，所有者不得不建立一套制度迫使管理者就范，或使管理者的利益与所有者的目标一致。因此，没有企业价值最大化的目标，就没有公司治理结构的问题；同样，要想建立有效的公司治理结构，必须首先确立企业的经营目标为价值最大化。

与治理结构的问题相类似，当国家作为所有者将地方就业放在第一目标时，它不能不对企业效益的低下采取睁一只眼闭一只眼的态度。在企业出现亏损连老贷款都还不起时，政府为了保住就业，压银行向企业发放新的贷款，这就是"预算软约束"的由来，也是国有企业负债高的原因。

将国有企业推向资本市场，正好可以解决多重非商业目标的问题。民间投资者的参与，有助于政府将国有企业的经营目标重新定义为单一的国有资产保值增值。投资者不关心地方就业，也不关心地方税收，他们有着强烈的保值增值冲动和利润冲动，投资的惟一目的是回报，他们不能长期容忍上市公司的多重非利润目标，而对公司资产的增值绝无异议。不仅如此,投资者从保护自身利益出发,要求建立有效的公司治理结构,在资产保值增值方面,他们是国家所有者的天然盟友。从这些角度看问题,民间投资者可以成为国有企业改造的积极推动力量,但在实践中,我们似乎错过了机会。

2. 国有银行改革

国有银行本质上是国有企业,对国有企业的分析同样适用于国有银行。由于银行在国民经济中所处的地位不同,它们具有一定的特殊性,在多重非商业经营目标方面,国家对商业银行的要求,除了上述列举的对企业的之外,还有货币政策目标。银行的特殊性还表现在它的影响面上,企业资不抵债,破产关门只是一家企业的事情,银行如果资本金不足,发生挤兑停业将危及千百家企业。亚洲金融危机已经证明,银行系统健康与否关系到一个国家的经济安全。我国的大型国有商业银行即使在去年剥离了大量的不良资产后,资本充足率仍然低于巴塞尔协议规定的8%,因而急需补充资本金。鉴于国家财政的紧张,资本市场可能是惟一的来源,决策部门也已明确表示要加快金融机构上市的步伐。

然而如同国有企业上市一样,在金融机构上市的过程中,我们只注意银行资本金的充实和金融风险的降低,未能抓住时机,认真解决商业银行的多重经营目标和治理结构问题。我们认为,资本充足率过低只是表象,它反映了商业银行盈利能力和盈利水平的长期低下,而盈利水平低又是多重非商业目标的产物。银行上市之际,如果不解决经营目标的问题,现在资本充足率暂时上去了,将来还会掉下来。

3. 投融资体制改革

战后亚洲经济发展所取得的成就和遇到的困难似乎表明,亚洲可以在生产领域中实现较高的效率,日本在这方面是一个突出的代表,亚洲的问题在于融资和投资的低效益。从日本到韩国,从泰国到中国,企业特别是大型企业几乎无例外地采用了低成本扩张的发展模式,在本国的高储蓄率和政府的鼓励性政策的支持下,利用廉价资金,无限制扩大企业规模。一味追求市场份额而忽视投资回报。亚洲金融危机和亚洲企业的债务危机归根结底是投资回报长期低于资金成本,甚至为负数。如何让市场在配置资金方面发挥更大的作用,如何使投资的风险和回报在市场上得到正确的评估,给企业进去正确的资金价格信号,以市场风险约束企业的行为,是亚洲各国金融改革的一项重要内容。在这方面,适当增加直接融资特别是证券融资的比重。对于资金配置市场化应该有一定的推动作用。

对于中国而言,投融资体制的改革还要解决民营部门融资渠道过窄的问题。根据我们的估算,民营部门从 1998 年起就超过了国有部门和集体部门,成为国内生产总值的最大贡献者,在 1999 年又第一次成为城镇地区最大的劳动力雇佣者。然而民营企业在信贷市场上不能和国有企业一样享有平等的地位和待遇,在证券市场上的份额也远远低于其国内生产总值的份额。

4. 社会保障体系改革

我国现有社会保障体系中,统筹部分出现了资金缺口,个人账户很多实际上是空账,没有资金。世界银行的经济学家估计,中国在社会保障方面的欠账相当于中国一年国内生产总值的 60%,大约 5 万亿人民币左右,数字之大,显然是财政无法负担的。变现部分国有资产,特别是流动性较高的国有 A 股,以充实社会保障基金看来是不可避免的选择。国有股上市流通马上遇到市场承受能力的限制,现有流通 A 股的总市值大约有 13523 亿元,国有股 10935 亿元,即使分期分批将国有股释放出来,也不可能不对市场造成冲击。对于社会保障改革来讲,比市场规模更严重的制约是证券市场的风险。我们知道,如果将社保基金用于投资,取得回报,可大幅度地降低社保成本。由于社保基金每天都有现金支付的要求,不能将大量的资金投入回收周期很长的工业或实业项目,流动性较高的证券市场成为社保基金理想的投资场所。然而,比较一下 A 股市场和纽约市场,不难发现,我国社保基金入市的风险确实太高了,上证指数曾经从 1500 点跌到 300 点,社保基金拿的是老百姓的养命钱,根本无法承担这样的风险。这样,资本市场的欠发达再一次使改革受阻。综上所述,国企改革、银行改革、投融资体制改革和社会保障改革都有赖于一个发达的资本市场,那么是不是当国内市场从现在的占国内生产总值的 25% 发展到超过 100% 时问题就解决了呢?我们的回答是否定的,我们需要的不仅是一个具有一定规模的资本市场,而且是一个有效的资本市场。

二、有效资本市场和经济改革

什么是有效资本市场？学术界对此已有严格的定义，例如"弱有效"、"半强有效"、"强有效"等等，用比较通俗的语言讲，我们认为它有两个最根本的特征：一是资产价格准确反映公司内在价值；二是较高的流动性。

什么是价值？价值就是公司在存续期内产生的利润总和，利润是公司价值的基础，公司股票的价格在短期内可以随供需的变化而波动，它的长期价格由价值决定。前面讲过，国有企业和银行上市的主要目的是确立以企业价值最大化为惟一的经营目标以及建立有效的公司治理结构。在经营目标方面，我们以一家香港上市的中国公司为例说明有效市场的重要性。当这家上市公司以明显高于市价的价格向其控股国有母公司收购资产时，香港的投资者纷纷抛售这家公司的股票，导致股价迅速下跌，迫使这家公司取消了原来的收购计划。投资者认为，过高的收购成本将影响公司的盈利，而且感到这项收购有关联交易之嫌，管理层忽视了少数股东的利益，股东对管理层以及公司的盈利前景发生疑问，所有这些都反映在股票价格上，而股价下跌的压力则迫使管理层在这件事上回到公司价值最大化的道路上来。如果在一个低效的市场中，股票价格不能及时、准确地反映公司的价值，这家公司的收购活动可能会照计划进行，结果是母公司获利，小股东的利益受到伤害，管理层可能会因受到上级（即控股母公司）的表扬而继续追求非商业性目标。

关于公司治理结构，也就是股东如何监督和诱导管理层去最大化公司的价值，国外已有大量的文献说明其市场机制，我们在这里仅列举几项我们认为比较重要的加以说明。

● 收购与兼并。如果管理者工作不得力，股票价格下跌，当股价低到一定程度时，比如说低于每股净资产，公司可能成为收购目标。一旦收购完成，新股东要做的第一件事就是更换管理班子。一个活跃的收购与兼并市场实际上是悬在管理者头上的一把利剑。

● 股东大会上"用手投票"。股东若对管理者的工作不满意，可以在股东大会上投票通过决议撤换管理班子。

- 股市上"用脚投票"。机构投资者经常在股票表现不佳时大量抛售，引起股价进一步下跌。对管理者形成压力。
- 股票期权为基础的激励机制。

所有这些机制都要求股票价格真实反映公司价值，也就是要有一个有效的资本市场。以收购与兼并为例，在效率低下的市场中，假如公司业绩不好股价照样居高不下，没有人会愿意收购这样的公司，市场缺陷掩盖了管理人员的失职，管理者可以继续我行我素。至于投票机制，无论用手还是用脚，股东都需要对管理者的工作作个判断。在有效的市场中，判断的最好依据就是股票价格。如果股价不能真实反映公司的业绩，股东必须自己去做价值发现的工作，由此而产生的成本可能会高到不值得的地步。除此之外，"用脚投票"机制还要求市场具有一定的流动性，股东在抛售时能找到足够的下家接盘，否则这个票投不出去，无法对管理者形成压力。有效市场对股票期权的重要性更是不言而喻，股价失真，期权计划就失去了基础。如果管理者做得好，股价也上不去，或者做得不好，股价照升不误，如何设计期权计划？投融资体制改革的目标是提高资金配置的效率，如果资本市场上价格信号扭曲，资金会流向效益低的企业，而效益高的企业则有可能得不到资金。因此投资和融资的市场化并不是效率的充分保障，有效的资本市场才是我们所寻求的。如何建设一个有效的资本市场？我们感到政策方面的问题不难解决，难的是如何澄清认识上的误区。

三、关于资本市场的若干误解

误解之一：直接融资是发展趋势。我们认为，尽管需要提高国内直接融资的比重，直接融资和间接融资之间并没有最佳比例，融资成本和投资效益决定融资方式，融资方式本身不应该成为政策目标。

误解之二：资本市场就是筹钱的地方。我们认为，资本市场是有效、可持续融资的场所。投资者的支持是可持续融资的关键。为了得到他们的支持，上市公司必须建立有效的公司治理结构，必须不断提高效益，给股东以满意的回报。

误解之三：资本市场的发展，特别是市场的开放和新产品的引入不可操之过急，避免新的金融风险。我们认为，我国资本市场现阶段的风险主要来自于市场参与者自我约束机制的不健全,而不是新的金融产品。由于现有证券机构大多数为国有或国有控股,造成回报和风险的不对称以及激励机制的扭曲,市场上赌输了是国家的钱,赌赢了个人可以拿丰厚的奖金,这些机构一般都有强烈的利润冲动,但风险控制意识极为薄弱。过去发生的金融大案,绝大多数都是国有证券机构所为。另一方面,国有证券机构内部僵化的报酬政策是从业人员"寻租"、灰色收入流行、非规范操作防不胜防的最重要原因。如下面讨论的,国有证券机构的体制改革应该提上议事日程了,这是防范金融风险的根本性措施。

误解之四:资本市场就是两个交易所。我们认为,债市和场外股权市场同等重要。债市上形成的基准利率是所有金融资产定价的基础,基准利率的作用如同地理学中的海平面;债券产品的缺乏还使得大型机构投资者如退休基金和保险公司很难构造一个兼顾收益和风险的投资组台。场外股权市场已经成为制约民营企业和中小企业发展的瓶颈,禁止非法集资是对的,但结果往往是将洗澡水连同孩子一起泼掉。政府应尽快颁布法令和监管条例。开放场外融资市场,使民间可以依法集资。

误解之五:资本市场要为政策目标服务,例如国有企业脱困和促进经济增长。我们认为政府的政策目标和投资者所追求的回报最大化相冲突,任何对投资者利益的损伤都将对资本市场的长远发展产生负面影响。国企的难题应通过改革解决,经济增长的目标可通过实施适当的财政和货币政策实现,资本市场并非政府手中的政策工具。

误解之六:政府可以对资本市场进行调控,或者因为指数涨落事关社会安定,不能不管,或者资本市场要和政策目标相协调。我们认为:第一,政府干预增加了价格的不确定性和市场风险,投资者自然会要求额外的风险收益,融资成本因此而上升。第二,行政干预破坏了市场的公正性,使政府面临很大的压力,在台湾地区就发生过指数上升人人高兴,股市一跌就到政府办公大楼前静坐的事情。第三,政府对市场的关心经常表现为将股票指数作为监控目标,但一扩容对市场的影响,使国内资本市场上供给长期落后于需求,指数长期处于不正常的高位。

误解之七:资本市场健康发展的标志是指数的不断上涨。我们认为,指数的涨落如同物价的涨落一样是市场经济的正常现象,不能以涨落论英雄。去年年底和今年年初纳斯达克的狂涨带有很大的泡沫成分，而最近的下调反映了投资者的理性回归，反而是健康的。

误解之八：没有投机就没有市场。从经济学的角度分析，我们认为，投机固然可以提高市场流动性，但它使价格信号发生扭曲，在资本市场的效率还比较低的今天，不宜提倡投机。

四、建设有效资本市场的政策建议

如果我们能够在资本市场的作用上取得共识，能够澄清上述误解，政策问题的讨论就变得比较简单了。为了建设一个有效的资本市场，我们建议：

1. 将国有企业改造的工作扩展到上市公司，上市公司的质量是保证有效、可持续融资的基础。为了执行党的十五届四中全会关于国家退出竞争性行业的政策，政府没有必要保留上市公司控股股东的地位，应逐渐减持手中的国有股，为确立公司价值最大化的经营目标和建立有效的公司治理结构铺平道路。上市公司要树立"上市仅为国企改革第一步"的概念，严格按照《公司法》的要求，在规范操作和管理方面继续努力，特别要在人事方面做到政企分开，由董事会而不是各级政府任命公司的高层管理人员。

2. 新上市国有企业向公众发售50％以上股权，以便从一开始就建立规范的公司治理结构，实现政企分家。

3. 将国有企业改造的工作扩展到国有证券机构。推动证券机构的上市和所有制多元化，增加非国有股东，建立有效的公司治理结构，强化风险内控机制。政府不再指派高层管理人员。对资不抵债的证券机构坚决实行破产，硬化预算约束。

4. 建立证券专业人员，特别是证券机构高级管理人员的市场，所有专业人员脱离公务员系列，薪酬由市场供需决定。监管部门或行业协会对专业人员的不良表现记录在案，错误严重者永远逐出证券业。

5. 增加供给，特别要增加大盘股的供给，尽快解决国有股、法人股的流通问题。

6. 开发金融衍生产品。近几年推行赤字财政的结果之一是银行的国债持有量迅速增加，目前银行头寸比较充裕，问题不大，如果将来现金不足,需要出售国债套现,马上就面临价格风险。因此需要恢复国债期货交易,使银行有可能对冲风险,否则几个百分点的债券价格下跌会引起银行资产负债表的严重失衡。另一方面,社会保障基金、保险公司等机构投资人的入市也提出了对股指期货的需求,没有对冲工具,机构投资者的市场参与就要打折扣,而机构投资者的缺乏正是我国证券市场效率低下的原因之一。至于风险控制,如前所述,我国证券市场的风险主要在于国有证券机构的自我约束力不够,这就决定了衍生金融工具的开发必须和证券机构的改革同时进行。

7. 大力倡导价值投资理念。电视、报刊应宣传介绍价值分析法,也就是基本面分析法,逐渐淘汰技术分析法。监管部门可以考虑检查、考核证券机构研究部对基本面分析法的掌握,比照国际标准做法,推行研究人员的牌照制。

(原载 2000 年《经济社会体制比较》)

扩大和深化金融改革

在过去一段时间里有关经济改革的争论中,大致有两种意见。一些人认为中国还处在改革的过程中,还不是一个完善的社会主义市场经济国家,在市场配置资源的同时,政府依然发挥着重要的作用,历史上形成的双轨制局面并没有完全地改变。在市场和政府同时存在的情况下,资源配置产生了很多问题,如环境的破坏、经济总体效率的下降、资源的浪费、弱势群体的利益保障、社会公平等。这些问题的出现,很大程度上是由于改革没有到位所造成的。另一种意见则认为,这些都是改革的过错,试图以这些经济和社会问题,作为其怀疑改革开放政策的依据。

今年三月份举行的全国人大对这段争论做了一个阶段性的总结,结论非常明确:除了改革开放,中国经济没有前途;除了改革开放,中国的现代化无法实现。将来我们在回顾这段历史时,可以见到这次会议的重要性。在3月5日全国人大会议上通过的政府工作报告中,温家宝总理明确提出:"要完成新阶段的发展任务,也必须坚定不移地全面深化改革和扩大开放。"请注意,是要"全面深化改革和扩大开放"。"在推进经济体制改革的同时,继续推进政治体制改革、文化体制改革和社会管理体制改革。""以开放促改革促发展。"从温总理的讲话中可以看到今后的政策方向非常明确,对于具体如何继续推进改革与开放,温家宝总理也提出了指导意见:"要加快推进行政管理体制改革,进一步转变政府职能。继续推进政企分开,减少和规范行政许可和行政审批。"最后提醒大家注意:"坚决把不该由政府管理的事交给市场、企业、社会组织和中介机构。"凡是市场能做的,都应该交给市场,而不应该由政府来插手。具体到金融部门这一十分重要的经济领域,应该如何来贯彻这一次人大会议的精神？如何继续深化改革、扩大开放？作为一个学者，我想和大家一起对此进行一些探讨。

扩大和深化金融改革势在必行

如果金融不改革，势必影响到中国经济的发展。吴敬琏教授在刚才的演讲中讲到，中国传统增长模式的低效和资源浪费，原因之一就是要素价格的扭曲。要素价格的扭曲和金融系统直接有关。金融资本的价格长期被人为地压低，造成资金浪费，诱导企业忽略资金使用效率。

金融改革的终极目标是要为实体经济服务，不是看上市公司有多少市值、股市的股票指数的点位在什么地方、全国有多少家上市公司，而要看国家的金融体系能不能够更好地为国民经济服务，能不能够支持和促进实体经济的发展。这一观念应该从学术、政策和实践层面都牢牢地树立起来。我们过去谈金融改革，经常忘记了金融改革的终极目标，以为金融改革的目标就是造就一个繁荣、有深度的金融行业和金融市场。健康、繁荣的金融是手段，而不是目的，终极目标是实体经济的发展。在市场经济中，实际上在任何经济中，实体经济才是创造价值的主体，而金融不过是实体经济的一个价值反映。

为了支持和促进实体经济的发展，金融体系必须能够准确地为金融资产定价。只有价格信号准确，市场机制才能有效地进行资源配置，在市场中的经济个体才能根据准确的价格信号合理地使用和分配资金。这里所说的金融资产定价有双重含义，不仅为金融资产的收益定价，同时也要为金融资产的风险定价。

除了为实体经济服务，金融体系的另一功能是要降低金融系统的风险，保持金融与经济的稳定。

金融改革的四大具体目标

以这个终极目标为方向，我们提出金融改革的具体目标。

金融改革的具体目标中最关键的是要建立行为端正的金融机构，这些机构必须追求赢利，而不是政策性的，并且应该有硬预算约束，只有在硬预算约束下,金融机构才有识别和控制风险的能力。过去我们看到无论在银行界还是证券界,很多金融机构都在风险控制上犯了错误,造成了上万亿的损失。这是因为他们的预算约束是软的,国有金融机构的经营没有一个硬性的要求,往往是出了问题由国家埋单。在这种制度下,金融机构本身没有识别风险和控制风险的激励,因此出问题是必然的。除了识别和控制风险,行为端正的金融机构还要有不断创新的能力,能够满足社会对多样化金融产品的需求。

第二个具体目标是建立具有规模与深度的高效的金融市场,市场应该能够提供多样化的产品,市场上有多样化的参与者。只有达到这些要求,市场才能够准确地为金融资产定价,给社会送去准确的价格信号,指导全社会进行资金的有效配置。

金融改革的第三个具体目标是要建立独立的、有效的金融监管体系。目前我国的金融监管体系不是独立的,而是从属于政府,因此带有很多社会目标,成为政府执行政策的工具,而不是把精力集中于监管市场规则和市场秩序。为了改善监管的效率,我们呼吁建立独立于行政体系和独立于监管对象的监管体系。监管不独立,其公正性就受到很大的影响,监管的效率就会大大下降。独立的金融监管体系应该根据法律,而不是根据行政指令进行监管,应该对法律负责。这个监管体系中的监管人员应该是专业化的、职业化的和市场化的,而目前我们的监管人员大部分是公务员和干部。

金融改革的第四个具体目标是要建设理性的投资者群体,没有这样一个群体,金融体系的健康发展就没有基础。所谓理性的投资者群体,就是应该对其权利有正确的理解,投资者有知情权,作为股东有投票权及公司章程所规定的所有的权利。但是,有保证的投资回报不在权利之内,投资者没有权利要求任何人,包括政府在内,保证他的投资回报。要建立理性的投资者群体,一定要把这些道理说清楚,保护投资者利益不等于保证投资回报,这是需要严格区分的两个概念。理性投资者群体的收益自享,风险要自负。最后,理性的投资者要牢牢树立价值投资的理念,一定要根据价值进行投资,而不是跟风和炒作。

以上是我们所提出的金融改革的四项具体目标。当然实际上不止这些,这些是我们目前所考虑到的。

如何实现金融改革的目标？

如何实现金融改革的目标？还是温总理所说的那句话，"坚决把不该由政府管理的事交给市场、企业、社会组织和中介机构"。在这个精神的指导下，我们需要继续降低金融业的政府所有制比例。政府作为股东，利润冲动不足，不是以利润目标为追求，而是以社会目标为追求。并且在政府所有制下，财政和金融机构联系在一起，成为金融机构预算软约束的根源。政府大股东在公司治理机制方面还造成了很多的困难，上市公司国有股一股独大，已经长期为人们所诟病，所以现在进行股权分置改革是正确的，应该坚定不移地推进下去。金融机构的政府所有制还存在一个问题，就是薪酬跟着公务员体系走，而不是跟着市场走，不是市场化的薪酬机制。金融的政府所有制还造成了公平性的问题，因为在金融市场上既有民营企业，也有政府所拥有的企业，民营企业和政府企业相比，在信息、资金、政策、监管等方面都处于劣势。

为了实现上述改革目标，政府应从金融业中退出。各国的经验都证明，政府所有制下的金融机构不可能获得可持续的、具有竞争力的长远发展。无论是商业银行、证券公司，还是保险公司，拥有国际竞争力、能够在国际舞台上经久不衰的都是民营金融机构。因此，为了深化金融改革，政府有必要降低在金融业中的所有制比例。对于现有的国有或者国有控股金融企业，最好进行民营化改革，如果民营化、市场化改革一时不能到位，应确立这些机构以利润最大化为目标，不再承担政策性任务，同时在经营管理方面市场化，管理人员和业务人员都应从市场招聘，实行市场化的薪酬。

另一项改革措施是取消对金融交易的管制，取消审批制，给企业以发行股票和债券的权利。现在我们的企业发行股票和债券还需要主管部门来审批，虽然说是已经取消审批制了，但还有报备制，报备制在很多情况下实际上还是审批。目前企业债券的发行明文规定要有额度，没有额度就不能发行，这种对于金融交易的管制应该在取消之列。除了数量管制，还应逐步取消对贷款、股票和债券的价格管制。另外，要开放市场，培育多样化的市场主体，向国内的民间资本开放银行业、证券业和保险业，同时加速金融立法，尽快使活跃在金融市场上的私募资金、地下钱庄、私人股权投资基金合法化,颁布法律,让这些机构浮出水面,以便政府进行监管。

除了政府要退出金融机构以外,还要停止行政权力用公共资源救助金融机构,建立起救助金融机构的法律程序,要依照法律程序,而不是依靠长官意志来救助金融机构。哪些机构该救?那些不该救?怎么样去救?用什么样程序去救?对于这些问题,都应该立法。停止行政性的机构救助,也要停止各种各样的救市,长期以来,有一件政府不该管而一直在管的事,就是证券市场里的救市措施,政府应该坚决把价格和指数交给市场决定。

扩大金融开放

在当前特别要防止将金融开放与金融安全对立起来的倾向,这是一种非常不健康的倾向。我们需要认识到一个事实,目前影响我国金融稳定和金融安全的主要因素、金融风险的主要来源是内部的,而不是外部的。在基本没有外资参与的情况下,在基本封闭的国内市场上,商业银行积累了几万亿的不良资产,目前仍在处置过程中;证券公司半数以上有流动性问题;信托业已经过多次整顿,但还没有从根本上摆脱困境;至于城乡信用社的改革,目前仍在探索之中。这些事实告诉我们,我们自己的工作还没有做好,改革还没有到位,金融风险的主要原因是国内的金融机构缺乏识别和控制风险的激励与能力,因此在风险控制上出现了这样那样的问题。为了保证国家的金融安全,为了维护国家的金融稳定,当务之急应该是建立或改造一批金融机构,使之成为行为端正的金融机构,它们能够识别和控制风险,具有和外资金融机构竞争的能力。这才是保证国家金融安全的根本大计。

在这里我们有必要重复一下发展金融的终极目标,那就是为我国的企业、机构与个人提供多样化的、低成本的金融产品,以促进我国经济的发展,提高人民生活水平。因此,金融机构姓外还是姓中是第二位的。外资参与金融改革,取得了良好的效果,打破了原有的利益格局,改善了治理机制,强化了利润动机,并且提高了识别和控制风险的能力,促进了产品和服务的创新。这样的改革方向,应该继续下去,而不是停顿,更不是倒退。

如何扩大外资参与的范围和程度？应该逐步提高外资持有银行股份的上限，重新开放中外合资的证券公司，允许外资在境内开展股票债券的评级业务。

最后再回顾一下温家宝总理的政府工作报告：坚决把不该由政府管理的事交给市场、企业、社会组织和中介机构。政府从金融业中加速退出。当然也必须承认，我们在这里提出的目标是过多了、过大了。这些目标的实现，不可能一蹴而就，需要长期而艰苦的努力，但是作为一名学者，我感到我们有责任在这方面进行讨论，以便形成社会共识，明确方向，建立起良好的政策预期和市场预期，能够使我们金融改革的进展更加顺利一些。

（2006 年 4 月 6 日在"2006 年中国政策及其影响解读会"上的演讲）

以上市促银行改革

自 2006 年 12 月起,中国将对外资全面开放银行业务,我国的银行改革已到了刻不容缓的地步。中国共产党十六届三中全会通过的决议更特别指出,要"选择有条件的国有商业银行实行股份制改造,加快处置不良资产,充实资本金,创造条件上市"。中国银行业,主要是国有商业银行改革的核心任务是建立现代企业制度,完善法人治理结构。有了良好的治理结构,管理的改善、风险的控制只是技术问题。换句话讲,银行改革首先要解决体制问题,而国有银行上市正是银行体制改革的有效手段。以国有银行的商业化为例,为什么这个口号提了多年,但进展缓慢? 国家作为惟一的股东,从道理上来讲就不可能按照商业原则经营银行,国家必定要将国有银行作为实现其社会目标的政策工具。如果办银行是为了利润最大化,世界上最盈利的银行都是民间所有,国家没有必要也不可能超越民营银行家。为了从根本上解决国有银行的经营目标问题,必须引入追求利润最大化的股东。从这个角度看问题,国内国外的机构和个人投资者就不再是单纯的"埋单人",而是改革的同盟军,没有他们的参与,我们也许永远也找不到银行改革的逻辑原点,尽管他们的本意不是为中国改革做贡献,而是投资回报最大化。无论什么动机,这正是我们急需的。

只有牢牢地树立了利润最大化,或银行商业价值最大化的目标,我们才能进一步探讨如何建立法人治理机制的问题,才能再接下去研究管理和风险控制等技术层面的问题。这是因为,法人治理机制设计的出发点和运作的归宿都是为股东创造利润,若无利润最大化的目标,也就没有必要再谈治理机制。同样的道理,管理和风险控制最终也要落实到利润的提高上。当然,改革和股权多元化之间存在相辅相成的关系,改革不到一定程度,新的投资者不愿参与。另一方面,没有新股东的参与,改革又很难深入下去。国际国内的经验表明,尽可能地在改革早期引入新股东,对提高改革的公信力、力度和速度都有相当大的帮助。亚洲金融危机之后,韩国政府接管了破产银行,限令改组,结果上上下下看准政府的首要目标是社会稳定,不会动"真格儿"的,管理层消极等待更多的国家救助,雇员上街游行抗议裁员。政府无奈,将银行控股权卖给只讲利润的外国投资者,这才启动了改组。泰国则同时利用私募市场和公募市场,在国家和原有股东对不良资产做了一定的处置后,吸收新的投资者推动银行的改革。

国内 H 股公司海外上市的经验也说明了上市不是改革的终点和目的,在境外交易所的挂牌固然为企业开辟了一个融资渠道,更重要的是它宣布国有企业的改革进入了一个新的阶段,这是一份谁也无法撤回的宣言,是一份受到全球投资者监督的公告。监管所要求的强制性信息披露,使投资者有可能对照检查上市公司的承诺,跟踪公司经营管理,督促管理层不断改革,不断提高业绩。投资者还可以借助传媒,将他们对于国有企业的约束和影响放大,以至超出股份所代表的分量,大幅提高了已上市国有企业继续改革的公信力。我国 H 股公司十年以来的发展中虽有不尽如人意的地方,但公司整体竞争力的明显提高证明了利用资本市场推动国有企业改革的重要性和有效性。当前国内外的经济形势有利于国有银行的海外上市。一般来讲,在经济景气的循环周期中,处于复苏和繁荣阶段的资本市场比较活跃,投资者参与意愿高,发行成功的可能性大,发行规模相对也比较大。中国经济自 2002年下半年以来的强劲增长尽管有过热的成分,但确实使国际投资者对中国刮目相看,对中国的了解和研究更加深入,对中国公司包括金融类企业表现出日益浓厚的兴趣。我国两家大型保险公司最近在海外上市,不仅认购踊跃,而且和国际同类公司定价的差距也明显缩小,降低了中国公司的融资成本。

国际方面,美国经济的复苏几成定局,欧元区已度过了最坏的阶段,日本在艰难地推进结构改革的同时,也迎来了十几年未见的信心恢复。经济复苏期间,各国央行会注意继续保持较低的利率水平,避免过早升息伤害经济上升的势头。低利率环境中资金充裕,股票发行成功的概率因此也比较高。

在国内外有利的条件下,我们应该抓紧国有银行的改革工作,尽快实现银行的公开上市,借助资本市场的力量,确立银行的商业经营目标,并在投资者的监督和支持下,深化银行的制度改革。改革永无止境,上市仅仅是迈出了重要的第一步。

(原载 2003 年 12 月 20 日《财经》)

外资与中国银行业改革

国内的银行改革现在已经启动,由央行注资开始,商业银行都在积极上市。在银行改革中,外资占有非常重要的地位。

现代商业银行最本质的特征和经营目标是利润最大化

现代商业银行最本质的特征,经营目标是单一的,而且它的经营目标是利润最大化。现代商业银行在管理方面、公司治理机制方面、风险控制方面等等一系列的特征,都是由利润最大化这样一个单一的经营目标派生出来的。银行经营,一个是要有利润,另外一个要控制风险。控制风险,在我看来也是从利润最大化派生而来的。如果风险控制得不好,一笔坏账的产生,就可以把更大量的银行业务所产生的利润吃掉,所以风险控制也是从属于利润最大化的。

现代商业银行要建立起一套现代的公司治理机制,也是从利润最大化这个目标派生而来的。现代商业银行,要建立一个有效的董事会,这个董事会可以对管理层形成有效的制约和监督,要有自己独立的风险控制、审计和薪酬委员会,要有独立的市场化和专业化的管理层,所有的这一切都是为了确保银行能够在控制风险的同时不断地提高利润,为股东创造价值。这是一个和我们国有银行最根本的区别。为了追求利润最大化,在商业银行内部的机构设置方面,在人员的使用方面,都非常强调独立性和相互制约,形成一种制约下的平衡关系,只有这样才能更好地控制风险。

如果拿国有银行和现代商业银行进行对比,我们就发现它的经营目标到现在也说不清楚,改革最困难的也是要把银行的经营目标牢牢地定在利润最大化。除此之外,国有银行和现代商业银行相比,在公司结构方面的特点是不独立的,我们的管理层不是独立的,是由政府任命的。银行内部的风险控制委员会、审计委员会、信托委员会都建起来了,但是独立性不够。所以,在这些方面,是我们在银行改革中要花大力气加以解决的,在解决这些问题方面,外资可以起到相当大的作用。

国有银行改革的难点

现在银行改革的难点就是没有办法树立利润最大化这样一个经营目标,所以我们的国有商业银行多年以来一直在提要把国有银行改造成为真正的商业银行,但是多年以来这个目标并没有实现,我们的商业银行仍然不是商业银行。我们之所以这么多年没有办法树立利润最大化这样一个经营目标,是因为我们在所有权的结构方面过于单一,国家所有者没有也不可能认真地去考核利润指标。因为所有者又是政府,又是代表国家,国家和政府又有多重的非商业性目标,多重的社会目标,所以所有者的性质本身就决定了它不可能真正地去追求利润指标。从道理上讲,政府也确实不应该以利润为动机,政府应该是代表全社会的利益。

我们假设一下,即便是树立了利润最大化的目标,在执行中也可能出现很大的偏差,原因就在于利润最大化和管理者的激励不协调。银行的管理者以及银行的员工报酬和银行的业绩无关,银行的管理者和员工来自于国家干部,来自于公务员,所以他和银行的业绩没有关系,报酬体系是跟着国家行政系统走的,银行的管理者的升迁不取决于银行的利润、盈利和业绩,管理者、员工实际收入和业务量有关系,而不是和银行的利润有关系。

在这样一种结构下,可以使得银行很好地贯彻国家的意图和政府的意图,但是这样一个管理体系是不能适应利润最大化这样一个对现代商业银行的要求。我们现在银行的管理体系,以行政为主导的这样一套管理体系,它的设计是为了实现国家和政府通过银行来实现它的社会目标,而不是利润最大化。所以,从所有者的角度出发,确立利润最大化的原则非常之困难,从管理体系的角度来看,即使确定了利润最大化的原则,在执行中也会出现很大的反差,这是改革非常困难的地方。可是怎么样把银行的经营目标从政府的多重社会目标转向到以利润为中心的目标上来，这是银行改革的逻辑起点，没有这样一个逻辑起点的话，下面的公司治理机制、风险控制的手段、人员激励机制都无从谈起。现在的行政式的管理体系是和国家的多重社会目标相适应的，但是和银行的利润最大化目标是不相适应的。所以，如何重新定义银行的经营目标，真正的定义，而不是纸面上的定义，就显得非常重要。

重新定义银行的经营目标，从管理架构上来讲，从银行的结构上来讲，要适应利润最大化的要求，坚决做到政企分离，这是银行改革的另外一个很困难的地方。银行政企不分，不仅是在经营目标上、管理人员上，而且从激励机制上都是政企不分的。十多年了，到现在为止，都没有取得决定性的突破。这种政企不分的来源是什么呢？政企不分的来源是习惯性的预期心理，一谈起银行就觉得银行是一个战略性行业，国家必须控制。什么叫做战略行业？至今没有明确的定义，至今没有经济学上的准确的定义，只有一些含混不清的说法，比如说关系到国计民生的行业。在市场经济中，任何行业都和国计民生有关。所以讨论政企不分的时候，必须要回答什么是战略行业，银行可不可以允许内资、外资、个人资本进入，银行可不可以有个人的内资和外资控股，我说的不是 25％，我说的是 51％。如果这个问题不解决的话，那么就摆脱不了政企不分的局面，银行就会永远是战略性行业，国家就会始终保持对银行业的控制。只要国家保持对银行业的控制，就不可避免地把它的社会目标带入到银行的操作中间，干扰、影响银行利润最大化的实现。

还有一种心理，就是银行业太重要了，所以国家不会坐视大银行倒闭，到关键的时候，国家还会出来救助，过去对国有银行多次注资，强化了银行对国家的依赖心理，使得政企越来越分不了。为了解决这个问题，使改革能够推进下去，我们所提到的政企不分的这方面，必须予以改变，只有改变了这些才可以提高改革的可信度，才可以重新进行改革。什么是改革？改革就是改变游戏规则，如果新的游戏规则得不到大家的认可，就无法替代原有的规则，原有的规则就会继续实行下去。这方面，日本的银行改革对我们是一个非常深刻的教训。日本的情况和我们的情况非常类似，我们是政府、国有银行和国有企业的利益共同体。所以东亚的经济发展模式在非常多的方面有相似的地方。

如何改变这种预期？如何相信政府的银行改革政策是可信的，是说了算的，是能够推行下去的？必须打破过去的这种习惯性的预期。日本政府最近也在做这样的事情，一个就是不再向银行注资，让银行破产，破产了之后卖给外资，当然这样做可能引起的震动比较大。另外一种做法，就是主动引入外资，打破原有的金融产业利益共同体，使它的产业获得公信力，使得银行企业都能够认真地对待政府的改革政策。

外资进入可以改变银行的经营目标，
提高改革的可信度

引入外资，可以帮助商业银行离开国家追求的社会目标而将他的经营统统地归结到利润最大化上来，从利润最大化的角度出发进行政企分离的工作，建立起一支独立的、专业的管理团队，从市场上雇用银行工作人员，改变过去在执行国家社会目标情况下所采取的管理结构，国家干部和公务员做银行的工作人员，从利润最大化出发就需要从社会上雇用专业的、独立的管理团队和工作人员。在利润最大化、投资者的支持下，管理者对政府的非商业目标和社会目标说对不起。如果我对你的面子工程发了贷款，我就是对投资者不负责任，这样的话就会逐渐地改变银行作为政府执行社会目标的工具这样一个局面，当然这个改变不可能在很短的时间里完成，是一个长期的过程，所以引入外资只是银行改革的第一步。

从利润的角度出发，建立起完善的风险控制机制，而且外资的进入可以帮助我们淡化战略行业的概念。用外资的进入来改变银行的经营目标，提高银行改革的可信度，在我看来是外资最重要的作用所在。当然，外资可以给我们带来国际上最先进的管理方法、先进的风险控制方法，以及先进的产品，但是外资最关键的作用是帮助我们改变银行的经营目标，帮助我们提高银行改革的可信度。日本政府多次动用财政的资源，把银行国有化，免得引起大规模的挤兑现象。公有化之后，日本政府把手中持有的股份卖给外国投资者，当他卖给外国的投资者之后，对银行的管理来讲，对社会人士来讲，大家都知道了，这一次是要动真格的了，因为这一次推动改革的不再是政府，不再是政府、金融、企业三位一体中间的一个利益代表人，而是在这三位一体的历史格局之外的

外资,这时候改革的可信度就大大提高了。

在过去几年中间,有很多大型的国有企业到海外去上市,也从另外一个方面证实了外资在这方面的作用。大型的国有企业到海外上市,虽然还不能够在很短的时间内,在管理上、经营上、竞争能力上赶上国外的一流公司,但是和以前相比已经有了很大的进步。如果这些国有企业的利润下降了,即会反映在股票上。股票就会把信号传导到国内来,说明这个企业发生问题了,市场纪律的约束,投资者的监督,对国有企业的改革和公司治理机制水平的提高,都起到了相当大的推进和约束的作用。而关门的改革是很难取得突破的,就像日本一样,改革的政策缺乏可信度,受到原有利益的制约。为什么总讲外资的作用?内资是不是有同样的作用?我认为内资也有同样的作用,只是银行改革中间,利用内资和外资都有一定的区别,有一些区别是技术性的,有一些区别是本质性的。比如说,如果利用外资的话,市场容量比较大,国有银行海外上市,容量比国内市场要大得多,大型的国有银行到海外上市,相对海外市场不会有多大的震动,如果在国内上市的话,A股恐怕会受到影响,所以市场容量是有区别的。内外资还有其他方面的区别,外资多为机构投资者,不管是二级市场上的投资者还是战略投资者,都是机构投资者,对银行管理层的约束力度要比分散的内资大得多,而且外资的引进对于我们建立起很好的债权文化有很大的帮助,这就是内资和外资的区别。

利用外资增强中国银行改革的动力

在外资的利用方面,也有三类,一类叫做战略投资者,比如说国外的银行,到国有银行里持股,这属于战略投资者。对于这一类的投资者,我们当然是非常的欢迎,但是对他们的参与要有一个很清醒的认识,因为国外的商业银行参股于我们的国有商业银行,不可避免地要发生利益冲突的问题,就是进来参股的外资银行,在国内也有业务,它的长远目标是想建立它自己在国内的营销网络和客户群,因此和国内的商业银行会发生利益冲突。第二类是基金投资者,或者叫做直接投资者。这些直接投资者的目标是迅速套现,本身不经营银行,对经营银行也没有兴趣,他们之所以愿意参与到我们银行的改革过程当中来,是因为他们在这个过程中能获得比较好的回报,因此银行上市之后,这些投资者也会很快将银行股票卖掉。在资本市场上,只有证券投资者是经常性和长期的力量。当然,证券投资者里面有一部分也属于短期炒作,但是也存在着相当一部分价值型的投资,是机构投资者,长期在资本市场上对上了市的国有商业银行进行监督,对于利润最大化这个目标的偏离、经营机制上的问题、管理层的问题等等,都会反映到价值上,这样对我们的商业银行有一个及时的监督机制,监督商业银行牢牢地按照利润最大化的原则进行操作。

在外资的利用方面,从国际上的经验看,大概有两种,一种是主动利用,一种叫做被动利用。最突出的例子是亚洲金融危机,金融危机之后,亚洲各国在清理银行坏账之后,都把相当一部分的银行股份卖给了国际投资者,这属于被动利用,出于形势,没有办法。我们现在的情况和金融危机中间的亚洲各国不一样,完全有可能采取主动的政策利用外资、吸收外资,使之成为中国的银行改革的动力和监督的力量。

(原载 2004 年 5 月《西部论丛》)

金融风险的积累基本与外资无关

金融改革的终极目标是要为实体经济服务

我们过去谈金融改革的时候,经常忘掉金融改革的终极目标是什么,以为金融改革的目标就是造就一个繁荣的、有深度的金融行业和金融市场。我们忘掉了一个繁荣的、有规模的金融行业从根本上来讲是服务于实体经济的。在市场经济中,实际上在任何经济中,实体经济都是创造价值的主体,金融只不过是实体经济的价值反映。金融体系为了能够支持和促进实体经济的发展,必须准确地为金融资产定价,只有价格信号准确,市场机制才能够有效地进行资源的配置。在市场中的经济个体才能够根据准确的价格信号,合理使用和分配资金。

为金融资产的定价有双重含义:不仅为金融资产的收益定价,而且要为金融资产的风险定价。金融体系的另外一个功能是要降低金融的系统风险,要保持金融与经济的稳定,这是我们发展金融的终极目标。因此,金融改革的目标,不是看有多少家上市公司,不是看资本市场有多少市值,不是看股票指数的点位在什么地方,而是看金融体系能不能够更好地为国民经济服务,能不能够支持和促进实体经济的发展。

金融风险的积累基本与外资无关

最近,对于外资在中国的并购活动,特别是对于外资收购国内的金融企业方面,社会上有一些讨论。因为社会上的一些争论,使得我感觉好像决策者有一些犹豫。在有一些方面,政策发生了一些摇摆。但是我认为,从政策上来讲,开放的大方向是不应该动摇的。当前,特别要防止将金融开放与金融安全对立起来的倾向,这是一个非常不健康的倾向。这方面我们要意识到一个事实,就是:影响我国金融稳定,影响我国金融安全、金融风险的主要来源,从现在来看是内部,而不是外部。在过去的几十年中,在基本上没有外资参与的情况下,基本封闭的国内市场,商业银行积累了几万亿的不良资产,目前仍然在处置过程中。证券公司半数以上有流动性问题;信托业经过了多次整顿,但是仍没有从根本上摆脱困境。至于城乡信用社的改革,目前我们仍然在探索。这样一个事实告诉我们,影响我国金融安全,影响我国金融稳定,主要的危险不在外部竞争,而是内部,是我们自己工作没有做好,是我们自己的改革没有到位。

外资参与金融改革,取得了良好的效果,打破了原有利益格局,改善了治理机制,强化了利润动机,并且提高了识别和控制风险的能力,促进产品和服务的创新。这样的改革方向,应该继续下去,而不是停顿,更不是倒退。正如前所说,发展金融的终极目标是为我国企业、机构与个人提供多样化的、低成本的金融产品以及金融服务,这是我们发展金融的终极目标,以便促进我国经济的发展,提高人民生活水平。从这一方面看,金融机构到底姓"外"还是姓"中",我认为是第二位的,应该服从于发展金融的终极目标。

对于"财务投资者"和"战略投资者",也没有必要进行严格区分。当前国际上对于金融业的运营管理是有着一整套成熟的模式的,聘请一家国际咨询公司就能够获得改善银行运营的全面帮助。从这一点来看,战略投资者并不一定能够比财务投资者为中国的银行带来更多的利益。

当前,我国金融风险主要来自于国内的金融机构缺乏识别和控制风险的激励与能力。因此在风险控制上,都出现了这样或那样的问题。所以,如果为了保证国家金融安全,为了维护国家金融稳定,当务之急应该是建立起或者改造形成一批行为端正的金融机构。这些金融机构能够识别和控制风险,具有和外资金融机构竞争的能力,这才是保证国家金融安全的根本大计。

坚持开放是正确的选择

闭关自守、怕这个、怕那个、这儿也限制、那儿也限制,实际上是一个民族没有信心的表现,一个有信心的民族是敢于竞争的,而且不仅能够在竞争中生存,还可以发展壮大。3月5日全国人大会议上通过的政府工作报告中,温家宝总理明确地提出,"必须坚定不移地全面深化改革和扩大开放"、"要按照统筹国内发展和对外开放的要求,实施互利共赢的开放战略,以开放促改革促发展"。这是对过去的争论做了一个阶段性的总结。方向非常明确:除了改革开放,中国经济没有前途;除了改革开放,中国的现代化没有办法实现。

金融改革的方向应该是:凡是市场能做的都交给市场,包括取消对金融交易的管制,取消审批制,给企业以发行股票和债券的权利。现在我们企业发行股票和发行债券,还要主管部门来批,说是已经取消审批制了,叫做报备制,这个报备制搞来搞去实际还是审批。现在企业债的发行是明文规定要拿到额度,没有额度不能发行,这种对于金融交易的管制,应该是在取消之列。并且,逐步取消对贷款价格、股票价格和债券价格的价格管制。

同时,我们有必要进一步开放市场,培育多样化的市场主体包括:向国内的民间银行开放银行业,开放证券业,开放保险业,加速金融立法,尽快使活跃在金融市场上的私募资金、地下钱庄以及私人股权投资基金浮出水面,以便政府进行监管。

在金融领域,2006年12月31日,中国将会开放人民币业务给外国商业银行。其实,中国的商业银行和中国政府现在都在准备迎接那一天的到来。中国建设银行以及交通银行已经上市,工商银行和中国银行也要在近期上市,所有这些努力,还有在银行监管方面的改进和公司治理方面的改进、证券公司的重组等等,都是为了使中国迎接更加猛烈的国际竞争。

现在已有的国有或者国有控股金融企业,应该进一步推进市场化改革,当然最好是进行民营化改革。要确立这些机构是以利润最大化为目标,并不再承担政策性的任务。在管理上面,金融机构的业务人员和管理人员,应该从市场招聘,而实行市场化的薪酬。

(原载 2006 年 5 月《中国投资》)

外资是合适的股东

外资参股国内证券公司,不管是开放市场还是封闭市场,证券公司风险管理是一个非常重要的课题。中国现在的证券市场开放程度还是非常有限,直到最近几年刚刚开始进行中外合资公司实验,QFII 也是最近几年刚刚开始的,所以我们这个市场基本上还是封闭的市场。即使在这样封闭的市场中,我们已经看到了我们整个证券行业有着比较严重的风险管理的问题。

最近监管当局花了很大的力气,国家投入了非常多的资源来清理证券行业中遗留的风险和遗留下来的财务上问题。在开放的市场中,毫无疑问,风险因素是增加了,因为面对很多竞争;但是另外一方面也应该看到在开放市场中,在竞争压力下,反而有助于国内的证券机构加强自己的风险管理。风险管理在我国目前证券市场发展的现阶段,主要不是一个技术问题,从根本上来说是一个公司治理机制的问题。我们看到在过去的几年中出现的问题券商,追本溯源,最终都会发现无论是挪用保证金,还是坐商炒作,无论是投资理财,还是其他重大问题,到最后都可以归结为公司治理机制上的问题,主要是各个层面上的激励机制问题。

第一,在公司治理机制这个层面,没有看到董事会应发挥的作用。董事会下面是管理层,管理层风险意识不高,管理层没有建立一套规避得很好的风险识别内部程序,甚至管理层在相当大的程度上和证券公司过分冒险、违规操作有着直接的联系。所以我们讲证券业风险管理问题首先是公司治理机制问题。在董事会和股东的层面上,我们看到的现象是,股东自身缺乏风险控制的激励,缺乏风险意识。再具体细分,在股东层面上我们又可以看到两类股东。一类是国有股东,国有股东利润冲动不足,因此作为股东它对证券公司管理上的要求,在风险识别和风险控制上的要求就比较低,因为对利润并不是很重视,没有意识到公司经营中如果出现风险问题会给公司的盈利带来什么样的影响。因此表现出来董事会里国有股东对管理层的约束力度不够,对管理层在风险识别和控制方面要求不够,这反映出国有股东内部特有的性质,就是国有股东普遍缺乏利润冲动。国有股东缺乏利润冲动是可以理解的——反正不是他的资产。

另外一类股东就是民营股东,民营股东恰好是国有股东的极端,但是另一个方向的极端。民营股东的利润冲动过强,在过强的利润冲动下,再加上金融机构和证券公司并不是他经营的主业,所以在一些情况下,民营股东没有把证券公司、金融机构作为一个盈利的工具,而是作为一个融资的平台。用证券公司、金融机构为他的其他业务提供融资,这就造成股东不仅不能够约束管理层,要求管理层建立起严格的风险控制程序,反而自己也成为风险的一部分,用证券公司挪用客户保证金,通过这样的一些方法来为自己的业务进行融资。所以,在这种的情况下,在董事会层面上,在股东层面上,如果没有端正的行为,没有对于风险清醒的认识,管理层就很难建立起很强的风险意识,以及建立起严格的风险控制程序。

除了激励机制方面的问题,我们现在所看到的股东,普遍缺乏专业知识,不太了解如何去提出要求,让管理层建立起严格的风险控制程序。专业知识方面的欠缺使得董事会成员,使得股东即便是想控制证券公司的风险也不知道怎么去做。需要强化证券公司风险控制意识,要从源头上想办法,要从董事会、股东行为开始,找到问题的症结,针对这些症结提出解决的方案。因此,在证券公司的风险管理不断改进的过程中,当务之急是要在董事会进行所有权的改革。要吸收一批行为端正、以利润最大化为经营目标,并且使金融作为主营业务这样一些股东引进到证券公司中来,进入到董事会中来。在目前的情况下,外资应该是一个比较理想的股东,因此,应尽快重新开放合资证券公司的市场,能够提高我国证券业总体风险管理和风险控制水平。

外资是比较合适的股东,特别是具有金融背景的外资,他们对于行业比较了解,而外资到中国市场上来是追求利润最大化,只要追求利润最大化,就有风险控制的意识。我们一些股东追求的不是证券公司的利润最大化,追求的是自己其他商业活动的利润最大化,把证券公司作为它的融资平台。外资还有一个长处,就是它在市场上有着比较高的声誉效应,国外大型的金融机构在世界各地都有经营,如果在中国市场上因为风险控制出了问题,将对它的声誉发生影响,因此它的风险控制意识非常强,因为风险控制不好会影响它的盈利,不仅影响到中国业务的盈利,而且影响全球业务的盈利。所以,证券公司要在市场上继续向前推进,就要从董事会,从股东行为入手,解决风险控制的激励问题。

要想使管理层具有风险控制的意识,要让管理层的利益和股东一致起来,需要有管理层识别风险和控制风险的激励机制。我们目前的情况是管理层薪酬制度和薪酬结构不能适应控制风险,不能适应改善风险管理这方面的要求。我们可以看一下国外的管理层薪酬结构,年终现金的奖金大概是基本工资的10倍,拿到的股权激励部分又是现金奖金的10倍。这样一种薪酬结构,按照公司整个风险管理、整个业务经营的情况来决定管理层的薪酬,管理层控制风险的意识就会大大加强。根据我的观察,我觉得我们国内证券公司的管理层,特别是高级管理人员薪酬普遍偏低,而且薪酬结构中间,奖金和股权部分的比重也是普遍偏低。在薪酬偏低、薪酬结构不合理的情况下,管理层非但没有按照董事会的意图去控制风险,而且实际上自己成为风险的一部分。最近谢平在《财经》杂志上发表一篇文章,叫《金融串谋》,说:我们国家很多的金融风险,银行的金融风险、证券业的金融风险、信托投资公司的金融风险,有相当多的问题都是内外串谋出现的。如果没有内部人的配合,那些金融大案,光靠外部人还是不可能的。这就要求我们在薪酬制度方面,在激励机制方面要突破,要进行改革。我们经常听到这种说法,说你现在激励机制改变,薪酬大幅度提高,哪来钱呢?我们的逻辑就是可以亏空几十亿,或者上百亿。我想这个账是很容易算得清的,与其内外串谋亏空几十亿,还不如把这几十亿中拿出10%、20%给高管人员增加工资,杜绝内外串谋,来降低证券公司的风险。所以薪酬制度的改革是改善风险管理,从公司治理机制入手的第二个层面。

第二,技术性的问题。关于这个问题实际上我并没有做过太多的研究,只是根据我自己实际工作的一些经验,认为,一是在内部的风险控制中,证券公司有必要建立起一个强有力的有效的合规部,合规部可以和法律部一起工作,也可以分开设置,很多国际上的证券公司经常把法律部和合规部放在一起,也有分开的,现在的趋势是合规部和法律部是分开的。在国际上大型的证券公司,如果没有合规部的同意,如果没有法律部的同意,很多业务都不能做。而且合规部和法律部是直接向公司的总裁报告,有权否定各个业务部门提出来的业务方案。我们经常看到业务部门的人和合规部的人拍着桌子吵架,最后也没有办法,因为合规部直属总裁,在总裁的领导下支持下进行工作。要强化合规部和法律部的作用,公司的第一把手亲自过问,这是内部组织保证的一部分。据我所知,现在国内的证券公司或者有一些没有建立起合规部,或者有些建立起来却流于形式,在收入和创收的压力之下,合规部往往在争端之中最后让步给业务部门,这样的现象在国外是很少见到的。二是要建立起跨部门的委员会。在重大项目的评审上,要有跨部门的委员会进行集体决策,一项 IPO 的项目要不要做,不能由投行部的负责人说了算,也不能由总裁说了算,最终的决策应该拿到跨部门的委员会上讨论决策。根据决策的规则,如果被委员会否定了,那么这个项目就不能够做下去,这个跨部门的委员会包括了涉及这个项目的各个部门,如果是一级市场的项目,当然涉及投行部,还涉及资本市场部,合规部和法律部是委员会必不可少的一个组成部分,从法律的角度、从监管的角度来对这个项目提出意见。联合的委员会中间还应该包括财务部,在很多情况下甚至包括研究部,这个决策过程是个集体的决策过程。这个跨部门的委员会类似在银行现在所建立的各种各样的专门委员会,比如说信贷评审委员会。这是改善风险管理内部制度建设的内容。三是要加强审计与稽核,相当于银行业的稽核部。据我所知,国内证券公司稽核还没有普遍推广开来,审计包括内部审计和外部审计要同时进行。外部审计的好处是它有独立性,它不在公司里拿工资,所以,可以比较客观地提出审计报告,但是外部审计不很理想的地方在于它对公司内部的情况不是很了解,因此审计需要内外结合起来。内部审计对公司内部比较了解,但是独立性不如外部审计,所以需要两者结合起来,而且每年的审计报告要直接送董事会,由董事会来审查审计报告,而不是由公司的老总来审查审计报告,换句话讲审计有一条报告线,是直接报告给董事会的,不仅要对管理层负责,还要对董事会负责,因此,须增加审计的客观性和独立性。

(原载 2006 年 11 月《国际融资》)

银行不良资产:成因与清理

脆弱的银行系统对于经济的潜在危害在这次亚洲金融风暴中暴露无遗。危机初起时,货币的大幅度贬值使银行和企业的债务负担陡增,企业经营发生困难,债务偿还能力下降,从而使银行的资产质量急剧恶化,呆坏账数量上升。由于拿不出更多的资本金冲销坏账,银行很快陷入支付困难,引发挤兑,货币贬值直接导致了银行危机。银行相当于人体的血液循环系统,银行的瘫痪使亚洲各国的经济遭到沉重的打击,东盟和韩国相继进入战后最严重的萧条。

稳定的人民币币值和银行系统适度的对外借债使中国避免了一场银行危机,然而随着呆坏账的积累,由内部因素触发危机的可能性有增无减。根据国际评级公司标准普尔的估计,中国的银行呆坏账率高达25%,而银行资本充足率账面上只有8%,即使呆坏账中有一半是可以回收的,银行系统在技术上也已经破产。

如何清理银行的呆坏账,尽快提高实际资本充足率,已成为当前中国经济中一项极为紧迫的任务,而要想找到根本的解决办法,就不能不对呆坏账形成的原因进行深入的分析。

银行不良资产的形成在微观层次上可以归结为"预算软约束"问题,宏观层面上,计划体制遗留下的政策性贷款是最重要的因素。

预算软约束问题,过去我们多强调企业行为的扭曲,银行的预算软约束其实同样存在。企业预算软约束表现为企业对国家资本金不计回报,认为国家资本金可以无偿使用,并且将银行贷款视为财政资金,借了用了不必偿还。银行预算软约束与此相类似,国有银行对国家注入的资本金可以不计回报,可以无偿使用,对储户存款可以不负责任。借方和贷方的预算软约束不仅造成企业盈利下降和银行呆坏账的上升,而且使银行对企业无法形成有效制约,不良资产的积累在经济增长放慢的环境下呈恶性发展趋势。

在计划体制下,银行不是以盈利为目标的真正的商业性银行,而是国家推行产业政策和社会政策的工具,银行不仅要向国家的重点产业注入资金、贷款,而且要向国家认为重要的企业发放贷款,来维持较高的就业率。这是没有银行效率但尚有社会效益的政策性贷款,最糟糕的是连社会效益都看不到的政策性贷款,例如投入"首长工程"的信贷资金也要发放。

需要指出的是,"预算软约束"为亚洲的通病,并非计划经济独有的现象。韩国企业集团的行为及其与银行的关系类似中国的大型国有企业,韩国的工业集团从银行获得廉价的贷款,进行无限制的扩张,而不注重资金的使用效率。银行在日本和韩国亦带有政策性质,成为政府推行产业政策的工具。

"预算软约束"还表现为政府对问题银行采取宽容的态度。如在日本,一旦银行陷入经营困难,政府不是立即关掉银行,清理其不良资产,而是追加紧急贷款,或让另外一家银行来接管这家问题银行,这种对问题银行所采取的宽容态度使银行的预算约束进一步软化,导致今天日本银行系统的全面瘫痪,日本经济的复苏在很大程度上被银行的瘫痪状态所拖累,在挣扎了六七年后,终于在去年年初正式进入萧条。这说明,亚洲各国,无论社会制度如何,经济体系如何,都多多少少存在"预算软约束"问题,存在企业、银行、政府关系更新定位的问题。这里,我们感到有更深层次的社会文化因素,限于篇幅,在此不作详细探讨。

清理不良资产国际上已有不少的经验,中国应当借鉴国际经验。但借鉴国际经验不能离开中国的特点,因为这些经验对中国的适用度在很大程度上取决于中国的特点。我国银行系统不良资产的特点是:

一、不良资产规模大。不良资产占我国银行系统贷款余额的25%以上,基本上相当于一年 GDP 的25%。中国的呆坏账按 GDP 比率来看是世界上最高之一。

二、清理不良资产需要资金来源,但中国财政薄弱。国家财政收入(包括地方政府)仅占 GDP 的11%,美国联邦政府税收(不算各州政府)为 GDP 的20%,香港为16%,日本为54%,韩国为23%。

三、与发达国家不同,中国经济处于转型期,企业、银行操作不规范,监管不健全,市场经济的游戏规则仍在变动之中。

四、中国资本市场欠发达,债券市场规模尤其过小,只有一级债券市场发行国库券算是比较活跃,国债二级市场处于萎缩状态中,世界发达国家在清理坏账过程中,都要依托资本市场,特别是债券市场进行坏账包装、销售来降低清理成本,中国在这方面的条件相当欠缺。

国内股市存在结构性缺陷,小股东为主,没有足够的机构投资人,吸纳银行不良资产的能力有限。最致命的是,小股东不可能对企业和银行实行有效监控;也就是说通过上市的办法,只能解决资产管理公司的融资问题,而对强化约束并无太大帮助,不能解决企业和银行的制度问题。

五、法律系统不完备。证券市场在中国有六七年的历史,今年才通过了《证券法》,信托投资公司也有六七年了,到目前仍没有《信托法》。比立法更令人忧虑的是执法效率低下,有一句很形象的话,说银行和企业打官司是"起诉不受理,受理不开庭,开庭不审判,判决不执行",这就决定了想要依托一个成熟的法律系统,迅速地界定债权债务关系,迅速清理坏账是不现实的。

鉴于以上特点,我们认为尽管国际经验对中国有很大的启示作用,但在运用时,一定要考虑到中国的国情来设计我们的清理方案,作出工作规划。具体来讲,由于中国问题的规模和可用资源的相对短缺决定了清理不良资产是一项长期的工作,所需时间可能多于世界上任何一国。美国用了三年时间,中国也许要五年、十年,甚至更长。

因为问题规模大,外国资本在清理中起的作用会非常有限,以利用外资为主导的泰国模式对中国可能并不适用。即使是泰国,将不良资产包装出售给外国投资者进行得也不是很顺利,拍卖似乎不成功,定价很低。中国的情况更为复杂,不能期望外资扮演重要角色。

我国银行不良资产的起因决定了清理工作必须是标本并治,治本为主,也就是处理已有坏账的着眼点是防止新的坏账产生,要杜绝产生新的坏账的根源,即要求强化对企业、银行的预算约束,要求清理坏账和企业改革、银行商业化相结合。在这方面,东欧前社会主义国家的经验对中国具有更大的借鉴作用,例如波兰,在清理银行坏账的同时完成了对企业的改造。如我们只是简单地将银行不良资产划归负责处理坏账的资产管理公司,不能解决如何防止新的坏账产生这一根本问题,简单划账非但没有触及企业的约束机制,强化银行的约束机制,反而会诱发错误的预期心理,认为将来再产生坏账不过是再做一次划拨,由此而来的"道德风险"问题会使银行的资产质量进一步恶化,坏账清理工作完全失去意义。

虽然国内对美国 RTC 的研究多注重不良资产的包装与出售,美国实际上是在治本方面的一个较为成功的例子。在处理坏账同时,RTC 对银行管理人员起诉,追究他们的工作和法律责任,法庭判处了一批管理人员,另有相当数量的人被撤职,失去了工作。严肃的处治较好地防范了"道德风险",美国的银行系统自 20 世纪 90 年代初至今一直运转正常,有人甚至认为这是美国经济长时间强劲增长的重要原因之一。

我国法治和资本市场的欠发达决定了清理工作必须以银行为主导,以市场为导向的清理方法可能并不适用。我们要最大限度地利用市场,但市场只能是一个辅助力量,不能成为主导机制。同样因为法制和市场的不健全,资产管理公司要求相对的封闭运行,具体讲包括相对封闭的债权重组,相对封闭的股权重组,相对封闭的管理制度和相对封闭的司法程序。

相对封闭的债权重组是指将所有债权移交给最大债权人,由最大债权人作为全权代表和债务人谈判贷款偿还问题,当企业进入破产程序时,亦由最大债权人负责企业的清算或重组。相对封闭的股权重组是指最大债权人通过债转股成为企业的控股股东,并以股东身份改组企业,依照《公司法》建立董事会,由董事会重新任命管理班子。企业原行政主管或地方政府不能干预股权重组工作,也不能干预新管理班子的运作。资产管理公司相对封闭操作的核心是政企分离,在政企分离的状态下进行债权和股权的重组,同时通过债权和股权的重组在更大范围上推进政企分离。

需要说明的是债转股的要点不在于减轻企业的债务负担,而是改变债权人被动无力的地位,债权人通过债转股获得对企业的控制,获得强化企业预算约束的手段,如前所述,强化企业预算约束是防止产生新的不良资产的根本性措施。

相对封闭的司法程序意味着有必要通过特别的法令和条例,有必要成立特别法庭,处理各方的纠纷,协助资产管理公司完成企业的重组。相对封闭的司法程序也是减少政府干预，确保公正性以及提高清理工作效率的关键环节。

相对封闭并不意味着完全封闭和永远封闭，其做法类似我国的经济特区，在大环境不具备的情况下，先创造一个小环境，在小环境内尽快解决现有问题，通过小环境的不断扩展最终改变整个大环境。

银行不良资产的清理将推动我国的法治建设和市场建设，促使我们重新定义政府、企业和银行的关系，重新思考企业改革和银行改革的政策，加速政企分离，并将培育债券市场和机构投资人提上议事日程。这是一项复杂的高难度的工作，但我们必须看到，如果现在不做，将来成本可能会更高。另一方面，如果做得好，清理银行不良资产有可能形成我国经济改革一个新的突破点，将1978年以来侧重宏观的改革引向微观层面，从而实现改革的不断深化。

（原载1999年3月《改革》）

金融业应降低政府股权比重

纵观世界上的金融机构,各国的经验都证明:政府所有制下的金融机构,大多不可能有可持续的、有竞争力的长远发展。在国际上有竞争力的、能够在国际舞台上经久不衰的商业银行、证券公司、保险公司都是民营的。在这方面,"市场"能够比"政府"做得更好,因此,应该坚决地把金融机构放手交入市场。为了推进中国的金融改革,实现金融改革目标,政府有必要降低在金融业中的股权比例,从金融业中退出。

政府作为股东,利益冲动不足。因为政府通常要追求的是社会目标,而不是追求利润目标。在政府所有制下,金融机构和财政联在一起,成为金融机构预算软约束的根源。政府作为大股东,在公司治理机制方面,也会造成很多的困难。

金融机构的政府所有制还有一个问题,即金融机构的薪酬体系通常是跟着公务员体系走的,而不是市场化的薪酬体系。此外,在金融机构中间,政府所有制还隐藏着公平性的问题。因为在金融市场上既有民营的机构,也有政府所有的机构,而民营机构和政府所有的机构相比,信息、资金、政策、监管等方面都处于劣势,这样就会造成公平性问题。

现在已有的国有或者国有控股金融企业,要推进市场化改革,最好是进行民营化改革,如果民营化改革一时不能到位,市场化改革,就要确立这些机构是以利润最大化为目标,不再承担政策性的任务。在管理方面,其业务人员和管理人员应该从市场招聘,实行市场化的薪酬。

金融改革的四个具体目标

1. 建立行为端正的金融机构

金融机构的最终目标应该是以盈利为目标的，不应该是政策性的。其预算约束也应该是硬的，即硬预算约束。只有在硬的预算约束下，金融机构才有识别和控制风险的能力。过去我们看到银行界和证券界，很多的金融机构在风险控制上犯了错误，造成了上万亿损失，就是因为他们的预算约束是软的。经营金融机构，没有一个硬性的收益要求，往往是国有的金融机构在风险控制上出了问题，最后是由国家来买单。在这样一种制度下，这些金融机构本身没有识别风险和控制风险的激励，因此他在识别风险和控制风险方面出问题是必然的。

除了以盈利为目标、预算约束是硬的这两个方面以外，金融机构还应该有不断创新的能力，能够满足社会对多样化的金融产品的需求。

2. 建立具有规模与深度的高效金融市场

金融市场应该提供多样化的产品，这样才有多样化的市场参与者，只有多样化的产品，多样化的市场参与者，才能够准确地为金融资产定价，而只有准确地为金融资产定价，才能够给社会送去准确的价格信号，指导全社会进行资金的有效配置。

3. 建立独立的、有效的金融监管

监管体系的惟一目标，就是市场规则和市场秩序。除此之外都不应该管。目前我国的金融监管体系是不独立的，是从属于政府的。因此成为政府执行政策的工具，带有很多政府的社会目标，而不是把精力集中在它应该管的事情——也就是只管市场规则和市场秩序。所以，为了改善监管的效率，我们呼吁要建立独立于行政体系的监管，要建立独立于监管对象的监管。我们现在的监管体系不独立，不仅从属于政府，而且和监管对象有着千丝万缕的联系。监管不独立，公正性要受到很大的影响，监管的效率也会大大地下降。

独立的金融监管体系应该根据法律，而不是根据行政指令进行监管。金融监管部门对法律负责，根据全国人大立法机构制定的法律进行监管，而不是根据行政当局的政策指令进行监管。金融监管体系应该是专业化的，职业化的，市场化的。而目前我们的监管人员大部分是在公务员体系里。

4. 建立理性的投资者群体

什么叫做理性的投资者群体？理性的投资者要牢牢树立价值投资的理念，一定要根据价值进行投资，而不是跟风，不是炒作，不是听消息。这个投资者群体,应该对自身的权利有正确的理解:什么是他的权利,什么不是他的权利。比如,作为股东,他有知情权,他有投票权,他有公司章程所规定的权利。但是,投资回报不属于他的权利,他没有权利要求任何人——包括政府在内,保证他的投资回报,因为投资回报不是他的权利。所以要建立理性的投资者群体,一定要把这个道理说清楚,就是:保护投资者利益,不等于保证投资回报,这两个概念要严格地区分开。这个理性投资群体收益自享,风险自担,不要说赚了钱拿回家去、高高兴兴,赔了钱就到处骂娘。这不是理性投资者的行为。没有这样一个理性的投资者群体,金融体系的健康发展就没有基础。

(原载 2006 年 6 月《中国投资》)

从根本上消除过剩流动性

中国是否正在步日本 1980 年代的后尘,进入一个流动性过剩的泡沫时代? 对这个问题的回答,不仅在很大程度上决定了短期的货币政策方向,而且对于防止日本式的繁荣—萧条在中国的重演,实现中国经济的长期稳定发展具有重要的意义。

流动性过剩的实质

流动性(liquidity)一词在经济学教科书中经常和货币(money)混用,一般指对产品、服务和资产的社会购买力,包括中国在内的世界各国多用狭义货币 M1、广义货币 M2 等指标衡量流动性。从这些指标上看,中国确实存在流动性过剩的问题。2006 年末,广义货币 M2 对名义 GDP 的比率高达 1.65,同期日本的这一比率为 1.43,而美国仅为 0.53。

和一个常见的观点相反,近几年中国广义货币供应过度与外贸顺差并无多大关系。粗略地讲,M2 等于流通中的现钞(M0)加上活期存款和定期存款,而 M0 近年并未超常增长。虽然为了维持人民币汇率的稳定,中央银行增发现钞以收购多余的美元,但同时也进行了对冲操作,回收因购买美元而多发的人民币现钞。结果是 M0 对名义 GDP 的比率稳中有降,2000 年为 0.15,2006 年底为 0.13。

货币供应过度的主要的原因是活期和定期存款增长过快。活期存款主要来自银行贷款,企业获得贷款后,当期只用掉一部分,其余回存银行,形成活期存款,而定期存款的主要来源是居民储蓄存款。2006 年贷款存量对名义 GDP 的比率中国为 1.08,日本 0.82,而美国只有

0.46。同年中国居民储蓄存款余额约为名义 GDP 的 0.77,日本的这一比率是 0.68,美国仅为 0.13。

随着中国经济的高速增长,民间的财富积累加速,但由于积累的形式过于单一,大量储蓄资金涌入银行系统,银行只能以贷款的形式将储蓄资金转化为实体经济中的投资,然而贷款的投放赶不上储蓄存款的增加,并且放出去的贷款转而形成新的存款,进一步加剧了流动性的过剩。

由此可见,流动性过剩的实质是银行为主体的金融体系无法吸纳快速增长的民间储蓄,或者说资产和非银行金融产品的供应不足,不能有效地分流储蓄。换言之,当前的流动性过剩由金融体系的结构性失衡造成,反映了现有金融体系已不能满足国家经济发展和民众财富积累的需要。

两个泡沫

过剩流动性在实体经济中助长了制造业泡沫,尽管其表现形式不是国内物价的上涨,而是急剧膨胀的外汇储备。以银行为主体的金融体系偏爱成熟的大型制造业公司和基础设施项目,因为这些借贷者既有固定资产作为抵押,又有可以预见的稳定现金流。信贷支持下投资形成制造业的过剩产能,国内市场容纳不下时,必然会开拓海外市场,贸易顺差和外汇储备随之上升,使人民币面临巨大的升值压力,一如日元二十多年前的情景。

银行对制造业的偏爱意味着对其他行业的冷落,服务业和科技公司因缺少固定资产作抵押品,遭遇融资的困难,致使中国的服务业占GDP 的比重长期在 40% 左右徘徊,并从 2002 年以来呈下降趋势,而在人均 GDP 只有中国一半的印度,服务业占 GDP 的比重达 52%。日本的金融也以银行为主体,服务业同样落后,服务业对 GDP 的比率较美国低 15 个百分点。倘若日本当年靠服务业推动经济增长,而服务大多是非贸易品,日元或许不致升值 50% 以上。

后果更为严重的是资产泡沫,日本股市和房地产市场 1989 年崩盘,金融体系瘫痪,日本经济陷入萧条长达 15 年之久。中国资本市场的流动性泡沫已是不争的事实,市场的分歧仅在于泡沫仍处于成长阶段,还是正在破灭之中。"人民币升值"①、"人口红利"②等说法既经不起理论的推敲,也没有数据的一致支持。

最能说明国内当前牛市行情的仍然是流动性。银行活期存款的增长 2005 年 4 月从 9.9％走出谷底,上海 A 股市盈率随即在 5 月从 15.7 倍开始反弹,而活期存款增长出现转折的原因正是贷款。自那以后,活期存款一路加速增长,奠定本轮行情最重要的基础。今年 4 月份,活期存款同比增长 21.4％,推动市盈率上升到 53.3 倍的近期纪录。A 股的平均市净率 PB 也已突破 5 倍,相当于日本 1989 年泡沫高峰期的水平。

由于流动性的过剩是结构性的,短期的货币政策——如加息——和扩大人民币的浮动区间虽然仍有必要,但只能暂时缓解流动性对实体经济和资本市场的压力,不能从根本上解决问题。消除过剩流动性的关键是为储蓄资金找到更多的出路,突破银行为主体的金融格局,尽快增加实物资产和金融产品的供给,这就要求进一步改革现行的投资和融资体制。

解除管制,开放金融

既然流动性过剩的根源是以银行为主的金融结构,改革的目标就应该是金融机构和金融市场的多元化,既然流动性过剩的原因是财富积累形式的过于单一,改革的目标就是资产品种的多样化,而妨碍金融多样化发展的首要因素,就是政府对投资和融资的行政管制。

从企业的角度看问题,投资和融资是企业的决策,是企业的经营自主权。上马什么项目,如何为项目融资,发债券还是发股票,什么时候发,发多少,以什么价格发,都是企业和投资者之间的自愿市场交易,如

---

① 资产泡沫和本币升值没有必然联系,如果居民的收入、支出和资产都是人民币标的,人民币升值时,居民不会减持人民币现金,增持人民币资产如 A 股股票。人民币升值对 A 股的影响只有 QFII 一条通道,但数量有限。日元升值后,为了抵消币值坚挺所造成出口下降,日本央行增加了货币供应,导致资产泡沫的形成。西德马克几乎同时升值,但德国并未出现资产泡沫。

② 假如"人口红利"说成立,美、欧、日的股票市场就该关门了,因为那里的人口均已老龄化,全世界的资金都应进入中国这样的新兴市场。

果不涉及公共资金,不需要行政审批,如果不涉及公众投资者,甚至不需要强制性信息披露。现行审批制一方面剥夺了企业的经营自主权,另一方面阻塞了社会的投资渠道。

对此,改革的方向是逐步取消企业投资、发债和发股的审批制,包括以核准、报备为名而事实上的审批制,停止对企业投资的干预,增加包括房地产在内的资产供给,分流储蓄。

从金融渠道的角度看问题,必须加快发展非银行金融机构和金融市场。然而目前我国股市和债市上行政管制重重;私人股本基金受到管理细则的制约,迟迟无法进入实际操作;中小型民间信贷机构长期处于试点阶段,不能大面积推广;银行、券商、基金、保险公司的机构设立、产品、网点、乃至人员都面临不同程度的审批问题。行政管制过严,限制了金融产品的供应。

为了增加金融产品的供给,改革的方向是降低准入门槛,金融全面对内开放。股市和债市上的监管以信息披露和维护市场秩序为主,取消发审委,取消各种形式的审批制。私人股本基金因为是私人对私人,不需要行政部门的管理细则和报批,符合国家法律即可。立法允许中小型信贷机构的存在,研究组建存款保险公司,防范金融风险。

金融体制改革中的关键一环是政府职能的定位,目前我国的监管机构越来越像计划体制下的主管部门,监管者越来越像部门主管。监管需要严格和清晰的定位,为了保证监管机构不越位,有必要吸收发达市场经济国家的经验,推行监管的职业化、专业化和市场化,监管人员脱离行政序列,成为专业的监管者,领取市场化薪酬。监管改革不到位,解除对金融的行政管制就是一句空话。

在经济高速发展的道路上,东亚各国几乎无一例外地经历了金融危机。相信我国政府、学界、金融界和民间有着足够的智慧和勇气,能够适时推进金融改革,化解流动性过剩的风险,避免重蹈亚洲邻居的覆辙。

(原载 2007 年《明报》)

没有温度的高烧

　　中国经济已经过热。今年前八个月固定资产投资实际增长率超过30％,如此高的投资增长速度仅在 1993 年出现过。1993 年—1994 年的投资高峰是我国经济发展过程中的一个分水岭,到 1993 年为止,虽然面向市场的经济改革已进行了 15 年,我国经济的生产能力大大提高,但计划体制遗留下来的供给短缺仍然广泛存在,宏观总供给仍然小于宏观总需求。那次投资高峰过后,整个经济从总体上来讲,已从"短缺经济"转变为"过剩经济",过去几年出现的通货紧缩不过是供给过剩的今天,30％以上的投资增长的必要性和可持续性都成了问题。

　　当前的投资高潮将在今后几年内形成新的生产能力,使我国经济中的产能过剩问题进一步恶化,加剧供给和需求的失衡,引发更严重的通缩。价格的下跌将挤压企业的利润,影响企业还款能力。当银行的不良贷款开始上升时,就可以看到投资高速增长和经济过热的代价。这也是为什么中央政府今年已发出了一系列关于经济过热的警示,并采取了相应的紧缩政策。管理层看来已意识到经济的短期增长和长期健康之间的矛盾。

　　以上论点是否成立,关键在于对产能过剩程度的判断。如果产能利用率已接近或超过 100％,产能变成制约供给的瓶颈因素,供给落后于需求,供需缺口将引起通货膨胀,如同我们在 1993 年和 1994 所观察到的一样。目前的过热则不然,在消费零售总额的增长稳定在 9％到10％之间,投资、工业生产、电力消耗以及贷款的增长屡创近几年新高的情况下,并没有出现明显的通胀迹象。2003 年 1 月—7 月,消费物价指数上升 1.1％,生产价格指数上升 2.7％,不仅通胀的幅度较小,而且这些轻微通胀在很大程度上是由成本推动的,并不是因为供给落后于需求。这两个最重要的价格指数,其变动中的 60% 到 70% 可以用国际能源价格指数来解释。扣除能源价格的影响,我国的消费物价和生产价格通胀率今年以来一直在零左右波动,大多数制造业则从未摆脱过通缩。2003 年迄今为止中国经济运行的特点是高增长、零通胀,我们称之为"没有温度的高烧"。

"没有温度的高烧"可以比有温度的高烧危害更大。通货膨胀起码说明经济中还存在着短缺,通过投资扩大供应能力以满足需求是有一定道理的。"没有温度的高烧"意味着厂商可以利用闲置能力在很短的时间里提高产量,不存在供给缺口,当然也不会有通胀压力。然而这恰好证明了当前的投资高潮没有生产能力方面的需求支持,投资形成的新增生产能力加上已有能力,非常有可能将中国经济拖入更深的通缩。没有温度的危险还在于人们放松警惕,感觉不到服用"退烧药"的紧迫性。

会不会有这样一种情况,当前投资热主要集中在新产品、新技术,代表了新的经济增长点,而不是重复建设,不会使已有过剩能力变成更大的问题? 这种可能性无法排除,但统计数字表明,高端和高附加值的产品不是投资的主流。钢铁、建材、铝业、纺织、汽车等行业中,大量的投资来自于中小企业,而中小企业大多为生产型厂家,缺乏研发的能力,通常只是利用现有技术,生产已有产品。从投资增长的加速度来看,也有理由相信投资中相当大部分是原有产品和原有技术水平上的简单重复。2002 年全社会固定资产投资增长 16%,2003 年上半年就跃升到 31%,增速在短时内提高了近一倍,投资的重点很明显是进入壁垒较低、扩张相对容易的领域。如果需要研发支持,或者资金以及技术进入壁垒较高的话,投资不可能有这么快的提速。

如何医治"没有温度的高烧"? 短期内适度的紧缩政策是有必要的,以抑制过度投资,减少形成新的过剩生产能力。虽然这样会使近期通缩恶化,但和过剩产能导致的未来更为严重的通缩相比,仍然是两害之轻。

至于针对通缩的政策,已超出了传统宏观需求管理的范围,而和供给方的结构改革有着密切的关系。的确,在需求方面,国内消费增长平稳,投资增长已创下 1993 年以来的新纪录,出口到今年 8 月为止也有超过 30% 的增长,经济总体上不存在需求疲软的问题。如果是供给过剩引起的通缩,就没有必要再讨论货币和财政政策,因为这两个政策工具主要作用于需求。扩张性的货币和财政政策或许可以暂时缓解通缩,但无法解决过剩产能问题,也就无法根治供给驱动型的通缩。因此,我们需要对症下药。

消除过剩产能大致有两个途径:行政命令和市场手段。过去几年中政府推行的对"五小"(小钢厂、小水泥、小煤窑、小化肥、小电厂)的"关、停、并、转"政策,纺织业的"砸锭",农业上的退耕还林等都属于前者。常见的市场方法是在自愿的商业行为基础上的收购与兼并,通过购并实现行业的整合。

依赖行政指令的问题在于政府的监管能力有限,很难做到令行禁止,在政府抓得比较紧时,过剩产能暂时转入休眠状态,一旦管制放松或者市场条件好转,马上卷土重来。行政手段的另一弊端是单纯的破坏,不能通过破坏旧格局建立新的发展模式。与此形成鲜明对照,以市场为基础的购并与行业整合则有可能是"创造性破坏"。实力较强的大型企业在市场上进行收购与兼并,不仅消除了低效、分散和多余的产能,而且强化了自己的市场地位,提高了企业规模和行业的集中度。企业规模的提高对于新模式的形成具有关键性的作用,只有大型企业才有足够的财力和人力进行研究与开发,也只有生产规模大到一定程度时,企业才有足够的研发激励。研发开支从本质上来讲是一项固定成本,生产和销售规模越大,单位产品的研发成本越低,研发投资回收就越快,研发的利润就越高。如果企业重视研发,依靠新产品和新技术保持和提高市场份额,我们就有可能停止没有赢家的价格战,走出过剩产能压力下过度竞争所造成的通缩。

为什么大规模的市场化行业整合如此紧迫却迟迟没有发生?究其原因,也有两类,一是政府对经济的干预,二是市场的缺失或市场失效。考察过去的购并案,因政府出面阻止者不乏其例,特别是被购方为本省本地的"标杆企业"时,政府宁可动用资源进行救助,也不愿意看到它被收购。政府所提出的不得裁员的条件,或者补偿因购并所产生的当地税收损失的要求,也使很多潜在的购并者望而却步。

政府担心购并对当地就业的负面影响,在一定程度上反映了我国劳动力市场欠发达的现实,社会保障体系的不完备,增加了工人在不同工作岗位间转换的困难,购并导致的失业因此有可能引起社会问题。

劳动力市场对购并的制约还表现在管理人员尤其是国有企业管理人员的流动性上,公务员管企业,管理技能没有充分市场化,结果是管理人员一旦离开现任职企业,其价值乃至收入大幅度下降,为了维护自身利益,被收购方的管理人员往往对购并持消极甚至反对的态度。至于资本市场对购并的影响已为人们所熟知,市场炒作和定价机制的扭曲使购并成为二级市场上长盛不衰的题材,对实体经济的重组却没有起到显著的推动作用。加剧市场扭曲的是政府的干预,若有上市公司因经营不善面临退市的危险时,当地政府十有八九会出面注资或给予其他的政策扶持。政府的行为一再支持和印证了市场关于重组的预期,在预见政府政策的基础上,投资者可以轻易地在二级市场上获利,当然不会关心购并是否真正产生实际的经济效益。

总结以上讨论,对于"没有温度的高烧",我们建议的药方是适度地紧缩投资的政策,并进行大力度的结构改革。结构改革的着眼点是减少政府对经济和市场的直接干预,增加生产要素诸如劳动力和资本的流动性,为收购与兼并以及行业整合创造更好的市场环境,利用市场手段消除过剩生产能力,摆脱毫无希望的单纯依赖价格进行竞争的局面,使我国经济进入以研发带动产品和技术创新的新阶段。当然,结构改革比宏观政策的难度大得多,难于在短期内见效,产能过剩以及由此而来的供给型通缩可能将在长时间内困扰中国经济,政策制定者对此要有充分的思想准备。

(2003 年)

从宏观改革到微观再造

中国的经济改革已有 20 年历史。到目前为止,宏观层面上的改革或者已经基本到位,或者尚未完全到位,但由于微观层面上的制约,无法继续深入下去,微观机制与宏观结构不适应的矛盾越来越突出,已成为经济增长的瓶颈制约因素,并成为向市场经济进一步过渡的最大障碍。

当前的经济增长放慢主要是由需求不足引起的,而这一轮需求不足明显带有结构性特征,并非一般的经济周期波动所致。这些结构性特征决定了宏观经济政策在启动经济方面的作用十分有限。克服结构性制约是促进经济增长的最有效手段,而要克服结构性制约就必须大力推进微观层面上的改革。

以消费为例,居民未来收入和支出不确定性的增加,是造成消费疲软的主要因素。随着国有企业改革的深化,预期失业率上升,即预期未来收入下降。一方面,住房改革、医疗改革、养老制度改革、教育制度改革使人们大大提高了对未来支出的预期。另一方面,社会保障系统的建立进度缓慢,人们不敢对这个系统寄予太多的希望,宁肯自己多储蓄以防未来之不测,消费不振是必然的结果。在这种情况下,刺激消费的有效办法不是提供消费信贷,而应是各种消除未来收入不确定性的措施。例如,在非国有部门创造更多的就业机会,加速建立社会保障体系,尽快完成国有企业的改造等等。

再看投资,制约投资的因素表面上似乎是资金,但实际上银行一方面惜贷,另一方面大量购买政府债券,由政府将银行资金投入基础设施项目,银行不能充分发挥金融中介作用,制约了投资的增长。假如这个观察是准确的,刺激投资的有效方式并不是减息,而是深化银行改革。

以上讨论对宏观经济管理的含义显而易见。在打破结构性的制约之前,中国经济不可能再有过去 20 年那样的高速增长,经济管理当局的政策目标可考虑调整为两点:设定及确保一个社会可承受的最低增长速度,同时全力推进微观层面上的结构改革。

微观改革的核心是建立微观经济单位的制约机制和激励机制。微观经济单位包括国有和非国有企业、银行、证券公司、保险公司、养老基金等。

国有企业的经营状况说明了再造微观机制的紧迫性。国有企业的巨额亏损不仅使中央和地方财政难以承受,也给银行造成了沉重的负担。目前正在进行的银行坏账清理与国有企业改造,实际上是同一枚硬币的两面。在银行的资产重组以及近几年的国有企业改造过程中,资本市场发挥了日益重要的作用。然而目前出现了一些新的现象:上市公司的亏损面不断扩大;在更多国有企业上市的阴影下,股价长期低迷,监管机构和政府不得不出面营造市场气氛。如果说在过去,国有企业将亏损从财政转移到银行,那么现在,国有企业正在将亏损从银行转移到资本市场。如果哪一天股市崩盘,国有企业将无路可退,并有可能因此触发全面的经济萧条。

国有企业不仅在境内金融机构面前丧失信誉(银行惜贷只是表现之一),而且也使中国在海外金融市场上的信用受到极大的伤害。广信事件就是一个突出的案例。如果处理不当,很有可能使中国在今后几年内除了政府融资之外无法从海外市场上筹集到资金。

国有企业的核心问题不是债务负担过重,也不是缺乏资金,而是如何建立有效的制约机制和激励机制,以确保管理层为出资人(所有者及债权人)的利益服务。没有一个有效的制约机制,国有企业的管理人员尤其是高层管理人员不可避免地要化公为私,挪用侵吞国家资产;没有一个有效的制约机制,股民不敢投资,银行不敢贷款。而没有一个有效的激励机制,管理人员就不会尽其所能,苦心经营,保证国有资产的增值。最后,没有有效的制约和激励机制,职工也会对国有企业的前途丧失信心,严重挫伤他们的劳动积极性。

由于缺乏微观制约和激励机制,政府在制定政策时经常陷入两难的境地:一方面,为了促进经济增长,政府希望商业银行增加贷款;另一方面,又怕贷款质量进一步恶化,不得不强调风险控制。结果商业银行视坏账比率为硬指标,经济增长为软指标,惜贷现象越来越严重。问题的症结在于,除了行政监管外,没有其他的约束机制,监管一旦放松,呆坏账数量可能会迅速上升。银行工作人员在现有体制下干好干坏一个样,放出好贷款没有奖励,放出坏账要受到惩罚,结果就是惜贷甚至不贷,这很明显是激励机制扭曲的表现。

对于证券公司,监管当局既想给它们开放融资渠道,又害怕给它们开放融资渠道。不放,则有些证券公司日子过不下去;放了,又有可能重蹈 1992 年、1993 年间金融泡沫的覆辙。关键仍然在于证券公司的自我约束机制。对于保险公司,监管当局怀着同样矛盾的心理看待开放投资渠道的问题:不拓宽投资渠道,保险公司的亏损就无法避免,开放了投资渠道如允许进入 A 股市场,保险公司的资产质量就可能出大问题。

与其在这两难的处境中挣扎,不如暂且将融资和投资渠道问题搁置一边,追本溯源,先解决金融机构的制约机制和激励机制问题。

如何再造微观机制? 一般来讲有两种途径:所有制改造、管理层改造或者两者的某种组合。需要强调的是,所有制改造并非我们的终极目标,之所以要对所有制进行改造,仅仅是因为在多种所有制下,微观制约和激励机制相对容易建立,相对容易执行罢了。我们也不能期望大规模私有化之后,微观经济单位的制约和激励机制会自动建立起来并有效运转。即使在美国那样完全私有化的国度里,出资人对管理层的监控与激励在今天也仍是一个需要认真研究解决的问题。在法制落后、机构化程度低的中国,急促的大规模私有化可能会将微观经济单位原本已非常虚弱的制约机制破坏殆尽,出现俄罗斯那样的掠夺式的私有化,并可能引起社会动荡。

我们建议,在对所有制做渐进改革的同时,启动管理制度的改革,加速建立管理人才市场,将市场竞争引入用人制度和薪金制度,依靠管理制度的改革解决制约机制和激励机制的问题。具体步骤初步考虑如下:

1. 依照《公司法》对所有企业进行公司化改组,在明晰产权和落实所有者的基础上组建董事会,明确董事会为惟一的任命公司高层管理人员的决策机构。

2. 除国家级超大型公司和国有银行外,所有管理人员脱离公务员系列,进入管理人才市场。

3. 公司和管理人员签订合同,按市场工资付酬,管理人员报酬和资本回报率挂钩。

4. 建立管理人员业绩的跟踪评价系统,特别对银行和证券业,建立出局制,即如有重大错误或犯罪,逐出金融业,永远不得再进入。

管理制度改革的核心是强化对管理层的监控和激励,由市场择优汰劣,提高管理人员的整体素质。

(原载 1999 年 7 月 5 日《财经》)

另一种新的经济

高质量、低姿态的民营企业

民营企业的概念目前还没有一个官方的定义。广而言之,民营企业涵盖了所有非国有和非集体所有的农村和城镇经济实体。城镇民营企业主要包括私营企业、外商投资企业(含港、澳、台资企业)以及私人股东控股的股份制企业。在这份报告中,我们主要研究中国民营经济的重要性、地域分布、行业分布、相关政策及其对证券投资的意义。我们首先分析民营部门在中国经济发展中的作用。

如果没有民营经济的发展,中国将难以取得近年来的高速经济增长。自 1998 年以来,民营部门对中国 GDP 增长的贡献率已达 65% 以上,而国有经济的贡献率仅为 7% 到 48%(表一)。中国经济发展的两大动力是出口和投资,民营经济在这两个领域的表现同样十分显著。国家给予国内民营企业自营出口权以后,2002 年 1—11 月民营企业出口增幅达 64.6%。如果将同期外资企业的出口计算在内,民营部门的出口额已占总出口的 62%,而 1995 年这个比率仅为 33%。

表一 民营部门孕育强大的增长潜力

	国 有 部 门		集 体 部 门		民 营 部 门	
	占 GDP 的%	对经济增长的贡献率(%)	占 GDP 的%	对经济增长的贡献率(%)	占 GDP 的%	对经济增长的贡献率(%)
1990	47.7		18.5		33.8	
1995	42.1		20.2		37.7	
1996	40.4		21.3		38.3	

	国 有 部 门		集 体 部 门		民 营 部 门	
	占 GDP 的%	对经济增长的 贡献率(%)	占 GDP 的%	对经济增长的 贡献率(%)	占 GDP 的%	对经济增长的 贡献率(%)
1997	38.4	17.8	22.1	30.4	39.5	30.4
1998	38.9	47.8	19.3	−35.3	41.9	87.6
1999	37.4	7.1	18.4	0.4	44.2	92.5
2000	37.3	35.9	16.5	−4.6	46.2	68.7
2001	37.9	46.2	14.6	−11.6	47.5	65.4

资料来源:中国统计年鉴、中金公司研究部

　　更为引人注目的是,民营企业还能创造就业机会,起到维护社会稳定的作用。据统计,自1998年以来,民营部门每年吸收的就业人数达1500万左右(表二)。不过,这个数字可能略大于实际情况,原因在于大量的乡镇企业转制重新注册为民营企业,从而在过去三年中集体经济的就业人数每年减少200万到300万左右,这部分随企业转制而进入民营部门的就业人口不能计入新增就业人数。剔除这300万以后,民营企业每年创造的就业机会仍有约1200万个,我们认为,这足以吸收国有企业下岗职工和新增劳动力。值得注意的是,这些就业机会在很大程度上是由民营部门独立创造的,国家并没有在扩大就业方面给予民营企业很大的支持。

表二　民营企业在维护社会稳定中的关键作用

		1996	1997	1998	1999	2000	2001
固定资产投资 (单位:人民币万亿元)	国有	1.20	1.31	1.54	1.59	1.65	1.76
	集体	0.37	0.39	0.42	0.43	0.48	0.53
	民营	0.73	0.80	0.88	0.96	1.16	1.43
城镇就业人数 (单位:百万)	国有	112	110	91	86	81	76
	集体	30	29	20	17	15	13
	民营	57	69	106	121	136	150

资料来源:中国统计年鉴、中金公司研究部

　　同国有与集体经济相比,民营经济不仅在数量上而且在质量上更胜一筹。

　　2001年,民营工业企业的净资产回报率约为12.8%,而国有企业仅为 6.7%。（表三）。我们还发现,随着民营部门在总出口中所占份额的上升,高附加值的产品在总出口中的比例也越来越大(图 1)。例如,电气机械和电子产品占总出口的比例从 1993 年的 24.7% 稳步提高到了 2002 年 1—11 月份的 48.2%。与此相反,同期中国传统轻工消费品(主要是纺织品和服装)在总出口中的份额则从 29% 下降到了19.1%。电气机械和电子产品的利润率通常在 4.5% 以上,而纺织品和服装的利润率仅为 3% 左右。毋庸置疑,民营部门能够刺激经济增长。我们曾在一篇研究报告中分析了中国 31 个省区市的经济发展状况,并发现各省 GDP 增长与民营部门的发展程度之间存在很强的正相

表三　高效率的民营企业(2001 年)

	资产回报率(%)	净资产回报率(%)	净利润率(%)	资产周转率
全部企业	3.5	6.5	5.1	0.69
国有企业	2.7	6.7	5.3	0.51
国有企业(剔除石油行业)	1.7	4.3	3.4	0.5
外资企业	5.1	11.3	5.5	0.92
集体企业	4.9	13.5	4.3	1.13
国内民营企业	5.6	12.8	4.4	1.28

资料来源:中国统计年鉴、中金公司研究部

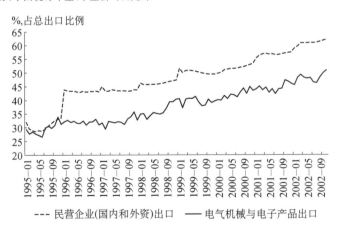

--- 民营企业(国内和外资)出口　—— 电气机械与电子产品出口

图 1　出口附加值比例不断提高

资料来源:CEIC、中金公司研究部

关关系。实际上,该报告中引用的官方GDP统计数据很可能低估了民营经济的重要性。由于税收等因素,民营企业有隐瞒利润的可能,与此相反,国家任命的国有企业管理人员却常常夸大产值。因此,我们将用电量的增长作为衡量"真实"GDP增长率的指标。从图2中我们看到,民营经济在一省经济中所占的比例越大,该省的用电量增长与上报的GDP增长率之间的差距也越大。比如,民营企业产值占广东全省工业产值的75%以上,其2000年用电量增长率超过GDP增长达11个百分点(表四)。与此形成鲜明对照的是,江西省的用电量增幅仅为4.9%,比GDP增长低3个百分点,而江西省民营经济较为落后,民营企业占工业总产值的23%。

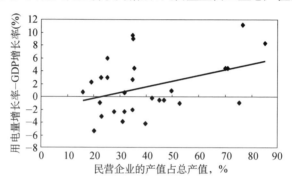

图2 民营企业可能隐瞒利润(2000年)

资料来源:中国统计年鉴、电力年鉴,中金公司研究部

表四 经济增长被高估和低估的省份(2000年)

	GDP(%)	用电量(%)	民营经济比重(%)[1]	轻工业/重工业[2]
低估GDP				
浙 江	11.0	19.4	85	1.4
广 东	10.8	21.9	77	1.2
江 苏	10.6	15.0	70	0.8
福 建	9.5	13.9	66	1.2
高估GDP				
四 川	9.0	−9.1	42	0.9
湖 北	9.3	5.1	40	0.7
湖 南	9.0	7.0	35	0.5
甘 肃	8.7	6.3	32	0.3

续 表

	GDP(%)	用电量(%)	民营经济比重(%)[1]	轻工业/重工业[2]
高估 GDP				
黑龙江	8.2	5.9	28	0.5
江 西	8.0	4.9	23	0.6
吉 林	9.2	3.8	20	0.4

1. 民营部门工业产值与总产值之比
2. 轻工业产值与重工业产值之比
资料来源:中国统计年鉴、电力年鉴、中金公司研究部

必须指出的是,民营经济的这一切贡献都是在没有得到政府支持的情况下作出的,而所消耗的资源要少得多。比如,银行信贷一直向国有企业倾斜,2002 年上半年,各家银行发放的短期贷款中有 65.4% 流向了国有企业(图 3),但是国有企业 2001 年的产出仅占中国 GDP 的 37.9%。民营企业仅获得 21% 的短期贷款,而 2001 年民营企业产出却占中国 GDP 的 47.5%。从 1999 年 7 月至今,国有企业债转股总额已达 4050 亿元,实际上相当于债务的勾销。而据我们所知,国家并没有为减轻民营企业财务负担而制定并实施过类似的政策。

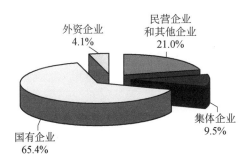

图 3 不同所有制企业获得短期贷款的比例(2002 年上半年)

资料来源:中国人民银行、中金公司研究部

民营企业的地域、行业分布与影响

从地域分布来看,民营企业主要集中于中国沿海地区,尤其是广东、江苏、浙江、山东和上海等地(表五)。这些省市的经济发展也位于

表五　国内民营企业的地域分布

省市	企业数	省市	就业人数(单位:千)	省市	注册资本(单位:人民币10亿元)	省市	产值(单位:人民币10亿元)	省市	零售额(单位:人民币10亿元)
广东	161093	广东	1770	广东	134.4	江苏	154.5	上海	41.2
浙江	146369	江苏	1530	上海	60.4	北京	52.3	山东	32.7
江苏	135688	北京	1490	江苏	55.8	山东	52.1	江苏	27.3
山东	121212	山东	1420	浙江	49.2	浙江	50.3	浙江	27.2
上海	109974	浙江	1340	山东	38.8	河北	38.9	河北	19.3
北京	83203	上海	940	山西	33.9	广东	25.9	北京	18.5
河北	78901	河北	870	辽宁	33.8	安徽	24.2	广东	18.1
辽宁	65547	辽宁	770	河北	30.8	辽宁	23.6	辽宁	15.2
四川	53327	四川	610	北京	27.9	上海	22.4	山西	12.3
湖北	47603	湖北	550	湖北	25.5	四川	21.4	黑龙江	10.6
占总量百分比	66.50%	占总量百分比	65.90%	占总量百分比	68.20%	占总量百分比	79.00%	占总量百分比	72.70%

资料来源:中国私营经济年鉴

全国前列,这绝非仅仅是巧合。这些地区经济高速发展使基础设施运营商,尤其是电力、公路、航空、港口等行业获益匪浅。以电力行业为例,2001 年上述这些省市发电量平均增长 21.5%,而全国发电量平均增幅仅为 10%。华能国际有 4 座电厂位于民营经济占优势的省市,我们可以清楚地看到它与其他电力公司的相对优势(表六)。这种情况在高速公路行业中也同样存在。比如,江苏宁沪高速和浙江沪杭甬高速在过去几年中的交通流量均达到了两位数的增长,而安徽皖通高速相比之下要逊色得多(表七)。

表六　上市电力公司业绩比较

	营 运 地 区	发电量(同比增长%)
华能国际	南通电厂(江苏)	10
	南京电厂(江苏)	19
	德州电厂(山东)	30
	福州电厂(福建)	27
大唐电力	东北	5
山东国电	山东	−3

资料来源:公司数据、中金公司研究部

表七　H 股高速公路公司业绩比较①

	交通流量同比增长(%)		利润同比增长(%)	
	2000	2001	2000	2001
浙江沪杭甬高速	19.7	15.9	16.0	19.6
江苏宁沪高速	11.4	16.2	9.1	22.2
安徽皖通高速	5.7	12.2	13.7	18.8

资料来源:公司数据、中金公司研究部

从行业分布角度来看,民营企业在大多数劳动密集型消费品行业中已占据主导地位,比如服装、纺织、塑料和食品加工等行业(表八)。上世

---

① 我们没有 A 股市场高速公路公司的交通流量数据。另外,由于会计制度的差异,A 股和 H 股高速公路公司的盈利增长数字无法直接比较。

纪 90 年代后期,民营企业开始涉足资本密集型行业和上游产业。例如,非有色金属开采和冶炼行业中,民营企业销售额的比例已从 1996 年的 26.4％大幅提高到了 2001 年的 60％以上。同时,民营企业在服务业也取得了重大进展,主要包括批发、零售、餐饮和房地产等行业(表九)。到 2001 年底,民营企业仅在少数几个与能源相关行业中尚未占据重要地位,主要原因在于这些行业的监管制度导致了国有企业的垄断。

表八 民营企业在制造业中的份额

制 造 业	1996	2001			
	占销售额的％	占销售额的％	占企业数的％	占资产的％	占利润的％
服装及其他纤维制品制造	89.0	94.1	93.2	89.3	100.4
家具制造	88.1	94.4	87.4	86.8	99.2
皮革、毛皮、羽绒及其制造	83.6	95.1	92.5	89.2	99.3
文教体育用品制造业	82.8	94.0	89.5	84.8	92.1
塑料制品	81.2	87.8	88.1	78.0	88.7
金属制品	76.9	88.2	86.6	76.6	94.2
电气机械及器材制造业	70.1	82.3	83.0	66.8	91.0
木材加工业	64.9	85.6	82.1	63.7	93.0
电子及通信设备制造业	64.1	67.2	75.5	53.7	71.6
化学纤维制造业	61.0	56.7	77.1	36.8	84.5
食品制造业	58.7	73.6	64.4	62.3	78.2
非金属矿物制品业	55.5	73.0	75.3	55.3	95.5
橡胶制品业	54.8	66.3	80.8	52.6	96.2
造纸业	53.4	74.2	83.2	68.1	79.7
纺织业	52.9	72.9	82.1	59.3	97.9
仪器仪表文化办公用机械	51.6	79.6	66.6	53.1	90.4
印刷业	50.5	62.8	48.8	53.3	64.5
医药制造业	47.1	52.1	61.6	43.4	56.0
饮料制造业	45.2	51.9	58.4	41.8	36.3
食品加工业	39.6	70.7	61.3	55.7	85.8
交通运输业	39.4	32.4	65.2	22.7	34.3
非金属矿采选业	38.8	63.0	68.7	22.9	86.2
化学原料及制品业	36.6	51.8	72.9	33.2	92.7

制　造　业	1996	2001			
	占销售额的%	占销售额的%	占企业数的%	占资产的%	占利润的%
有色金属冶炼及压延加工业	30.0	49.6	78.3	29.6	41.5
黑色金属矿采选业	25.1	60.2	74.8	24.4	76.7
普通机械制造业	24.8	62.6	75.3	42.8	90.8
电力蒸汽热水生产供应	24.2	8.0	15.5	9.5	12.3
有色金属矿采选业	23.7	55.8	60.5	27.6	68.4
黑色金属冶炼及加工业	18.6	26.4	80.4	12.2	23.7
					全行业：—
石油加工和炼焦业*	15.9	9.4	72.8	10.5	非国有：＋
自来水生产和供应业	11.3	13.3	8.0	10.0	60.5
煤炭采选业	10.9	15.4	53.7	6.9	29.7
					全行业：—
煤气生产和供应*	5.0	20.7	21.3	5.5	非国有：＋
烟草加工业	3.9	1.1	13.8	1.0	0.5
木材采运业	3.2	3.3	2.8	1.6	42.9
石油和天然气开采业	2.8	4.6	22.2	3.2	5.2

＊　某些行业虽然整体亏损，但民营企业仍然盈利
资料来源：中国统计年鉴、中金公司研究部

表九　民营企业在服务业中的份额

比例%	2001			1996		
	国有企业	外资企业	国内民营企业	国有企业	外资企业	国内民营企业
销售收入						
批　　发	57.1	3.0	39.9	66.8	0.5	32.7
零　　售	28.7	9.8	61.5	54.2	0.7	45.1
餐　　饮	15.5	33.3	51.2	n. a.	n. a.	n. a.
建　　筑	38.0	1.2	60.8	54.9	1.3	43.8

＊　批发、零售和餐饮行业仅包括销售额在人民币500万元规模以上的企业
n. a. 表示缺乏数据
资料来源：中国统计年鉴、中金公司研究部

对于行业中的现存企业，尤其是在加剧的竞争环境中反应迟缓的

企业来说,民营企业的进入在短期内可能并不是好消息。在某些行业中,民营企业的竞争压低了价格,降低了现有国有企业的利润率。玻璃行业就是这样一个例子:5 毫米浮法玻璃的价格从 2000 年中期的最高点每重量箱 90 元下跌到了 2002 年上半年的不足 50 元,跌幅达 40%以上(图 4),而在集中度很低的玻璃行业中,民营企业浙江玻璃股份有限公司的市场份额在过去三年中从 2.8%提高到了 4.2%。

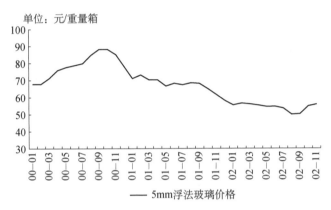

图 4   民营企业进入玻璃行业压低了玻璃价格

资料来源:国家建材局、中金公司研究部

但从长期来看,民营经济的发展能够创造一种双赢局面。比如,制造业的平均净利润率从 1996 年的 2.6%提高到了 2001 年的 5.1%(表十),而同期民营企业所占的市场份额则从 39%扩大到了 51%。而利润率的上升并不是宏观经济环境改善的结果,因为 1996 年中国 GDP增长速度高达 9.6%,而 2001 年却仅为 7.3%。更为合理的解释是,民营企业的进入加剧了竞争,进而提高了整个行业的效率。

表十   净利润率的提升

制 造 业	2001	净利润率(1996)		净利润率(2001)		变动百分比 (1996—2001)
	民营企业占销售额,%	全部	非国有	全部	非国有	全部
皮革、毛皮、羽绒及其制造	95.1	2.9	5.3	2.9	3.0	−0.1
家具制造	94.4	10.6	43.3	4.3	4.5	−6.2
服装及其他纤维制品制造	94.1	1.9	4.7	4.2	4.4	2.2

制造业	2001 民营企业占销售额,%	净利润率(1996) 全部	非国有	净利润率(2001) 全部	非国有	变动百分比 (1996—2001) 全部
文教体育用品制造业	94.0	5.9	9.3	4.0	3.9	-1.9
金属制品	88.2	3.2	4.9	3.7	3.9	0.5
塑料制品	87.8	1.5	6.5	4.5	4.5	3.0
木材加工业	85.6	-0.4	2.8	3.0	3.2	3.4
电气机械及器材制造业	82.3	1.6	3.2	4.6	5.1	3.1
仪器仪表文化办公用机械	79.6	3.5	4.3	5.2	5.9	1.7
造纸业	74.2	10.1	5.2	3.7	4.0	-6.4
食品制造业	73.6	-1.7	0.9	4.4	4.6	6.1
非金属矿物制品业	73.0	2.2	2.4	3.4	4.5	1.2
纺织业	72.9	1.8	2.4	2.5	3.4	0.7
食品加工业	70.7	1.3	2.6	2.5	3.1	1.2
电子及通信设备制造业	67.2	2.8	3.2	5.2	5.5	2.4
橡胶制品业	66.3	2.5	3.6	3.3	4.7	0.7
非金属矿采选业	63.0	4.5	5.9	4.0	5.5	-0.5
印刷业	62.8	3.6	4.0	7.9	8.1	4.3
普通机械制造业	62.6	2.6	5.1	3.8	5.6	1.2
黑色金属矿采选业	60.2	3.0	4.3	5.0	6.4	2.0
化学纤维制造业	56.7	6.3	10.4	2.1	3.2	-4.2
有色金属矿采选业	55.8	2.7	5.0	7.6	9.3	4.9
医药制造业	52.1	1.6	2.7	8.7	9.4	7.1
饮料制造业	51.9	1.5	1.9	6.0	4.2	4.4
化学原料及制品业	51.8	0.1	1.7	2.6	4.7	2.5
有色金属冶炼及压延加工业	49.6	1.7	1.4	3.0	2.5	1.3
交通运输业	32.4	0.1	1.0	4.8	5.1	4.7
黑色金属冶炼及压延加工业	26.4	1.2	1.8	3.6	3.2	2.4
煤气生产和供应 *	20.7	2.0	4.0	-0.3	1.2	-2.3
煤炭采选业	15.4	2.3	4.3	2.8	5.3	0.4
自来水生产和供应业	13.3	2.4	3.2	2.8	12.8	0.4
石油加工和炼焦业 *	9.4	4.7	5.3	-0.3	1.8	-5.0
电力蒸汽热水生产供应	8.0	1.4	3.7	6.9	10.5	5.5
石油和天然气开采业	4.6	7.3	10.4	36.8	41.9	29.5

资料来源:中国统计年鉴、中金公司研究部

虽然这场竞争中并没有真正的失败者,但民营企业却似乎取得了无可争议的领先地位。在大多数制造行业中,民营企业的净利润率远远高于国有企业,它们超越竞争对手的原因在于严格的成本控制和高效的资本运用。例如,纺织行业中民营控股的 A 股纺织企业与国有企业具有大致相同的毛利率,但是前者的净利润率却数倍于后者(表十一)。除此以外,民营企业在市场定位上总是选择利润率高的细分市场。还是以纺织行业为例,在利润丰厚的棉纺和毛纺行业,民营控股的 A 股纺织企业数占所有 A 股上市棉纺和毛纺企业的 40%～50%左右(表十二),而对利润率低下的丝绸和针织行业,民营企业则敬而远之。

表十一　纺织行业不同所有制上市公司业绩比较(2002 年 1—11 月)

	总　　计	国有企业	非国有企业
人均营业收入(人民币 1,000 元)	108	71	136
人均净利润(元)	2819	340	4751
毛利率(%)	11.2	11.8	10.9
净利润率(%)	2.6	0.5	3.5
三大主要运营成本与收入之比(%)	8.5	12.2	7.0
资产周转率	0.8	0.6	1.0
资产回报率	2.2	0.3	3.6

资料来源:公司数据、中金公司研究部

表十二　A 股纺织企业在纺织行业各细分市场中的分布

	净利润率(%)	企业数	非国有企业数	非国有企业比例,%
棉　纺	7.4	7	3	42.9
毛　纺	11.4	8	4	50.0
丝　绸	5.8	4	0	0.0
染　色	−2	3	0	0.0
针　织	3.3	3	0	0.0
销　售	3.7	5	1	20.0

资料来源:公司数据、中金公司研究部

最近,民营企业已经开始涉足一些国有企业占优势的传统行业,比如公用事业和金融业(表十三)。尽管目前这些行业中民营企业的规模还不大,但是它们所带来的影响很快就能体现出来。不管从公司层面还是从行业整体来看,民营企业的进入都有助于行业整体效率的提高。

表十三 民营企业未来的发展方向

制造业	
采 矿	国内一些民营企业最近已开始竞标金矿、煤矿和石矿等矿藏的采矿权。
汽 车	1. 国内最大的民营汽车企业吉利集团市场份额将从 2001 年的 2.8％上升到 2002 年的 3.5％。 2. 吉利集团最近收购了上海杰士达集团的汽车业务。 3. 许多民营企业例如万象钱潮在汽车零部件行业具有很强的竞争力。
飞机制造	目前中国共有两家主要的民营飞机制造公司:北京科源轻型飞机实业有限公司(成立于 1993 年)和上海雏鹰科技有限公司(成立于 2001 年上半年)。
服务业	
航空运输	民营企业均瑶(集团)有限公司参股东航(武汉)有限公司,持有该公司 18％股权。国内民营企业首次进入航空运输业。
公用事业	1. 中国政府将鼓励民营企业参股公用事业,包括自来水、煤气和交通运输等行业。 2. 深圳市政府的一位官员确认政府将出售该城市交通集团 49％的股权,出售对象包括外国和国内的私人投资者。
电 信	1. 国内民营电信企业民盈电讯成功并购国内最大的独立商业数据服务公司——世纪互联数据中心有限公司。 2. A 股上市公司东方集团(民营企业)参股吉通电信。
投资银行	1. 由于市场准入的限制,许多民营证券公司主要从事顾问咨询与并购业务。 2. 中国政府有可能在 2003 年发放首张允许开展全面业务的民营证券公司许可证。
商业银行	1. 人民银行最近批准民营企业参股股份制银行。 2. 第一家民营银行重庆华康银行目前正在筹备阶段,注册资本预计为人民币 10 亿元。
保 险	1. 据全国工商联合会主席经叔平透露,第一家民营保险公司将在近期内成立,主要从事寿险和其他金融业务,总资产将超过 8 亿元。
医疗机构	1. 中国目前已经有 1,477 家民营医院。 2. 中国医疗服务行业 2003 年将正式向外国投资者开放。
教 育	1. 中国目前已经有超过 60,000 所民办学校,其中南洋教育发展集团是目前中国最大的民办教育机构。 2. 《民办教育促进法》目前正在由国务院审议。
铁 路	1. 2004 年起允许外资控股铁路公司。 2. 政府最近暗示可能允许民营企业进入铁路行业。

资料来源:新闻报道、中金公司研究部

民营企业发展动力不减

我们认为,经历了长达 10 年的高速发展以后,民营经济目前仍然拥有巨大的潜力。随着自筹资金能力的增强,民营企业目前正在涉足以前所无法进入的领域,比如钢铁和汽车等行业。一般来说,民营企业成立之初主要从事贸易、服务等不需要大量资本的行业。但随着财富的积累,它们逐步跨越了最低资本额的限制,开始向国有企业占主导地位的行业进军,从而使整个中国经济的效率和发展前景得到很大改善。为进一步促进民营企业的发展,政府应消除由政策/监管造成的行业进入壁垒,党的十六大已经在这方面向我们传递了令人鼓舞的讯号。

2001年,国家计委发布了《关于促进和引导民间投资的若干意见》,主要原则如下:

逐步放宽投资领域,凡是鼓励和允许外商投资进人的领域,均鼓励和允许民间投资进入,非正式的提法是"给民间投资以国民待遇";在对外资或国有企业实行优惠政策的投资领域,其优惠政策对民间投资同样适用。

监管机构和银行应给予民间投资者同等待遇;对尚处于创业阶段的民间投资者可以给予一定的减免税支持。

更为重要的是,党的十六大为更好地向民营企业提供法律保障指明了方向。十六大报告中下面这两句话尤其值得重视:"一切合法的劳动收入和合法的非劳动收入,都应该得到保护。""完善保护私人财产的法律制度。"这意味着法律和政策将作出相应的调整,这种调整对民营经济的影响不容低估。我们认为,法律和政策对民营经济发展的促进作用比财政刺激更为有效。最近的研究结果充分证明了这一点:在一些转轨经济国家,由于私人财产所有权不完善,即使民营企业能够从银行得到贷款支持,它们也不愿意将利润进行再投资。而在私人财产所有权较为完备的国家,民营企业将利润再投资的意愿则强烈得多。如果中国能对法律、政策及监管体制作出及时的调整,那么来自民营部门的投资增长将足以抵消政府投资的削减。在这种情况下,不管国家是否继续执行积极的财政政策,2003年GDP增长超过7.5%都是有可能的。自1999年以来的三年中,来自民营部门的投资增长速度一直高于国有企业(图5),这表明民营部门具有很大的投资潜力。

修宪和新法规的制定可以在长期内促进民营部门投资的增长,而放松监管却能在短期内迅速收效。从理论上来说,目前民营企业可以进入任何一个行业,但实际上却仍有各种各样的限制(表十四)。比如,个人投资者不能持有银行的控股权,汽车行业的监管部门在未来几年内不会发放新的汽车生产许可证,而目前除了合资企业以外,全国汽车制造行业一百余家企业中仅有一家民营企业。我们认为,放松或取消此类限制必然能够有效地刺激私人投资者在这些行业中的投资。金融

固定资产投资同比增长,%

1994 1995 1996 1997 1998 1999 2000 2001

—— 国有　- - - 集体　······ 民营

图5　民营部门投资增长速度领先

资料来源:中国统计年鉴

表十四　不公平的竞争环境:对民营企业仍有各种限制

禁止民营企业进入的行业	
利用稀缺资源的行业	1. 金银制品的生产和销售 2. 铜、钢、铁、白金等重要矿藏的采矿权 3. 其他重要原材料
产品可能危害公共安全的行业	1. 易燃品 * 2. 麻醉药品、精神药品和放射性药品 3. 聚乙烯产品、化纤 4. 气枪与猎枪
其　他	1. 广播、音像制品和广播传输设备 * 2. 废物回收 3. 房地产一级市场(在北京,民营企业获得政府许可证以后可以进入房地产一级市场) 4. 压力容器
对民营企业高度限制的行业	
	1. 汽车制造 2. 银行、电信、批发行业 3. 铁路、高速公路、航空运输

* 仅在北京实行

资料来源:政府网站、中金公司研究部

改革也能有效促进民营部门的投资。根据国际金融公司的一份调查报告,超过50%的民营企业表示,缺少外部融资渠道阻碍了它们的业务发展(图6)。对大银行来说,向中小型民营企业发放贷款成本高、风险大,因此大银行从来不把民营企业当作重要客户。更糟糕的是,政府撤销了一批规模虽小但效率较高的金融机构(比如农村和城市信用合作社),或把它们合并成了由政府控制的城市商业银行。因此,民营企业只能高度依赖于内部融资渠道,从而限制了民营部门的投资和成长。例如,民营企业中固定资产投资的83.9%来源于企业自有资金,而全国平均为74.3%(图7)。

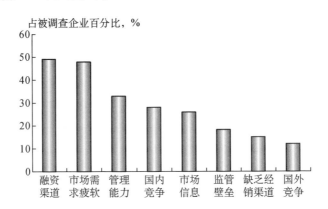

图6 民营企业面临的主要内部与外部限制

资料来源:国际金融公司

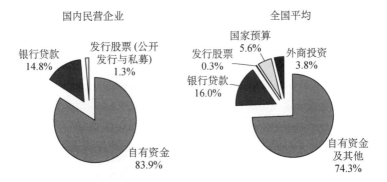

图7 固定资产投资资金来源结构(2001年)

资料来源:中华全国工商联、CEIC、中金公司研究部

由于民营企业在创造就业、保持社会稳定等方面的重要作用,政府已采取一系列措施,力图打破民营企业外部融资的瓶颈:

以浙江省为试点建设地方融资体系,允许个人投资者在取得许可证后建立并经营小型农村或城市金融机构,主要向当地中小企业发放贷款。

为解决向中小企业贷款成本高、风险大的问题,人民银行最近在某些试点县推出浮动利率改革,贷款利率最高可比国家基准利率上浮70%,如经人民银行特别批准,甚至可上浮100%。

建立全国中小企业信用担保体系,由省级和市级政府提供资金,成立专门的担保机构,为中小企业贷款提供担保。

向民营企业开放资本市场。去年下半年政府表示,只要符合发行企业债券的各项条件,民营企业发行债券不存在法律或监管方面的障碍。

民企股的遗憾

民营企业的效率无疑高于国有企业,但证券投资者却未必能从民企股中获益。原因之一在于上市民营企业数量很少,而高质量的上市民营公司更少。为解释这个现象,我们分别于去年夏季和今年一月初赴浙江温州进行了两次实地考察。我们发现,大部分被考察的民营企业对公开上市并不感兴趣,即使那些已经符合上市条件的企业也是如此。这些企业的现金都很充裕,其自有资金完全可以满足资本支出的需要,甚至有许多民营企业正在为手头的闲置资金寻找更好的投资机会。除此之外,一些民营企业家还担心上市可能影响企业主营业务的发展。一位成功的民营企业家这样对我们说:"如果钱来得太容易,一个人就会忘记怎样才能真正在竞争中立于不败之地。"

国有企业对资本市场的态度与温州民企截然不同,因为国有企业亟需外部资本的注入。过去,国有企业依赖于政府的资金支持,现在它们转而依靠证券市场投资者,这正体现了所谓"劣币驱逐良币"的格莱欣法则。2002年,中国最大的10家民营企业中仅有5家在香港或国内A股市场上市,与此相反,排名前10位的国有企业几乎都已经或正在寻求在国内或国际证券市场上市的机会(表十五)。

表十五　按销售额排名的中国前 10 大民营企业和国有企业

名次	民 营 企 业	国 有 企 业
1	联想集团	国家电力公司
2	万向集团公司	中石化
3	横店集团(未上市)	中国石油天然气集团公司
4	正泰集团(未上市)	中国移动
5	德力西集团有限公司(未上市)	中化集团
6	新疆广汇实业投资(集团)有限公司	中国电信
7	上海复星高科技集团有限公司	中粮集团
8	上海新高潮(集团)有限公司(未上市)	上海宝钢集团
9	东方集团实业股份有限公司	广东省广电集团
10	天正集团有限公司(未上市)	中国普天信息产业集团公司

资料来源:新闻报道、中金公司研究部

　　民营企业对上市的冷漠态度还反映了民营企业家对私人财产所有权和家族企业控制权的忧虑。到目前为止,中国还没有出台保护私人财产所有权的法律。去年沸沸扬扬的名人逃税案和财产收归国有事件进一步加深了这种忧虑。对担心树大招风的民营企业家而言,上市无疑会把他们的财产曝光。

　　民营股表现不佳的另一个原因在于公司治理结构薄弱,这在国际投资界引起了极大的关注。曾经有人天真地以为,私人所有权一定能够保证公司治理的有效性。不可否认,民营企业的盈利动机比国有企业强烈得多,这在某种程度上减轻了"委托代理"问题,因为公司市场价值的最大化同时符合大股东和小股东的利益。与此相反,国有股东却常常驱使企业追求非商业目标,比如就业和社会稳定等。然而,当大小股东利益发生冲突时,民营企业大股东的表现与国有股东并无二致。他们会利用包括捏造信息和关联交易在内的各种手段牺牲小股东的利益,使自身利益最大化。我们必须看到,相当一部分民营企业仍然是家族企业(表十六)。

表十六　家族控制的民企上市公司

上　市　公　司	家　族	家族控股百分比,%
香港上市		
欧亚农业	杨　斌	72.29
光宇国际集团	宋殿权	69.28
格林柯尔科技控股	顾雏军	62.15
中大国际	徐连国	58.68
浩伦农业科技	吴少宁	51.77
中国稀土控股有限公司	蒋泉龙	50.95
超大现代农业	郭　浩	50.31
金蝶国际	徐少春	32.42
大成生化	刘小明	18.75
内地上市		
承德帝贤针纺 B 股	王淑贤	40.00
用友软件	王文京	55.20
太太药业	朱保国	74.20

资料来源:公司数据、中金公司研究部

　　通过以上分析我们可以得出结论,中共十六大以后并不会出现民营企业上市的高潮。同时,现存的民营企业股也难以带给投资者高额回报。经过一系列丑闻之后,民企股在香港市场上曾经出现过的溢价已经变成了折扣。目前看来,投资者还主要只能以间接的方式从中国民营经济的发展中获益。

(原载 2003 年 6 月《银行家》)

进一步改造国企

　　刚刚过去的关于如何发展我国资本市场的讨论,归根结底是效率和规模之争,问题的关键在于发展什么样的资本市场。我们认为需要发展的是有效证券市场,并认为当前的主要矛盾是发展的质量而不是数量,主要问题是市场的效率而不是市场的规模。如果市场是低效甚至无效的,与其有这个市场还不如没有;与其让它继续扩张,等到发生股灾时把整个国民经济拖垮,不如现在就雷厉风行地进行整顿。

　　与目前的情况极为类似,1993 年前后我国政界、学界和经济界也有过一场激烈的争论,争论的焦点是立即进行宏观调控,还是继续不顾代价地追求经济增长速度。现在回过头来看,事实证明当时管理层的决定是完全正确的。若不及时采取紧缩政策,后果不堪设想。两者不同的是,1993 年的泡沫和通胀发生在产品市场上,而今天则是在金融资产市场上;在 1993 年政府可以运用财政、货币政策甚至行政手段降低增长速度,以治理通胀,而今天政府不仅没有直接的政策工具,而且也不应该干预资本市场的运行,这就使消除资产价格中的泡沫变得非常困难,除了推动结构性改革和加强监管,没有其他的办法。

　　为了提高资本市场的效率,我们认为有必要将国有企业改造的目标范围从一般工业公司扩展到国家控股的上市公司,扩展到国有基金管理公司和国有证券及中介机构,由于上市公司的质量决定了资本市场各个环节上的操作,上市公司的改革应成为切入点。我国现有上市公司的治理结构大多数并无彻底的改变,公司行为和旧体制下的国企相比,并无根本的区别,上市公司业绩的逐年下降是意料中的事情。股民找不到公司的投资价值,当然要到二级市场上投机炒作。炒作使价格更加远离价值,造成市场效率进一步降低。市场效率的降低又会引

起公司治理结构的恶化,导致公司业绩的下降。为了打破我国资本市场上的这恶性循环。我们提出如下建议:

● 国家加速从非战略性上市公司中退出,减持国有股份到 50％以下。提高机构和中小投资者监督上市公司的积极性,为建立有效的公司治理结构铺平道路。国家放弃控股权也是实现"三分开"的前提条件。最近新加坡政府向公众出售它所持有的上市公司股份,其着眼点和我们的建议相同。

● 坚持监管当局制定的"三分开"原则,特别是人事上的分开、上市公司的管理人员原则上从市场招聘,原行政人员转为职业管理者,脱离公务员系列,和上市公司签订雇用合同,按市场价格支付薪酬,并将股票期权等激励方法制度化。

● 减持之后余留的国有股交专门的国有资产管理公司管理。行政或监营部门不再作为国家股东的代表,实现所有者和监管者的分离。国有资产管理公司作为被动的财务投资者(Passive Financial Investor),不过问企业的日常经营管理:国家给国有资产管理公司下达单一的资产保值增值指标,并根据这个指标决定高层主管的任免。可考虑参照新加坡模式,资产管理公司独立于政府,按照商业化原则运作。

至于国有基金管理公司和国有券商的改革,原则上和国有上市公司相同,需要指出的是,国有证券机构的改革是规范市场操作、降低市场风险以及推进金融创新的根本性措施。我国证券市场上广泛存在着非规范操作,这里有证券机构自律不足的问题,更深层次上的原因是制度性缺陷,单纯依靠监管不能解决问题。我国的券商特别是大型券商均为国有,所有者缺位,公司治理结构虚弱,管理者可方便地转移风险和收益,违规操作时将个人好处做进去,出了事惩罚大都落在公司头上。由于风险和收益的不对称,国有证券公司有着非常强烈的利润冲动,但冲动来自个人而不是公司:他们也敢于冒风险,因为有公司甚至有国家替他们承担后果。当公司业务和管理人员的工资受到政策限制不能提高时,利润冲动就变成违规冲动,证券市场的系统风险因此而上升。券商风险和收益的不对称由于对破产证券机构处置不当进一步扩大,我们投有解散或拍卖已破产国有券商,而是让另一家国有机构来接收,不但软化了券商的预算约束,增加了"道德风险",且掩盖了证券公司内部的风险控制问题。

　　国有金融机构的预算软约束使我们在金融创新方面陷入两难境地。我国资本市场发展到今天,迫切需要引入新的金融产品,例如期指等衍生产品,使市场参与者有可能对冲风险。以商业银行为例,从 20 世纪 90 年代初的宏观调控开始,因头寸充足和缺乏贷款项目,银行购买了大量的国债。一旦利率上升,政府债券价格下降引起资产缩水,会给本来就资本金不足的商业银行造成相当的压力。虽然以目前银行的国债持有量估算,提高利率还不至于引起银行资产负债表的严重失衡,触发金融危机,但从长远来看,银行必须要有控制风险的对冲工具,才能更深和更广泛地参与金融市场的活动。保险公司进入股市,同样面临如何对冲风险的问题。另一方面,若没有多种多样的金融机构的积极参与,就不能很好地发展我国的资本市场。

　　尽管有很高的需求,金融创新在我国资本市场上却是千呼万唤不出来。对此,监管当局担心金融产品带来新的金融风险,对金融创新过于谨慎是主要原因。实际上,金融风险的根源不在新产品本身,而在产品的使用者,在于所有者缺位造成的虚弱的公司治理结构,在于证券机构的预算软约束和缺乏严格的内部控制程序。金融创新必须和金融机构的改革同时进行,才能摆脱目前这种进退两难的处境,为此我们建议:

　　● 通过上市和私募等方式推进证券机构的产权多元化,特别要增加"赌不起,输不起"的民营股东和民营证券公司的分量。产权多元化应着眼于硬化预算约束,建立有效的平衡制约机制。前一段时间,券商的增资扩股只注重扩充资本金,而没有从公司治理结构的角度强调产权多元化,在增加了券商下注资金的同时没有相应提高赔率,券商风险和收益的不对称可能会因此进一步恶化。

　　● 鼓励建立中外合资证券机构。对外资作用的认识不能只停留在技术转让上,而应从体制改革、增强本地券商自律、降低我国证券市场系统风险的高度看问题。国内市场上之所以违规操作屡禁不止,除了上面提到的风险和收益的不对称外,券商自律差是重要的原因,而外资股东为了开拓中国市场及维护自己的形象和信誉,必然会对合资公司的自律给予充分的重视,一旦违规受罚,外资的损失不仅仅是其在华业务,而是它的全球市场份额。同样力度的监管,对外资的作用远远大于对国内机构的影响。出于相同的考虑,我们建议对外资律师、会计师事务所和评级机构全面开放 A 股市场、在短时间内大幅度提高境内中介机构的信誉和财务报表的准确性。

● 对违规违法活动的打击由处罚机构为主转为机构和肇事者个人并重,纠正收益和风险的不对称,这也是我国控制商业银行坏账所取得的经验。当然商业银行的贷款个人负责制产生了"惜贷"等副作用,为了避免类似的问题,需要将证券从业人员的薪酬从行政规定的束缚下解放出来,完全根据市场供需决定,上不封顶,以保持从业人员开拓业务的积极性。正常合法的高薪也是减少违规操作的有关措施,和高薪养廉(无论官员之廉或者学者之廉)的道理完全相同。

中国经济改革从 1978 年起已 20 年有余。20 世纪 80 年代通过放开价格和给企业以经营自主权,我们建立了产品和服务市场;90 年代以两个交易所的开张为标志,我们开始建立和培育中国的资本市场,市场化的经济改革已取得了巨大的成就。必须看到,我们距建成较为完整的社会主义市场经济体系还有相当长的路要走。劳动力市场尤其是管理者等专业人员的市场刚刚有了开端,外汇市场基本上不存在。比市场的完整性更为紧迫的问题是市场的效率,四大市场上的价格,即产品和服务价格、资本价格(利率及股价)、劳动力价格(工资)与外汇价格(汇率)中,只有产品价格较为准确地反映了市场供需,可以对资源的有效配置起到导向作用,其他价格或仍由政府控制,或在相当程度上发生扭曲。如何提高已有市场的效率和培育新的市场将是今后若干年中国经济改革的重要任务。

我们认为,提高市场效率只能靠改革,靠监督,而正确的改革方案与有效的监管办法又以正确的认识为基础。回顾我国的经济发展史,"全民动员,大炼钢铁",违反经济常识,以群众运动的方式搞建设不止一次了,给国民经济造成的损失无法计量,这些教训难道还不够深刻吗?难道一定要等到像日经指数从 40000 点掉到 12000 点,纳斯达克从 5000 点跌到 1800 点那样再来论是非?

(原载 2001 年 4 月 5 日《财经》)

企业债务重组和工业
——金融新格局

导　言

建立现代企业制度,提高国有大中型企业的效益,是中国经济改革的重要任务之一。为实现这一目标,最为紧迫的是要解决国有大中型企业债务负担过重的问题。沉重的债务一方面使企业无法通过自身积累进入生产经营的良性循环;另一方面,这些债务导致银行资产质量的下降,严重阻碍了国有银行商业化的改革进程。

经过长时间的酝酿和讨论,决策层、学界及经济界目前似乎已形成共识,将以债转股的方式进行企业的债务重组。国家经贸委和体改委的负责人已在不同场合表明,解决债务问题的出路在于债转股,并确定债转股的规模约为 700 到 800 亿人民币(详见《中国证券报》1995 年 5 月 8 日)。这无疑是一个很好的思路,问题是如何转,转给谁,转了以后如何防止新的一轮债务危机再次出现。

由于我国《商业银行法》禁止商业银行持有非金融机构的股份,商业银行不可能成为债转股之后的持股主体。于是就有国有资产管理局或国家政策银行作为持股主体的议论。暂且不论国资局和政策银行是否愿意接受,有无能力管理数量如此庞大的国有资产,也不论这是否符合政企分离的原则,将国有专业银行的债务转为国有机构的股权,这一事实就给企业送去了一个明确的信号:欠国家银行的钱是可以不还的,大不了再来一次债转股。这一方案实际上仅仅是将债务做了一个简单的转移,而没有从根本上解决问题,三角债的卷土重来几乎是不可避免的。

中国经济在五年之内经历了两次债务危机,一次比一次严重,一次比一次波及面广。我们需要找到并清除债务积累的根源,我们需要的是带有制度创新的债务重组。本文简要分析国有企业债务问题的实质,在此基础之上提出一个利用中介机构进行债务重组的方案。该方案的核心是通过债务重组明晰产权,建立企业、银行、信托投资公司之间的三角制约关系,校正三者的行为。这次债务重组的短期目标是减轻企业的债务负担,清理银行的坏账,为专业银行商业化创造条件;其长期目标,则是利用债务重组的机会,通过破产、收购与兼并,进行经济结构的调整,探索建立工业—金融相结合的新型经济格局。

国有企业债务问题的实质

企业债务的积累,外部有投资体制改革、拨改贷、外汇体制改革、人民币大幅度贬值等因素;内部则有产品缺乏市场、投资效益差、盲目扩大能力等问题。经历了十多年的改革,我国的产品市场已相当发达,金融市场正在发育形成之中。国有企业恰恰是在这两个市场上碰到了麻烦,它们不知道如何在市场竞争中生存和发展,不知道如何把握和利用这两个市场。

在产品市场上,一些国有企业缺乏打开市场的拳头产品,发生销售困难。金融市场对很多国有企业来说,仍是相当陌生的。这些国有企业一方面资金短缺,另一方面,又疏于理财,不懂得利用金融机构和金融工具进行财务规划。宏观紧缩一年多,不少国有企业陷入困境,归根结底,还是对这两个市场不适应。我国经济主管部门的领导人看到了企业的问题,一再号召企业要练"内功",厂长要树立市场经济的观念,但收效甚微。改革开放十几年了,为什么众多的企业仍不能适应市场?为什么有些负债累累的企业仍在争贷款、上基建,使本来就已严重的债务问题更加恶化?为什么计划经济下的厂长不能转变为市场经济下的经理?依笔者之见,问题仍在于国有企业的行为,具体讲就是产权不明晰所造成的管理层缺乏利润动机,以及预算软约束,一如匈牙利经济学家科尔奈 20 年前所指出的那样。没有强烈利润冲动的管理者当然不会去研究市场,预算软约束使他有可能盲目扩张而又不必承担决策失误的责任。相比之下,股份公司的债务偿还就要好得多。深圳一家上市公司的经理曾对笔者说:"我不敢借债不还,报纸一旦披露出来,我的股票价格肯定下跌,股东还不骂娘?"这就是硬约束的作用。

企业改革应以债务重组为契机,建立起对管理层的内部激励机制和外部约束机制。练内功是将希望寄托在管理层的个人素质上,而不是寻求一种制度上的保证。依靠个人素质,不可避免带有偶然性,通过制度改革解决问题才具有普遍意义。如果单纯减轻企业的债务负担,而不解决机制问题,就在很大程度上失去了这次债务重组的意义。治标不治本,企业和银行都不能从根本上摆脱困境。

债务重组实施方案:债股两次置换

以下是笔者为一个企业所做方案的概要。

一次置换债转股。将企业所欠债务少量核销,其余转为股本,暂由原债权人即专业银行持有。

二次置换股换债。由非银行金融机构,例如信托投资公司,或工商业公司及企业(以下均以信托投资公司为例)向上述银行定向发行财产抵押债券,换取银行所持有的企业股份。为吸引这些中间机构参与企业的债务重组工作,银行要让利,例如同意信托投资公司以少于一元的债券换取一元的股份。

债股两次置换的操作步骤见下图。

(1)企业债权转股权;(2)定向发行资产抵押债券;(3)折价转让债转股的股权;(4)持有企业股权。

经两次置换,信托投资公司成为企业的股东,银行握有信托投资公司的债券,成为信托投资公司的债权人。债股两次置换需要国家制定相应的配套政策:

1. 允许专业银行适量核销坏账呆账,冲减资本金。

2. 允许信托投资公司适量增资扩股,以补偿发行债券所造成的资本金比例的下降。由于金融机构的乘数放大作用,增资规模远远小于债券发行数量,不会对宏观金融管理造成很大的冲击。

3. 要求企业在债转股之后,根据《公司法》进行规范化改造。

4. 承诺在持有一段时间之后,允许这些股票和债券上市,提高证券的流动性,以吸引银行、信托投资公司积极参与债务重组工作。

5. 加速信托投资公司和银行的脱钩过程,加速地方国投和地方财政的脱钩,使银行和信托投资公司真正成为独立的、以利润最大化为目标的经济实体。

6. 大力发展资本市场,增加抵押资产的流动性,推进收购与兼并。

7. 降低利率,诱导资金进入工业部门,鼓励长期投资。

8. 制定优惠税收政策,鼓励符合国家产业政策、符合规模经济原则的收购与兼并活动。

政策1到4的作用毋需解释,其余政策将在下文中一一涉及。对于国家来讲,该方案的好处是不言而喻的:财政不必投入大量的资金,新发行债券不会造成通货膨胀的压力,就此实现了政企分离等等。特别需要指出的是,经过两次置换,产权得以明晰,而产权的明晰又不必以私有化为前提。关键是产权的商品化,私有化仅仅是产权商品化的一种形式,而绝非惟一的形式。实际上,在置换过程中所涉及的产权大多为法人产权。由于资金量小,私人所有权必然处于从属的地位。当然,国家也没有必要刻意限制私人资本的参与。

互利和相互制约

信托投资公司

信托投资公司是上述债股置换的操作主体。看上去它们从银行接过来的是烫手山芋,代银行背上坏账的包袱,并不能获得什么利益。实际不然。我国的信托投资公司目前处于极不景气的状况之中,它的不景气表面上看似乎是由证券市场萧条、银根紧缩及整顿金融秩序所致。更深层的原因则是迄今为止信托投资公司还没有找到它的定位,还没有找到一两项它特有的业务,一两项足以将它和银行及证券公司相区别的业务。没有这样的业务,信托投资公司甚至失去了存在的必要性。大多数信托投资公司要么和银行抢饭吃,要么和证券公司一样,搞一级市场的发行或二级市场的炒作。

信托投资公司在寻找自己的定位时,必须从更广阔的宏观背景上考察问题,从金融市场在国民经济中的地位和作用入手,认真分析金融市场的结构及功能,研究金融市场和其他部门的结合点及相互作用。特别是要对以下几点有个清醒的认识:

1. 证券市场由本身的性质所限,不可能成为金融市场的主导。世界各国的情况表明,证券市场融资只占企业全部资金来源的 20% 左右,这 20% 中的一半又走了私募的渠道。公司、企业资金来源按重要性排列分别是自有资金、商业银行贷款、债券,最后是股票。商业银行贷款占到一半以上。为什么会形成这种格局,理论上可以做出解释,在这里暂不讨论。这种格局对于信托投资公司意味着什么却是不言而喻的:信托投资公司绝不能将自己的命运寄托在证券市场的复苏和繁荣上。

证券市场再发展,也是金融系统中的偏师,此其一。

证券公司是证券市场名正言顺的主宰,此其二。

2. 二级市场之所以存在,只是因为它提供了流动性(liquidity),汇集了信息。如果没有新的资金进入市场,二级市场上的炒作是一个零和游戏,炒作结果是一部分人赚钱,另一部分人必定赔钱。从全局来讲,炒作本身并不创造价值。以炒作为主,缺乏经济上的合法性,势必难以持久。

企业的债务重组恰好为信托投资公司提供了一个难得的机会。银行折价出售企业债(股)权,使信托投资公司有可能以较低的成本获得对企业的控制权,信托投资公司由此进入了工业领域。工业项目虽然平均回报较低,但相对来说收入稳定、风险小,有助于改善信托投资公司的资产组合。

作为企业的股东,信托投资公司召开股东大会,按照《公司法》对企业进行规范化改造,制定章程,选举董事会,就此切断和行政部门的隶属关系。董事会任命高级管理人员,从而建立起对管理层的激励和约束机制,以外部压力和利益迫使及诱导管理层苦练"内功"。信托投资公司强烈的利润冲动决定了企业的利润目标。信托投资公司的独立性决定了企业的预算约束是硬的。信托投资公司经营企业,过去也尝试过,例如中信接收洛阳矿山厂,但那次接管是简单的行政划拨,没有从根本上解决双方的约束机制问题。

信托投资公司介入工业,还可以其专长协助企业进行财务规划,协助企业融资。从长期来看,信托投资公司发展成为日本主银行式的金融机构,并非没有可能。以信托投资公司为核心,集结一批工业企业,形成类似三菱、日立的金融工业集团,充分发挥规模效益和互补效益的作用。如此,信托投资公司就找到了有别于银行和证券公司的业务,解除了它的生存危机。将金融资本和工业资本结合起来,这是别人无法取代的信托投资公司的经济功能。金融资本和工业资本的相融合,也是现代经济的发展趋势。

这一方案在操作上有两个难点。一是信托投资公司缺乏工业管理人才和工业管理经验。二是在目前高利率的情况下,信托投资公司没有足够的利益动机进入工业领域。与其辛辛苦苦做工业,不如在拆借市场上赚利差。第一个问题并不难解决,各个工业部机构精简之后,原来的管理干部有的改行,有的进了协会或公司,将他们招聘回来干本行,并不是件很困难的事情。至于第二个问题,信托投资公司应该看到,利率迟早有回落的一天,若不开发新业务,就永远摆脱不了被动局面。从国家的角度讲,也没有必要保持如此高的利率。当前的通货膨胀是结构性的,消费品特别是食品价格上涨,生产品价格下降。利率对消费需求几乎没有作用,高利率虽可以抑制投资需要,然而生产资料价格并非目前通胀的主要因素。除此之外,地方政府可能宁愿让企业破产,从而一笔勾销企业所欠专业银行的贷款,也不愿让自己的信托投资公司为专业银行背上债务负担。为防止这类现象发生,地方信托投资公司应和地方财政彻底脱钩,两者之间的关系完全商业化。同时鼓励信托投资公司吸收新的股东,使信托投资公司成为独立的经济实体。换句话说,对信托投资公司也要做规范化改造。

银行

专业银行虽然损失了一些资本金,却以此为代价,将大量的坏账呆账转变为财产抵押债券,提高了资产质量。当信托投资公司不能按期还本付息时,银行可以拍卖信托投资公司所抵押的资产。为了增加约束力度,抵押资产一部分为企业的资产,另一部分为信托投资公司原有的流动性较高的资产,如国债券和股票。在资产有可能被银行收走的压力下,信托投资公司不得不认真经营企业,用企业的利润偿还债券的本息。

企业

企业的获益是显而易见的。减轻了债务负担,从信托投资公司那里得到了融资渠道,并可以在信托投资公司的帮助下,学习掌握财务规划和金融操作的技术。

然而世界上没有免费的午餐。企业摆脱了债务重负的同时,给自己套上了一个金箍。企业的领导人不能再像过去那样,只当厂长,不做经理;只管生产,不管经营;只对政府主管部门负责,而不关心利润。经营不善者,将被股东解雇;卓有成绩者,予以留任并得到奖励。在这种环境中,管理人员自然会有强烈的"练内功"的冲动。可以想象,很多国营企业的管理者将面临挑战,将要经历一个优胜劣汰的痛苦过程,如何做好他们的工作,实现平稳过渡,是政府必须认真研究的一个问题。

工业——金融新格局

国家应以这次债务重组为契机,以破产、收购和兼并等多种形式,积极推动中国经济的结构调整。结构调整在这里具有多重含义,既包括生产能力的行业和区域分布的调整,行业内企业规模与组织结构的调整,也包括金融业内部的调整,以及工业和金融业关系的调整。

如果上述债务重组方案能够实现,金融业分业管理的脉络就比较清晰了,商业银行吸收存款,发放贷款;证券公司的主要业务是国家及企业证券的上市发行与流通;信托投资公司则作为工业和金融的结合点,侧重于长期资本投资和资产管理。

这个方案特别强调信托投资公司的资产管理功能,以信托投资公司为核心,组织大型综合性的工业——金融集团,发挥规模效应和互补效应,增加研究与开发的投资。目标是争取在进入下一世纪之前,形成一批重型骨干企业集团,作为中国参与国际竞争的主力军,在世界经济舞台上占有一席之地。

(原载 1995 年《金融市场建设》)

通货膨胀压力下的
经济和企业转型

2008 年中国经济最为紧迫的问题就是通货膨胀，无论以消费价格还是生产者价格指数衡量，通胀都达到了十几年以来的高峰。

经过三十年的改革与开放，特别是加入世贸组织之后，中国经济在更大的范围内以及更深的层次上和世界经济融为一体。由这一特点所决定，我国当前的通货膨胀无法完全用国内因素解释清楚，它既不单纯是从国际市场输入的，也并非仅由国内的供需失衡所驱动，通胀的根本原因是国际资源型产品的供应跟不上中国经济增长的步伐，我们称之为"出口转内销型通胀"。

在通货膨胀环境中，能源、原材料和人工成本普遍上升，依靠低成本和高耗能的制造业带动经济增长的模式碰到了难以克服的困难。如何应对这一挑战？出路究竟在何方？

"出口转内销"型通胀

关于我国当前的通货膨胀有两种说法：一种叫做结构性通货膨胀，另一种是输入型通货膨胀。前一说法缺乏基本的经济学常识，后一说法则只看到了通胀的直接起因，却忽视了更深层次的推动力量。

通货膨胀在宏观经济学中有着明确的定义，那就是价格的全面上涨。所谓"通货"就是流通中的货币，"膨胀"指货币发行超过了财富创造的速度。通货膨胀永远是总量问题，与产业结构无关。在通胀的过程中，总是有些行业价格上涨快，有些行业价格上涨慢，有些行业的价格甚至出现下跌。不能因各行业价格上涨幅度的不同就把通胀这一宏观现象说成是结构性的，更为有害的是以"结构性"代替"全面上涨"，否定宏观紧缩的必要性,为具体价格的行政管制寻找理论依据。

输入型通货膨胀的说法具有类似的政策含义,既然通胀是从国际市场传导而来,我们无能为力,于是坐等国际市场的变化,实际上放弃了控制通胀的努力。

从表面上看,中国的生产者价格指数 PPI 的确和国际原油价格密切相关,而消费者价格指数 CPI 则随着国际粮食价格波动,但如果我们进一步追问,为什么最近几年原油和粮食等大宗商品价格暴涨? 不难发现,中国需求已成为决定国际市场价格的一支举足轻重的力量。中国需求影响着国际油价和国际粮价,再通过进口,将国际大宗商品价格的上涨传入国内,当前国内的通胀因此具有"出口转内销"的性质。

如果通胀不是单纯的输入型,而是"出口转内销"的,治理通胀的政策建议就异常清晰:降低国内经济增长速度,减少原油、粮食进口,促使国际大宗商品价格下调,减轻国内通胀压力。对于"出口转内销"型通胀,扛是扛不过去的,只要我们的需求不减,国际市场上的交易商就继续做多。你扛他也扛,他做多可以赚钱,你这里的通胀可是越扛越高。

国内需求推动国际大宗商品价格上涨

为什么近期国际原油和粮食价格暴涨? 在相当大的程度上和中国需求有关。

1997 年以前,我国的原油基本上可以自给自足。从 1997 年开始,国内产量即无法满足经济发展的需要,不得不进口原油,进口量平均每年以超过 20％的速度增长。到 2007 年,国内原油消费的一半要依靠进口,中国的原油进口量已占全球新增需求的一半左右。随着我国原油进口的增加,国际油价节节上升。2007 年,美国投资银行高盛预测当年油价将达每桶 105 美元,那时很少有人相信,现在 105 美元已成为历史陈迹。高盛对 2008 年的油价预测是 150 美元一桶,2009 年为 200 美元。

原油价格暴涨的第二个原因是美联储的货币政策。为了缓解次贷危机造成的金融市场波动和国内需求下滑,美联储最近不断降息,增加货币供应。宽松的货币政策导致美元贬值。由于国际原油以美元标价,而一些石油输出国的货币又与美元挂钩,这些国家就提高油价以抵消美元贬值造成的收入损失。

原油价格飙升的第三个原因是投机炒作,投机活动仍然和美联储的货币供应有关。因市场上的钱太多,高回报的投资品种太少,大量的资金涌入原油、金属、粮食等大宗商品市场,进一步推高了价格。

与原油相类似,国际粮价暴涨的原因也是新兴工业化国家的需求以及美联储的货币政策。以中国为首的"金砖四国"(巴西、俄罗斯、印度、中国)近年都经历了经济的高速增长,随着收入的提高,国民摄入热量增加,食物结构也从碳水化合物转向动物蛋白,而生产动物蛋白的粮食消耗比直接食用更高。

除了需求和美国的货币政策,国际粮价暴涨的另一原因是发达国家的能源政策。看到石油的日益紧缺,发达国家纷纷制定政策,鼓励开发新的可再生能源,目前比较有希望替代部分石油的是生物燃料,如甲醇和乙醇。生产乙醇要用玉米,为引导农业生产,美国为玉米种植提供财政补贴,玉米价格因此而上扬。农民增加了玉米播种面积,就不得不减少大豆的种植,于是大豆价格也跟着玉米暴涨。

从对石油和粮食价格的分析可以得出结论,国际大宗商品价格的上涨以及由此而来的通货膨胀是一个世界性的问题。一方面,包括中国在内的新兴工业化国家的经济增长已超出了全球资源可以支持的范围,资源型商品的短缺点燃了通货膨胀的火苗;另一方面,美联储的货币政策推波助澜,经国际大宗商品市场的交易和美元在全球的流动,将通货膨胀放大传递带到世界的各个角落。

对策:收紧银根,放开价格

面对这种从未经历过的通货膨胀,世界各国政府的第一反应几乎都是限制出口,管制国内价格。例如在国际市场大米价格暴涨之后,东南亚大米生产国政府禁止大米出口,结果减少了国际市场上的供给量,推高而不是降低了大米价格,而国际市场价格又通过各种渠道(通常是走私),反过来冲击国内市场,使国内通胀进一步恶化。

我国政府对国内成品油和食品价格实施管制,同样扭曲了市场供需。成品油和原油价格倒挂,亏损迫使炼油企业减产和停产,当期供应下降,油荒四处报警。预期价格的不确定性还挫伤了企业的投资积极性,造成未来长期的炼油能力不足和供应短缺。人为压低的价格不仅打击了供给,而且刺激了需求,供需愈加失衡,价格管制增加而不是缓解了通胀的压力。

在沉重的财政补贴负担和供应短缺面前,政府部门最近不得不提高了成品油价和电价,终于跨出了治理通胀的正确一步。值得强调的是,在新的官方价格下,炼油企业依然处于亏损状态,更为重要的是,为了消除供需缺口从而消除通胀的压力,我们需要建立市场化的定价机制,也就是国内和国际价格的接轨,而不是政府管制下的价格被动调整。

价格管制最多只能推迟却无法从根本上解决问题,而且经常在暂缓眼下燃眉之急的同时,又制造出新的问题。为了保证发电企业的利润,政府部门一方面提高电力价格,一方面对电煤价格进行管制。可以很有把握地预言,曾经出现在炼油行业中的现象将在煤炭行业中重演,为获取更多的利润,煤矿会想方设法地减少电力燃煤的供应,将更多的煤炭拿到不受管制的高价市场上出售,如同油荒,煤荒从而电荒的爆发只是时间问题。

正确的政策是解除价格管制,让市场机制发挥作用。价格上涨意味着利润的提高,企业自然会努力增加供给,不断上升的价格也会抑制消费者的需求。在价格信号的引导下,供需缺口逐渐缩小,当缺口消失时,价格自动停止上涨,通胀随即消失。

放开价格在短期内可能会使通胀恶化,这就需要宏观政策的配套,需要中央银行继续紧缩银根。正如弗里德曼所指出的,通货膨胀归根结底是一个货币现象,只能用货币政策来应对,而不能采用行政管制,我们已看到太多的行政管制失败的案例。

1973 年西方发生第一次石油危机,尼克松政府宣布冻结物价和工资,结果造成市场供应的短缺,通胀继续恶化。尼克松无奈,只好匆匆取消管制,请出一个"坏人"——时任美联储主席的保罗·沃尔克。沃尔克学术出身,不谙政治,坚持原则,美联储的制度设计也使他有足够的独立性,顶住政府和民众的压力,推行有利于经济长远发展的政策。沃尔克板起脸,祭出他的法宝也是惟一的武器——加息,在很短的时间内,拉高美联储基准利率到接近 15% 的水平。1979 年第二次石油危机来临时,沃尔克将利率升到空前绝后的 20%,并保持高利率长达一年之久。当确切看到通胀得到抑制时,沃尔克才逐步减息。

"沃尔克疗法"的后果不言而喻,高利率窒息了国内的消费和投资需求,美国经济因此两次陷入萧条。这是一个不可避免的后果,是抑制通胀所必须支付的成本。对我国而言,医治通胀未必一定要以经济萧条为代价,但增长速度的放缓却是必需的,毕竟通货膨胀本身由经济增长过快所引起,降低经济增长率是符合逻辑的治理通胀药方。

收紧银根的重要性还在于管理通胀预期,一旦社会上形成稳定的预期,就有可能出现恶性通胀,也就是在预期支配下的成本和价格的螺旋上升。如果预期明年通胀接近两位数,工人会要求增加工资,原材料供应商会要求加价。企业为了消化新增成本,不得不提高自己产品的价格,而当价格果真涨上去时,就强化了社会的通胀预期,触发下一轮的成本上升。如此往复循环,通胀很快就会失控。正是在这个意义上,我们一再强调,当前的关键是利用货币政策工具管理通胀预期,而不是以行政手段管制具体的价格。

政府应该用坚决和果断的货币政策表明其控制通胀的决心,社会能否相信政府的决心,相应降低通胀预期,取决于政策信号的可信度。政策必须可信才能有作用,这是博弈论的一个基本原理。如果你说要控制通胀,同时又说要防止大起大落,保证经济又快又好地发展,那么通胀和增长这两个目标中必有一个是不可信的,因为两者如熊掌和鱼,不可兼得。通胀的原因是经济增长过快,不降低速度,通胀怎么下得来呢?当社会对政府的决心发生动摇时,治理通胀的战斗就已经输掉了。假若对这一点还有怀疑的话,不妨看一下越南的案例。

2002—2004 年,越南的通货膨胀率在 3%~4% 之间,2004—2007 年上升为 7%~10%,为避免影响经济增长,越南容忍了接近两位数的通胀,保持了松宽的货币政策。2007 年下半年,形势急剧恶化,通货膨胀率在两三个月的时间内升到 25%,迫使政府大幅加息,先从 8% 提高到 12%,最近又加息到 14%。高通胀引起股市、楼市下挫,货币贬值,资金外逃,国外投资萎缩,经济繁荣转瞬间变为经济危机。

经济和企业的转型

在日益增长的通胀压力下,我国经济转型的任务比以往更加紧迫,传统增长模式赖以生存的基础正在迅速地消失,原材料和人工成本节节上涨,能源不再廉价。

多年的价格管制导致我国经济结构的扭曲和能源使用效率的低下,按照购买力平价计算,单位 GDP 所消耗的能源,我国是日本的 8 倍、美国的 4 倍、韩国的 2.5 倍、印度的 1.5 倍。2007 年我国人均 GDP 为 5000 美元,美国是 45000 美元,若想使我国国民的生活水平赶上美国,经济总量扩大 9 倍,这意味着我国的能源消耗总量将是现在的 9 倍! 设想世界资源如何支持 9 个中国经济?! 这个简单的计算有着明确的政策含义:要么中国经济在某个未来时点上停止增长,要么大幅度降低能源消耗,为此就必须转变目前这种高度依赖资源的经济增长模式。

经济转型的具体要求是从追求资源的使用数量转变为讲究资源使用的效率,从投资驱动转向消费主导,从资本和资源密集型的制造业转向劳动密集型的服务业。

后工业化经济发展的趋势是制造业的相对衰落和服务业的兴起,而不是所谓的“重型制造业”。世界各国的经验表明,服务业占 GDP 的比例随经济的发展而上升。在主要的经济体中,2007 年美国的服务业占经济的比重为 80% 以上,日本是 65%,印度是 50%,而中国仅有 38%,并且在最近几年呈现出不断下降的趋势。如果出现第三次石油危机,首当其冲的将不是服务业为主的发达国家,而是依赖制造业的发展中国家。

尽快转向服务业不仅有助于抵御石油价格的冲击,而且能够更有效地创造就业。曾有观点认为,中国经济的增长不能低于 10%,否则无法解决就业问题,这是在传统思维和传统增长模式的框架下得出的结论,如果大力发展服务业,或许不需要 10%,8% 甚至更低的 GDP 增长就足以吸纳新增劳动力。

对于企业来说,转型就是要从产能扩张转向创新,从成本控制转向研究与开发,因为在通胀的环境中,成本控制不是已无可能,也是越来越困难。我们在这里讲的创新是广义的创新,不仅包括产品与技术的创新,而且包括了商业模式、生产方式、市场营销、内部组织管理以及激励制度的创新。

通货膨胀是企业所面临的重大挑战,同时也为企业提供了一个巨大的机会。上涨的成本挤压了利润,效益低的企业陷入经营困境,各行业都出现了整合的机会,如果把握得当,先行一步的企业就可以通过整合提升市场份额,扩大经营规模以提高市场定价能力,增加研发投资,以创新作为竞争手段,使企业的发展进入一个全新的阶段。倘若能够如此,通胀对于企业而言,则如塞翁失马,未必就是坏事。

(原载 2008 年 7 月《中欧商业评论》)

中国需要转换经济增长模式
——答《南方周末》记者问

通缩是更现实的威胁

记者：您在去年就用"没有温度的高烧"来形容中国的宏观经济形势。这样一个比喻从逻辑上看起来有些怪异，它的真实内涵是什么？

许小年：我认为中国经济确实已经过热，但伴随本轮过热的不是通货膨胀，而将是通货紧缩。当前的价格上涨主要来源于能源、粮食两大类商品，主要属于成本推动而非需求拉动。如果扣除国际能源价格的影响，并且剔除了粮食对消费物价的影响，中国经济整体上并无严重通胀的危险，一些部门仍然处于通缩之中。这就形成了世界经济史上很少见的现象，一方面经济增长速度已达到比较高的程度，另一方面，投资的高速增长只是引发生产资料价格的上升，而消费物价指数没有明显上升，这就是"没有温度的高烧"的含义。

上一次经济过热在1993年，那时中国经济仍带有计划体制遗留下来的"短缺经济"的特征，过热导致高通胀。自那以来，大量的投资形成了充裕的生产能力，中国经济逐渐转变为"过剩经济"，根据原经贸委和商务部的统计，从1999年到2002年，主要工业产品的过剩率都在百分之七八十的高位，2003年下半年，尽管总需求增长强劲，仍有78.5%的产品供大于求。在这样的情况下，去年的投资实际增长率增长很快，而今年以来投资增长更快，所有这些投资在今后几年中将陆续转化成新的产能，使已有的产能过剩问题进一步恶化。我国经济所面临的问题从长期来看主要是通缩，而非通胀。

投资过热凸显增长模式弊端

记者：显然，在您看来，投资过热是"高烧"的罪魁祸首。

许小年：从直接的因果关系看，是这样。但我更倾向于认为，中国经济的增长模式存在问题。

在过去的十几年中，我们主要依靠不断增加投资推动经济的高速增长。资本形成/GDP 比率从改革开放初期的 30％ 稳步上升，在近几年更是不断创出新高，去年这个比率超过了 40％，已高于东南亚国家在 1997 年亚洲金融危机之前的水平。

过分依赖投资推动经济增长，投资边际效益递减的规律就要发生作用，新增投资的效益越来越低，反映在宏观面上是单位投资产生的GDP 不断下降，在微观层面上是资产经营效果的降低，甚至出现了资产收益低于资金成本的情况。

以全部上市公司为例，总资产息税前的回报率从 1990 年代初开始一路下降，在 2003 年前三季度已降到 3.6％，低于一年期贷款 5.3％ 的利率，即上市公司作为一个整体，其资产经营效果不足以支付银行贷款利息。当然，以 2003 年全年的业绩计算，并且剔除了上市的银行后，全部上市公司的总资产收益率有可能高于一年期贷款利率。但我们不能忘记，资产收益应扣除所得税，并且公司的资金成本也不等于贷款利率，而是信贷成本和股权成本的加权平均值。由于股权资金的成本显著高于信贷成本，资金总成本也应该显著高于 3％。最后，根据人民银行的研究，信贷资金的实际成本约为法定银行贷款利率的两倍，在10％ 到 12％ 左右。综合考虑这些因素，可以很有把握地说，现时资产回报率低于资金成本的公司和企业不是少数。

在过分依赖投资拉动的增长模式下，高增长伴随着低效率，结果有可能是投资增长速度越快，企业亏损越大，银行的坏账越多。这样的增长模式显然需要改变。

记者：我有很深的印象，在今年宏观调控之前，各地政府仍以"固定资产投资增加额"为政府绩效考核的主要指标之一，而外界也有一些看法认为投资热潮有其合理性。

许小年：概括起来有几种理论为当前的投资高潮辩护。其一是认为目前中国处于"第二次工业革命"中,需要大规模投资,其二认为中国成为世界外包中心,外国直接投资的作用增大;其三认为这是中国民营经济理性繁荣的体现。

如果世界经济史上确实发生过第二次工业革命的话,其标志是服务业的兴起和制造业的相对衰落,欧美、亚洲各国莫不如此。然而中国的制造业占 GDP 的比重长期以来一直保持上升的趋势,2003 年已超过 50%,与全球发展的潮流背道而驰,二次工业革命的说法很难成为当前投资高增长合理性的理论基础。特别是中国自然资源相对匮乏,继续发展资本密集和消耗大量资源的制造业并非中国的优势,经济的重心应该逐步向劳动密集型的服务业转移,以实现经济的可持续增长。

至于国际分工新格局引起的国内投资高潮,以数据说明,国外对华投资占中国固定资产总投资的比重已从 1990 年中期的 10%～12% 降到了过去一两年的 7% 左右。很明显,这次投资过热主要是内资所为。

至于民营企业为本次投资高潮的主力一说,我们可以看一下数据。在投资领域里,如果按照所有制划分,国有经济占到 49%,GDP 的国有比例大约是 38%,投资比重高于 GDP10 个百分点;

民营部门在 GDP 中的比重接近 50%,但在固定资产总投资中只占 38%,低了 10 个百分点,关系正好倒过来,这说明我们的国有部门是过度投资,民营部门是投资不足。

退一步说,即便是民营企业的市场行为,也不能认为是天然合理,否则我们就无法说明为什么在发达市场经济国家,投资主体为私人企业的情况下,仍有必要运用货币政策和财政政策对经济进行宏观调控。

这些为当前投资高潮寻找理论支持的做法无异于"新瓶装旧酒",但新标签并不能掩饰单纯依赖增加投入维持经济增长的事实。

粗放增长的活力已释放殆尽

记者:如果您所谈的是高投资率支持的高经济增长,似乎并不是中国独有的现象,而被定义为亚洲增长模式。

许小年:美国经济学家克鲁格曼在 1994 年提出,亚洲奇迹是纸老虎,不过是大量投资支撑的高经济增长,亚洲增长模式存在致命伤——低下的投资效率。根据经典的增长理论,克鲁格曼同时预言这一模式下的经济增长是不可持续的。几年后,亚洲金融危机爆发,克鲁格曼不幸言中。

虽然有人将亚洲金融危机归咎于国际炒家,但日本也经历了金融危机,这就是日本 1980 年代末期和 1990 年代初期以来房地产市场和股票市场的崩溃。从那以后,日本经济陷入了十多年的萧条,这个危机是没有外力冲击情况下发生的,这个教训我们应该认真研究。所以真正令人忧虑的不是中国经济到底是"硬着陆"还是"软着陆",而是中国经济的增长模式已经到了不改不行的地步了。如果我们继续依靠投资实现增长,外延粗放的增长模式再推行下去,中国步东盟国家和日本的后尘,陷入一场金融或经济危机,并非完全不可能。

记者:我们也同样存在投资效率低下的问题,在您看来,维系这样外延粗放的增长模式的必要条件是什么?

许小年:和亚洲其他国家一样,我国居民的储蓄率非常高,居民把储蓄的大部分——约为收入的 40% 存入银行,使银行有足够的资金应付庞大的贷款需求,维持投资驱动的增长。但现在银行体系的坏账率已经很高了,加上 2006 年外资全面进入我国的银行业所造成的储蓄分流,并且随着对外开放程度的提高,居民可以将钱汇往海外,我们的银行是否还能有足够的资金流入? 是否还能支撑如此高的投资增长? 所以现在要加快银行改革的步伐,改革的任务比任何以往时候都更加迫切。

通过改革实现增长模式的转变

记者:这次宏观调控中,政府将行政手段和市场手段并用,包括提高准备金利率,暂停在钢材、铝业、水泥三个行业的新投资,调低 2004年对主要宏观经济指标的目标等,您如何评价? 这些降温的措施能否奏效?

许小年:调控的结果,经济热度会逐步消退,商品价格即使不是大幅回落,也会走缓,生产资料价格和投资增长放慢。

记者:有观点认为,目前总供给大于总需求,那么政府也可以考虑拉动消费需求,以实现供求均衡……

许小年:这个提法与削足适履一样荒谬。

为什么供给过剩了,就要把需求拉上去呢? 这个逻辑是颠倒的。供给应该跟着需求走——我们进行生产的最终目标是为了满足人们的需求,而不是反过来。现在需求非常好,不需要刺激——买房子买车子都要排队,为什么还要刺激需求? 现在真正迫切的问题是采取什么样的措施消除经济中的过剩生产力,采取什么措施防止新的过剩生产力被制造出来,以免造成更多的浪费。

记者:如何做? 出路在哪里?

许小年:出路在什么地方? 出路就在于改革和创新。经济增长的理论和实践都告诉我们,可持续增长不是靠增加劳动力和资本的数量实现的,而是靠提高劳动力和资本的效率实现的。为了改进效率,就要进行技术创新和制度创新。技术创新和制度创新是实现中国经济可持续增长的惟一出路,而不能单纯靠追加劳动力和追加资本。如果劳动力、资本的效率不能得到提高,最终还是要碰上经济学里的边际收益递减规律,当收益递减到一定程度的时候,当收益低于资金成本时,就是危机爆发之日。

记者:技术创新、制度创新如何才能成为可能?

许小年:通过改革进行制度创新,同时推动技术创新,银行改革、证券市场改革及促进民营经济都是改革的重中之重。

银行改革方面,尽管国家已经动用外汇储备注资两大国有商业银行,两家商业银行也加快了上市的步伐,但仅仅是核销坏账而没有人对坏账负责,将使道德风险问题进一步加剧。上市后国家股东与小股东之间可能的利益冲突如何解决,如何实现银行管理人员的专业化和市场化,民营资本在银行业的同等待遇等等,仍有待政策方面的突破。

发展民营经济,不仅要将保护私有财产写入宪法,更重要的是落实到位,目前一些重点行业的市场准入方面仍然存在对于民营企业的歧视。

记者:这样的改革是不是意味着需要政府更多地退出经济领域?

许小年:是这样的,政府不仅应更多地退出竞争性行业,在提供公共品方面也应尽可能地发挥市场和民营企业的作用。政府应集中精力于制度改革,尽可能地降低对经济的直接干预。希望在 2008 年中国举办奥运时,不会看到另一轮投资高峰和经济过热。

(原载 2005 年 3 月 10 日《南方周末》)

市场化改革依旧任重道远

——答《第一财经日报》记者问

编者按：

  针对一段时间以来出现的关于改革的反思和争论，坚定不移地继续推进改革开放已成为主流声音。然而，如何继续推进改革开放，却是一个更为现实的问题。

  在中欧国际工商学院教授许小年看来，经过 27 年的改革开放，产品和服务市场的市场化程度已经较高，但资本、土地、劳动力的要素市场化改革却进展缓慢，而要素市场化改革又需要其他领域的配套改革以相辅相成。

反思改革者来自何方？

  《第一财经日报》： 2005 年本来被大家预期为"改革年"，结果却成了一定意义上的"改革反思年"，在您看来，是哪些力量在反思乃至质疑改革？是否因为改革在具体的细节和设计上也存在一些问题？

  许小年： 现在对改革的反思有各种不同的角度，我认为应该在肯定改革的成绩和方向的前提下，以继续推进改革为目标来总结二十多年来改革的经验与教训。现在回过头来看，在政策和具体措施上，在操作方式、时间点的选择和改革的顺序上都有值得研究的地方，但是必须强调，总结经验应该在肯定改革的大方向下进行。这是第一种反思的态度。

  第二种反思来自从改革中获益的利益集团。经过二十多年的改革，社会上已形成多元的利益主体，其中包括了政府。我这里讲的利益集团没有任何道德上褒贬的含义,靠伦理道德解决不了多元社会中的利益平衡问题。由于进一步改革会触及一些集团的利益,他们对改革的反思意在保持现状,或者以改革为名,借改革的机会巩固和扩大本集团的利益。最近举行的"两会"上,提出"十一五"期间继续深化改革,并将政府的改革放在第一位,这是非常正确的,同时也是非常艰巨的一项任务。经济越是市场化,官员"寻租"的机会就越少,对改革的看法当然会有所不同。

还有第三种反思,来自于在改革中获益相对较少的社会群体,他们的反思很大程度上反映了对改革缺乏了解,对未来不确定前景的担忧,以及社会观念落后市场经济的发展。所谓"拿起筷子吃肉,放下筷子骂娘",为什么过去吃粗粮,现在吃肉,还要骂娘?无非是碗里的肉没有原来想象的那么多,或者别人碗里的肉比我的还多,心里不平衡,算账就算到了改革的头上。反思改革不能往回走,往回走违反绝大多数人的利益,相信没有人因为别人碗里的肉多而宁可回到大家一起吃粗粮的计划经济时代。要向前看,怎样建立制度化的利益均衡机制?小农经济的均平观念是不是也应该反思一下?所以说从计划向市场的转型,一定要有观念上的转变作为基础,尽管观念的转变不是一天两天能够完成的。

渐进式改革的利与弊

《第一财经日报》:中国选择的改革路径是渐进式改革,和所谓 big bang 改革路径相较,这种改革路径有什么特点?

许小年:中国渐进式的改革和东欧以及前苏联的改革不一样,那里是休克疗法,在同一时间对整个系统动大手术。渐进式改革是一个领域一个领域地依次推进,好处是转型的痛苦和成本比较低。

但是渐进式改革也有问题,就是在一些领域改了,但另外一些领域还没有动,已经改了的部分和尚未改的部分相互不匹配。一方面,未改的拖已改的后腿,新体制不能有效运转,甚至夭折。另一方面,在局部改革中产生的利益集团总是要阻止进一步的改革,因为它们赖以生存的基础就是新老体制并存,例如对寻租者来说,既需要保持对经济的行政管理和干预,又需要有市场,才能把行政权力变现,变成部门和个人的好处。

《第一财经日报》：您所指的已经改革的部分和还没有进行改革的部分，大致是哪些领域？

许小年：大致讲，我国 27 年的改革，只是在产品和服务市场基本实现了市场化的改革目标，在这个市场上依靠价格信号进行资源配置。但是在要素市场领域，改革进展得非常缓慢，要素是指资本、土地和劳动力这三大生产要素。要素市场的建立和发育，应该说还只是开始。中国市场化改革的任务，充其量只完成了一半，或者说只是一小半，因为要素市场在市场经济中的作用早已超过了产品市场。

如果这个判断成立，自然就有这样一个结论，要扩大改革的面，把改革扩展到要素市场上，扩展到整个社会中去。

推进要素市场化改革

《第一财经日报》：请您从资本、土地、劳动力三个方面分别解析一下各自的市场化程度，以及这些领域改革的方向或者目标。

许小年：先讲资本市场吧。在谈这个问题之前，需要再次强调，资本市场的概念包括股票市场、债券市场、公开市场和私募市场，不要一说资本市场就是 A 股，A 股市场只是资本市场体系的一个组成部分。

资本配置的市场化程度不高，突出表现在价格信号的作用非常有限，政府对金融资产价格实施管制，包括利率、股价、债券价格等，政府对市场的干预打乱了市场价格的形成机制，并且仍然保留了行政审批，例如企业债发行的额度审批。资本市场上的机构如银行、证券公司、保险公司等大多为政府所有，资源配置的过程中，不可避免地受到政府的影响。

《第一财经日报》：要素市场的市场化程度不高是否在资源配置方面带来了一些后果，例如低效率和资源错置？

许小年：是的。改革滞后、资源错配的结果就是金融资产质量差，金融系统内部积累的风险无法化解，反映在我们银行业数以万亿计的坏账，反映在证券行业的大量亏损上，半数以上的证券公司存在流动性问题，也反映在信托业整顿了这么多次，到现在也不能说已经从根本上摆脱了困境。所有这些都是因为没有充分的市场化，市场规律、市场纪律和价格信号不能发挥作用所造成的。

《第一财经日报》：那么在资本要素领域，您如何理解改革的方向？

许小年：第一，政府要退出市场，降低金融业的政府所有制；第二，解除管制，包括数量上的管制和价格上的管制。我国改革的经验证明，政府不退，市场就发展不起来，如果当初不是国家计委取消了对产品生产数量和产品价格的管制，市场价格就没有办法形成，我们就不会有今天产品市场的繁荣。

政府要停止对股票市场的干预，由市场力量形成价格，让价格指导资本的配置，托市、救市的做法扰乱价格的形成，不能再继续下去了。如果股市应该托，楼市、钢市、水泥市、服装市、娱乐市等等是不是也应该托？哪一行不是事关国民生计、涉及千家万户？政府都托起来市场怎么运转？

政府减少商业性的金融资产经营是另一方向，银行的所有制改革刚刚开始，证券业对民营资本包括内资和外资的开放也需要进一步扩大，要立法保证民营中小型金融机构进入金融业的权利和经营权利。

《第一财经日报》：请您谈谈土地市场和土地市场改革的方向。

许小年：当前的土地一级市场可以说基本上没有，政府作为总批发商，垄断了供给，反映土地稀缺程度的价格无法形成，更谈不上对土地配置起到什么作用。改革的方向就是由市场来配置资源，要在法律上先突破，通过立法来创造土地的一级市场，建立公开、透明，各方都有权参与的土地市场。

《第一财经日报》：劳动力要素市场当前的市场化程度如何评估？

许小年：我们讲的劳动力市场，当前最重要的是专业人士的市场，特别是高层管理人员的市场还没有形成，具体表现在两个方面，一是国有企业高管人员仍由政府指定，市场化程度非常低；另一方面是民营企业高管人员也没有市场化，企业仍带有浓厚的家族特征，所有者和经营者还没有完全分离。

《第一财经日报》：这种较低的市场化程度带来怎样的影响？下一步的改革方向应当是怎样的？

许小年：市场化程度低必然导致资源的错配。国有企业高管人员由政府任命，考虑问题就不是企业利润最大化、股东价值最大化，而是想政府之所想，以最大化自己的提升机会，或者规模最大化，因为规模和个人的潜在好处连在一起。民营企业家不能充分利用社会上的管理人才资源，企业的发展就受到了限制。

回归监管本质

《**第一财经日报**》：从宏观和微观层面看，要素市场化程度不高对中国经济带来了怎样的影响？

许小年：要素市场化程度低对中国经济的影响是深远的，我国传统的增长模式和要素市场欠发达有很大关系。例如资本市场上价格信号扭曲，政府压低资金成本，助长了投资冲动。劳动力市场上，国有企业的管理者最大化预算和规模，而不是最大化利润，也是投资驱动型。土地市场同样如此，能够以很低的成本获得土地，鼓励固定资产投资，鼓励外延式增长。

这些现象从微观层面上说明，要素配置的市场化程度低，是中国经济内在的投资冲动的根源之一。要想把中国经济增长由靠投资推动的模式，转变成靠技术靠自主创新，就必须进行要素配置的市场化改革。如果要素配置还是政府主导，经济的微观基础就改变不了，仍然是拼投资、拼资源。

《**第一财经日报**》：您前面已经谈了三个领域的要素市场化改革方向，从整体上来说要素市场化改革还要有哪些举措？

许小年：要素市场化改革的道路还很长远，要素市场化改革不可避免地涉及其他领域改革的支持，特别是政治体制的改革，这一点"十一五"规划纲要中也提到了。例如国有企业高管人员的选择，是由政府任命，还是根据《公司法》由董事会从市场上招聘？

培育要素市场，首先政府要退出，政府只管基本游戏规则的制订和游戏规则的执行。看看今天的产品市场，看看它的发展过程，还有政府在产品市场上的作用，对于政府在要素市场上扮演什么样的角色，应该具有借鉴意义。

在市场培育和制度创新方面，别忘了市场本身，也别忘了市场参与者的智慧。要素市场其实并不需要政府挖空心思地去设计，市场往往可以在有需求的地方创造出供给。中国的农村改革就是农民自发搞出来的，政府出文件规范化，加以推广。现在政策制订者为之头疼的中小企业融资问题,其实市场上已经有了答案,"地下钱庄"和"地下金融市场"让我们看到了希望,政府需要做的就是立法,让它们合法化,浮出水面,便于监管和推广。

《第一财经日报》:从要素市场化的角度看,您如何理解监管的本质?

许小年:监管这个词(Regulation)源于 Regular,英文原文既无监督(Supervising)的意思,也和管理(Managing)没有任何关系,而是"合规"、"规范"的意思。中文翻译过来,带有计划经济的色彩,词义上、实践中都和行政管理划了等号,监管当局成了主管单位。其实"规治"是更好的翻译,规规矩矩做事,没有人管你,只有不规矩时,监管当局才介入,这就如同法院和公民的关系,老百姓平时做什么,法院并不过问,违法了,法院才传你出庭。"监管"的翻译约定俗成,再改好像也没什么必要,但政府和民间要清楚监管的原本含义。

监管就是只管市场规则,只管市场秩序,处罚"坏孩子"。监管机构根据法律而不是行政指令进行监管,《证券法》没有赋予证监会托市的职能,也没说指数不得低于多少点,或者不得高于多少点,管指数从《证券法》来讲是行不通的。监管机构还应该独立,央行、银监会、证监会、保监会,电力监管委员会等等,应该有独立性,既独立于行政体系,也独立于监管对象,监管机构中的工作人员不应走处长局长的干部系列,而应是专业的和职业的监管人员。

《第一财经日报》:当前很多市场主体已经有了政府依赖心理,比如保证金的政府全额赔付担保等等,市场化的思路对市场主体提出了怎样的要求?

许小年:这个问题也很重要,就是市场参与者的观念要转变,在市场上赔了赚了要自己负责,不能有政府托底的预期。现在在倒闭券商、信托公司的善后处理上,个人债权已经实行有限赔付,这是一大进步。市场经济不光是发财致富,还有倾家荡产的危险。有了风险意识,市场才能为要素准确定价,因为要素天生具有收益和风险的两面性。要素定价准了,市场才能有效配置资源。

(原载 2005 年 4 月 10 日《第一财经日报》)

如何给自己动手术？

今年以来，政府与民间形成了继续深化改革和扩大开放的共识，明确了将以政府职能为改革的重点，目前的讨论正逐渐转向如何推进改革。我们似乎碰上一个解不开的悖论：靠政府推进改革，而改革的对象又是政府，用媒体的说法，叫做"外科医生给自己动手术"，胜算有多大？

针对自身的改革固然困难，但并非没有成功的可能，日本的邮政民营化即为一例。自己改自己的激励何在？激励在于巩固执政地位，古今中外，莫不如此。自己改自己，针砭能否直刺痛处？取决于主治医生的见识与决心。

臃肿低效的日本邮政系统已成为日本经济的一个赘瘤，又是执政的自民党的重要利益工具。该系统雇佣了27万公务员，包括退休官员以及党内要人的亲友，相当于60％以上GDP的巨额资产；不仅为内部人提供了"寻租"机会，而且是维持传统的"政府—金融—工业一体化"运转的润滑油。邮政改革意味着政府裁员30％，阻力之大，可以想见。

小泉政府在邮政改革上展现了政治家应有的魄力、卓识和技巧。意识到自民党内保守力量可能造成的障碍，如同银行改革一样，小泉一开始就将设计改革方案和起草法律文件的重任交给了竹中平藏。竹中原为大学教授，与自民党内的派系以及金融—工业利益集团没有历史渊源。这与中国改革中常见的部门立法形成鲜明对照：内部人操刀，除了避实就虚，或借改革扩张部门利益，还能有什么结果？

竹中在小泉的支持下力主市场化导向，缩小政府规模，使邮政改革得到了民间的广泛支持。这对于克服政治阻力，确保改革的成功，起到了至关重要的作用。然而对于改革的认识，开始时并非自民党内的主流意见。日本自1989年股市和房地产泡沫破灭后，陷入长达15年的萧条。其间政府多次采用无痛苦的扩张性货币和财政政策,刺激需求,解救破产金融机构和企业,政府债务因此从萧条前约为 GDP 的 40% 剧增到今天的 140%,即透支了整整一年的 GDP,经济却难见起色。经济政策的失败导致政治上的动荡,政府"走马灯"般更换,自民党甚至一度失去了执政地位。

这使得自民党内越来越多的人认识到,只有下决心进行结构改革,才能恢复人们对日本经济乃至对自民党的信心;尽管痛苦,舍此别无出路。没有派系背景的小泉上台后,通过了"金融再生法";银行等金融机构在给定期限内若不能经整顿达到资本金充足率等方面的要求,将面临破产、被接管和出售的命运。改革也直指日本传统经济模式的两大基石——交叉持股和终身雇用制,邮政民营化更被称为在"进攻方向"上的主动改革。

对经济萧条的深刻反省和对未来发展方向的准确把握,给予政府坚定的改革决心。即使预见到党内外的强烈反对,小泉仍将邮政民营化法案提交议会辩论和表决,从而将自己的政治前途押在了邮政改革上。由于自民党的几十位议员投了反对票,参院在去年 8 月否决了邮政改革法案。

小泉并没有退缩,决定转向社会公众寻求支持,并于法案被否决当日解散众议院,宣布 2005 年 9 月 11 日举行大选。这次大选实际上只有一个主题,就是邮政改革。小泉深信其政策为大多数选民所拥护,改革派候选人将击败保守人士,获得众院三分之二以上的席位;如果众院达到这个支持率,则无需参院通过,法案将自动生效。小泉此举意在克服党内的阻力,并迫使反对党走向民意的对立面。

选举的结果是自民党大获全胜,在众院的席位从 212 个猛增到 296,加上支持邮政改革的公明党,共握有众院 480 席中的 327 席。作为第一大在野党,社会党不得不反对自民党提出的邮政改革,其席位因此从 177 席减少到 113 席。由于自民党保守人士的落马和反对党的萎缩,新一届众院于 10 月 11 日以 338 票对 138 票超过三分之二的多数通过了邮政民营化改革法案。法案通过后,小泉的个人声望和自民党的民众支持度都达到了近年来的最高峰。对政府而言,改革既有风险,又有收益。小泉的前任不敢触动既得利益,回避矛盾,一味维持现状,坐失良机;小泉政府则看到日本的症结所在和民心所向,大胆地以非常规手段推动改革，最终获得了广泛的支持，自民党的执政地位非但没有被削弱，反而得到了加强。

中国的市场化经济改革同样是在克服了党内外重重阻力的情况下展开的。政府应如何推动改革？对经济和社会发展趋势的深刻认识、政治上的坚定决心、充分相信和紧紧依靠党内外的改革力量、超脱利益集团的改革设计与操作、灵活又坚持原则的策略，这些都是成功的要素，也是日本邮政民营化和迄今的中国经济改革给我们的启示。

（原载 2006 年 4 月 17 日《财经》）

在竞争"双赢"的时代[①]

经过二十多年高速增长,现有体制与制度多方面已不能适应新形势,若不及时改革,必然制约经济的进一步发展;而若想推动改革,必须扩大开放——开放带来竞争的压力和变革的动力;开放打破僵化落后的体制;开放引起资源更有效地重新配置;开放提升市场的作用;开放使我们有可能跟上世界发展的步伐。

开放不会危及我国的经济安全,恰恰相反,"中国长期处于停滞和落后状态的一个重要原因是闭关自守"(邓小平)。国家经济安全的根本保障是具有国际竞争力的企业,而只有通过竞争,才能形成和提高竞争力。同理,国家金融安全的根本保障,是具有良好风险控制能力和赢利能力的金融机构,这样的金融机构也只能在竞争中产生。在基本封闭的国内金融市场,我国的商业银行曾积累了数万亿元的坏账,半数以上的证券公司处于破产的边缘或已经破产。与金融形成对照,在完全开放与激烈竞争的计算机行业中,我国企业已具有收购世界顶级电脑制造商部分业务的实力。所以,请相信我们自己的聪明才智与胆略,请相信我们自立于世界民族之林的能力。敢于竞争是成长的第一步,而"拒人于国门之外"是缺乏自信的表现。

中国需要扩大开放,美国也需要扩大开放。中国产品出口美国,有助于降低美国国内的价格,有助于美国的产业结构调整以及建立一个更富有弹性的劳动力市场。美国同样应承担责任,从战略的高度审视中美两国的经贸关系,克服贸易保护主义,同时降低财政赤字,稳定美

[①] 本文为对亨利·保尔森(Henry Paulson)的"美中经济关系需要战略性眼光"一文的评论,原文附在文末。

元币值。一个竞争"双赢"的时代需要理性和远见,而盲目的民族主义和"冷战情结"都将伤害中美两国的长远利益。在沟通和相互了解方面,我们仍有大量的工作要做。

(原载 2006 年 10 月 2 日《财经》)

附文:

美中经济关系需要战略性眼光

亨利·保尔森(Henry Paulson)

过去五年,全球经济增长的一半都来自美国和中国;未来,这两个经济体仍将是全球增长的主要驱动力。无论是在今日的全球经济中还是在中美经济关系中,中国的角色都越来越重要。中国的经济发展,必将成为世界经济史上一场最富戏剧性的转变。

中国自 1978 年以来不同寻常的成功,使得很多人预测它目前的增长会无限期持续——仿佛中国已经找到某种方法,免于经济周期波动及其他问题影响一样。一些人害怕中国很快就会压倒其他经济体。对他们来说,中国已经成了全球化危害的一个标志性符号。

但同时,也有一些人认为,中国仍然只是一个发展中的转型国家,人们必须耐心对待这一转型过程。他们相信,中国必须放缓步伐或对转型加以"管理",比如限制外国资本的进入,以保护中国国内的企业。

这两种观点都忽略了一个更重要的事实。的确,中国正在从计划经济向市场经济转型,而且毫无疑问,转型过程还将持续一段时间。但是,由于中国经济的规模和它在世界市场中的角色,其他国家必须意识到,中国已经成为了一个全球经济领袖(global economic leader)。这一承认对于中国是名至实归。而且,中国自身也应该意识到,中国不仅仅是开放市场的一个受益者,而是一个"负责任的利益相关者"(responsible stakeholder)。

现在,如果中国经济持续增长,会给全球经济注入动力,各国人民也从中受益;如果中国经济"硬着陆"或是增速大幅下滑,全球经济也会随之减速,对其他国家并无益处。中国日渐增长的需求,是决定包括石油在内的众多基本商品全球价格的重要因素。在中国所发生的事情,将会影响到美国和世界其他国家的切身利益。因此,作为一个经济领袖,中国应该承担起保持全球贸易与投资体系健康成长的责任。在国际货币基金组织中,我们期待中国成为一个负责任的成员国,在世界贸易组织中,我们希望中国帮助重启多哈回合谈判,在促使各国降低其贸易壁垒方面,我们也期待成为我们的合作伙伴。

对于全球经济领袖而言,一个重要的要求就是对开放本国市场的承诺。无论从哪个角度看,中国的改革都是令人称道的,但仍然有许多事情要做。中国政府面临的任务是非常艰巨的。美国最需要担心的,不是中国将取代美国的地位,而是中国的改革停滞不前,以至于无法维持经济增速并解决国家所面临的问题。

这些问题包括对农业和农村经济进行改革,并实现其现代化,建立完善的养老金体系及其他社会保障体系;发展资本市场,改革僵化的货币制度,从而提高资本的利用效率,实现均衡的可持续的增长,等等。随着中国经济规模越来越大、越来越复杂,它也越来越难以管理。现在,中国面临着一个艰苦关键但又必须跨越的发展阶段,走过这一段并非易事。

到目前为止,中国经济的快速增长,来自于将农业及国有企业中的剩余劳动力转移到以市场为导向的制造业的过程。由于经济中最明显的无效率的部分已经消失,增长将依赖于生产率的提高。我认为,这将要求由市场而不是行政命令来决定资本的配置,而且,中国需要一个更加和谐的增长模式。中国的家庭面临着太多的不确定性,所以储蓄率很高(储蓄占GDP 的 50%)。和谐的增长将给中国家庭带来更多的收入,并且让他们有信心花掉这些收入。

由于经济增长收益分配的不平衡性等因素,中国国内和美国一样,也存在着反对改革、提倡保护主义的声音。因此,中国面临的上述挑战变得更加艰巨。

不过,我们可以明确:首先,也是最重要的,只有改革才能保证中国人民所期待的经济增长得到实现,第二,通过更多的改革,中国可以向世界发出清晰的信号,表明中国愿意在国际经济中扮演领导者角色,第三,改革将可以极大地缓解对中国的敌对情绪的上升。

过去一段时间,我很震惊地发现,一些反对自由贸易的情绪,正在转化为一种对中国的敌对情绪。许多国家的人们都把中国看作是全球竞争中的负面因素的代表。他们越来越多地指责中国,认为是中国造成了自己国家的各种经济问题,对中国心存疑惧。这样的情绪在美国也很严重,并且还在增长。我相信,如果中国不能加快其经济改革,那么它将面对全球经济其他利益相关者的对抗,这对任何一方都毫无益处。

作为全球体系的利益相关者之一,美国同样要承担责任。这包括开放美国市场,保持美国经济的活力,并使生产率快速增长等等。我们还必须保持并增强全世界对于美国经济、金融市场以及美国债券的信心。此外,美国也有责任帮助中国继续其结构改革,并向竞争性的市场经济转型。美中两国经济彼此高度依存,在此基础上产生了一些双方可以进行合作的领域。在我看来,能源与环境是两个特别重要的领域。

在能源方面,中国在 1993 年以前一直都是石油自给自足的,但现在已经成为美国之后的世界第二大石油消费国。很显然,美国与中国在能源安全方面拥有重要的共同利益。比如,美中两国必需的石油多数都来自世界上一些较不安定的地区。因此,我们在消除地区不稳定、减少对外国石油的依赖等方面,拥有共同利益。同时,两国间也可以通过共同努力来保护地球环境。中国严重的环境危机不但威胁着中国国民的健康和生态系统的平衡,更伤害了中国经济长期发展的潜力。美国与中国在建设更加清洁的中国、更加清洁的地球方面有着共同的目标,我们能够也应该共享各种环保技术和经验。

总之,美中两国可以在此类及其他问题上携手合作;但同时，中国也必须在向市场经济转型的同时，面对其自身的长期结构性挑战。

毫无疑问，中国必须实现其金融体系的现代化，开放资本账户，转向消费驱动型的发展模式。富有竞争力的、监管完善的金融体系和自由流动的资本，有利于减少中国过高的预防性储蓄，提高资本使用效率，从而提高生产力并提高生活水平。中国还必须采取财政性的调整政策，以解决投资与储蓄的失衡问题。对美国而言，这些变化能够促成数以百万计的就业机会，同时也会创造出更多面向中国的产品市场和服务市场。

与此同时，中国应尽快采取以市场为导向的调控措施，来防止经济的失控。一个更加富有弹性的市场汇率以及更加灵活而自主的货币政策，都有助于稳定经济，保证可持续的无通胀的增长。反之，继续保持并依赖过于僵化的汇率机制和过时的行政调控措施，则增加了出现"扩张—紧缩"循环的可能性。同时，批评中国的人们日益把汇率问题当作"中国不公平竞争"的标志，如果对这一问题的严重性估计不足，最终吃亏的只能是中国自己。

另外一个紧迫的问题，是加大知识产权保护力度。2005年，美国企业因为中国境内发生的盗版和侵权行为，遭受了数以十亿美元计的损失。如果中国不遵守法治和公平竞争的原则，对作为经济增长引擎的创新行为不加以鼓励，中国就没法实现向现代经济转变的目标。

美国希望中国成功。对于中国来说，这些改革措施意味着国内市场规模的扩大，意味着生活水准的提高，对美国则意味着更多的工作机会，更低廉的消费品价格，以及投资者更高的回报。一个繁荣稳定并愿意承担其全球经济领袖责任的中国，是美国的重大利益所在。同样，对于中国来说，健康发展的美国经济也十分重要。

不过，这些改革并不容易，而且将旷日持久。这也正是美国对中美关系采取战略性眼光的原因所在。我们都必须意识到中美关系的战略性意义，它需要我们就两国的共同利益付出长远的战略性努力。

"停顿和倒退没有出路"

在我国改革开放的关键时刻,中国共产党召开了第十七届全国代表大会,中共中央总书记胡锦涛在大会报告中强调指出:"改革开放符合党心民心,顺应时代潮流,方向和道路是完全正确的,成效和功绩不容否定,停顿和倒退没有出路。"在笔者看来,这是执政党对于前一段社会上流行的"改革失败论"、"改革过头论"所作出的正面回应。

诚如胡锦涛所言,"改革开放是决定当代中国命运的关键抉择",没有改革开放,就没有中国经济 30 年的高速增长;没有改革开放,就没有人民生活水平的极大提高;没有改革开放,就没有中国今天的国际影响;没有改革开放,就没有中国共产党日益巩固的执政地位。

改革开放既不能停顿,更不能倒退,这是因为"我国仍处于并将长期处于社会主义初级阶段"(十七大报告),在这个阶段中,人民的物质文化需要同落后的社会生产之间的矛盾要靠改革开放来解决。落后的社会生产源于落后的制度,只有进行改革,才能打破陈旧制度的束缚,创造出新的生产力以及新的物质文化产品,更好地满足人民的需求。改革开放因此是一项长期的任务,一刻都不能停顿,改革已经并将在很长时间内是我国经济与社会的常态。

继续改革改什么?

农业特别是土地制度的改革。土地制度的改革具有经济和社会的双重意义,让亿万农民获得个人土地所有权,不仅将要素的配置从政府转到市场,提高农业的生产效率、农户的经营规模和技术水平,而且是从根本上解决"三农"问题的重要措施。农民将从土地增值中得到更多的收益,将在市场的引导下进行生产组织的创新,并在市场的引导下融入城镇经济,一劳永逸地消除经济发展方面的城乡差别。

土地制度的改革还将缓解城市土地供应的短缺,有助于降低城镇房价,改进民生。土地供应市场化对于抑制腐败的意义也是不言而喻的。至于地方政府因土地收入下降而发生的财政困难,则应通过一揽子的财政改革予以解决。

金融改革与开放。在对外开放的推动下,我国商业银行近年来核销坏账,充实资本金,进行股份制改造,重组之后在海外和国内交易所上市,提高了抵御风险的能力。然而,上市仅为银行改革的起点,而不是终点。在半行政半商业的构架下,银行的治理机制和激励机制距市场化的要求还相差较远,机制方面的问题使银行的业务能力和产品创新都无法满足社会的需求,银行能否有效地控制风险仍是问号,只有在经济周期下行时才能做出准确判断。

资本市场的改革开放或许较银行更为紧迫。资本市场的作用原本是为资产定价和分散风险,目前国内市场定价畸形,风险高度集中在政府政策上,其应有功能似乎无一具备,而原因就在于市场已成为单纯的改善民生的工具。实际上,投资者获利的根本之道,乃上市公司盈利的可持续增长,而非股价的节节虚高。由金融学的基本原理可知,建立良好治理机制和监督上市公司提高业绩的必要前提是市场的准确定价。在一个准赌场的环境中,不可能出现真正具有国际竞争力的企业。

资本市场的本质是经济性的、商业性的,为提高资金配置效率和造就优秀企业而设,由高风险和高度专业性决定,它不可能直接服务民生,也不是进行收入再分配的渠道。如果不认清这一点,资本市场就永远是政府和股民之间剪不断又理不清的乱麻,而政府若不坚决和彻底地退出市场,抛弃"指数情结",资本市场的改革就无法启动。

金融改革的一个近期目标是抑制过剩流动性,降低金融的系统风险。这就需要放松和解除管制,尽快增加非银行金融产品如股票和债券的供应,同时发展非银行金融机构如共同基金、私人股本投资基金、私募基金、中小型民间信贷机构,分流储蓄资金。另一方面,为了减少增发货币的压力,有必要进一步扩大人民币汇率的浮动区间。

国有经济改革。理论与实践都证明,在同等条件下,民营经济有着更高的效率。改革国有经济的必要性还在于社会公平,能源、航运、通讯、金融等由国企主导的行业应对民营资本全面开放,在市场准入、融资手段、政府订单、财政支持和税收等方面一视同仁。改革国有经济也为政府专心和公正地进行法律、制度建设,专心和公正地制定和执行经济政策创造了条件。

国有经济改革的方向是股份制,即股权的多元化,在这个过程中,国有股份不可避免地要降低,这就需要澄清一个观点:掌握和经营资产是否构成一个政党执政的基础。中国共产党于 1970 年代末发起农村改革,解散人民公社,包产到户,政府不再管理农业生产。党在农村的执政地位并未因此而削弱,恰恰相反,改革政策深入人心,大大加强了农民对党的信任与支持。与农村改革一样,国有经济的改革也将进一步巩固党的执政地位。

监管改革。监管始终存在着向行政管理和行政管制倒退的倾向,过度监管以扩张部门利益,企业的经营自主权得不到保障,发展受到制约。

监管改革首先要回答管什么的问题,管什么要有法理、经济学原理和法律的依据,例如企业发多少股票、消费者买多大的房子都是经济个体的权利,不能限制,也不需要审批。对于一些垄断行业如电信业,与其政府监管还不如拍卖垄断权,以免厂商收买监管者,伤害社会公众的利益。究竟哪个方案更好,要做成本效益的经济分析。法律没有规定的如牛肉拉面的价格,行政部门不能以监管为名随意干预。理清了什么该管、什么不该管后,专业和职业化的、独立的监管机构和监管体系就成为关键。

司法改革。鉴于笔者的法律知识有限,根据十七大报告,"深化司法体制改革,保证审判机关、检察机关依法独立公正地行使审判权、检察权",认为改革的方向无疑是制度化的司法独立,而司法独立就要求司法与行政分开。

医疗体制改革。医疗体制改革的总体方案正在设计和论证之中,人们欣喜地注意到,在政府和民间的多方努力下,坚持市场化以及政府补贴和提供医疗保险的方案正获得越来越多的支持。

政府职能的转变。所有这些改革的中心环节都是政府职能的转变,对此十七大报告有多处论述,例如"抓紧制定行政管理体制改革总体方案,着力转变职能","加快推进政企分开、政资分开、政事分开、政府与市场中介组织分开,减少和规范行政审批,减少政府对微观经济运行的干预"。

自由与市场经济

    在十七大闭幕之际,中共中央总书记胡锦涛代表新一届领导班子向全国人民表示,"一定奋力推进改革开放"。相信在新一届班子的领导之下,我国的改革开放大业将进入一个全新的阶段,将取得更大的成就。

(原载 2007 年 10 月 23 日《财经》)

亚洲坎坷的复苏之路

亚洲的增长只是恢复性的,并不意味着麻烦就此结束。若想在微观改革上获得成功,就必须反省企业—银行—政府关系,也就是所谓的亚洲模式的核心。

美国总统克林顿在最近的亚太经合组织会议上警告,亚洲不能对现在的经济恢复过于乐观。如果不进行彻底的改革,下一轮金融危机仅仅是时间问题。克林顿的这番讲话和麻省理工学院经济学教授保罗·克鲁格曼的说法几乎如出一辙。克鲁格曼因预言亚洲金融危机而名声大噪,不久前他在香港接受记者采访时,认为亚洲似乎没有从1997年危机中学到什么,西方的政客和学者们对亚洲的这种评价并非言过其实,看一下亚洲各国自危机以来经济的表现即可理解。

尽管亚洲各国的经济增长都有强劲的反弹,去年平均实现了两位数的增长,今年估计也会保持 7%～8% 的水平上,但这种增长只是恢复性的,并不意味着亚洲的麻烦就此结束。和经济增长数字形成鲜明对照的是亚洲各国的银行和企业的状况,虽然各国政府在危机之后采取了各种措施,向银行注入资本金,鼓励银行兼并,向大型企业提供紧急贷款等等,但效果并不显著。最近韩国大宇汽车破产,日本几家大型人寿保险公司先后倒闭,东盟各国货币对美元又出现连续的贬值,说明在微观层面上亚洲经济并未从根本上摆脱危机的影响,各国仍面临着艰巨的企业和银行的重组工作。由于公司重组进展缓慢,亚洲的主要证券市场近期均动荡不已。

为什么亚洲经济的恢复如此艰难,这就不能不涉及战后流行于亚洲的裙带资本主义。所谓裙带资本主义是指由政府主导,企业与银行之间,银行与银行之间,企业与企业之间形成利益共同体。政府为了推进经济的发展,挑出若干重要的部门作为支柱产业来发展,为了向这些产业提供廉价的贷款,政府人为地将银行利率压得很低。企业利用低成本的资金进行高速扩张,当扩张速度超过国内需求时就转向海外。日本及韩国的大型企业集团无一不采用这种发展模式,与我国的大型国有企业极为类似。不计成本的扩张使得投资的回报越来越低,当投资回报低于资金成本也就是贷款利率时,债务危机就成为不可避免。破产的企业无力还债,将银行一同拉下水,而坏账的积累导致银行的经营困难,企业层面上的问题迅速经银行系统传播到各个角落,从而引发一场全面的经济危机。亚洲各国货币的贬值只不过是这场经济危机的触发因素,危机早已根植于亚洲的经济、企业以及银行体系中。

裙带资本主义将全社会结成一个巨大的利益共同体,使得微观经济之间缺乏竞争,缺乏监督与制衡,不能起到早期报警和平衡制约作用。一个经济单位出了问题,整个社会不能及时采取行动清除坏死细胞,而是试图加以掩盖,实在不行了就搞全国救亡。日本政府引导或者迫使健康的银行去接管濒临破产的银行,结果是有问题者无法恢复正常经营,而且还把健康的银行一同拖垮。当企业资不抵债时,政府不是让它们倒闭,而是压银行继续给这些企业贷款,企业非但没有起死回生,反而使银行陷入坏账的泥潭。20世纪90年代初金融泡沫破灭后,日本的银行长期处于半瘫痪状态,经过了十年,换了几届政府,推出过多个金融改革方案,但银行系统仍未完全恢复功能。对比日本,我们可以研究一下90年代初美国的储贷会危机,由于民间和政府措施坚决,仅用了几年的时间就完全清理了储贷会的坏账,进行了银行业的重整,调整了监管框架。可见健康的金融体系是美国经济90年代持续增长的基础之一。

当前亚洲的恢复不仅是短期的现象,而且还有一个潜在的负面作用。由于看到宏观经济数字全面好转,以为经济危机的影响到此结束,从而放松了对微观经济单位的重组改造工作,使得引发金融危机的各种问题得不到解决,继续留在经济中。这对于经济的长期增长是相当危险的。我们认为微观经济单位是否有活力,比经济增长速度重要得多。从这个角度出发,日产汽车出售给法国的雷诺比日本政府上万亿日元的财政开支计划具有更重要的意义。合资标志着新企业的诞生,而扩张性财政政策只不过是为了保证旧经济的延续。

　　展望 2001 年,亚洲经济的恢复仍非坦途。各国经济增长的希望主要不在宏观政策,而在微观层面上的改革,特别是企业和银行的重组。若想在微观改革上获得成功,就必须反省企业—银行—政府关系,也就是所谓的亚洲模式的核心。

（2000 年 12 月）

自由市场与制度

有效资本市场和公司治理

　　资本市场的效率和公司治理之间有着密切的关系,股东通过若干市场手段监督和制约管理层,监督和制约当然是有成本的,资本市场的效率越高,监督和制约成本越低,公司治理越有效。反之,当资本市场的效率十分低下时,监督和制约成本迅速上升,如果成本过高,投资者会完全放弃对管理层的监督,转向二级市场进行投机,导致资本市场效率的进一步下降,形成恶性循环。为了说明这个过程,我们首先需要定义有效资本市场。

什么是有效资本市场

　　有效资本市场在学术上已有严格的定义,例如"弱有效"、"半强有效"和"强有效",尽管它的学术表达有些拗口,其道理浅显易懂,用不很严格的语言来讲,市场的有效性表现在价格反映价值,也就是股票价格反映上市公司的内在价值。价格当然不可能在每一个时点上都等于价值,而是围绕着价值波动;换句话说,在有效市场上价格的长期走向由公司的价值决定。有效市场的命题还有一个重要但往往被人们忽视的含义:市场上存在着自行改正的机制,当价格过分偏离价值时,自行改正机制启动,将价格拉回由价值所决定的运行轨道上来。
　　由于用价值定义市场的有效性,在这里需要解释一下什么是价值。我们认为利润是价值的惟一源泉,一个公司在其存续期间各年中产生的所有利润的折现值总和即为公司的价值,公司的价值除以公司所发行股票总数,就得到公司的每股价值,每股价值是决定股票价格长期走向的最根本因素。有效资本市场和价值定义的合理性显而易见,价格

233

只有反映价值,投资者才能在价格信号的引导下将资金投入经济中最有效的部门和企业。反之,如果价格长期背离价值,比如由于炒作的原因,效益好的企业股价上不去,因此得不到资金,而效益差的公司股价照升不误,照样吸引资金进入,价格信号的扭曲将造成资金的错配。我国证券市场上大盘绩优股价格平平甚至受压,而亏损的 ST 和 PT 板块公司却炒得风风火火,即为典型的资金错配和资源浪费的例子。

股票价格准确反映公司的盈利能力对公司治理至关重要,在成熟市场上股东监督和制约管理层的手段是否有效,在相当大的程度上取决于价格信号的准确性。

价格信号和监控手段

常见的股东监督和制约管理层的手段有四个:收购与兼并,"用手投票","用脚投票"和股票期权,前三个可归入"大棒"类,股票期权则可算作"胡萝卜"。无论大棒还是胡萝卜,若要充分发挥作用,都离不开有效市场。以收购与兼并为例,如果管理层工作不力,公司盈利恶化,带动股票价格下降,当股票价格足够低,特别是低于每股净资产时,公司很可能成为收购对象。收购完成之后,新股东获得对公司的控制权,一定要对企业进行重组,更换管理班子。被收购和丢掉饭碗的危险迫使管理层努力工作,改善盈利,将股价维持在较高的水平上,避免成为收购对象。从这个意义上讲,收购与兼并无异于高悬在管理层头上的一柄利剑,成为投资者监控管理层最有效的市场手段。在直接融资比较发达且股权较为分散的国家中,如美国和英国,收购与兼并的市场相当活跃。由于小股东对管理层的影响力有限,承担监控成本的能力也比较低,他们不可能对管理层实施直接的监控,而更愿意间接地通过收购与兼并市场,保持对管理层的压力。

收购与兼并市场能否发挥应有的作用和股票二级市场的效率有很大的关系,只有当股票价格反映公司的真实价值时,效益差的公司才能在市场被识别为收购目标。如果市场上泡沫过多,价格不反映价值,收购者很难辨别真伪,收购的不确定性也就是收购的风险大大增加,风险的上升会阻止很多本来可以顺利进行的收购活动,收购与兼并的市场因此无法顺利发展,投资者只能采用其他手段监控管理层。另一方面,在效率低下的市场中,股价和盈利无关,失真的价格不仅掩盖了管理层的失职,而且可能会增加收购的成本,例如对 ST 板块的炒作推高了潜在收购对象的价格,使有兴趣的收购者望而却步。这样,管理层知道它头上的这把剑掉不下来,继续我行我素,收购与兼并的市场机制无法发挥作用,收购不能对管理层造成真正的威胁,导致公司治理的弱化。

所谓"用手投票"的机制是指投资者在股东大会上动议改组管理班子,特别是撤换主要的高层管理人员。"用手投票"的问题是股东之间的协调成本非常高,当一个上市公司有几十万或上百万股东时,若想形成决议几乎是不可能的,这时中小股东往往采取"用脚投票"的方式表达他们对公司业绩的不满,抛售所持股票,造成股票价格大幅度下跌,对管理层形成压力。

无论"用手投票"还是"用脚投票",投资者需要一把尺子衡量管理者工作的好坏,在有效的资本市场上,最好的度量标准就是公司的股价,因为价格反映价值,反映公司的盈利能力,从而综合反映公司的经营成果和管理者的表现。在低效或无效的市场上,价格背离价值,投资者或者被误导,或者必须自己搜集信息,自己做研究以判断公司的经营状况。然而信息是有成本的,如果成本过高,投资者特别是中小投资者可能会放弃对公司的跟踪和监督。这样,市场效率越低,投资者信息成本就越高,建立有效的公司治理就越困难,上市公司的效益当然就越差。

在建立以股票期权为基础的激励机制方面,我们已经遇到了困难,由于股票价格不能反映公司的盈利情况,无法作为综合评价管理层工作效绩的指标,股票期权在相当程度上失去意义。管理层失职,公司盈利下降,股票价格仍有可能因投机炒作而上升;反之如果管理层兢兢业业,公司基本面良好,但因无人坐庄,股价上不去,无效市场中的股票期权不仅没有对公司治理起到积极作用,反而变成奖恶惩善。难怪有些上市公司的高层主管根本不在乎本公司股票的市场表现,甚至公开提出"不求公司股价一时表现,而求企业长远发展"的口号。

如何提高市场效率

提高市场效率需要加强两个方面的工作,一是减少投机炒作,严厉打击市场操纵等违规违法活动,二是推广以基本面分析为主的研究方法和基于价值的投资理念。我们之所以一向反对市场投机炒作,希望投资者对金融泡沫提高警惕,一个很重要的原因就是投机炒作使价格背离价值,降低了股票价格的有用信息含量,增加了股东对上市公司的监控成本,使市场化的公司治理机制很难甚至无法发挥作用。

应该强调的是,我国证券市场上存在的投机炒作很大程度上是制度性的,而不是单纯的监管和自律问题。我国证券市场的制度性缺陷表现在上市公司以国有企业为主,以圈钱为终极目标,上市公司的行为和旧体制下的国企相比,并无根本的区别,上市公司业绩逐年下降,股民找不到公司的投资价值,自然要到二级市场上投机炒作。另一方面,大多数证券机构特别是大型券商亦为国家所有,本身就存在所有者缺位,公司治理结构虚弱的问题。证券机构的管理层可以方便转移风险和收益,违规操作时将个人好处做进去,出了事惩罚大都落在公司头上。由于风险和收益的不对称,国有证券公司管理者有着非常强烈的个人而不是公司利润最大化的冲动,为赚取利润敢于冒风险,因为有公司甚至国家替他们承担后果,当他们的薪酬受到政策限制不能提高时,利润冲动就变成违规冲动。券商风险和收益的不对称由于对破产证券机构处置不当而进一步扩大,我们没有解散或拍卖已破产的国有券商,而是让另一家国有机构来接收,不但软化了券商的预算约束,增加了"道德风险",而且掩盖了证券公司内部的风险控制问题。

由此可见,减少投机炒作的根本性措施是上市公司的改革,国有基金管理公司和国有证券及中介机构的改革。我们曾建议国家加速从非战略性上市公司中退出,减持国有股份到 50% 以下;减持之后余留的国有股交专门的国有资产管理公司管理,国有资产管理公司作为被动的财务投资者,完全商业化运作。对上市公司的管理层,应当坚持监管当局制定的人事"三分开"原则,管理人员脱离公务员系列,从市场招聘,并将股票期权等激励方法制度化。至于证券从业机构的改革,除了和国有上市公司相同的原则外,我们还特别强调通过上市和私募等方式推进证券机构的产权多元化,建立中外合资证券机构,对外资律师、会计师事务所和评级机构全面开放国内证券市场,在短时间内大幅度提高中介机构的信誉和财务报表的准确性。对违规违法活动的打击应由处罚机构为主转为机构和肇事者个人并重,纠正收益和风险的不对称性。

除了上述的结构性改革,提高市场效率的另一措施为推广以基本面分析为主的研究方法和基于价值的投资理念。比较国内和国际上的研究产品,我们不难发现,国际上的研究几乎毫无例外地集中在盈利分析上,而且都有详细的定量分析模型,通过盈利分析发现公司的价值,最后在价值的基础之上做出投资推荐。而国内的研究很多停留在技术曲线和一些空洞的概念上,由于技术曲线并不含有任何有关公司盈利的信息,技术分析不仅对价值发现没有任何帮助,而且技术分析做得越多,股票价格有可能更加偏离价值,资本市场效率越低。这也是国外投资银行研究部基本已淘汰了技术分析法,仅在少数情况下作为参考的原因。为了引导国内证券研究人员更多地运用基本面分析法,可以考虑建立资格审定系统,按照国际标准设计从业人员资格考试,规定只有通过国外 CFA 考试的分析员才能在电视、报纸等媒体上做股票评论。

提升价值投资理念需要进一步发展机构投资者,散户投资者受资源和知识的限制,不可能对宏观经济、行业以及上市公司的基本面做深入的分析,正像五十年代的"全民动员,大炼钢铁"一样,"全民炒股"不可能炒出一个有效的资本市场,市场的中坚力量一定是专业的机构投资者。

我国的证券市场已有十年的历史,市价总值已超过 GDP 的 50%,市场进一步发展的主要矛盾是质量而不是数量,是效率而不是速度,强调市场效率和公司治理,才能实现两者之间的良性循环,实现证券市场的可持续发展。片面追求数量而忽视效率必然导致公司治理的恶化,加剧投机炒作,使得价格越来越远离价值,市场风险越来越大,一旦崩盘,给国民经济造成的伤害将无法计量。1929 年在纽约、1989 年在日本以及 2000 年在纳斯达克发生的股灾完全有可能在中国再现,希望我们能够吸取教训,将我们自己的事情做得好一些。

(2001 年 5 月 30 日)

银行业的公司治理机制

各位下午好！交给我的任务是讲一讲银行业的公司治理机制。我今天讲的主要内容有四个方面。首先，我们要说明公司治理机制的问题是在什么情况下提出的？为什么要研究公司治理机制？刚才朱民已经讲了，亚洲金融危机的主要原因是没有良好的公司治理机制，我非常同意他的这一看法。第二个内容是巴塞尔银行监管委员会在1999年就银行业的公司治理机制发布的一个指导性文件。我想这个文件是我国银行在建立自己的公司治理机制时所应当参考的一个非常重要的文件。

介绍了《巴塞尔银行监管委员会准则》之后，我想对世界各国银行的公司治理机制进行一个简单的国际比较。特别要指出的是，我们原来认为非常好的日本银行现在出了问题并不是偶然的。因为日本的银行和中国的银行一样，在公司治理机制方面存在着非常大的缺陷。最后，我们谈一下中国银行业公司治理机制的难点以及如何解决这方面的问题。

一、问题的提出

关于公司治理机制问题的提出是在20世纪30年代，有两位美国学者第一次使用了 corporate governance 一词，对此国内有多种翻译方法，有翻译成"法人治理结构"的，"公司治理机制"的，最近还有人翻译成"公司督导机制"，我认为"督导机制"是一个比较准确的翻译。但是约定俗成，既然我们已经用习惯了"公司治理机制"，就在此继续沿用这个说法。

问题的提出主要是因为所有权和管理权的分离，这一点现在大家已经很清楚了。随着公司规模的日益扩大，公司的管理已经远远超出了那些创业者或所有者能力所及的范围，所有者不得不雇用专业的管理者来替他管理这些资产。对专业管理人员的需求在直接融资日益发达、资金来源日益多样化、上市成为普遍的趋势之后日益提高，因为众多的投资者中间，中小投资者不可能直接参与管理工作，必须雇用专业人员替你管理。这时，就产生了两方面的问题。第一个问题是，所有者和管理者的利益不一样，"老板"追求的是资金回报的最大化，而"打工仔"并不在乎这个，他追求个人收益的最大化。这样，两权分离就产生了矛盾——管理者每天都在操办日常事务，但不一定替所有者着想。第二个问题是信息的不对称。在利益不一致的情况下如果所有者有完美信息（perfect information）也还好办，所有者可以根据他掌握的情况对管理者的工作好坏作出判断，并决定奖惩，提升成绩显著者，警告甚至解雇能力欠缺或者谋取私利而损害公司利益者。然而我们生活在一个非完美的世界里，信息永远是非完美的，而且永远是不对称的，这表现在管理者拥有更多关于银行经营状况的信息，他们也非常清楚自己的努力程度。而股东由于不做日常的管理工作，信息就少得多，往往不知道银行的情况到底如何，也不知道哪几个管理人员确有很大贡献，哪些人只是在混日子。因此，问题的根源是利益不一致，但在实践中，信息不对称使得所有者与管理者利益不一致的矛盾很难解决。

在国内，我们可以看到由于信息不对称造成的公司治理方面的问题。金融机构或一般公司都有一些知名的案例，如广国投，亏空了几百亿，查下来原因就一个，内部人控制。股东根本就不知道管理层在做什么，管理层或者玩忽职守，或者化公为私，几百亿就没有了。银广夏大家也知道，也是因为信息不对称、内部人控制的问题，使得多少投资者血本无归。

为了解决这个矛盾，20世纪30年代的两位美国经济学家提出了公司治理机制的问题。从那时起，公司治理机制的研究发展得非常快。我们收集了各类研究的结果，把公司治理机制定义如下：

公司治理机制是通过一种制度安排，用来监督和诱导管理层为所有者的利益工作。

我们在这里特别强调"制度安排",而不是道德的感召,也不是像法律那样出了错事后惩罚。制度安排包括两个方面,我们把它叫做"大棒"加"胡萝卜"。"大棒"就是一套监督和制衡的机制,防范管理层的漫不经心或胡作非为。"胡萝卜"就是一种激励机制,把管理层的利益尽可能地和股东的利益协调起来。公司治理机制无论从理论上还是实践上都是沿着这两个方向发展的,如何不断地完善监督和制衡,如何不断地完善激励机制,是公司治理机制的两个主要内容。

二、《巴塞尔银行监管委员会准则》（1999）

《准则》将公司治理机制定义为"关系的安排",是处理公司管理层、董事会、股东和其他相关方面的关系的安排。"其他相关方"包括:银行的雇员、客户、供货商、公司所在社区、监管当局和政府,涵盖面非常广泛。

在这个结构框架下的董事会和管理层需要确立公司的经营目标以及确定监督实现这些目标的手段。后面我们可以看到,中国银行业的公司治理机制之所以如此虚弱,和我们的经营目标的混乱有着直接关系。所以,《准则》一开始就讲,要先确立公司或银行的经营目标,然后为董事会和管理层提供与股东目标一致的激励机制。

除了这个《准则》外,巴塞尔银行监管委员会还颁发了与公司治理机制有关的其他文件,这里我们列出了四个:《利率风险管理原则》、《银行内控系统框架》、《提高银行操作透明度》和《信用风险管理原则》。这些都是非常好的文件,对我们探讨中国商业银行如何建立公司治理机制是很好的指引。《准则》提出,为了建立良好的公司治理机制,需要做好各方面的工作:首先要明确地定义公司的价值、行为准则、雇员的行为准则和其他规范;然后要有一个完备的公司或银行发展战略;清晰的权责划分;董事会、管理层以及审稽人员之间的沟通渠道;强有力的内控系统,特别是要控制由利益冲突引起的风险,注意与大股东和管理层有关的商业联系;要赋予管理层充分的财务和行政手段,以便进行有效的管理;最后,要有适度的信息披露。《准则》认为,只有把这些工作都做到,才能建立起良好的公司治理机制。

从中国的情况来看,我们目前关注的很多问题是属于技术性的。

但我个人认为,中国目前建立公司治理机制的主要障碍不是技术性的,而是制度性的。如果不做制度上的大幅度调整,我们很难建立起良好的公司治理机制。

巴塞尔银行监管委员会指出,公司治理机制没有统一的格式,取决于各国的公司制度和法律体系。比如说,在英美体系中,公司治理机制中的核心组织是董事会;而在德国就不是董事会,而是监事会,它的董事会相当于我们的管理班子,它的监事会相当于我们的董事会。所以,公司治理机制没有统一的格式,它同各个国家历史的沿革、法律体系以及公司的结构有关,找不到一个放之四海而皆准的模式。我们只能根据本国的情况,因地制宜,来寻找适合中国国情的公司治理机制。刚才我们讲过,公司治理机制的核心是相互制衡和相互监督,这一点对中国人来讲很难接受,大家都希望协调和统一,而西方承认个人和利益集团的利益、尊重个人的利益,为了协调人和人、机构和机构之间的利益冲突,它讲究从制度上形成相互制衡和监督。这和我们很不一样,我们希望统一思想,统一行动,一切都统一起来。所以有的时候我也感到很悲观——在中国到底有没有可能建立起良好的公司治理机制? 当然,悲观主义是没有用的。一个根本性的问题是,我们要习惯尊重个体的利益,在协调利益的时候,不是靠强有力的行政手段或道德说教,而是靠制度上的相互制衡和监督。

具体到公司治理机制,有几方面的监督:一个是董事会对管理层的监督,这是公司治理机制中最重要的一部分,因为董事会代表股东的利益;第二是非执行董事对管理层的监督,也就是独立董事对公司日常操作进行的监督;第三方面是在业务领域中,由管理层对下级的直接监督;最后一方面是独立的风险控制和审稽委员会对管理层的监督。所以,我们可以看到,这样一种相互监督、相互制衡关系是公司治理机制的核心。

关于如何建立良好的公司治理机制,《巴塞尔银行监管委员会准则》中也有非常详细的说明。如果大家有兴趣,我们可以提供这个文件,在此我想简单地介绍一下。第一段说的是,为了建立良好的公司治理机制,一定要设立银行的战略目标和公司价值,这正好是中国商业银行所最缺乏的。它特别指出,在公司的价值陈述中,反对腐败和禁止行贿受贿;禁止或严格限制有利益冲突的交易,比如说,向银行雇员的贷款、给股东贷款的特殊优惠，在资本市场上，我们把这个叫做关联交易，这一点在亚洲的银行中极为普遍。我们看到，印度尼西亚和泰国的很多银行垮台了，为什么？因为它们跟我们一样，坏账太多，资产质量太差；为什么它的资产质量差呢？因为它跟我们一样，进行了大量的关联交易，其中一个非常普遍的现象就是，一个家族，在这边建立起一个企业，同时在那边控制一家银行，它以银行控股股东的身份压这家银行向它的家族企业贷款。这样，我们就会看到，随着家族企业的不断发展，那家银行的资产质量不断下降。这跟我们国家的情况一样，这边是国有企业，那边是国有银行，国有银行被迫向国有企业贷款。结果是国有企业这边报利润，银行那边报亏损。这种关联交易在《准则》中多次提到，一定要禁止这种做法。

《准则》花了很大的篇幅谈董事会的建设，因为董事会对银行的业务发展和银行的健康承担最终的责任。《准则》提出，要选择合格的董事会成员，他们要具备判断能力，独立于管理层、独立于股东并且独立于政府，董事会成员要非常清楚他们在公司治理机制中所起到的作用。《准则》特别推荐要用外部董事，这不仅有助于加强董事会的独立性、客观性，而且还能给银行带来在其他业务领域中的经验。董事会不应该是虚设的，要有足够的权力随时质询管理层，要有足够的权力坚持董事会的决议。董事会还要避免利益冲突，不能压银行向它所熟悉或有业务联系的企业贷款，一定要回避这类的利益冲突。董事会还不得参与银行日常的经营管理，一旦作出了决议，决议的执行将是管理层的任务。在董事会下，西方的银行和公司一般都成立专门的委员会，有的只向董事会报告，有的同时向董事会和管理层报告。常见的几种专门委员会有：风险控制委员会、审稽委员会、薪酬委员会和提名委员会。据我的了解，国内银行已建立了前两种委员会，但后两种还没有建立起来。薪酬委员会决定高层管理人员的工资，提名委员会则有权力向董事会推荐重要的管理人员。这两点正是我国银行最需要改革的地方。

除了董事会成员外，高层管理人员还包括：首席会计师、部门负责人和首席审稽师，他们应该具有足够的知识、技能和能力的管理人员。高层管理人员的决策过程要特别避免一个人说了算，《巴塞尔准则》就特别提出了"四眼原则"，就是每一个决定至少要有四只眼睛看过，也就是避免一个人说了算；还要防止管理人员过分迁就业务明星而不敢严格管理。

在内、外部审稽方面，董事会应该建立审稽的原则和程序，确保审稽人员的独立，首席审稽师应该直接向董事会报告，董事会要有效利用审稽结果，要求管理层及时改正，并且用外部审稽检查判断内部审稽的有效性。

接下去一个措施是建立和银行价值、目标、战略相一致的薪酬制度。薪酬若不和银行长远战略目标挂钩，将导致管理层追求短期利益和过度风险。高层管理人员的薪酬由董事会来批准，以确保管理层的激励和银行的价值、目标、战略一致。在考察高层管理人员的业绩时，要避免过度依赖短期业绩（比如一两年的利润）考察管理层的工作，最好的指标应该是银行的市场价格。

在建立良好公司治理机制的问题上，巴塞尔银行监督委员会还强调了透明度问题。即使不是上市银行，也应该向公众披露以下信息：董事会结构、管理层结构、银行的组织结构、激励机制以及关联交易的性质和程度。没有一定的透明度，就会缺少公众监督这一环。所以，透明度的要求实际上是在内部制衡外又加上了公众的监督。

三、公司治理机制的国际比较

这是一家国际咨询公司做的研究，它对英、美、法、德以及日本银行的公司治理机制进行了打分。从表一可以看到：在公司治理机制的总评分方面，英国的银行高居榜首，其次是美国、法国和德国，德国银行的评分没有想象的那么高，日本则远远落在后面。具体来说，日本的银行在如下几项存在着比较大的问题：董事会的独立性是0分，会计准则也是0分，这就是为什么在1989年日本的股市和房地产泡沫破灭之后，日本的银行并没有破产。落后的会计准则掩盖了银行业的问题，资产按照账面价值而不是市场价值计算，以至于使银行的问题长期得不到解决。今年四月份，日本开始推行国际会计准则，使得很多银行发生了恐慌，因为很多银行马上处于破产的境地。董事会缺乏独立性，董事会为大股东控制，交叉持股非常严重，少有独立董事，关联交易频繁；薪酬论资排辈，没有和银行业绩挂钩；管理人员终身制，收购和兼并很少发生,最近好像多一些了,因为实在坚持不下去了(英国是收购与兼并最容易的国家,得分为 10 分;日本是最困难的国家,仅得了 1 分);缺乏独立的专门委员会。

表一　银行公司治理机制的国际比较

指　标	英国	美国	法国	德国	日本
尽职条款	7	9	8	5	2
非执行董事	6	8	9	5	2
董事会独立性	4	7	3	3	0
主席/执行董事职责分离	9	2	2	10	10
董事会	10	10	8	4	3
选举权	10	9	6	9	10
选举问题	7	3	8	7	4
会计准则	9	10	4	7	0
管理人员薪酬	10	10	2	1	1
收购障碍	10	7	4	3	3
总评分	8.2	7.5	5.4	5.4	3

资料来源:戴维斯国际咨询

　　结果是什么? 日本的银行现在坏账累累,濒临破产。虽然在政府指导之下的合并使日本的银行越做越大,但是根本的公司治理机制问题没有解决,合并只不过延迟了银行破产的时间。另一方面,企业和银行间的交叉持股使得日本对银行业的整顿清理步履艰难。日本银行业的问题不是一年两年了,日本也有很多经济学家和政界人士都认识到,日本的问题不是宏观经济政策所能解决的,必须推行微观层次上的改革,但是微观改革却进行不下去,因为日本银行和银行之间、银行和企业之间、企业和企业之间的交叉持股形成了一个庞大的株式会社,使得任何改革都牵一发而动全身。改革拖了十年,现在实在没有办法了,小泉政府决定,由政府出钱来打破交叉持股,迫使银行出售手中握有的其他企业和银行的股份。但是日本银行负债累累,很难兜得住。那么日本银行的希望在哪里呢? 就在于日本政府现在已经撑不下去了,不得不做微观改革;另一个希望是外资已经开始进入日本银行业,带来了新的资金、新的观念和新的治理机制。

四、中国银行业公司治理机制的
难点与展望以及解决方法

我个人认为,中国银行业公司治理机制最困难的地方是所有权和目标问题。我们的商业银行为国家所有,但这个"国家所有"是分割破碎的,无法有效地经营国有资产。财政部享受资产收益或承担补贴,但财政部没有人事权;金融工委、组织部和人民银行决定高层管理人员任免;而人民银行在很大程度上又左右商业银行的日常经营管理。权、责、利分离,不是一个完整的所有制。

银行的经营目标方面的问题甚至比分割的国家所有权更为严重。国家所有者不以利润最大化为惟一目标,而是有多重的非商业目标,其中包括:执行货币政策的工具;维护社会稳定;支持重点产业甚至重点项目;在去年人行的文中还要求商业银行支持股市;还有创造就业、为税收做贡献等等目标,搞得银行管理人员无所适从。《准则》开宗明义就是要明确银行的目标和价值,不解决所有权和目标问题就谈不上公司治理机制。

除此之外,我们的银行仍有大量的关联交易。国家股东实际上利用控股股东的地位推行国家政策,贷款仍向国有企业倾斜。激励机制上也存在很多问题,银行业务人员都是国家的公务员,薪酬制度上受到种种限制,例如报酬和银行利润无关,结果造成惜贷。最近我们对惜贷做了一个粗浅的研究,发现激励机制是造成惜贷的一个最主要的原因。惜贷不是一个宏观问题,而是一个微观机制的问题。我们的银行操作也缺乏透明度,股份制银行的内部人控制问题相当普遍。

怎么办?一是要把国有银行的商业化和国有资产的改革、管理统一起来。二是要加快金融机构的上市步伐,但是我们强调,首要任务是改变机制。建议证监会考虑规定,银行如果达不到公司治理机制的最低要求,一律不许上市。对银行机构来说,公司治理机制的最低要求,就是要以《巴塞尔准则》为依据,借助中小股东的力量确立利润最大化的目标,增加操作透明度。充实银行资本金则排在目标的最后一位上。

三是要积极引入外资。东欧拉美以及亚洲的经验表明,外资的引入对于银行改变机制有战略性的意义。我们要借助外资股东来解决银行多重非商业经营目标问题;借助外资减少关联交易;引入新的信贷文化;使银行管理国际化;最后才是充实银行资本金。

(2001 年 11 月 4 日在"中国银行金融改革研讨会"上的演讲)

市场经济的制度体系

市场经济发达到什么程度,要看市场在资源配置方面发挥了什么样的作用,市场配置资源的效率到底怎么样。以这样的标准衡量,中国经济的市场化程度最多只有一半,仅在产品和服务的供给和需求方面,市场扮演了比较重要的角色,资源的配置基本上是在价格信号的指导下进行的。相对于产品和服务市场,生产要素也就是劳动力、资本、土地和外汇市场仍处于落后的状态。

要素市场欠发达

我国的市场经济体系中,最为欠缺的是要素市场。

要素市场有几部分,第一大块是劳动力市场,包括蓝领工人和白领工人。白领工人市场上最重要的是职业经理人,但是我们现在还没有形成职业经理人的市场,国有企业的经理、高层主管都是由政府指定的,而不是由市场配置的;很多民营企业也是管理者和所有者不分,既不从市场上招聘管理人员特别是高管,管理人员也不进入市场。

白领市场上除了职业经理人,还有很多在中介机构工作的专业人士,包括律师、会计师、分析师、商业银行家、投资银行家等,他们的市场还没有形成。这方面的人力资源或者由政府配置,或者是由家族企业的所有者根据私人关系进行选择。所以在劳动力市场上,不管是国有企业还是民营企业,我们的市场化程度还是比较低的。

要素市场的第二块叫做资本市场,它的市场化程度甚至更低。

资本市场有两部分,债务市场和股权市场。债务市场又分为信贷市场和债券市场,我们债券市场上主要是国债,企业债的品种和数量都少得可怜,企业筹集长期资金主要靠从银行借贷。我们政府债券的市值占 GDP 的 20％,企业债市值仅占 GDP 的 5％,远远低于发达市场经济国家的水平。

最近人民银行在债券市场方面有很多的改革,包括推动银行间市场的短期融资券,企业发行热情很高,现在准备把短期融资券的期限延长,比如五年甚至十年,逐步在银行间市场上形成一个短期、中期、长期各种品种都有的一个企业债市场。这个改革的方向无疑是正确的,现有的企业债市场在过度管制下不是奄奄一息也是萎靡不振,需要有新的思路和突破。

股权市场也分成两块,私募市场和公开市场。私募市场中风险投资(venture capital)、私人股本投资(private equity)现越来越活跃,这是股本市场中很重要的一支力量,很多新公司,特别是创新型的科技公司都是在私人股本基金的支持下成长起来的,比如微软、Intel,离开私人股本基金就不可能取得今天的成就。第二部分是公开市场,就是我们熟悉的 A 股市场、B 股市场和香港的 H 股市场。就市场配置资金而言,公开市场的重要性也许还不如私募市场,股民买卖股票,资金从甲到了乙手中,并没有进入上市公司,仅在一级市场上才有资金的配置,所以不要一提资本市场以为就是 A 股,别忘了还有债券市场和私募股本市场。

资本配置市场化程度低,体现在市场主体和配置方式仍带有强烈的政府色彩。信贷市场上的供给和需求方以国有机构为主,商业银行、中介机构大多是国有的,约 50％以上的贷款流入了国有企业。政府对信贷资金的去向有非常强的影响力,有时甚至主导了信贷资金的配置,特别是在地方政府这一级。在企业债市场上,大多数发行者也是国有企业。股本市场上的国有的痕迹就更明显了,上市公司 80％由国家控股,或者绝对控股或者相对控股。曾经有很长一段时间实行过上市配额制,只有国企才能拿到配额。企业发行股票、债券要政府审批,企业和投资者之间的自愿交易为什么要政府批呢? 资本市场上的资金配置并不遵循效益原则,而是在政府的影响之下,向国有部门倾斜,不是商业化的操作,仍然是行政手段。

第三个要素市场是土地。现在土地的一级市场完全由政府垄断,即使在法律上归集体所有的农村土地,也必须由政府先征调过去,然后才能够在一级市场上转让。这就产生了很多问题,土地不能够得到有效的配置和利用,在土地的一级市场中间产生大量腐败。

最后一个要素市场是外汇市场。外汇市场本来可以并到资本市场里,但是因为外汇体制的改革、汇率政策的调整,在社会上和在管理层看来都是一个很大的题目,所以把它单独列出来作为一个要素市场。市场经济按说应该在价格信号的指导下,有效地进行外汇资金的配置,但是我们现在市场上没有价格信号,汇率长期固定不变。在市场经济中没有一成不变的价格,如果发现什么地方有一成不变的价格,那肯定不是市场经济,而是政府管制,是计划经济。汇率应该浮动,以反映外汇资金的稀缺程度,指导全社会进行美元、欧元、日元资金的有效配置,这是市场经济题中应有之义。

有人担心汇率自由浮动,我们的金融体系和实体经济承受不了。汇率自由浮动当然会对经济造成冲击,改革的历史经验多次证明,我们的企业和经济对于外界冲击的承受能力比我们想象的要高得多。以加入世贸组织为例,两年前我们讨论这个问题时,很多人忧心忡忡,担心国门大开之后,把中国的企业冲垮了,把国内的市场都占了。两年以来,我们承诺放开的都放开了,大概就剩下金融一项,其他基本都兑现放开了。情况怎么样呢? 我们现在活得很好啊,比过去还好。为什么要担心汇率的自由浮动呢?

要素配置的市场化程度,无论劳动力、资本、土地、外汇,还比较低,政府仍在发挥举足轻重的作用,在很多情况下往往是决定性的作用,政府最终决定了要素的配置,而不是市场。

也许有人说用行政的手段干预市场,因为政府要考虑的不仅仅是市场的发展,而且有经济和社会的稳定,企业的承受能力。打一个比方,婴儿长大了,应该不应该断奶? 你要说断得太突然,其他的食物可能一时消化不了,会影响健康,但如果你不断奶,他就永远也吃不了其他食物。就像学游泳一样,不管你在岸上练得怎么好,不下去喝两口水,你永远也学不会。

市场短期的波动是改革必须承担的成本,但是这个成本比起不改革要低得多。做任何事情都不可能没有成本,宁可付出短期的小成本,以换取更大的收益。如果政府不从市场退出,这个市场永远成长不起来,这是我们二十多年的改革经验已经证明了的。

小结一下,我们想说明的是,在建设一个比较完整的社会主义市场经济体系方面,我们还有相当长的路要走,要素市场的建设才刚刚开始。

要素的交易成本高

生产要素的市场不仅规模小,而且效率低。我们一谈资本市场就是一亿股民,一千多家上市公司,规模是一回事,市场能不能发挥正常的功能,能不能有效配置资源是另一回事。资源有效配置的前提是准确的价格信号,价格要反映经济和公司的基本面。我们发现上证综合指数和中国的 GDP 增长基本无关,甚至是负相关的,而在香港上市的中国公司也就是 H 股的指数和中国的 GDP 增长明显地正相关,H 股的价格反映了公司的价值,A 股就说不清了。价格信号失真,资源就会错配,资金进入效益差的公司,好公司的股价不涨,反而筹不到钱,这样的市场股民人数再多又有什么意义呢?

为什么要素市场的发展落后于产品市场的发展?和产品相比,要素有很多不同的性质,一个最大的不同,从经济学的角度来讲,就是要素市场信息不对称问题比产品市场上更为严重,要素的交易成本因此要比产品的交易成本高出很多。举一个简单例子,你去买矿泉水,矿泉水生产厂家比你更了解水的质量,比你拥有更多关于矿泉水的信息,这就是信息的不对称。在一个商业社会中,厂家理所当然地要利用信息优势追求自己利益的最大化,以次充好,收取高价。消费者知道厂家有意隐瞒真实信息,为了消除信息不对称,不得不采取各种各样的办法,检测水的质量,查阅市场销售记录,判断厂家所说是否符合实际。但消费者这样做是有成本的,为获取信息所投入的时间、资金就构成交易成本。因为矿泉水的质量比较容易检测,克服信息不对称的成本不算太高,产品市场的发展相对来讲就比较容易。

要素市场就不一样了,例如在资本市场上交易的是债券和股票,投资者买股票的时候,他所拥有的关于这家公司的信息要比公司管理层掌握的要少,他的信息不对称问题严重得多。和矿泉水相比,判断上市公司质量所要求的信息不仅量大,而且更为复杂。为了消除信息不对称,投资者要对公司进行调查,要学会分析公司的财务报表,要了解宏观经济和行业周期,可股民有几个知道怎么读财务报表? 怎么根据财务报表来分析公司的真实价值,判断这支股票到底值不值这么多钱? 为了降低信息不对称,投资者要投入很多的资源,花钱花时间调研、学习、分析,要素市场上的交易成本因此比产品市场上高很多。

要素市场上不仅事前的信息成本高,而且交易过程中的监控成本也高。如果喝了矿泉水拉肚子,你马上知道质量出了问题,你会警告生产厂商,但你怎么知道股票也就是公司的质量在发生变化? 投资者必须跟踪公司的经营管理,关注公司所在行业的周期波动,监测和预测公司的盈利情况,对比实物产品质量的物理、化学检验,对要素交易过程中的质量进行监控,难度会更大,成本会更高。

再者,要素交易若发生违约,责任难以判断,也就难以惩罚违约方,正因为惩罚力度低,违约的可能性就大,违约概率高的地方,市场就发展不起来。喝矿泉水拉肚子,做一个并不复杂的化验,就可以说明矿泉水的质量,买股票赔了钱,谁承担责任? 上市公司会说大盘在跌,和公司业绩无关。即使公司业绩确实下滑了,那可能是因为宏观经济形势逆转,或者原材料、劳力成本上涨,你判断不清,到底多大程度上是公司管理层的责任。

另外,要素交易的委托—代理成本高。消费者可以自己去超市买矿泉水,买卖股票最好还是要听听证券公司的意见。但是券商作为代理人,他的利益和你不一致,他不像你那样关心股票价格的涨跌,他只关心交易量,因为他的收入是交易佣金,有一笔交易赚一笔钱,和股价涨跌没关系。投资者这时就很辛苦,又要依靠券商的专业服务,又搞不清楚券商的推荐是否可信,真的是好公司,还是为了忽悠你做交易。

所有这些都说明要素的交易成本高,要素交易比实物产品的交易更为困难,要素市场的发展落在了产品市场后面,已经影响和制约了产品市场的进一步发展,因为产品的制造离不开要素的使用,在要素市场长期低效的情况下,很难想象产品市场可以保持高效率。

以制度建设促进要素市场的发展

为了发展要素市场,一定要设法降低交易成本。既然交易成本的一个重要来源是信息不对称,要素市场上的信息披露就显得非常重要。

为什么所有的股票交易所都有强制性的信息披露要求？为什么强制性信息披露是世界各国监管当局的中心工作？就是为了解决信息不对称的问题，否则这个市场就没有办法发展起来。我们国家也像其他国家一样规定了强制性的信息披露，但我们的上市公司是"道高一尺，魔高一丈"，它也披露，披露虚假信息。对这类行为一定要严厉地打击，不打击惩办，就会危害市场。

信息披露、监管、法治，都是为了降低交易成本，促进市场的发展，扩大市场配置资源的范围，提高经济的效率。这是芝加哥大学经济学教授科斯（Ronald H. Coase）所开创的新制度经济学的一条主线，这也是为什么经济学家现在对制度、法律越来越感兴趣，因为我们发现，没有制度的支持，市场配置资源的效率是非常低的；没有制度的支持，市场也没有办法扩张，我们想建立要素市场这样一个美好的愿望就没有办法实现。

制度到底是什么意思？按照诺贝尔奖获奖者诺斯（Douglass C. North）的讲法，制度就是游戏规则。不管是非正式还是正式制度，游戏规则的作用是约束人们的行为，调整人们的激励，降低交易的不确定性，降低违约概率，降低交易成本。法院的作用是保证甲乙双方签订的合同能够顺利执行，如果没有法院，甲方就不知道乙方能不能执行合同，就要花很多的时间去了解对方的信用历史、有没有违约的前科，甚至去了解对方的人品和行为方式，无形之中增加了很多交易成本。所以法院、法律作为一项制度，作用是规范人们的行为，通过对违约的惩罚减少人们行为的不确定性，减少交易过程中的成本。

制度对人们行为的引导有负向的，比如说对违约的惩罚，也有正向的，像对产权的保护。这两种作用可以成为"胡萝卜"和"大棒"。在市场经济中行为不规范，就要受到制度的制约；行为符合规范，就应该得到收益。

制度体系四层次

芝加哥大学的威廉姆森（Oliver E. Williamson）教授扩展了诺斯的制度定义，把支持市场经济运行的制度体系分为四个层次，认为在各个层次上的制度缺一不可，否则市场经济无法很好地运行。

制度层次的最顶端是非正式制度,没有明文规定、不能强制执行的制度,包括宗教、意识形态、社会观念、习俗、习惯、文化等等。在非正式制度之下的是正式制度,包括法律、监管、政体、政治、产权、契约等等,这是人们一般理解的制度含义,有明文的规定,由国家机器强制执行。正式制度的核心两个,第一是对产权的定义和保护,市场经济中,法律的作用之一就是定义产权和保护产权。第二是合同,在定义和保护产权的基础之上,保证契约的顺利地执行,契约顺利地执行意味着降低了交易成本。

正式制度之下是治理机制。治理机制的内容包括现在大家比较熟悉的公司治理机制,以及不大熟悉的政府治理机制和交易治理机制。治理机制就是一套制度安排,在这套制度安排下保证契约的顺利执行。当契约的双方是股东和管理层的时候,这个治理机制就叫公司治理机制;当契约的双方是选民和政府的时候,就是政府治理机制;当契约双方是一般的商业性的甲方乙方,就涉及交易治理机制。

公司治理机制内容非常多,包括股东大会制、董事会制、独立的委员会、管理层的股权激励等,还有操作的透明化,定期的信息披露,各种各样的措施都是为了一个目标——确保管理层为股东的利益最大化而工作。政府和选民虽然没签合同,英国的洛克认为,政府和选民的关系是一种隐性的契约。启蒙运动中,卢梭的《社会契约论》进一步阐发了这个思想,选民同意由政府来管理公共事务,作为交换,政府承担保护选民产权的责任,为选民的利益而工作,用我们的话讲就是"全心全意为人民服务"。政府治理机制就是要保证这个隐性契约的执行,它的内容也不少,比如我们最近在讨论的行政许可法,政府依法行政,这是政府治理机制中间非常重要的一项。政府本身没有立法权,它是执法行政机构,执法必须要有法律依据。选民用法律的手段确保政府为选民利益最大化而工作,而不是追求自己的利益。政府治理机制还有一项措施是媒体的监督,需要我们的媒体,不光是报道上证指数,还要报道政府每天都在做什么,提高政府操作的透明度。人民上访制、政府官员的选举制等也是政府治理机制的重要内容。

在治理机制的之下的是以价格机制为中心的市场体系。在制度经济学家的理论中,支持市场经济有效运行的制度体系起码有非正式制度、以法律为主要内容的正式制度,再加上治理机制。没有这样三层的制度体系,市场不可能有效运转,市场就不能有效配置资源。

在介绍了四层次的制度体系以后,威廉姆森作了这样一个观察,在各层制度中,上一级的制度对下一级的制度有指导和支持作用,但低层次的制度也不是完全被动的,可以支持、影响和改变高层次的制度,不同层次制度之间的相互作用往往是双向的。

例如非正式制度中的社会观念,就和正式制度有着密切的关系。如果整个社会没有法制观念,法律体系建立起来也没有用,不过是一纸空文。我们谈法治已经谈了很长时间,为什么还是人治流行? 除了政府方面的原因外,其实和我们每个人的观念有着很大的关系。美国人在商业上遇到纠纷,甚至街坊邻里的争吵,第一个要找的是律师。中国第一个要找的是谁? 是官员,哪怕是街道委员会的老太太也行。我们的观念长期以来就是人治,在不相信法治的社会中怎么能建立法治? 所以法治不光是政府的事情,跟我们每个人都有关系。

如果没有社会观念认同,法律等正式制度没法很好地运行;如果没有很好的法律体系,就很难建立良好的治理机制,制度体系一层套一层。

再回到要素市场的话题上来,为什么资本市场的建设这么困难? 报纸上经常看到说我们用了十多年时间走完了西方一百多年的路,真是如此吗? 我想在经济发展的道路上是没有捷径可走的,想抄近道,反而是欲速则不达。为什么这样讲? 因为制度基础的建设不是一朝一夕的事情,比如资本市场需要的非正式制度,像信用文化、信贷文化和股东价值,没有几十年甚至上百年的时间是无法在社会中生根的。

什么是股东价值? 股东价值的核心是承认股东的权利,尊重股东的权利,把股东当作自己的老板。在美国尽管有一些管理人员利用信息优势伤害股东的利益,但在美国社会中,出资人就是老板,股东就是老板这个观念是非常强的。只有在那样的文化氛围中,才能建立起保护股东利益的一套正式制度。我们上市公司的老总,谁把股民当老板? 谁想着每天兢兢业业地为股民打工? 我们股民又有几个把自己当成老板的?

什么叫做信用文化? 信用文化就是你借钱得还,不还就要受到惩罚。在一个以儒家文化为传统的国家里,信用文化的建立非常困难。儒家文化里有一条是保护弱小,长期以来我们认为是美德,恰恰是这个观念阻碍了信用文化的形成。商业原则是当你无力偿还贷款的时候，抵押品归债权人所有，债权人可以任意处置抵押品，否则债权人的利益得不到保护，以后就不放款了，他不放款，信贷市场怎么发展？我们的房屋抵押贷款，债务人如果只有一套房子，发生违约时银行不能收他的房子，出发点可以理解，"以人为本"，保护弱者，但这对发展房屋贷款市场却非常不利。市场经济不问强弱，商业的原则是权利至上，不能用道德代替权利，法律也是围绕着权利制定的。

从伦理上讲"以人为本"是对的，但不能硬套到经济和法律上去，经济和法律应该"以人的权利为本"。发生交通事故时，不能看谁强谁弱，而看谁有道路通行的权利。行人闯红灯，机动车撞上去，法律应该保护有通行权的人，也就是机动车驾驶员，行人受伤不仅自己掏钱看病，还要给对方修车。"以人的权利为本"，后面的关系就全顺了，司机也罢，行人也罢，以后会更加注意信号灯，会更加注意遵守交通规则。我们的新交通法"以人为本"，结果是什么？出了事故不问谁违规谁守法，不问谁有道路通行权，一律由机动车赔偿，行人违规零成本，鼓励他们有法不依，以后事故会更多。

在债权人的权利得不到保障的情况下，我们不可能有一个良好的债务市场；在股东的权利得不到很好保障的情况下，我们不可能有一个健康的股票市场，我们的传统观念和近代市场经济有很多不相适应的地方。

在正式制度、法律体系方面，也可以看到和市场经济的冲突。我们的立法、司法、监管体系目前都是政府的一部分，而不是独立的。为什么司法和监管一定要独立？大家都知道中超黑哨，黑哨是什么问题？黑哨就是执法不独立，执法者和踢球的串通一气，破坏了执法的公正性和严肃性，降低执法的效率。回到经济上来，执法要独立于交易的双方，如果和交易的一方或者双方有关联，法律的效率要大大降低，于是交易成本上升，而交易成本的上升意味着市场的萎缩。

监管体系也是一样的，我们的监管体系不仅没有独立于政府，而且也不独立于监管对象，监管当局变成主管机构。金融机构出了问题，不去找它的股东，而去找监管当局。小煤窑出了矿难，一查却发现五证齐全，明明安全措施不达标，也拿到了生产许可证，原来政府官员入了股，监管者与被监管者有了共同利益。这样下去，监管的严肃性和有效性怎么能得到保障？监管不到位，市场就不可能健康发展。

　　经济学家讲法律，更多关注的是法律对于经济效率的影响，当然也不可避免地要涉及社会公平。对公平的理解，我们中国传统的理解是收入的平均化。市场经济中公平的概念应该是机会的平等，而不是结果的平等。我们经常把公平混同于收入分配的平均化，实际上这是两个完全不同的概念。市场经济中，机会的平等就是每个人都应该有同样的受教育机会、就业机会、经商机会、赚钱机会，至于每个人赚多少钱，和个人的能力有关，劳动力市场上不同的工资就是给不同能力的标价。如果我们把社会公平理解为机会的均等，那么公平和效率之间没有此消彼长的关系，而是同方向的，社会越公平，机会越平等，经济效率就越高，因为公平的机会引导人们将更多的精力投入生产性活动，创造更多的社会财富。

　　展望将来，为了让市场在资源配置的过程中发挥更大的作用，为了提高市场配置资源的效率，改革方向就是制度创新和制度建设，将重点转向市场所需要的制度支持之上。但是，这个制度的建设、制度的创新，不是一天两天所能完成的，也不是一个人两个人所能完成的，要依靠大家努力，依靠全社会的长期努力来完成。

（2005 年 11 月 12 日在中欧国际工商学院"高朋满座论坛"上的演讲）

经济增长新模式与制度建设

中国经济正在面临两个重要转变,即经济增长模式和公共政策制定模式的转变。

关于经济增长模式转变的必要性,政府、经济学家和社会各界对此已经形成共识。还没有形成共识的,是如何形成转变。经济增长模式的转变应该如何实现? 转变增长方式已经讲了多年,现在仍然转不过来,困难在什么地方,哪里需要做更多的工作?

而关于公共政策制定模式的转变,现在讨论的还不多,而这个话题是与上一个问题紧密相关的,值得深入探讨。

现有经济增长模式潜力将尽

之所以要提出转变经济增长模式的问题,是因为这么多年来依靠投资,特别是依靠固定资产投资推动中国经济增长这一模式的负面结果已经越来越多地在经济中显现出来。这些负面的结果在提醒我们,这种增长模式的增长潜力几乎已经走到头了,如果不能够迅速地实现经济增长模式的转变,中国经济将可能碰到非常大的麻烦。

改革开放二十多年来,中国的 GDP 增长每年大概有 10%,基本上是依靠投资来推动的。改革开放初期,我们投资占 GDP 的比重大概在 20%左右,到去年已经超过 40%,投资占 GDP 的比重几乎翻了一番。如果中国的经济增长模式照此继续下去,2012 年左右,投资占 GDP 的比重岂不是将超过百分之百?

显然,投资占 GDP 的比重不可能超过百分之百,在达到理论极限之前就可能要出问题。不光中国如此,亚洲各个国家如日本、韩国,在战后经济高速增长基本上都是由投资来推动的;而当投资增长率一旦下降的时候,这些国家的经济又都出现了问题。日本在战后投资率从15%一直上升到 20 世纪 70 年代中期的 30%左右,之后投资率开始平缓,仍然停留在 30%的水平上,但日本经济的增长速度从原来的 7%～8%一下子跌到 3%～4%。经济学理论和发展中国家经济发展的实践过程都告诉我们,依靠投资的经济增长是有极限的,当达到极限之前就有问题。

我们现在已经尝到这方面的恶果。过度依赖投资所带来的后果就是大量的过剩产能。这个过剩产能使得我们在这一次经济增长周期中间出现了一个非常独特的现象,和上一次的经济周期不太一样。1993—1994 年是高投资、高通胀,而这一次是高增长、低通胀。为什么出现这样大的区别?1994 年宏观经济增长的需求增长非常快的时候,经济供求能力还跟不上,此时就表现为通货膨胀。而这一次不管需求有多高,生产能力都能够满足对投资品和消费品的需求,所以这次是高增长、低通胀,甚至是高增长、通缩。这在市场经济上是非常独特的现象,在教科书上都找不到对这一种经济现象医治的药方。

1993—1994 年广州、深圳都出现抢购日常消费生活用品,这一次没有发生抢购,因为不管需求有多强,总是能够生产出来,总是能够满足供应商提供的产品,所以社会上没有恐慌心理,没有通货膨胀,但是这正是我们这样的增长模式的危险所在。

它的危险表现在几个方面:

——企业的利润受到挤压。因为价格上不去,在制造业中存在大量的过剩生产能力。上游原材料的价格涨起来的时候,下游的企业却没有办法相应地提高价格,把原材料价格上涨的一部分传达到下游。上游原材料的通货膨胀中,最严重的是在 2004—2005 年之间,曾经达到两位数,大概有 14%、15%的上涨,这一方面和国际油价有关,另一方面和国内的投资有关。但是轻工业产品、制造业的价格即使在通胀最厉害的时候也不过上涨 3%、4%,它不敢把上游的价格上涨传递到用户而是自己设法消化,因为如果一旦提价市场份额就下滑。2006 年4 月份上游的价格通胀已经回落到 4%的水平,而下游的产品的涨幅则已经到了零。今年下半年很快就会重回通缩,所以中国经济在价格方面长远来看主要的危险不是通胀,而是通缩。通缩的原因就是因为

1993年、1994年投资高峰,2003年、2004年又一轮的投资高峰已经彻底地改变了中国经济宏观总供给和宏观总需求的相对关系。我们现在是总供给大于总需求的过剩经济,而不再是短缺经济。这一点在政府制定经济政策的时候,在企业的日常操作中都应该有这样的概念——总体的供应能力已经超过了需求的增长。所以经济需求再快也不会有通胀。这轮投资高峰造成的通货紧缩,将侵蚀企业的利润率。

——企业营利能力的下降,意味着银行的资产值的恶化,这从来就是硬币的两面。所以第二个隐患就是银行资产有可能恶化。

——环境的恶化、能源和其他自然资源的制约,也使得这种增长模式没有可持续性。

——单纯依靠投资依靠资源投入量的增加获得经济增长,使我们的企业、行业、国家的经济在国际舞台上没有竞争力。

我们做来做去到现在还是大路货,大量低成本、低附加值的劳动密集型产品和劳动密集型产业。在国际市场上竞争越来越激烈的情况下,这个模式继续下去是非常令人担忧的。所以在这个时候,一方面决策者提出要降低投资在国民经济中的比重,一方面要刺激消费。但是在我看来,出路不在于刺激消费,因为消费非常稳定,每年都是10%的增长速度。10%的消费增长,在世界上的主要经济体里面已经是最高速度之一。日本和美国的消费都是2%、3%的增长速度。这样稳定的增长再刺激也刺激不起来,除了住房和汽车,我们的消费都是有刚性的。

如何转变增长方式

出路是转变经济增长模式,就是从过去单纯依靠增加资源的使用量来推动经济的增长,变为改善资源的使用效益,是数量向效率的转化。

从行业上来讲,则是从制造业向服务业的转换。我们不能靠制造业、靠资本密集型的制造业、靠投资推动中国的经济增长,将来的发展方向应该是在服务业上。

如果我们把发展的主要目标从制造业转向服务业,不可避免要降低GDP的增长目标。最近“十一五”规划里面,政府已将GDP增长的目标值降低到 7.5％，这是非常及时的。今年一季度两个数据出来以后，引起了决策层很大的忧虑。一个是固定资产投资继续以接近 30％的速度增长，这个投资速度所形成的未来产能扩张是非常不得了的。在过去的两三年之间，固定资产投资每年都增长 25％～30％，消费的增长每年都是 10％，这么高的投资增长所形成的产能市场在什么地方？现在拼命出口，就是因为国内市场容纳不了这么大量的过剩产能。现在主要的出口国家都在联合起来制裁我们，欧盟说我们是倾销，美国人向我们征收额外关税，中国制造的鞋在西班牙被烧。

另一个数字是新增贷款 12000 多亿。今年全年央行的新增贷款的指标是 26000 亿，全年的指标一季度就用掉了一半。这两个数据出来之后，政策方向开始有所转变。不久我们就看到了央行近年来的第二次加息。现在有人还在议论，这 27 个基点的加息是第一次还是最后一次。很多人希望是最后一次，但是在我看来仅仅是第一次，美联储的加息都已经加了十几次了。我们现在的决策层在决策上是犹犹豫豫，市场预期始终建立不起来，大家还在猜是第一次还是最后一次加息。但现在已经没有什么好猜的了。政策上面逐渐地偏紧，是今后一段时间里面不可避免的趋势，最近房地产市场的调控是另外一个紧缩的信号。我们不能让投资再这样增长下去了。当然，我不赞成用行政的手段调控市场，但是"国六条"的出台除了解决低收入的住房问题之外，它宏观层面上的政策方向是继续趋紧的。

从短期来讲是要把过快的投资增长速度降下来，从长期来讲是要从根本上转变经济的增长模式。这个转变是从资源的数量增长转到资源使用效率的提高，从制造业转向服务业。如何提高效率？这就是通过研究与开发来改善资源使用的效率，而不是单纯依靠资源使用数量的提高。

有些人讲，中国还是第三世界国家，从制造业转向服务业，行吗？我们的服务业有巨大的空间。和经济发达程度类似的国家相比，中国的服务业仍然欠发达，因此有很大的发展空间。在改革开放以前，服务业占 GDP 的比重有所下降，从 30％左右下降到 20％左右。改革开放以后，中国的服务业有所上升，但占 GDP 的比重仍然落后于印度，印度的服务业是稳定上升的趋势，印度的人均 GDP 没有我们高，如果它在去年可以做到服务业占 GDP 约 50％，我们为什么不可以把服务业从占 GDP 的 40％提高到 50％呢，这里有多少的就业机会呢？

当然，如果把经济的重点从制造业转向服务业的时候，GDP 的增长就不是 7％、8％，也不是我们今天的 10％，制造业需要大量的投资，而服务业不需要大量的投资，在服务业驱动的经济中，GDP 增长的速度相对是比较慢的。GDP 不可能永远保持在 10％，这是一个我们应该面对的现实。我们需要调整对 GDP 增长的预期，GDP 也许应该降到 6％甚至 5％。只要有足够的工作，就业问题是能够解决的。GDP 增长下到 8％以下，我们未必就活不下去。服务业对资本的要求低得多，但在就业方面，潜力丝毫不亚于制造业。

日本的服务业占 GDP 的比重在去年已经占 65％左右。美国已经超过 80％，接近 90％。GDP 降下来以后，中国的经济不会就垮了，也不会有失业的问题。把 GDP 降下来和社会不安定联系在一起，是因为我们已经习惯了这种经济增长模式。现在要转变观念。

转变增长模式是一个非常困难的任务，这么多年的增长模式总是转不过来，最大的难点在哪里呢？要想转变增长模式一定要转变政府的决策。过去的增长模式基础是政府主导下的资源配置，就是政府对于资源、经济活动极大的影响力。如果政府不从经济中退出，这个模式不可能转变。

为什么过去的经济增长模式和政府有关？当政府主导资源配置的时候，它的目标不是资源配置效率的最大化，而是 GDP 增长最大化、税收和就业最大化。当政府主导资源配置的时候，追求的不是效率，而追求的是规模、速度，也就是说，政府主导资源配置要追求效率之外的目标。而这些效率之外的目标最关心的就是税收、GDP 增长、就业。GDP 增长就是政绩，税收和政绩也有关系，和社会稳定也有关系，就业就是当地社会的稳定。而社会目标、经济目标和效率目标之间是有冲突的，现在还多了一条，如果政府退出资源配置，退出市场，那么寻租就有困难了。但如果政府不从市场退出，这种模式永远转变不过来。

创新从何而来

政府从经济中退出后应该干什么？政府要强化制度建设，强化制度创新，为新的经济增长模式创造良好的制度环境、法律环境和监管环境。要想造就一个创新经济,最重要的是什么?最重要的不是政府去成立什么基金,不是政府搞五年科研规划。世界上主要的技术突破和技术创新都不是政府规划出来的,都是在市场中涌现出来的,都是在市场中的个人在追求个体利益最大化的过程中,由市场经济中的个人、市场经济中的企业,在一个良好的法律环境中创造出来的。

20世纪对人类生活和经济产生重大影响的技术突破,从早期的火车、铁路开始,到电力的普及,再到内燃机、电视、电子产品,最近是计算机、互联网,整个20世纪的经济发展史,重大的技术突破都不是政府规划出来的,都是在市场中涌现出来的,都是追求利润最大化的企业,追求个人财富最大化的个人,在市场强有力的激励推动之下进行创新,承担风险,进行投资,才有的技术进步。所以,一提创新社会,觉得就是要科研部门做一点事情,要政府做一点事情,这是一种误解。确实,创新社会需要政府发挥它的职能,但不是直接的组织项目、规划项目,而是创造一个良好的法律环境,使得有创新意愿的个人和企业能够通过创新活动获得丰厚的回报,也就是要建立一个创新的激励机制,而创新的激励机制的基础是产权的保护,特别是知识产权的保护。

中国的企业为什么不做研发?中国的企业研发很明显落后于现在世界上其他的大型公司。我在"中欧学院"的课堂上就这个问题进行了当场调查,有一个学员说,我做研发干什么?今天新产品出来以后,明天的假货就出来了,价格是我产品的 1/3、1/4。问题就在知识产权的保护。知识产权的保护离不开一般的产权保护,我们要尽快把《物权法》制定出来,奠定保护私有产权的基础大纲。在这个前提下我们才能谈到知识产权的保护,有了知识产权的保护我们才有可能建立法治社会。没有知识产权保护的情况下,从中外历史上看我们都知道是不可能的,所以政府应该推动立法、推动教育。增长模式从制造业转向服务业需要很多新的技能、新的知识、劳动力。人民短期能不能适应这种转变,要通过教育增加他们的就业灵活性,增加他们的技能和知识,使得在转型的过程中能够及时找到新的工作。政府还应该做好社会保障,使得在转型过程中有一部分暂时还不能适应经济转型、失去工作的人有所保障。政府应该做的是制度建设、制度创新,而不是越俎代庖操办项目。政府还应该做的是解除管制,管得太多了创新就没有办法进行。

公共政策制定模式亟待转变

在转变经济增长模式的过程中,需要反复强调的是政府职能的转变。一个相关的问题是转变公共政策的制定模式。

现在的经济增长已经不单纯是经济政策,而日益变成了经济社会政策。比如,在目前正在进行的宏观调控中,可以发现旗帜鲜明的两大观点:应该及时进行调控和不必进行调控。主张调控的有国务院、央行、银行以及部分学者,不主张调控的有地方政府、部分学界人士、非银行金融机构、地产商。这些有关宏观政策的争论与其说是因为形势判断不同,不如说是因为利益取向不同。再看房地产市场的调控。我们看到的是政府、开发商和不同需求层次的购买者之间的利益关系。"国六条"出台以后,大家现在都在认真思考政策下来以后怎么办?这不单纯是经济政策,而是关涉到了利益。比如成品油的提价。我个人认为成品油的价格早就应该市场化。迟迟没有市场化,是因为成品油的价格涉及石油公司和炼油厂的利益博弈,涉及炼油厂和终端用户之间的利益博弈。所以说经济改革和经济政策已经超出了经济范畴,而越来越多地涉及社会,涉及利益的调整,涉及收入的再分配。在这样一种情况下,经济政策的最终目标就不光是要实现效率的最大化,现在的经济政策不得不兼顾社会公平。因为这个政策本身已经不单纯是经济的,它同时也是社会的。在这里,我们讲经济政策与效率公平的两重性。在我看来,公平是机会的平等,而不是收入的平等。如果我们按照机会的平等来定义公平,实际上经济政策的效率和公平是可以兼顾的,因为效率和公平在理论上并不互相矛盾。对于这个问题,有一个美国的法学经济学家讲得最为直截了当,他说什么叫公平,效率就是公平。公平的含义并不是说成品油加价之后出租车司机负担多少、老百姓负担多少、出租车公司负担多少、政府负担多少,这永远都不会达成一致意见。如何判断这个政策是否公平?就是要看机会是否平等,程序是否公平,在博弈的过程中各个利益集团是否具有同样的话语权?在政策的制定过程中,是不是打车的老百姓的利益诉求得到了反映,是否出租车司机的利益诉求得到了反映。这就是公平的含义,而不是涨价30%,老百姓和政府各负担多少的问题,单纯谈论一个数字,永远不可能达成协议,所以作为公共政策的制定,要放弃把结果的均等作为目标而要转向程序的公平。

用这个标准来衡量的话,我们发现现在的经济政策陷入了社会公平的多难困境。

在宏观调控中间政府越来越多地使用行政手段,行政手段既造成效率上的损失,而且还带来社会公平性的问题。在行政调控的过程中总是扶持强的、抑制弱的,而强的往往是国有,弱的往往是民营,结果是不少行业的国有垄断程度继续提高。按说宏观调控应该一视同仁,而不能分出身,不能分所有制,而实际上依靠行政手段进行调控的时候就造成扶强抑弱的结局。

另外一个不公平就是对房地产价格的调控。实际上,房地产的价值链是从地方财政到地价,从地价到一级市场,从一级市场到二级市场房价。我们现在政策的注意力全都集中在一级市场和二级市场,地价的居高不下却没有任何措施来解决。解决地价高居不下的最好办法是发展一个公开的透明的土地市场。

另外一个公平性的问题就是监管"俘获"。也就是监管机构没有从社会公众的利益出发,而是成为行业利益集团的代言人。比如在一些省市,在油价提价的方案出来以后,是政府、消费者、司机承担成本,而出租车公司却没有承担成本。

所以,政策的公平并不是体现在结果上,而是体现在政策制定的过程中。有一些政策有失公平是因为弱势群体没有被充分地带动。这里弱势群体的定义并不是按照收入定义的,而是按照话语权定义的。弱在什么地方?弱在它被排斥在公共政策讨论和制定的过程之外,它的利益在这个过程中没有得到充分地反映。所以关于公平性的讨论,我觉得我们要克服长期以来存在中国社会中间的均贫观念,这和市场经济中公平的观念是格格不入的。

在公共政策的制定中,也面临着一个政府决策的转变,在公共政策的制定过程中,政府应该是中立的、超脱的。因为政府在这个利益博弈之间并不是利益的无关方,往往是利益中非常重要的利益相关方,所以由政府裁决、决定利益分配的格局就会出现公平性的问题。因此政府不宜扮演协调利益冲突的角色,政府要从游戏的制定者转变为规则的执行者,而规则的制定由博弈中间的利益各方自己来制定。从这样的角度出发,在制定公共政策的过程中和政策的执行过程中需要独立的监管机构和独立的政策执行机构。

市场经济就是承认每个人、每个利益集团自身的利益,承认他们有权运用各种方式来影响公共政策,但是我们要做的是给不同利益者提供法制框架。

在利益集团发生利益冲突、意见争执不下的时候,我们就特别需要独立的监管机构和独立的政策执行机构。这一次宏观调控,有不少学者就充分感觉到中央银行独立的重要性,没有独立的中央银行就没有独立的货币政策,货币政策必然是被利益集团的博弈所决定的,没有办法根据独立的国民经济的运行情况制定货币政策。而在宏观政策方面这些政策制定机构应该只管总量,而把结构调整任务交给市场。总结起来讲,经过二十多年的经济改革与开放,我们的社会和经济已经发生了巨大的变化,和 1978 年的中国完全不可同日而语,一个最重要的变化就是多元利益主体已经形成,已经不再是计划经济体制下"个人服从集体,集体服从全局"。在市场经济条件下我们尊重每一个人的权力,尊重每一个企业的权力,尊重每一个群体的权力,我们已经进入了利益博弈的"春秋战国时代"。

如何应对这样新的形势? 需要建立协调各方利益的机制,要创建一个平台,使得利益各方能够充分表达自己的诉求。是否可以设想,在成品油提价的时候,请老百姓的代表、石油公司、炼油厂都来讲一讲,所有的利益各方要能够充分表达自己的意愿,表达自己的利益诉求。在这个平台上,还要建立达成妥协的游戏规则。一个社会既然承认所有者的利益,就不能因为利益的冲突不作出决策。你可以对这个决定有不同的意见,但是你必须同意作出这个决定的程序。否则这个社会没办法解决问题。制定规则的程序以及执行规则的程序是需要所有的利益各方、社会各界都认同的。

这样一种机制对我们的传统观念构成了重大的挑战。承认和尊重他人的权力,不求人人满意的结果,只求人人满意的规则。如何在利益冲突之下实现和谐社会,这都是对我们的新的挑战。

这样的规则是保持社会安定,解决利益冲突的最好办法。为了尽快建立起这样的规则,我们需要政府的远见、克服部门的利益,尽快启动政治改革和司法改革,进行制度创新;我们需要知识分子的良知,独立于利益集团。如果他不独立的话，他应该作出足够的信息披露，表明他的利益身份。知识分子还要认真研究问题，对学术、社会和历史负责；我们还需要民众的理性，经济的现代化、社会的现代化离不开观念的现代化。

27 年的改革已经极大地改变了中国的经济基础。我们以市场经济为主体，带有强烈的政府干预的色彩。这样的经济基础向前走到了市场经济，但一大套制度更新的滞后，就是今天众多的经济问题、社会问题的根源所在。而这些制度建设和制度创新如果跟不上，势必会影响经济的进一步发展。在转变经济增长模式的同时，要同时加紧制度的建设，改革一切不适应市场经济的上层建筑，建立起适合市场经济的法律体系，适合市场经济的监管体系，适合市场经济的社会观念，从而实现民族的现代化。

（原载 2006 年 6 月 14 日《财经》）

督导机制是要点

债转股的政策出台后,社会上曾有过一阵乐观情绪,认为银行可以就此甩掉不良资产的包袱,企业可以大幅减轻债务负担就此脱困,存在于我国经济中的金融风险就此化解。事情没有那么简单,我国企业和银行的根本性问题并不是负债过高和资产质量太差的事情,而是所有者未能建立起对管理层的有效督导机制(corporate governance)。债转股的政策如获成功,我们将会看到崭新的企业约束和激励机制;若不能实现预定目标,现已存在于企业和银行中的道德风险问题将会进一步恶化,使以后的国有企业改革和银行改革变得更加困难。

强化出资人对企业的控制

债转股的核心是通过把债权人转变为股东,使债权人有可能对企业进行监管,有可能通过重组负债企业,建立起有效的对管理层的约束和激励机制,彻底改变企业行为。债转股是我国企业改革特别是国有企业改革的一项重要政策,其最终目标既非减轻企业债务负担或帮助国有企业脱困,也不是清理银行坏账,而是强化债权人的地位,强化出资人对企业的控制。换句话讲,建立对企业的有效督导机制是企业摆脱困境的惟一出路,也是改善银行资产质量的根本性措施。

债转股实践中操作的第一步,是由商业银行按账面值将其不良债务,假设为100元,转到资产管理公司名下,资产管理公司承诺日后付给银行100元现金。第二步,资产管理公司将这100元债务转为100股每股面值一元的国有股,然后以股东身份对该企业进行重组,通过改变机制扭亏为盈。第三步,资产管理公司在资本市场上或向战略投资人出售该企业的股份,如果总售价在 100 元以上,资产管理公司即可支付给银行 100 元,银行再用这 100 元偿还储蓄者的存款。如果该企业的股份在市场上卖不到 100 元,比如说只有 70 元,财政部作为资产管理公司的股东必须拿出 30 元,补足 100 元交给商业银行。

由于我国法律规定银行不得持有非金融企业的股份,当企业无法偿还或有意拖欠银行贷款时,银行几乎没有任何强制性手段惩罚企业,或迫使企业偿还欠款。从理论上讲,银行可以诉诸法律或者要求企业破产清盘,从而起码追回部分贷款。然而在实践中,法律体系的不健全,执法效率的低下,使银行感到无法靠法律保护自己的权益。不仅如此,企业和地方政府利用法律上的漏洞,借破产逃债。可以说,不健全的法律体系决定了债转股的必要性。

银行无法强制企业还款造成两方面的严重问题。一方面,企业的"预算软约束"长期得不到纠正,国有企业的经营状况不可能发生根本的转变;另一方面,银行预期企业赖账,干脆拒绝放款,导致惜贷现象。在国内需求疲软的情况下,信贷收缩对于经济增长的作用不言自明。对于债转股,社会上存在着不少误解,若不及时加以澄清,可能会造成严重后果。针对这些误解,需要特别强调以下几点。

1. 债转股绝对不是将银行贷款转变为不必付息、不必还本、资金成本等于零的国家股。实际上,所有者承担的经营风险远远高于债权人,所有者一般不能得到有保障的定期收益,在企业破产时,资产清盘要首先用于清偿债务,所有者只能拿到最后的剩余。这就决定了股东对回报(股息加资产升值)的要求高于债权人对回报(贷款利息)的要求,使用股本资金的成本高于借贷成本,债转股之后,企业的经营压力非但没有减轻,反而比以前更重了。

债转股虽然可以减轻企业的财务负担,但绝不能将债转股视为国有企业脱困的工具。这是因为债转股并没有真正降低而只是暂缓了企业负担,国家可以容忍短期内对国家股的低回报甚至无回报,长期来看,股本回报一定要高于贷款利息。收益与风险对称,股本金成本高于借贷资金成本,这是一个无人能够改变的市场经济学基本原理,忽视乃至违反这个原理都必将会受到市场的惩罚。

2. 债转股绝对不是一次债务大报销。要防止企业一哄而起,借债转股逃债的倾向发生。企业应该认识到,它们所欠债务,看上去是银行资产,实际上是储蓄者即老百姓的钱。由于国家对银行储蓄存款承担了隐性的保险义务,坏账可以核销,但老百姓的存款一分钱也核销不掉。债转股仅仅将支付储蓄者本息的责任从国有商业银行转到了财政部,国家如果不能获得起码像存款利息那样高的股本回报,就不能履行它对储蓄者的承诺,国家信用扫地,债转股在很大程度上也就失去了意义。

3. 资产管理公司没有化腐朽为神奇的力量,财政部也没有点石成金的手指。如果国家股不能保值增值,在市场上卖不到 100 元,财政部必须发行新国债,以弥补不足。虽然国家目前的负债总量尚在国际公认的警戒线之下,如果将隐含的负债,例如对社会保障的欠账包括在内,新债发行并没有太大的空间。

4. 企业陷入困境的根本原因不是负债过重而是僵化的经营和管理机制。如果不彻底改革旧的机制,债务积累和经营困难的再次发生就不可避免。在这方面,清理三角债的经验是一个很好的证明。国家曾投入大量资金清理企业债务,短短几年之后,企业债务问题再次出现而且更加严重。事实已经证明单纯的清理债务而不改变企业的行为不能解决问题,企业还是我行我素,只管借钱,不管资金使用效果。若想改变企业的行为,建立有效的督导机制是惟一的办法。

何谓督导机制？督导机制是所有者(国家、集体或个人)作出的一种制度安排,使得企业的管理人员受到制度的约束以及在自身利益的诱导之下,被动地或主动地为所有者的利益而积极工作。企业债务的积累,除了历史的和政策上的原因,主要是企业不问投资效益,无节制、不受约束地盲目扩张所造成的。如何通过债转股建立起对企业的督导机制,从而彻底铲除债务危机的根源,债转股的操作主体资产管理公司本身的设计和运作就成为关键。毕竟,资产管理公司也是一个企业,它也面临怎样建立督导机制的问题。

资产管理公司：RTC 还是持久战？

目前我国金融界对资产管理公司的目的和运作方式存在着分歧,在理想状态下,资产管理公司应当是一种过渡性机构,应设法将自己手中由债务转变而来的股权尽快在资本市场上出售或卖给战略投资人。我们的看法是资产管理公司可能会长期存在,对债转股的最终结果承担责任,成为常设性机构。在中国目前条件下,资产管理公司的操作模式恐怕不是美国的重组信托公司(RTC),而是新加坡政府的资产管理公司或国有投资公司。换句话讲,我国资产管理公司的经营目标应该设定在国有资产的长期增值上,而不是尽快处理国有银行的不良债务。之所以得出这个结论,直接的原因是资产管理公司有限的套现手段。

RTC 在美国成功的前提条件之一是发达的资本市场以及大量成熟的机构投资人,中国尚不具备这些条件,想学 RTC 也学不了。我国沪深两地 A 股公司的市价总值目前约为 28000 亿元,其中只有三分之一可以流通。1997 年、1998 年和 1999 年前 7 个月新上市公司募集资金总量分别是 700 亿、432 亿和 397 亿元,而需要处理的银行不良债务估计起码有 12000 亿,即使按十年分摊,股市恐怕也无法承担。即使股市有足够的容量,我国股市投资者的结构决定了资产管理公司几乎不可能在资本市场上迅速脱手套现。国内 A 股市场以散户为主体,缺乏机构投资者,散户没有进行研究、判断风险的能力,因受财力制约,承担风险的能力也十分有限,很难设想如何将上万亿的银行不良资产卖给上千万的散户。

更为令人忧虑的是当企业上市变成 A 股公司后,能否有一个很好的督导机制,无论从理论上分析还是从现有 A 股上市公司的表现看,都不能说没有问题。上市公司亏损面不断扩大,效益不断下降,使人们感到 A 股公司似乎并没有转变为现代企业,仍然带有浓重的国有企业色彩。如果真是如此,即使 A 股市场有很大的承受能力,也不宜将资产管理公司握有的股份在国内资本市场上出售,因为债转股的终极目标,如前所述,是要建立起对国有企业的有效督导机制。

除了资本市场之外,资产管理公司还有另外两个途径变现由债务转成的国有股:卖给国内外的战略投资人和企业回购。1997 年国外在华直接投资达到历史最高水平的 450 亿美元,折算成人民币约为 3700 亿,数字本身不算小,但外国投资者会拿出多少钱来,在什么价位上购买中国的银行不良资产是个很大的未知数。在亚洲金融危机中,泰国拍卖过破产的财务公司,100 元的不良资产只卖了不到 20 元,罗马尼亚试图向外国投资者出售坏账累累的国有银行,却无人问津。对资产管理公司来讲,将这些国有股卖给国内战略投资者可能是更为现实的退出方法,但它的前提条件是要有一个发达的收购与兼并市场和成熟的金融中介机构如投资银行。

企业回购或由企业的母公司买回资产管理公司手中的股份是第三个退出通道,这就要求资产管理公司长期持有这部分股份,以股东的身份改组企业,建立新型的经营管理机制,使企业扭亏为盈,只有这样,企业才能具有回购的能力。资产管理公司因此可能成为国有资产的长期管理者,而不像开始时所设想的那样,在十年左右的时间内完成清理银行不良资产的使命。

资产管理公司的运作

资产管理公司面临两大任务,一是通过债转股的实施落实所有者对企业的控制,建立公司督导机制,二是清理商业银行的不良债务,两方面工作的着眼点均为减少和防止道德风险。所谓道德风险是指当行为的主体不必对其行为产生的负面效果负责时,这个行为主体会变本加厉,造成更大的伤害。假如杀人不必偿命,可能会有更多的杀人案发生,这就是经济学里的道德风险。如果债转股仅仅作为减轻企业负担的措施,企业预期将来还不了债时,国家还会再搞一次债转股,企业会继续借债而不问资金使用效果。另外,倘若资产管理公司轻易地将银行的不良债务接受下来,就会给银行送去一个错误的信号,银行放款时可能会更加漫不经心,反正将来出了坏账,甩给资产管理公司了事,结果导致产生更多的坏账。

为了控制这两方面的道德风险,资产管理公司必须以股东身份对企业进行彻底的改组,更换企业的主要领导人,并对新的管理班子约法三章,明确奖惩措施。同时,资产管理公司也必须追究造成不良贷款银行工作人员的责任,属于刑事犯罪的,交司法机关处理;属于玩忽职守者,撤职查办;仅对不可控因素造成的呆坏账给予核销。

资产管理公司有无能力承担如此重任?我们的回答是肯定的,关键在于资产管理公司自身督导机制的设计和操作。

首先,国家需要确立资产管理公司(以下简称公司)是追求利润最大化的、独立运作的商业性实体而不是政策性机构。公司的利润为贷款回收金额减去成本,在利润最大化的驱动下,公司将会尽其所能回收贷款。对于确实无法回收,但已查明原因的坏账,国家可考虑计入公司的收入。债转股部分,只有套现之后,才能算作收益。

公司的独立性表现在管理人员脱离和原所属商业银行的关系,甚至脱离公务员系列,和公司单独签订雇佣合同,将个人的报酬与回收及查清的贷款数量直接挂钩。如果公司管理人员和原来所属的商业银行藕断丝连,有可能会对呆坏账的清理采取宽容的态度,从而增加银行的道德风险。公司对企业的上级主管单位,例如国家部委或地方政府,更要保持独立,真正行使股东的权利,特别是在企业高级管理人员的任免问题上。公司若屈从政府部门的压力,软化在企业重组上的立场,企业方面的道德风险就有可能上升。

在债转股之后,资产管理公司将成为众多企业的股权人,这些企业分布在众多的行业中,受自身人力、物力和知识结构所限,资产管理公司不可能过问所有企业的日常经营活动,但这并不意味着资产管理公司对企业经营活动无所作为。公司要建立对企业的督导机制,依靠有效的督导机制而不是在细节上的参与来管理企业。

国有企业效益低下是中国经济的痼疾,国有企业的亏损初期表现在巨额的财政补贴上,后来转变为上万亿的银行不良贷款,造成银行资产质量不断恶化,并逐渐发展到有可能将银行拖垮的地步。政府现在推出债转股的政策,希望通过执行这一政策,防止银行危机,缓解国有企业高负债的压力。债转股是政府手中剩下的为数不多的手段之一,如果不能实现预期目标,后果难以设想。资产管理公司可以从银行手中接过来大量的不良资产,但若不能将这些呆坏账追回,对国家来讲,记在国有银行账上和记在资产管理公司账上是一回事,因为资产管理公司的股东是财政部,风险仍由国家承担。资产管理公司也可以将大量的不良债务转为国家股,但如果不能使这些国家股产生效益,记为国有银行的债权还是资产管理公司的股权并无实质区别,资产管理公司若无法向银行支付购买银行不良资产的现金,银行也就无法应付老百姓的提存,发生挤兑时,仍然要国家出面解决问题,或者财政出钱,或者中央银行增发货币,政府仍然是风险的最终承担者。

若想最大限度地回收呆坏账以及使债务转成的国有股产生效益,除了建立有效的对国有企业的督导机制,别无出路。这就是本文的结论。

(原载 1999 年 12 月《资本市场》)

若无土壤，何以植树？

——发展科技产业的必要条件

纳斯达克指数一路上扬，"美国在线"买下老牌媒体娱乐公司"时代华纳"，网络公司如雨后春笋，"新经济"在美国突然出现，一个全新的科技时代似乎终于在世纪之交降临，海内外为此兴奋不已，各种题材炒得沸沸扬扬。究竟应该如何看待和分析这一新现象，如何采取应对措施，是每一个学者、商业人士和政策制定者都必须面对的问题。忽视新科技给人类生产和生活带来的冲击，我们将会坐失良机，再次落后于潮流。但如果盲从冒进，则有可能将大量的宝贵资源投入不能产生经济效益的领域，仍然无法在激烈的国际竞争中取得立足之地。

我们在这里讨论的问题不是如何开发"两弹一星"那样的单项技术，而是一个产业，一个以科技为带动经济增长的手段的新型产业。以这个标准衡量，世界上能够成功的国家，如果存在的话，只有一个，那就是美国。科技在西欧诸国并未形成一个强大的产业，在亚洲，科技也没有使日本经济摆脱长达十年的准萧条。为什么会出现这种局面？科技成为经济增长的火车头究竟需要什么条件？我们在下面就这些问题做一初步的考察，给热火朝天的科技浪潮掺入少许冷却剂和镇静剂。

我们的基本结论是：发展科技不是一个单纯的科学技术问题，甚至不是一个融资的问题，它要求完备的法律保护、有效的激励机制、创新的文化以及具有敏锐商业眼光的科技人才。在中国发展科技产业，当务之急既非二板市场，也不是政府规划，而是创造良好的法律、经济和社会文化环境。

条件之一：法律保护

没有对知识产权有效的法律保护，就没有科技投资，也就没有新型科技产业。设想"微软"耗时若干年投入上亿资金开发出新一代操作系统，如果在推出后的第二天，人们就可以在街上以五分之一甚至十分之一的价格买到盗版，"微软"的前期投资将无法收回。在一个法制不完善、执法力度低下的环境中，"微软"不可能投资开发新一代系统。为什么世界知名软件公司对在中国大陆、香港特区投资犹犹豫豫，就是因为那里遍地的盗版光盘和假冒产品将政府信誓旦旦的保证打得粉碎。

印度之所以成为世界软件制作王国，除了大量训练有素且成本较低的软件编制人员外，英国人建立并着力维护的法律系统是一项不可或缺的无形资产。如果在印度翻版成风，谁敢将软件开发出来交给他们去做？科技在法制根基深厚的美国兴起，并非纯属历史偶然。相比之下，中国自汉朝以来就没有法治的习惯，虽然在 1999 年的人民代表大会上将以法治国写进了宪法，但把中国真正建成一个法治国家，还有相当长的路要走。在法制不健全的情况下，大规模的科技投资恐怕很难获得预期的经济效益。

对于知识产权的尊重和保护不仅关系到风险投资的回收与回报，而且是建立有效激励机制的基础。没有明晰的产权，创业者就无法预知成功之后可以获得多少好处，也就不会有冒巨大商业风险的积极性。这就引出了我们要讲的第二个条件：激励机制。

条件之二：激励机制

当代科技的特点是高风险高回报，为了鼓励人们冒险，必须有一套制度保证创业者成功之后能得到丰厚的回报。高科技企业的风险是显而易见的。据统计，自 1995 年以来在纳斯达克上市的网络公司中，目前有三分之二的股价低于发行价，亏损者俯拾皆是。

在高风险的环境中，没有重赏，何来勇夫？纳斯达克市场于是成为激励机制中的重要环节。一项新技术或新产品，甚至一个新的概念一旦被市场接受，创业者和风险投资家可以获得几十倍甚至上百倍的回报。对于这个问题，国内的认识相当混乱，误以为上市是高科技公司的主要融资渠道。

我们认为，纳斯达克市场最重要的功能在于，它提供了强有力的激励机制，它的融资功能仅仅是第二位的。下面我们将要提到，实际上，现代科技企业所具有的特点决定了公司不宜以发行股票作为经常性的融资手段。不仅如此，股市融资的弊端还在于，当股票市盈率过高时，也就是市场中有泡沫时，大批质量平平或业绩低下的公司会蜂拥上市，造成鱼龙混杂，泥沙俱下，最后蒙受损失的，还是投资者，特别是中小投资人。股市的这些局限，使风险基金成为高科技企业的重要资金来源。

条件之三：融资体系

美国科技企业之所以获得成功，原因之一是具有一个三层次的完整融资体系，即个人资本、风险基金和公开资本市场。在这三个层次中，风险基金发挥着承上启下的关键作用。优秀的美国高科技公司如英特尔和惠普都经历了创业者和风险基金投资家密切合作、共同培育、发展企业的阶段，这并不是一个偶然现象。然而，最近风险基金培育的阶段有越来越缩短的趋势，有些公司实际上已经越过这一阶段，直接上市，这就使人们不得不对它们的上市动机和公司的质量发生怀疑，不能排除新一轮"圈钱运动"的可能性。

众所周知，融资的核心问题是信息，资金配置的效率取决于信息披露的程度和投资者对信息的吸收理解程度。创立初期的科技企业一般规模都比较小，但数量众多，这个特点决定了银行不可能成为科技企业的主要融资机构。如果银行对每个小企业都要做一番研究，就没有规模经济，收集处理信息的成本会远远高于只有几个百分点的利息收入。除此之外，对银行来讲，理想的贷款对象是具有稳定现金流、能够按时支付贷款利息和本金的客户，而科技企业的现金流波动极大，处于产品开发时期的现金流往往是负的，只是在一项新产品推出之后，才有大量的收入进账。银行每天都要应付储蓄者的提款需求，不可能等上几年，待科技公司有了钱之后再回收贷款。在经济和科技较为发达的日本，科技未能形成一个有规模的产业，长期以来过分依赖银行融资不能不说是一个重要的原因。

基于同样的道理，股市也很难满足众多小型科技企业的融资需求。投资者为了降低风险，提高回报，一定要收集关于上市公司的信息，认真研究它们的业绩。给定投资总额，比如说一百万，上市公司越小，需要分别研究的上市公司数量就越大，单位投资的信息收集及处理成本就越高。为什么世界上所有的证券交易所都对上市公司的规模有严格的要求，为什么上市公司基本上都是知名大公司，为什么要通过风险基金将科技企业做大后再上市，其背后的道理就在于降低单位投资的信息成本，也就是提高融资效率。美国有几十万家企业，上市的不过数千，能够利用股市作为经常性融资工具的，别说科技企业，就一般企业而论，也是少数中的少数。

人们认识到科技企业融资的特点，试图以推广二板市场来解决问题，但二板和主板的区别并不在于上市公司的性质，而是上市标准和上市后的信息披露。二板以降低标准来迎合科技公司并非没有代价，随着上市公司质量的下降，信息披露的欠缺使投资风险增加，这些都会导致二级市场上交易量的萎缩，给一级市场上的发行造成困难。当交易量低到一定程度时，二板市场实际已失去融资功能。世界上的二板市场除纳斯达克外鲜有活跃者，问题就在于上市公司的质量和信息披露的程度。我国的主板在这两方面的工作亟待改进，如果匆匆忙忙推出二板，后果令人担忧。

与银行及股市相比，风险基金的优势是专业化、小型化、内部人化和本地化，可以大大降低信息收集和处理的成本。很多风险投资家本人以前就经营过科技企业，他们由于与企业家有业务及社交往来和地理位置的便利，对这些科技企业从诞生的第一天起就相当了解，投资于企业后，风险投资家自动成为董事会成员，不仅掌握信息更加方便，而且还可以起到咨询和监控的作用，为风险基金以较低的风险获取较高的投资回报又加了一道保险。"美国在线"一直在向科技创业公司投资，实际上具有了科技公司和风险基金的双重身份。仔细观察美国加州的风险基金，它们的投资大多在加州境内，获取信息和了解管理人员都比较方便。这些现象说明了信息是决定融资手段的最重要因素，说明了为什么风险基金会成为科技企业的主要融资方式。需要指出的是，我国目前由各级政府出面设立科技基金的做法并不妥当，也无此必要。政府在信息的收集和处理方面比民间没有多大优势，由于用的是国家的钱,基金管理人的利益不在投资项目的回报,官办基金的项目选择和风险控制都会成为很大的问题,一步不慎就可能酿成金融大案。既然国家已经明确要逐渐退出竞争性行业,为什么现在又要进入科技这样的高度竞争工业?我们猜测,人们可能受 20 世纪五六十年代"两弹一星"科学攻关的影响太深。实际上,当今的科技在性质上与"两弹一星"根本不同。"两弹一星"事关国家安全,属于公共产品,具有极高的社会价值,但没有什么直接的商业价值,也就是没有投资回报。这样的产品,只能由国家来搞。现在的高科技则不然,它具有很大的商业价值,属于私人产品,却不具备"两弹一星"那样的直接社会价值。对于这些产品的开发、生产、流通与消费,市场是最有效的配置机制,国家没有必要插手。当然,对于关键性的基础技术和涉及行业标准的技术,仍要由政府部门统一安排,但这时的资金渠道是正常的财政预算,而不是官办的科技基金。

世界各国之中,只有美国在实践中逐渐形成了这种个人资本—风险基金—公开资本市场三个层次的融资体系。除了融资手段上的优势之外,美国成为科技大国,还得益于它不断创新的社会文化。

条件之四:创新意识

当今科技商业成果大多来自于美国,每年的诺贝尔奖亦有相当数量落入美国人囊中。美国经济发达,科研经费充足是个原因,但并不是充分条件。日本在科研上的投资也相当多,为什么没有产生很多成果,在主要技术的发明上仍依赖美国?西方文化讲究创新,东方文化则强调继承,工业革命以及现代信息技术革命之所以发端于西方,有着社会文化方面的重要原因。受传统文化和教育的影响,中国人学习模仿能力甚强,但开拓创新能力严重不足,特别是在商业性的开发方面远远落在西方后面。中国人发明了火药,用来放烟火,洋人却用它开山修路,开枪放炮。一场鸦片战争,将火药的发明者打得落花流水。中国人发明了罗盘,用它来看风水,洋人却用它导航,将炮舰驶入罗盘发明者的内河。

现代科技的商业性开发并不需要爱因斯坦那样的大家,而是比尔·盖茨式的人物。虽然在科学技术上并不怎么高深,但这样的人物具有极为敏锐的商业眼光,能够从科技、商业、市场、金融各方面综合地考虑问题。看看我们现在的中学和大学教育就知道,这样的人才即使可以培养出来,也是凤毛麟角。社会文化以及人才和经济的不配套,不只中国,整个东方都为其所苦,都面临着新的挑战。日本、中国台湾省、新加坡的执科技产业牛耳者,几乎全部是在美国受过教育的亚洲人,亚洲的本土气候似乎反而不利于盖茨式创业者生长。对于"两弹一星"那样的单项技术,我们可以引进若干海外专家,攻关开发。在中国这样一个大国中发展现代科技产业,需要成千上万个科技创业者、成千上万个风险投资家,完全依靠从外国引进,显然是不现实的。

发展我国高科技之路

以上讨论的政策含义不言自喻,发展我国高科技产业的根本性措施是深化改革和加强制度建设。法制方面,对知识产权的保护要具体化,加强对侵权行为的打击,加强对公众的宣传,彻底打破"秀才窃书不算偷"的传统观念。

有关投融资的法规应尽快颁发,在规范的基础上开放民间融资渠道,允许设立民间风险基金,保护投资者的合法权益,但政府不能保证投资回报,对投资的失败或基金的倒闭不承担任何救援的义务,以此提升民间投资者的风险意识,加强自我约束和风险控制。目前,政府有关部门对于开放民间融资犹豫不决,似乎主要是担心金融诈骗和民间基金亏损引起的社会效应,这种担心虽有道理,却无必要,政府实际上潜意识或不自觉地将自己的角色定义为保证投资回报,仍在遵循投资亏损——百姓闹事——政府解决问题的公式思考问题。投资是个人的商业行为,政府不应该把自己套进去,承担它不应承担的责任。政府的作用是保证游戏规则的公正性和游戏的透明度,相信市场会教育每一个投资者,相信市场会实现投资风险和回报之间的均衡。

二板市场并非十万火急,如果一定要做,可以降低上市门槛值,但不能降低对公司质量的要求,特别是对盈利的要求。应该意识到,在公开市场上,分散的小股东对上市公司的监控力度远远低于风险投资基金对所投资企业的监控力度,若无股东的有效督导,很可能形成内部人控制的局面。从建立公司治理机制的角度看问题,我们认为民间风险基金优于二板市场,能够更有力地促进科技企业的创立和成长。

制度建设、投融资体制改革、教育改革、文化社会意识的更新,都不是短时间内可以完成的事。中国科技产业的发展无法采取"大跃进"的方式,而只能是新的长征,一步一个脚印,扎扎实实地走下去,从最基本的概念做起,从基础设施做起。

(原载 2000 年 8 月《国际经济评论》)

企业为什么不研发？

中国企业为什么不重视研发？曾借在商学院授课的机会向来自企业的学员讨教。

民营企业家的解释是："我们做研发投入很大，如果失败，投资收不回来；即使成功，投资也收不回来，新产品和新技术投放市场，不久就被仿制，冒牌货价格低，我们没法竞争。"民营企业的另一顾虑是未来的不确定性，"将来的事情说不清，趁这两年经济好，赶紧赚些钱，谁做长期打算？"

民营企业行为短期化，国有企业也是如此，尽管原因有所不同。国有企业的高级主管由政府任命，任期三到五年，有长有短，但一般不会跨越重大技术的研发周期。作为理性经济人，企业负责人的目标函数是最大化自己的提升机会，为此需要业绩特别是短期业绩的烘托。如果一项技术的开发历经十载，待到成功之时，却已错过调动升迁之日，哪怕这技术为企业为国家产生再大的效益，在国有企业主管眼中，恐怕也不比年终考评指标重要。

无论国有还是民营，没有研发的激励，自然不会去做研发。而要想促进研发，首先要给企业以研发的激励。

研发激励之难，在于风险和收益的不对称。从事科技研究的个人或企业必须付出大量的前期投入，未来的收益是否足以回收投资却充满着不确定性。新产品、新技术能否为市场所接受，接受程度如何？是否会被抄袭而使新产品的生产厂家失去定价的能力？定价能力的丧失意味着销售收入低于预期，而研发投资若不能带来商业利润，个人或企业就缺乏研发的积极性。另一方而，科学技术又具有很高的社会效益，私人部门的激励不足导致研发活动低于社会所希望的最优水平。

为了弥补私人部门研发的不足，有人提出由政府主持研发，以克服研发领域中的"市场失效"。由于我们这里讲的研发不是载人飞船那样的国家项目，而是以盈利为目标的商业性活动，政府从事研发也存在着激励问题。

首先，科技开发项目的成败与政府主管人员的利益无关，政府官员的积极性从哪里来？其次，政府官员不具备商业经验，在项目选择、管理以及成果应用方面不可能比企业界人士更高明。第三，政府也不像每天在市场中摸爬滚打的企业那样拥有充分的市场信息，无法对项目的商业潜力做出较为准确的判断。如果换一种模式，由政府安排资金，民间企业竞标研发项目，研发的效率可能会提高一些，但政府在项目的甄选上，仍然绕不过激励、经验和信息方面的问题。

理论与实践都说明研发的主体必须是企业或个人。那么，如何使企业具有足够的研发激励？答案是制度改革与制度建设。为了提高企业的研发积极性，产权保护特别是知识产权的保护至关重要。只有杜绝了抄袭、冒牌和非法仿制，专利的所有者在市场上才能保持定价的能力，而只有相对高的价格和利润空间，才能补偿企业或个人所承担的前期投入和失败的风险，才能诱导他们持续地投资于研发。

诺贝尔经济学奖得主诺斯在研究西欧经济史时发现，有效的产权保护提高了研发的投资回报，刺激了系统性的、商业化的可持续的研发活动。工业革命的实质不是单纯的技术，而是制度和技术的相互影响，是制度在技术转化为生产效率过程中所发挥的决定性作用。

以此分析中国的情况，可以看出，加强对民营企业家的产权保护具有双重意义：一是提高研发投资的回报，二是降低产权的未来不确定性，从而引导他们从追逐短期利润转变到培养企业的长期核心竞争力。

知识产权的保护对国有企业具有同样的作用，但仅有这些并不够，国企高层主管的选聘还必须市场化。国家干部或公务员出身的国企高管与职业经理人不同，他们在意的不是市场的评价，而是上级政府主管部门满意与否。政府部门的非商业倾向决定了国有企业的研发激励弱于民营企业，为了提高中国企业作为一个整体的研发积极性，有必要继续降低国有部门在中国经济中的比重。

以上分析对政府职能定位的含义是不言而喻的。政府的作用主要在市场之外，商业性研发项目的选择、资金的筹措与使用、项目的管理以及新技术的应用都应是政府管的事。除了航天等少数非商业性科学技术攻关,政府应集中精力于制度建设,特别是专利制度和产权保护。

有了牢固的制度基础,以及制度所提供的强有力的激励,市场中的企业和个人推广了计算机和互联网的应用,将我们带入了信息时代;有了良好的制度,市场中的企业和个人也一定能够实现技术的自主开发。

(原载 2006 年 1 月 9 日《财经》)

金融中心不是规划出来的

从历史中寻找借鉴,这是经济学研究中的一个新趋势。过去我们大家都知道研究经济学理论,一个理论提出来以后,你可以去收集数据,可以去做统计学上的检验,验证理论是不是正确。做制度研究虽然没有数据,但通过历史事件的研究可以揭示制度演变过程中的一些规律。

伦敦作为世界金融中心,实际上源自"光荣革命",国债市场的发展、私人债券市场的发展使英国成为世界的金融中心。纽约怎样成为世界的金融中心的呢? 我请教了耶鲁大学罗波特·席勒教授。他说纽约做成金融中心其实很偶然,他的回答令我沮丧,我们这边做了不知道多少规划,到现在金融中心最多也只是初具规模。席勒教授说,纽约州是美国首先允许注册有限责任公司的,纽约成为金融中心就是从这开始的。在这之前,都是无限责任公司,也就是说出资人必须用自己所有的财产来对债务进行担保。这样对出资人的伤害非常大,一个决策失误,出资人就可能倾家荡产。而有限责任公司,出资人仅仅用出资的那部分来对债务承担责任,一个公司出事的话不至于老婆孩子没地方住,不至于吃了上顿没下顿。这样就有大量的公司跑到纽约来注册。很自然,公司融资方面的服务就跟过来了,因此纽约首先成为北美的金融中心。不光是纽约,伦敦刚开始是一个债券中心,后来他们发现纽约搞得很红火,问一下是怎么回事,就也跟着纽约学习,允许开设有限责任公司,所以伦敦的股票市场是在纽约之后才发展起来的。从这段历史,我们看到的是:法律造就金融中心,而不是政府造就金融中心。

那么做成金融中心需要什么条件?

金融中心不一定是经济中心,香港就不是经济中心。金融中心不必是交通中心，瑞士就不是交通中心，瑞士大家都知道，在阿尔卑斯山上，交通非常不方便。金融中心也不必是政治中心，纽约就不是政治中心，美国的政治中心是华盛顿。金融中心的必要条件是什么？是对出资人的有效法律保护和对市场的严格监管，这个是必要条件。如果我们真想把一个城市建成金融中心，那么我们就要在这方面下功夫。我已经多次说过，金融中心不是政府规划出来的。那么政府做什么？政府做制度建设，做制度的改革，做制度的维护。

我们的制度非常落后，我们的制度非常虚弱，我们有大量的工作要做，在这些制度到位之前，金融不可能超常发展。

（原载 2004 年 4 月《远东经济画报》）

中国如何造就世界级的金融机构

——在第三届中国国际金融论坛上的演讲

谢谢大会的主持者。给我的题目是：如何造就世界级的金融机构。我想谈几个观点。一个世界级的金融机构需要内部条件和外部条件。就外部条件来说，我想讲的是，一个世界级的金融企业，一定是在国际化的市场上产生的，一定是在国际竞争中产生的。这是它所需要的外部条件。在一个封闭的区域性的市场中，是不可能产生出世界级的金融机构的。这一点从定义来讲，就已经非常清楚了。只有在世界市场上，在国际市场上参与竞争，才能够涌现出属于中国的世界级金融企业。

我们国家的金融机构目前还处于发展的过程中，还很难找到一个可以说明问题的案例。我们可以看一下中国的制造业。中国的制造业相对而言，是比较发达的部门，其中，我们已经看到了一些世界级企业的端倪和苗头。

比如说在世界级企业里，我们看到了联想。联想怎么样产生出来的，联想怎么样把公司做到有收购 IBM 的实力，具有在全球市场上竞争的实力，来源就在于一个开放、充分竞争的市场。如果没有 IBM 进入中国，没有戴尔进入中国，就不会有联想的今天。我们可以看看通讯设备领域。通讯设备制造商，我们国内有华为，有中兴，这样的公司现在也具备了在世界舞台上参与竞争的实力。这些公司是怎么样产生出来的，同样是在一个开放的市场上和思科、朗迅这样的公司，和这样世界级的设备制造商竞争，才涌现出来的。这些企业正在从本土市场走向国际市场，成为国际市场上领先的国外企业所不可忽视的一个竞争对手。

所以，要造就世界级的金融机构，一定要有一个开放和充分竞争的市场。国内市场也罢，国外市场也罢。国内市场也应该是开放的，也应该是充分竞争的。如果没有竞争，企业就不会有创新的动力。而企业的竞争力，在现代经济中就表现在创新力上，而创新力正是在压力的推动下才能获得动力。

所以，我想讲的第一个观点，就是要想造就中国的世界级金融机构，我们一定要有一个开放和竞争的市场。这是世界级企业能够涌现出来，能够不断地保持活力的一个非常重要的外部条件。世界级的金融机构能够诞生和成长，也需要一系列的内部条件。这些内部条件非常多。我只拣几条我认为比较重要的来说明。

首先来说，这些金融机构的股东应该是追求利润最大化的。它的股东不是追求就业、社会稳定等非商业目标，而是把全部精力、全部资源投入到追求利润最大化，投入到为股东创造价值。这是对股东的要求。只有在公司价值的最大化的目标下，在公司利润最大化的目标下，董事会才会有动力去建立一个良好的公司治理机制。

因此世界级的金融企业一定要有非常好的、非常有效的公司治理机制。如果没有有效的公司治理机制，形成内部控制，这样的企业是没有办法成长为世界级的金融机构的。这样的教训，我们在国内已经看到很多，我在这里就不一一提了。

第三个内部条件，是这些企业一定要有国际事业的管理层。因为大会组织者给我们的题目是世界级的金融机构。如果它的管理层没有国际视野，那就不能打造世界级的金融机构。

第四个条件，就是市场化的薪酬制度和激励制度，这几个内部条件有一定的关系。

比如说市场化的薪酬制度和激励制度，是公司内部的建造的条件。股东只有追求利润最大化，才会注意去寻找具有国际视野的金融管理人才来经营企业。所以这一些内部的条件，彼此之间存在一些逻辑上的联系。

当然了，要造就一个世界级的金融企业，所需的条件还不止这些。根据这些内部条件来进行判断，我们几乎马上就可以得出一个推论，即世界级的金融企业，中国的世界级的金融企业，很难在国有金融机构中产生。也不能说不可能，也许我们会创造一个中国奇迹，但是我们在国际市场上所看到的,居于领先地位的,无论是商业银行,还是证券公司,或者说保险公司,无一例外,都是私人企业。我们还没有看到一家国有的金融机构能够在世界舞台上竞争,能够保持领先的地位,原因在什么地方呢,就在于我们刚才讲的那些内部所需要的条件,对于国有企业来说,是非常难以满足的。

国有企业因为股东是政府,所以它很难以追求完全利润最大化来作为竞争目标,而不得不兼顾政府的就业稳定的目标。在国有控股的情况下,建立良好的公司治理机制也比较困难。国有企业中的管理层和员工都要根据国家所规定的公务员的薪酬来领取工资。完全按照市场化的操作来确定员工的薪酬和激励机制,也是比较困难的,所以这些条件决定了世界级的金融机构很难从国有企业中产生。

那么如何造就我国的世界级的金融机构?那就需要解除市场的管制,允许民营资本进入各个领域。刚才,我们提到可能成为世界级的公司,比如说联想、华为等等,最起码从股权来说,都不是由国家控股的公司,有大量的民营经济在里面。所以,要开放金融市场,对外资、对内资,继续开放金融市场,大量发展多种形式金融机构,相信在竞争中,将涌现出中国金融界的联想,中国金融界的华为。我们应该对自己有信心,我们不怕竞争,我们相信中国人的聪明才智,相信我们能够在与外资机构的竞争中胜出,自己要有自信。

最后,想讲一下在政策层面上可以做一些什么。那就是继续坚持改革开放,包括金融界的开放,包括金融市场的开放,改革主要是在金融机构的改革,继续推行金融机构的改革。过去的一段时间里,我们把大型的国有银行拿到海外去上市,这只是国有银行改革的第一步,而不是最后一步,应该以上市为起点而不是终点,来继续推动银行的改革,证券业、保险业也应该继续地进行改革。只有改革与开放,才能够造就中国世界级的金融机构;只有改革与开放,才能够带来中国金融业和金融市场的繁荣。谢谢大家!

(2006 年 9 月 1 日在"第三届中国国际金融论坛"上的演讲)

以制度改革促进基金业的发展

过去的十年中,我国基金业从无到有,不断发展壮大,为改善投资者结构,培育理性投资理念,稳定市场作出了应有的贡献。

基金业的发展离不开资本市场的发展,而资本市场的发展归根结底要服务实体经济,为实体经济创造稳定、低成本和可持续的融资渠道,有效地配置资金,促进实体经济的发展,并在实体经济效率不断提高的基础上,通过公司盈利的增长,为投资者带来满意的回报。

有效配置资金要求价格与价值基本相符,也就是市场应该准确地为资产定价,而低成本融资则要求降低市场的波动性。我国基金业的未来发展也应以准确定价和降低波动性为终极目标。

尽管过去十年我们取得了显著的进步,但从这两条标准来判断,我国基金业与西方还存在着相当大的差距,具体表现是价值投资理念薄弱,投资方法、投资风格甚至持仓的严重趋同,违规违法行为时有所闻。

如果机构不能坚持价值投资理念,随同散户卷入概念炒作和消息驱动的浪潮中,价格就会偏离价值更远,资金错配的现象就更加严重,实体经济的效率下降,上市公司的盈利增长放慢,最终将伤害包括散户在内的投资者的利益。放弃价值投资理念的另一后果是风险的不断上升,无论用什么指标衡量,市盈率、市净率,还是内在价值来衡量,我国资本市场上的非理性繁荣已是不争的事实,市场风险已超过了当年日本和我国台湾的泡沫高峰期。

基金的同质化则极有可能放大而不是减少了市场的波动,买的时候一起买,卖的时候一起卖;看好的一拥而上,看淡的无人问津;不怕看不准,就怕跑得慢。基金的名称虽然各不相同,有成长、价值、稳健、收益、主题,实际上千人一面,投资风格与特点都随着市场形势的变化而变化。

制度环境决定机构的行为,偏离基本面投资和同质化的根本原因是我国资本市场的制度性缺陷。制度性缺陷之首是政府对市场的管制,基金经常作为调节指数的手段,在"窗口指导下"统一行动,结果非但没有稳定市场,反而增加了市场的波动性。

制度性缺陷之二是发行的审批制,产品上市必须符合监管当局的统一要求,而不是根据投资者的多样化需求而制造,行政管理下的产品发行不仅使基金失去自己的特点,而且抑制了市场竞争,令优者不能胜出,劣者免于被淘汰,造成基金不但在风格上而且质量上的趋同。

制度性缺陷之三是对管理费的管制,这一制度决定了基金的盈利模式,规模最大化而不是长期回报最大化就成为所有基金追求的目标,基金追逐市场潮流、脱离基本面等等短期行为都与规模最大化和发行的行政审批有关。

制度性缺陷之四是超短期的业绩评价体系,年度排名已落伍,现在要争季度甚至月度排名,而短期业绩排名挂帅的根子仍然在于规模最大化;换句话说,仍然在于对产品发行和费用的管制。

如果上述分析成立的话,发展我国基金业的政策就不言自明,那就是坚定地推动市场化的制度改革。首先,政府需要放弃对指数的调控,给基金以完全的经营和操作自由。第二,取消基金以及产品发行的审批制,通过市场竞争造就多样化的基金公司,给投资者更多的选择,以多样化而不是步调一致来稳定市场。第三,逐步放松和解除对管理费的管制,改变盈利模式,使基金在市场竞争的压力下走向基本面投资,追求长期回报,发展形成多样化的风格。解除管制后,管理费可能会下降,可考虑提高申购和赎回费用,以鼓励长期投资。第四,废除短期排名。第五,试行利润分成制,改善从业人员的激励机制,减少违规行为,留住优秀人才,提高投资水平。

中国过去三十年的经济发展证明,改革中的问题只有通过深化改革与扩大开放来解决,这一经验同样适用于我国的基金业。

(2007年11月1日在"基金十年研讨会"上的发言)

发展私募股权行业的重中之重：
放松管制

　　最近党和国家领导人一再强调要发展直接融资，这确实是一个非常紧迫的任务。如果不能够尽快地发展直接融资的话，我们很有可能要走日本的老路——长期以间接融资、以银行体系作为金融的支柱，泡沫的问题也来了，风险集中的问题也来了。离开了资本市场的发展，离开了直接融资，这些问题很难解决。但是，如何发展直接融资？我想强调一个观点，要尽快扩大一级市场的供应，而不是将注意力集中在二级市场上。二级市场上现有产品的交易，把市值做得再大也没有增加资产供应的总量。

　　更进一步，与一级市场和公开市场相比，目前私募市场和私人股权市场的重要性可能更为突出。我们国家的资本市场，刚开始是从国有企业改制上市的角度逐渐发展起来，现在经过十几年的努力，在海外上市、国内上市，改制上市的浪潮接近尾声。我们已经看到上市材料的短缺，下一步一级市场的进一步扩大就要寻找新的上市的材料，就要寻找新的高质量的、具有发展潜力的公司。要找到这些公司，要培育这些公司，私募的市场、私人股权的市场就非常重要。没有这些私募市场，没有私人股权投资基金的培育，这些上市的材料就不会这么快地涌现出来。美国的纳斯达克之所以成功，就是因为它有一个非常发达的风险投资和私人股权的行业。世界各国为什么都学不成纳斯达克？原因是多方面的，但有一点是，大家只学了表面，没有学到实质，这个实质就是支撑纳斯达克发展得非常繁荣、非常活跃的一个私人投资的行业。我们现在应该是到时候了，为了公开市场的进一步发展，为了发展我们国家的直接融资，现在要特别强调私募和私人股权投资市场。

　　那么，如何发展我们国家的一级市场，其中包括公开市场、私募市场?要在加强对外开放的同时,加强对内开放,而对内开放首当其冲的措施是要放松管制。放松管制和加强监管是不矛盾的。我们对监管的理解有一些偏颇,监管的英文是 regulation,这个词在中国翻译得非常不合适。我们的监管是什么意思?一个叫监督,一个叫管理。我们经常把管理当成监管,管到了金融机构开展业务都要发生困难的地步,这确实是管得过多了,以至变成管制(administration)了。这对我们市场的发展是非常不利的,所以希望我们能够加强监督,减少管理,取消管制。

具体的内容,就是要逐步取消发行产品和机构设置的审批制。股票、债券、基金、私人股本基金不需要审批,只要满足了法律关于信息披露的要求,它的发行量、发行时间、发行价格都不需要审批,因为它是融资者和投资者在市场基础上的自愿交易,这个自愿交易不需要审批。我到街上买一瓶水需要审批吗?不需要,这是一种自由买卖,是一种商业行为,不需要审批。审批了之后反而会有很多的副作用,一个副作用是引起资源的浪费。资本市场是为了有效地配置资源,它的前提条件是价格信号的准确性。现在政府审批 IPO 的价格,造成价格信号的失真、资金的错配,引起大量资源的浪费。审批的另一个副作用是投资者认为它是政府已经审查好了的,没有风险,它形成了一种隐性的担保机制,这种隐性担保机制使道德风险上升。

监管应该是以信息披露为中心的监管,而不是准入的监管,不是资格的监管,更不是机构设置的监管。监管主要的含义就是市场秩序、市场规则、市场参与者的规范操作,这是监管的核心思想。其实,监管更好的翻译应该是"规治",就是规范化治理,而不是监督和管理。

我们有一个计划经济的习惯思维,国外的新事物一到我们这里就翻译成跟计划经济概念相符的名词,比如最近的 PE(私人股权投资基金),把它翻译成产业投资基金,这又变成了计划经济下的一个概念。PE 是非常市场经济的,既然它变成了产业投资基金,于是行政部门马上出来说我要管。实际上 PE 绝大多数来源于私人,投向也是私人,完全是私对私,不需要审批。从国家的角度来讲,为了实现监管理念的转变,有一个根本的问题要解决,不能够把监管和监管当局当作是调控指数的工具,而是要把监管真正地作为维护市场规则、维护市场秩序的利器。

(2007 年 12 月 11 日在"财经年会"上的演讲)

股票市场"南橘北枳"谜底

　　如果我们分别比较上证综合指数和香港上市的 H 股公司股票价格指数与中国 GDP 增长之间的关系，不难得出结论——上证综合指数和 GDP 增长不存在显著的相关关系，如果一定要说相关性的话，两者似乎是负相关的；而 H 股指数和 GDP 增长率则呈紧密的正相关关系。用经济学术语讲，香港市场是有效的，而上海市场是低效甚至无效的，不能为金融资产准确定价。

　　为什么香港市场是有效的？为什么同样是中国公司，股票价格在香港与中国的 GDP 高度相关，在上海却不相关？要想知道淮南的橘子如何在淮北变成了枳，我们必须了解淮南橘子的生长环境和生长过程。

　　股票价格是在投资者交易过程中形成的，投资者对未来价格的预期决定今天的价格走向。当中国经济增长加速时，投资者预期上市公司的盈利将水涨船高；盈利决定公司的价值，公司价值的提高吸引投资者买入公司的股票，投资者的购买推高股票的市场价格，GDP 增长就此"传导"到股价上。可见，要想让股市成为国民经济的"晴雨表"，传导机制必须畅通，而传导机制中的关键一环是价值投资理念，即投资者根据公司的基本面，也就是根据公司的盈利以及影响盈利的各种因素决定股票的买卖。香港的投资者大多信奉价值投资，所以 H 股价格和中国的 GDP 增长密切相关；而相当数量的内地投资者不看公司的基本面，所以上证综指与 GDP 脱节。

　　内地投资者为什么不看基本面？因为政府政策在相当大的程度上决定了股票价格的短期走势。对政策的猜测而不是对公司盈利的研究左右了投资决策，决策的结果即交易所形成的价格当然不可能反映经济和公司的基本面，而只反映市场关于政府政策的朦胧憧憬。若要股市成为国民经济的"晴雨表",政府停止对市场的干预乃第一要义。

内地投资者对基本面失去兴趣的另一原因,是市场上做庄、炒作、虚假信息等恶行的久禁不止。

非规范操作打乱了正常的价格形成过程,鼓励了投资者探听小道消息、跟风下单等机会主义行为,中断了从基本面到价格的传导机制。香港市场上违规、违法案件亦时有所闻,但在司法体系的配合与支持下,监管当局进行严厉打击,维护了市场的秩序和投资者的信心。香港司法与监管的有效性源于它的独立性,既独立于行政当局,也独立于监管对象。独立和有效的司法与监管,使投资者相信违规行为能够得到有效控制,相信主导价格走向的一定是公司的基本面。在这个信念支配下,投资者就会集中精力研究中国的 GDP 增长、增长对公司盈利的推动作用,以及公司盈利和股价之间的关系。

监管固然可以减少违规违法活动,基于市场的自律可能更为重要,而自律机制发生的必要条件是市场参与者的"预算硬约束"和市场的充分竞争。所谓"预算硬约束",就是决策者要自己承担决策的后果特别是决策失误所造成的损失,证券公司经营失败必须倒闭,而不能动用公共资源救助;投资者的亏损只能自己消化,而不能设置隐性的指数"政策底"予以保护。只有在预算硬约束下,市场参与者才有足够的识别和控制风险的激励,才能有效地平衡风险与收益,远离违规和投机活动。

香港的市场环境至少可以归纳为以下几条:充分的对外开放与竞争,独立有效的司法和监管,行为端正的市场参与者,职能准确定位的政府。在这几条中,政府职能的定位最为关键。港府不以恒生指数为政绩标的,也不以恒生指数为监管对象,仅在亚洲金融危机的最紧张时刻入市干预,以击退国际热钱对港币的攻击。港府从无救助在港金融机构的记录,亦无限制外部竞争以保护本地机构的先例。香港证监会为独立的非政府机构,依照法律而不是政府的指令监管香港市场。香港证监会的四位现任执行董事均为具有丰富经验的职业监管者,无一人来自政府公务员,他们在加入香港证监会之前,长期任职于证券交易所、投资银行、律师事务所,或在大学教授法律。

如何在淮北种植和培育橘子?仅有政策的调整显然是不够的,惟有根本性的制度改革才能恢复市场的信心。国内市场的对外开放,司法与监管改革,以及政府自身的改革势在必行。虽然要经受痛苦和付出代价,却是苦口良药,别无选择。若不能在内地建设香港那样的市场制度基础,中国企业恐怕也别无选择,只好放弃价格与价值相背离的上海市场,走向能够为资产准确定价并能为企业发展持续融资的香港。

(原载 2006 年 1 月 23 日《财经》)

勿蹈覆辙①

在一项非常有影响的研究中,拉—坡塔等人分析了世界上众多国家中法律与金融的关系,发现证券市场仅在英、美等实行共同法的国家比较发达,因为那里的法律和监管有效地保护了股权投资者,并且政府干预经济的程度也最低。在日耳曼法系的德国和北欧各国,法律对债权人的保护最为完善,因此形成了以银行业为主导的金融体系。法国民法体系对股权和债权所有者的保护都较为薄弱,所以,其证券市场和银行的发展均相对落后。

东欧和苏联转型经济的经验也证明,社会观念、立法与执法、对上市公司管理层制度化的监督与制衡,决定了新兴市场的规模与增长速度。中国香港市场和内地市场的比较,则提供了近在身边的案例。法治、开放和政府既不参与也不干预的香港市场,正对内地企业的融资与成长发挥着越来越大的作用。抱怨"肥水流入外人田"于事无补,认真思考一下为什么"肥水没有流入内人田",可能会更有帮助。制度体系的建设非一日之功,市场的发展必然是个长期和缓慢的过程。以为不需要牢固的制度基础,资本市场这个舶来品一经纳入"中学为体,西学为用"的轨道,就能演绎出皆大欢喜的结果,这只是一厢情愿的幻想,我们已经为此付出了沉重的代价。若不能及时地将政策重心从指数点位真正转移到全面的制度建设上来,若不能将投资决策的基础从人气、资金转移到公司的基本面上来,市场规律的再次惩罚只是时间早晚问题。

制度建设和制度创新之难,在于如何打破公司圈钱——官员寻租——中介炒作——股民投机——政府救市的原有博弈格局,以及在

---

① 本文是对方星海"证券市场发展的选择"一文的评论,原文附在本文后。

多次博弈中形成的游戏规则,特别是各式各样的潜规则。对于这个问题,答案依然是改革与开放两大法宝。不开放就没有竞争的压力,若无竞争压力,就不会有改革的动力 希望通过改革与开放,中国证券市场就此拐入可持续发展的道路,而不要重蹈昔日之覆辙。

（原载 2006 年 5 月 15 日《财经》）

附：

证券市场发展的选择

中国证券市场的发展,又到了一个重要的拐点。

自去年 5 月股权分置改革实施以来,证券市场的基础更扎实了,投资价值得到了提升。而据《中国证券报》统计,新近结束的年报披露显示,沪深股市 2005 年加权平均每股盈利为 0.22 元,同比下降了 7.88％；加权平均净资产收益率为 8.20％,同比下降了 8.89％。今年一季度季报则显示,这种下降的趋势还在延续。

在中国经济持续高速增长、中国在海外上市的公司的盈利纷纷大幅度上升的情况下,出现这种现象不能不令人担忧。这正好反映了中国证券市场上市公司质量不高这个将在今后几年限制市场发展的根本性问题。尽管近来证券市场表现不错,但在当前机构投资者决定市场价格的前提下,若上市公司盈利不出现明显好转,那么市场将很快面临压力。

环顾全球竞争态势,中国证券市场面临海外市场的严峻挑战。国内优质上市公司资源流失由来已久,现在各种形式的 QDII 又纷至沓来。优质上市公司和国内大量资金一旦在海外紧密结合,要扭转这个趋势就比较难。

据上海证券交易所研究中心的统计,2000 年底,沪市市值为 26930 亿元,香港股市市值为 47950 亿港元；至今年 4 月 30 日,沪市市值为 26800 亿元,香港股市市值则是 94160 亿港元。

五年多来,内地股市市值徘徊不前,香港市值则翻了一番。香港市场的增量主要来自内地的上市公司。香港证券业一位资深人士最近表示,香港证券市场的发展目标,就是要成为中国优质企业上市的首选地和全球机构投资者购买中国股票的首选地。香港具备监管、法制、税收、中介机构实力和市场流动性的优势,实现上述目标的可能性非常大。此外,世界其他交易所也在积极争抢中国的上市资源。

面对市场定价空间的趋紧和海外市场的严峻竞争,当前中国证券市场面临两种选择:一是固守一个封闭的市场,满足于证券市场改革已有的成绩,通过行政控制的老办法,寄希望于利用现在中国金融体系中的大量流动性,重塑一个资金推动型市场。其结果无外乎两个:或者资金推动型市场根本塑造不起来,从而白白浪费时机;或者塑造起来后再破灭,再一次套牢大批投资者。无论结果如何,中国证券市场都将被进一步边缘化。

另一种选择,则是在股权分置改革取得基本成功的良好基础上,不失时机地进一步推进证券市场的改革开放,以提高证券市场的服务能力为核心,将中国证券市场打造成为一个开放和有吸引力的市场,成为中国优质企业上市的首选地和全球机构投资者(包括国内机构投资者)购买中国股票的首选地。

显然,后一种选择更符合中国的国家利益。

令人欣喜的是,中国证监会即将开启全流通下的再融资和IPO,并将继续狠抓上市公司被占资金清欠和证券公司治理等工作,融资融券业务也在紧锣密鼓的筹备中。然而,要实现这后一种选择的目标,必须重视的工作和抓紧时机推进的改革还有许多:

——加强监管。按照《证券法》的要求,以提高上市公司信息披露质量、打击价格操纵和控制内幕交易为中心,继续加强监管,巩固自2001年以来证券市场在改进监管上取得的成绩,为其他市场化改革打好基础。股权分置改革以来,许多研究表明,对内幕交易的监管有放松的迹象,对此应该引起监管层的重视。证券市场曾经出现过以放松监管来换取一时繁荣的做法,结果是害苦了投资者,并使市场的声誉受到了巨大损害。

——彻底放弃以行政调控融资节奏和发行价格来影响股指走向的想法,实行市场化发行。在今天机构投资者决定价格的市场里,股指的中长期走势不是用行政调控的融资节奏和价格所能影响得了的。新近颁发的全流通下的再融资和IPO办法,在市场化发行上已经迈出了重要的一步,但胆子应该更大一些;要向香港等地学习,实行更彻底的市场化发行,使得证券市场的融资(包括收购兼并)既便捷又受到市场的约束,具有可预期性,使得我们的证券市场成为非常有利于公司成长壮大的市场。

只有这样,才能提高中国证券市场的国际竞争力,才能对优质上市公司和机构投资者具有强大的吸引力;也只有这样,才能让市场选择公司,真正提高中国上市公司的质量,解决前面提到的限制证券市场发展的根本性问题,以发挥本土市场的固有优势。

——继续超常规发展机构投资者,包括引入国外机构投资者。只有机构投资者才有定价的能力,才能使价格趋于合理。以优惠的税收政策发展企业年金等机构投资者,是目前迫切要做的事。QFII 的资格条件要进一步放宽,额度则要成倍地增加。认为人民币升值压力大而应该限制 QFII 额度的想法是站不住脚的。中国每年的外资直接投资大约 600 亿美元,而 QFII 实行了三年多了,总共才有 60 亿美元的额度,两者无法相比。若仅仅从汇率考虑,那是否外资直接投资也应该大大压缩?

——加快证券业的对内对外开放。中国加入 WTO 时,有关证券业的开放安排已被事实证明是不利于证券市场的改革开放的。现在应该有一个新的加快开放的总体规划,而且最好由比证监会更高一层次的机构发布。否则,在证券市场的开放上就只能搞个案处理,弄得各方都不好办;而且从现有被批准的个案看,由于逼着外资方打"擦边球",后遗症较大。

必须认识到,不加快开放,许多改革就改不动,中介机构的能力提升就会很慢,我们的市场就要——犯别国犯过的错误。中国证券市场长期存在中介机构激励约束机制不健全、创新能力差、风险控制水平低的问题,极大地限制了证券市场为经济发展服务的潜力。不抓住中国经济高速增长、国际机构普遍看好中国市场的大好时机,大胆开放以迅速提高中国证券市场的服务能力,我们就要犯历史性的错误。

——开始准备交易所公司化和上市。中国的交易所既不是会员制,也不是公司制,而是从属于监管部门的一个行政机构。这大大限制了交易所产品创新和市场开拓的能动性,不利于形成一个充满活力的证券市场。在现代电子科技条件下,交易所的业务本质上是企业性质的商业业务。在实行比较市场化的 IPO 和再融资后,中国交易所公司化改革和上市的条件就已经成熟,应提上议事日程。这样才能加强市场的力量,对监管部门形成一个市场制约。

邓小平曾说,(经济发展的)目标确定了,从何处着手呢?就是要尊重社会经济发展规律,搞两个开放,一个对外开放,一个对内开放。对外开放具有重要意义,任何一个国家要发展,孤立起来、闭关自守是不可能的;不加强国际交往,不引进发达国家的先进经验、先进科学技术和资金,是不可能的。对内开放就是改革。(《邓小平文选》第三卷,第117页)

中国证券市场自 2001 年 6 月进入调整以来,国家、上市公司、证券机构和从业人员都付出了很大的代价,现在终于面临一个前所未有的发展机遇;但同时又有海外市场蓬勃发展带来的竞争压力,可谓机不可失,时不我待。

对于海外市场的竞争,尤其不能掉以轻心。市场的优势会导致进一步的优势,一旦建立,极难扭转;但有竞争又是一件好事,可以迫使我们加快把自己的事情做好。所以,必须继续加快市场化的改革和开放,充分发挥本土市场优势,使得中国的证券市场充满竞争力,下决心把中国证券市场的重心留在国内,为中国的经济发展和金融安全作出更大的贡献。

不可随意改变游戏规则

政府有关部门于今年4月20日发布《上市公司解除限售存量股份转让指导意见》（以下简称《意见》），对股改后非流通股的出售加以限制。对照2005年9月5日颁布的《上市公司股权分置改革管理办法》（以下简称《办法》），不难发现，后面的《意见》改变了先前《办法》中的非流通股出售规则。

《办法》第二十七条规定了非流通股的出售方法，现抄录如下：

> 改革后公司原非流通股股份的出售，应当遵守下列规定：（一）自改革方案实施之日起，在十二个月内不得上市交易或者转让；（二）持有上市公司股份总数百分之五以上的原非流通股股东，在前项规定期满后，通过证券交易所挂牌交易出售原非流通股股份，出售数量占该公司股份总数的比例在十二个月内不得超过百分之五，在二十四个月内不得超过百分之十。

很明显，关于股改后第三年开始的原非流通股（以下简称大小非）的出售，《意见》将《办法》中的无任何限制和在交易所挂牌交易，改为超过公司股份1％以上的在交易所大宗交易系统转让。

新规无疑伤害了大小非股东的利益，1％的限制对减持构成的障碍自不必说，交易场所的变更增加了减持的价格风险和交易成本。由于在大宗交易系统中，卖家必须自己找到买家才能脱手，大小非的出售将面临流动性的问题。由金融学的原理可知，对于缺乏流动性的资产，市场会要求一个价格折扣，就像B股的历史所表明的一样。在2001年对国内个人投资者开放之前，B股因流动性低下，市盈率仅为A股的

20％到40％,换言之,B股的流动性折扣高达60％到80％。开放之后,B股的流动性折扣基本消失,估值很快就与A股接轨。

如果大小非的出售完全根据大宗交易系统中的供给和需求定价,大小非股东就不得不像昔日的B股投资者那样,承受流动性折扣的损失;如果参照交易所挂牌价格,则因没有反映流动性折扣,投资者可能嫌价格过高而缺乏购买意愿,大小非减持就会发生困难。无论怎样定价,新规的实质都是以牺牲大小非股东的利益为代价,求得市场情绪的稳定。

博弈中途改变规则,破坏了公平和公正的原则。好比两队踢球,甲队具有身高优势,首先头球破门,乙队见势不妙,急忙喊来裁判叫停。裁判宣布:下半场不仅手球犯规,而且头球也在禁止之列。这叫"完善规则"呢,还是靠修改规则取胜? 市场如同球场,不可视规则为儿戏,任何一方若采取机会主义的态度,根据市场博弈的进程,随时随意修改规则,都将造成预期的混乱和信心的丧失,继之而来的是交易成本的上升和市场的萎缩,最终会伤害包括规则修改者在内的所有人的利益。

规则当然是可以改变的,但不能根据博弈的情况随时进行,修改规则必须遵循一定的程序。有人辩解说,《办法》本身存在缺陷,现在监管当局颁布《意见》加以修改,有何不妥? 此说的谬误有三:第一,《办法》可能并不完美,却早已为博弈各方所接受。非流通股股东支付平均十送三的兑价,换取了流通权;公众股东拿了钱,认可了这项交易,愿意承担国有股流通引起的价格下跌风险。现在真到减持的时候,怎么能借口《办法》不完善而事后反悔呢? 打麻将也不能等拿到牌后再说规则不完善,看着手中的牌来修改规则吧? 第二,就算可以违约,起码也应该将部分兑价还给非流通股东,不能爽快地拿了人家的钱,又理直气壮地翻脸不认账。第三也是最重要的,修改规则必须经过双方的协商,经双方同意,也就是公众股东和大小非股东同意之后,才可执行新的规则。游戏规则"合理"与否,不是一方能够认定的,无论这一方的人数有多少。对一方的"合理"往往就是对另一方的"不合理",修改规则因此必须得到所有市场参与者的认同。

在修改规则的过程中,裁判不得代表任何一方,也不能强迫任何一方接受新的规则,否则就无执法的独立和公正可言。市场经济中的裁判不同于梁山泊好汉,其职责不是"替天行道",更不是劫富济贫,而是保护所有市场参与者的权利,既要保护多数小股东的权利,也要保护少数大股东的权利。监管可以向公众小股东倾斜,但只能体现在规则的倾斜上,而不能通过干预博弈结果来实现;只能以事先约定的方式提供更多的保护,而不能事后带有偏向性地单方面修改规则。

市场参与者也要认识到,在权利面前人人平等,不存在多数少数的问题。少数大股东不得恃强凌弱,多数小股东也不能依小卖小,动辄以"社会和谐"要挟监管当局,以"弱势群体"的名义侵犯大股东的利益。作为多数的小股东须知,他们或许可以从今天"多数人的暴政"中获利,但明天就不得不接受"少数人暴政"的蹂躏,因为今天多数对少数的剥夺,为明天少数剥夺多数提供了道义和法理的支持。保护自己的最好办法,莫过于尊重他人的权利,只有在人人尊重他人权利的社会中,每一个人的权利才能得到最可靠的保护。

单方面修改规则的游戏没有赢家,对权利的践踏不仅动摇了资本市场的根基,而且损害了监管当局的公信力。当初推行股权分置改革,摘掉国有股这把悬在股民头上的达摩克利斯之剑,克服"一股独大",为构建良好的公司治理奠定基础。如今限制大小非的出售,与改革的初衷正好相反。自行破坏规则的严肃性,今后如何在市场上维护规则的权威性?随意修改规则而丧失了裁判的独立性,今后如何保证执法的公正性?

市场经济是要讲规则的,要讲究制定规则的程序和修改规则的程序。对规则的尊重既是博弈顺利进行的前提,也是社会公正的要求。我国资本市场上的球员和裁判们,请不要为一时的便利而破坏市场的制度基础,也不要为一球之得失而毁掉自己的信誉。

(原载 2008 年 5 月 13 日《财经》)

转换经济增长模式需要制度保障

——答记者问

新增长模式的要义是资源使用效率的提高

记者：您在过去一年中，一直在呼吁我们必须转换传统增长模式。去年底中央经济工作会议明确提出，"促进经济增长方式转变"。作为这一目标的积极倡导者，您如何评价这次会议的决策？

许小年：我国历届政府无一不强调转变增长模式的重要性，甚至在计划经济时代，就有关于"外延式"和"内涵式"的讨论。但投资率始终不断上升，直至今日，经济增长模式仍然以规模扩张为主要特征，增长质量堪忧，增长模式的转变仅停留在纸面上。

去年中央经济工作会议首次提出了要建立可持续增长的制度保障，这是一个全新的提法。科学的发展观一定要有科学的体制和制度来保证，没有科学的体制和制度，科学发展观是没有办法落实的。我认为，这个制度保障包括经济体制的保障、法律体系的保障以及政治体制的保障。

记者：在您看来，新旧增长模式的区别在哪里？

许小年：概括而言，经济增长不应单纯地追求数量，而要重视增长的质量；要从追求速度转变为追求效益；要从依靠资源投入，转变为依靠技术进步；要从生产能力的投资，转变为研发投资。新增长模式的要义是资源使用效率的提高，而不是资源使用数量的增加。

如何改变经济增长模式

记者：为什么现有体制必然产生现有的增长模式？为什么不改变

现有体制,就不能改变增长模式?

许小年:传统增长模式制度基础的核心是政府主导资源的配置,政府的主导作用现在主要是在要素市场上,而不是在产品市场上。

在产品市场上,计划模式已基本破除,国家计委已不再具体规定企业应该生产什么、生产多少,也不再安排企业的原材料、零配件的供应。可以说,我们二十多年的改革成果,主要是有了一个比较健全的产品市场。

然而在要素市场上,目前政府依然发挥着过去国家计委的作用。我们通常讲三大要素,土地、人力、资本。在这些要素市场上,政府仍然起着主导作用。

土地的市场化配置刚刚开始。但在这一轮宏观调控中,土地的配置有进一步集中的趋势。当然,土地的市场化配置是以所有制的改革为基础的,按照我国现行法律规定,城市用地为国家所有,农村土地是集体所有,要想让市场在土地配置中发挥更大的作用,就无法回避土地所有制的改革。具体如何改,是一个相当大的课题。

再看劳动力市场。这里所说的不是蓝领工人,蓝领工人已经实现了一定程度的市场化,而主要是指管理人员以及专业人士市场,这些专业人士提供支持市场经济运行所需要的中介服务。

职业经理人的市场现在还没有形成规模。国有企业的管理者由政府任命,不存在市场;至于民营企业,则普遍是所有者和管理者合二为一,还没有实现两者的分离,管理人员市场只是零星地出现在一些地区和行业中。

专业人员包括律师、会计师、评估师、银行家、投资银行家,某种意义上也包括工程师,他们应该从现有的单位、企业里游离出来,形成独立的群体,他们的专业技能、职业经验要市场化,在市场上流动,流动的过程也就是价值发现的过程,然后通过价格也就是市场化的工资承认和体现他们的价值。

我们现在的人力资本是不流动的。在民营企业里,管理者也是所有者,既然是所有者,就不可能流动;在国有企业里,政府任命高管也难以根据市场规律进行流动。

要素不流动,就不能实现效率最大化。要想使管理人才流动,就要按照公司法的规定,由公司的董事会在市场上招聘合格的高级管理人员,并付给他们市场化的薪酬。国资委对国企高级管理人员工资封顶,其实质是人力资源市场上的价格管制。

价格管制在资金市场上尤为明显。利率是管制的,证券市场上的融资成本也是管制的,公司上市发行的市场化询价也才刚刚开始。

我们二十多年来打破价格管制,但要素市场上的价格管制顽固地存留了下来,许多人忽视了这一点。人们在提到价格时,脑子里出现的往往是电视机的价格、可口可乐的价格,而忘记了土地的价格、人力资源的价格、资金的价格,后面这些要素价格的市场化对于建设市场经济体系更为重要。

记者:为什么在政府主导要素配置时,这个增长模式不可能转变?

许小年:我们所提倡的可持续增长模式是建立在效益基础上的,旧有增长模式的最大特点是不讲效益,片面地追求规模。政府主导下的增长不可能追求效益,一定是追求规模。为什么会这样?因为政府不是赢利机构,不以效益为目标,也不应该以效益为目标,政府的任务不是利润最大化。

我们这里所说的效益是经济学概念,是指"efficiency"。对于企业来说,追求效益就是利润最大化。经济学中有一个很好的对偶定理——利润最大化等价于成本最小化,我们所说的效益最大化就是利润最大化或者成本最小化。

政府不是赢利机构,它的职责不是利润最大化。在不违反法律和社会公德的前提下企业可以惟利是图,个人可以惟利是图,并且企业应该惟利是图,个人也应该惟利是图,但政府恰恰不能惟利是图,公共性是政府的根本特性,政府的主要职责是实现社会目标。在这个意义上讲,国有资产保值增值与政府的公共性有着根本的冲突,是一个逻辑原点上的悖论。

政府不应追逐利润。既然如此,经营国有资产的目的就不应该是保值增值,而是服务于公众所赋予的社会目标。政府主导要素配置,就不可能追求效益最大化,政府自身的激励机制决定了它必然追求规模和速度。现实中,这样的现象比比皆是:各省的官员追求 GDP 增长最大化、税收最大化、本地就业最大化,因为这些是对他们政绩的考核指标,而效益不在其中,everything but efficiency。国际上曾有经济学家将这一现象总结为"私人企业最大化利润,公共部门最大化预算"。

要想把以数量扩张为主要特征的增长模式转变为效益最大化的增长模式,政府必须尽可能地退出市场,特别是退出要素市场,让那些追求效益最大化的所有者通过市场来配置资源,这个经济增长模式才有可能转变。否则不管政府下多少文件,不管办多少学习班,都不能得到预想的效果。

目前最为紧迫的是司法改革

记者:那么,能不能具体谈一谈所需要建立的制度保障?

许小年:在现阶段,法律的保障尤为重要。我国的立法、司法体系落后于市场的发展,制约了经济的发展,目前最为紧迫的是司法改革。国家加快了立法和现有法律的修改,现在很多地方的主要问题是有法而不能执行。法律是什么?法律就是游戏规则,市场上有了规则就可以消除很多不确定性,降低或者消除市场参与者行为的不可预测性,从而降低交易成本,提高市场配置资源的效率。有法不能执行等于没有规则,而且破坏了法律体系的公信力。法律条文再有缺陷也比没有法律强,而有法不能执行,可能还不如没法。

为什么刘邦打进了关中之后,废除了秦朝的所有法律,仅仅"约法三章"?因为他看到当时的执法系统出了问题,有法不如没法。秦朝的立法以繁密著称,到了执行阶段就变了样,所以刘邦只保留了最容易执行的三条。

法律体系和转变增长模式有什么关系?我们已经讲过转变增长模式的关键是让市场在配置资源方面发挥更大的作用。而我国要素市场发展缓慢,在相当大的程度上和法律基础设施不到位有关,特别是法律对产权的保护,对合同执行的支持等都亟待加强。

市场会创造出有效的监督机制

记者:这些制度变革能够成为现实的话,现有的经济增长模式是不是就可以转换?

许小年:如果政府不再主导要素配置、经济中不再存在价格管制、价格特别是要素价格由市场决定、市场的参与者都能得到正确的价格信号时,经济增长的模式一定是效率最大化的,不会片面追求数量。

设想你对一位民营企业家说,请你尽快扩张规模,不要在意利润,他会接受你的建议吗? 他会认为这是一个非常愚蠢和不可思议的劝告。

记者:这样的话,政府将主要担当市场的监管者和"守夜人"的角色。

许小年:当然是这样的。同时我也想强调,在市场经济中,政府并非惟一的监管机构,市场会创造出有效的监督机制,可以自发建立很多市场规则,并迫使市场参与者遵守这些规则。

我常常举一个例子,为什么在没有政府监管的情况下,清朝末年的山西钱庄经营得那么成功? 为什么它们的坏账率远远低于现在处于政府监管下的国有银行? 当年钱庄自己订的第一条规矩就是掌柜的不得对钱庄股东放款,第二条就是股东不得把自己的亲戚派到钱庄来任职。这就是我们现在所说的断绝关联交易。当时并没有中央银行要求他们这样做,但钱庄的经营者知道,如果他们违反了规则,市场将严厉惩罚他们,违反市场规则的成本是非常高的。

在很多时候,来自市场的制约比来自行政当局的制约更有效,在建立市场规则方面、在维护市场秩序方面,政府并不是惟一的解决方案。

记者:您介不介意被称为"市场至上主义者"?

许小年:我不是很介意,我相信市场。我在很多场合说过,搞市场经济,一定要有哲学上的信念,或者说,要有信仰。我们在市场面前,就像环境工作者在大自然面前,意识到自然之伟大,意识到我之渺小。

驾驭市场或者说打败市场,这是我绝对想都不会想的念头。作为经济学家,我所能做的就是怀着敬畏认识市场规律,顺从市场规律。

(原载 2005 年 3 月 10 日《南方周末》)

自由市场与理论

现代经济分析与马克思的
政治经济学

一、引　言

　　马克思主义政治经济学自诞生以来,对世界近代历史的进程产生了巨大的影响。在这一学说指导下,共产党人相继在苏联、中国大陆和一批东欧国家中取得政权;同样在这一学说的指导下,社会主义各国几乎无例外地建立了苏联式的高度集中的计划经济体制。尽管马克思本人并没有对社会主义经济制度做过十分详尽的描述,然而以公有制为基础的计划经济毫无疑问是马克思主义政治经济学的直接逻辑结果。

　　在马克思看来,资本主义的基本矛盾是社会化大生产和生产资料私人占有制的矛盾,即一方面机器生产和分工与协作的高度发达产生了对全社会经济活动进行协调的要求,另一方面占有生产资料的资本家在追逐剩余价值的驱使下,不顾社会的要求,盲目地进行生产活动。这个基本矛盾在社会关系上体现为阶级的划分:在一端,无产阶级被剥削而日益贫困;在另一端,资产阶级的财富日益积累。当这个基本矛盾发展到一定程度,资本主义内部孕育的经济、社会力量的冲突激化到无法控制的时候,资本主义社会的现有秩序就会被打破,无产阶级革命将结束资产阶级的统治。为了消除社会化大生产和私人占有制的矛盾,无产阶级在取得政权后必须以公有制代替私有制并将全社会的生产置于全民代表的控制之下,计划经济体制应运而生。

　　计划经济体制确实有过它值得夸耀的地方,在大多数以这种理论为指导而建立了计划经济体制的国家中,在一定时期内,确曾实现了较快的经济增长和相对平等的收入分配。

然而,计划经济所取得的这些成就能否被认定为马克思政治经济学正确性的证据,笔者认为仍是一个有待于进一步研究的问题。更何况进入 20 世纪 60 年代以后,社会主义各国经济发展速度放慢,生产技术落后于发达资本主义国家,劳动阶级缺乏生产积极性,僵化的计划体制越来越不能满足"劳动人民日益增长的物质文化的需要"。在这些国家里一批新的官僚、技术阶级逐渐形成,并明显处于与劳动阶级相对立的地位。社会主义国家经过一系列历史波折,相继走上了政治经济体制改革的道路。这就更有理由让人们对原有体制的基本理论依据进行必要的重新思考了。摆在我们面前的问题是:从长期来看,社会主义计划经济制度为什么没有显示出理论所预言的优越性?为什么在一个公有制社会里,阶级、阶级对立会重新出现?对这些问题的可能回答有两个:一是马克思政治经济学本身存在着问题,错误的理论导致了错误了的社会、经济实践;二是马克思政治经济学基本正确,但社会主义各国政府在制定具体政策时有意无意地偏离了这一学说的原则。正是第一种可能性促使一批西方学者运用现代经济学分析方法对马克思政治经济学进行重新定义和重新分析。本文的主要目的就是介绍他们的研究工作及到目前为止所取得的重要成果。

由于劳动价值论在马克思的政治经济学体系中占有至关重要的地位,在本文第二节中,我们首先讨论劳动价值论,第三节的内容是剥削和阶级的形成,第四节用于分析"平均利润率下降规律"。这一顺序和马克思在《资本论》一书中的论述顺序大致相同。

二、劳动价值论

马克思继承了 18—19 世纪英国经济学家李嘉图的古典经济学思想,认为价值的惟一源泉是人的劳动。具体讲,一商品的价值等于生产该商品所消耗的平均社会必要劳动时间。所谓平均社会必要劳动时间即以中等生产技术生产单位商品所需实际劳动时间。它由两部分组成,一部分为生产该商品的直接劳动投入,马克思称之为"活劳动";另一部分为间接劳动投入即所有非劳动投入物,例如机器、原材料等等,马克思称之为"死劳动"或"物化劳动"。机器、原材料所含的社会必要劳动量又可通过分解机器、原材料的生产过程得到:机器的价值等于生产机器的直接劳动投入量加上所有非劳动投入物所含的社会必要劳动时间……依此类推,逐级分解,直到某一阶段上间接劳动投入小到趋近于零时为止。

马克思认为,在生产过程中只有活劳动创造价值,而物化劳动仅仅转移价值。这一思想和我们现在所用的计算国民收入的加值法十分接近,所不同的是在加值法中,除了劳动所创造的国民收入,我们还计算资本、土地等其他生产要素对国民收入的贡献,而马克思则认为资本是由过去的劳动创造的,因此归根结底劳动是价值的惟一源泉。

姑且不论马克思的这一命题是否正确,问题是能不能在理论上证明劳动价值论的存在。森岛通夫和塞顿(M. Mori-shima and P. Seton, 1961)证明,在一个里昂惕夫生产系统(每一部门生产单一产品,中间投入及劳动投入系数不变,投入物之间不存在替代)中,马克思所定义的劳动价值(在以下的讨论中,如不另加说明,价值、劳动价值、剥削等均指马克思所定义的相应概念)的确存在:产品 j 的(劳动)价值等于直接劳动投入系数矢量乘以里昂惕夫逆矩阵(ni verse matrix)的第 j 列。但里昂惕夫生产系统有两个很强的隐含假定:一为生产的规模报酬不变(innstant return to scale),另一为单一生产要素投入即劳动。后一假定并非一般的里昂惕夫系统所需,而是我们为了说明劳动价值的存在性根据马克思的原意所加的。如果这两个条件中的任何一个得不到满足,比如说规模报酬递减或递增(diminishing or increasing return to scale),可以证明价值即价格的长期趋势不等于甚至不成比例于产品所含的劳动时间。需要说明的是,尽管在证明过程中,我们用价格代替了价值,但并未违反马克思的原意。因为马克思指出,价格是价值的外在表现形式,价格围绕价值波动,因而价格运动的长期趋势等于价值。

同样,当生产要素数量大于 1 时,商品的价格也不等于其所含的劳动时间,这个结论的合理性显而易见:如果除了劳动以外的其他因素,例如资本、土地(多要素)也参与了价值创造过程,价值应等于所有创造者贡献之和,而不只是劳动的贡献。

以上的讨论容易使人产生一个误解,即关于劳动价值论的争论实质上是如何定义生产要素的问题。如果坚持单要素投入说,劳动价值论就可得到证实。然而,正如将要看到的,不仅单要素投入说本身值得怀疑,而且即便保留单要素和规模报酬不变的假定,我们还是无法在更为一般的情况下定义劳动价值。例如在一个冯·诺意曼(Von Neumann)生产系统(一种更为一般的里昂惕夫生产系统,里昂惕夫系统假定每一部门仅使用一种生产技术生产一种商品,而在冯·诺意曼系统中,每一部门有多种产品,生产同类产品可使用不同的生产技术)中,里昂惕夫逆矩阵很可能不存在,因为这时的里昂惕夫矩阵甚至不是正方的。

至于单一要素说本身,作为历史学家,我们或许可以追溯所有现存资本的生产过程一直回到我们祖上盘古开天地的时代;那时的人类除了自身的劳动真是一无所有。但是在经济学中,无论短期分析还是长期分析,我们总要假定一定的资本存量作为生产的初始条件。如果研究对象是一个现代经济,就更不能想象初始资本存量为零的情况。

由此看来,马克思作为其政治经济学大厦基石的劳动价值论一般来讲是不成立的,仅在个别情况下,像前面谈到了里昂惕夫单一投入要素生产系统中,劳动价值论才有一定意义。它远非放之四海而皆准的真理。我们猜测李嘉图之所以得出劳动价值论,是因为当时生产技术落后,在全部要素投入中,资本投入和雇佣劳动相比只占很小一部分,因此单一要素投入的里昂惕夫系统可以作为当时生产系统的一个近似。

马克思所处的时代和李嘉图不同,工业生产已从手工作坊转入机器生产,资本在生产中发挥着越来越大的作用。马克思本人也注意到了资本有机构成(非劳动投入或物化劳动,投入量对直接劳动或活劳动投入量之比)不断提高的事实,他简单地将资本及其他非劳动投入视为物化劳动,而没有将资本独立出来作为另一生产要素。作为一个历史唯物主义者,在对人类历史做宏观考察时,马克思总是充分(如果不是过分的话)肯定生产力发展、技术进步对社会的推动作用,而在他的微观分析中,技术进步及与之相关的资本的作用却一再被忽视。除了建立其政治经济学体系的需要之外,我们不知道是否还有其他的原因促使马克思始终坚持劳动价值论。

劳动价值论在实践中的危害是忽视技术进步,所谓"世间最宝贵的是人,只要有了人,什么人间奇迹都可以创造出来"就是一例。结果经济发展全靠人海战术,科学技术被搁置一边。应该说,社会主义国家普遍存在的生产技术装备水平的落后和这一理论不无关系。

在马克思的体系中,劳动价值论远远不像传统马克思主义经济学家所强调的那样重要。实际上,剥削、阶级对立等马克思政治经济学的主要概念不一定要以劳动价值论为前提。没有劳动价值论,我们同样可以定义马克思政治经济学中其他重要概念,并进行相应的分析。

三、剥 削

1. 剥削和剩余价值

在《资本论》一书中,马克思通过劳动价值论建立劳动是价值创造的惟一源泉的命题,从而试图说明资本积累或剩余价值的惟一来源是剥削活劳动。这也正是劳动价值论在马克思政治经济学中受到如此重视的原因。

但正如维加拉(J. Vegara,1979)、罗默(J. Roemer,1982)和萨缪尔逊(P. Samuelson,1982)等人所证明的,对劳动的剥削并不是剩余价值的惟一来源。在任何生产性系统(系统的产出大于投入)中,任一商品都可以被剥削,劳动力并不是具有"可被剥削性"的惟一商品。

按照马克思的定义,如果一工人受雇于资本家,每天为资本家工作一定时间,资本家付给工人日工资,工人花掉所有的工资购买消费品以维持劳动力的再生产,假如他所购买的消费品中所含的劳动时间小于他为资本家工作时所创造的价值即他的实际劳动时间,资本家则被认为通过占有工人的劳动力而剥削了工人。对工人来讲,他的劳动力价值即维持劳动力再生产所需的消费品中所含的劳动时间小于劳动力所创造的价值,差额被资本家占有,工人成为被剥削者。资本家可以占有这个差额,是因为他通过支付工资已占有了劳动力从而对劳动成果的分配有着绝对的支配权。

在这个分析过程中,马克思实际上用劳动时间作价值计量单位,正像在瓦尔拉斯(Leon Walras)一般均衡(general equilibrium)经济学中我们必须选一种商品作为基本计量单位(n,加 le raire)一样。在瓦尔拉斯一般均衡中,无论选择哪一种商品做计量单位都不会影响分析结果。这就给我们一个启示,如果选择其他商品做马克思的价值计量单位,我们是否可以预期,做计量单位的商品将会被剥削呢?

实际情况正是如此。假设选择钢而不是劳动力作价值计量单位，则一物的价值由该物所含钢的数量（吨）所决定。对于从事钢的生产的资本家来说，假如在生产结束时他拥有一吨钢，则他拥有价值为1的商品。但当资本家计算钢的价值（即生产1吨钢所需的投入物中所含钢的数量）时，如果他所用的技术是生产性的，他会发现所有投入物中所含钢的总数小于1，也就是钢的价值小于钢所创造的价值（等于1）。资本家在钢的生产过程中所付出的价值小于1却得到了价值等于1的商品，他通过占有钢而获得了剩余价值，钢被"剥削"了！运用同样的逻辑不难说明，在生产性系统中，任何一种商品都可以被"剥削"。

这一事实说明，为了揭示剩余价值和剥削的产生以及资本积累的"秘密"，我们不一定需要劳动价值论。钢价值论、面包价值论可以达到同样的效果，马克思所说劳动是剩余价值的惟一源泉至少是一个不准确的论断。

由此而来的问题是：既然所有的商品都可以被"剥削"，我们为什么特别强调对劳动的剥削呢？究竟什么原因使我们显得在无法容忍对劳动的剥削的同时却在默许对其他商品的"剥削"？对这些问题的回答已超出了经济学的范围，涉及社会伦理学，涉及一个更为一般的问题，即对劳动的剥削是件坏事还是好事？在这个问题上，人们会有更大的意见分歧。

例如布雷弗曼（H. Braverman，1974）认为，在一个自由社会中，一些人对另一些人的支配权被看作是非正义的，是件坏事，从而剥削也是件坏事，因为剥削体现了一种支配关系；剥削之所以发生，是由于资本家获得了对工人的支配权。但正像罗默（1986）所指出的，和封建剥削不同，资本主义剥削既不需要支配权为前提条件，剥削本身也不一定造成支配关系。资本主义剥削是具有不同财富的理性经济单位（rational agents）在完全竞争市场中从事最优化活动的结果，剥削的根源在于财富的不均匀分配，而不是某种支配关系。

2. 剥削和劳动力市场

罗默（1986）进一步说明，剥削不仅不需要支配关系，甚至不需要劳动力市场为前提条件。设想一简单商品生产经济，在这个经济中，每人都有一定数量彼此不等的资本：每人只使用自己的资本为自己劳动，不存在任何形式的劳动力市场。相互交往仅在一个生产周期结束之后发生,人们将自己的产品带到市场上进行交换以最大化各自的效用函数。这时,在市场上会发生"不等价"交换,伴随着同等货币数量的买进卖出,却很可能是不同劳动时间(即不同价值)的占有与转让。举例来说,如果某生产者以出卖其产品而得到的 10 美元购买他所需要的其他产品,他出售的产品所含劳动时间可能是 10 小时,而他买进的商品中所含的劳动时间可能是 8 小时,按照马克思的说法,这个生产者被剥削了,如果后者大于前者,则这个生产者是剥削者。剥削随商品交换而发生,完全不以劳动雇佣关系更不以什么支配关系为条件。

显然,仅在"等价"交换情况下,商品交换不会导致剥削。人们自然要问,在什么条件下,商品的价值价格相等从而可以避免剥削的出现?罗默证明,在这个假想的经济中,仅当每个人的资本有机构成相同时,商品价格等于价值。资本有机构成等于所有非劳动投入物例如机器、原材料中所含劳动时间对直接劳动投入之比。假定人们的直接劳动投入相等,为了避免剥削,每个人的资本拥有量就必须相等以保证相同的资本有机构成;反之,如果人们的资本拥有量不相等,人们就会有不同的资本有机构成,结果市场价格不等于价值,剥削随商品交换而发生。马克思政治经济学的"合理内核"也正在这里,他正确地指出了剥削是由生产资料占有的不平等所造成的。尽管他错误地由此得出结论,消灭剥削的惟一途径是消灭资本主义私人占有制,并且错误地认为任何形式的剥削都会阻碍社会生产力以及个人的自由发展,因此都应在取消之列。

如果将罗默的分析推广到社会主义经济,我们会观察到一些有趣的现象。传统社会主义经济学认为在社会主义经济中劳动力不再是商品,剥削的根源即资本主义雇佣制度已经消除,剥削不复存在。但在另一方面,传统社会主义经济学又认为,尽管全民所有制内部已不存在商品交换,然而全民所有制(主要是工业)和集体所有制(主要是农业)经济单位之间的仍存在着商品交换关系。由于工业和农业的资本有机构成不同,一般认为前者远大于后者,这样,在竞争市场上所形成的价格不等于价值,也就是说,在一个"市场社会主义经济"(南斯拉夫?)中,剥削依然存在。至于计划经济社会主义国家(苏联、改革前的中国等),如前所述,剥削是否存在取决于价格和价值的关系。假使中央计划者在制定价格时严格遵循价格等于价值的规则,商品交换不会导致剥削。

考虑到价值是个动态的概念,随着生产技术的变化而变化,而在大多数计划经济国家中,价格往往固定不变,即使当初制定价格时,价格、价值大体相等,到现在价值已背离了固定的价格。因此,至少是在某些时点上,剥削仍存在于计划经济国家,尽管这些国家已经消除了资本主义雇佣关系或劳动力市场。作为一个佐证,农民在中华人民共和国成立后的相当长一段时间内被剥削这一事实,已被越来越多的人所承认。实际上,中央计划者们经常讨论的如何缩小工农业产品价格剪刀差问题,其实质就是如何减轻对农民的剥削。

既然社会主义国家本来就存在着剥削现象,既然剥削并不以劳动力市场为前提,在当前的中国经济改革中,对建立劳动力市场会恢复一些人对另一些人的剥削的忧虑或指责都是毫无根据的。至于剥削是否会通过劳动力市场的建立得到强化和在更大范围上扩展开来,则是另外一个问题。对这个问题的解答既需要实证分析也需要规范分析,在第 4 节中我们将看到,剥削的强化和扩展并不一定是件坏事。

3. 阶级的形成与剥削

马克思在《资本论》一书中对阶级的形成所做的分析仅仅局限于历史的描述,缺乏一个坚实的经济学微观基础,马克思在关于资本原始积累的若干章节中,描述了封建领主、城市高利贷者和手工作坊的所有者们如何利用他们有利的初始地位,通过暴力、欺诈、巧取豪夺积累起资本主义生产所需的原始资本,从而逐步成为工业资本家;在另一端上,农民、城市贫民及海外殖民地人民丧失了他们仅有的数量可怜的生产资料,被迫沦为靠出卖劳动力为生的无产阶级。马克思在他的描述中,完全忽视了人们的偏好(preference)在阶级形成中所起的作用,从而得出了像"资本自来到这个世界上,每一个毛孔都充满着血和肮脏的东西"这样的结论,以至于后来的社会主义经济学家们除了同声诅咒这十恶不赦的资本主义剥削外,很难再对剥削进行任何像样的经济学、伦理学分析。

为了弥补这一缺陷,罗默(1982)在严格定义阶级的基础上,建立了一个阶级形成的经济模型。罗默假设一具有劳动力市场和凹生产集合的完全竞争经济,令 x、y 为两个 n 维矢量,分别代表生产者用自己的资本和自己的劳动进行生产的产出量以及用自己的资本但雇佣他人劳动进行生产活动的产出量;令 z 为该生产者在劳动力市场上出卖其劳动力的数量(小时)。$2n+1$维组合矢量(x、y、z)描述该生产者的全部生产活动。如果(x、y、z)$=(0，+，0)$表示该生产者自己不劳动,$x=0$,也不出卖他的劳动力,$z=0$,生产完全依靠雇佣其他人,$y>0$("+"号意为大于零)。显然,这个生产者属于资本家阶级。类似地,定义:

(0，$+$，0)　资本家或地主

（$+$，$+$，0）　自己也劳动的资本家或富农

（$+$，0，0）　自由职业者或中农

（$+$，0，$+$）　半无产者或贫下中农

（0，0，$+$）　无产者或无地贫农

假设人们的效用函数(utility function)随劳动供给而减少,但随收入而增加,人们将选择各自的(x，y，z)以最大化其效用函数。罗默证明,已知市场均衡价格,人们的最优化决策将导致具有最高资本—劳动供给比的人选择阶级地位(0，$+$，0),具有次高资本—劳动供给比的人选择($+$，$+$，0),依次类推,没有任何生产资料的人选择(0，0，$+$),他们只能靠出卖劳动力来最大化他们的效用函数。

罗默进一步证明了阶级—剥削对应定理,即,凡雇佣他人劳动以最大化其效用函数的阶级,(0，$+$，0)、($+$，$+$，0)都是剥削阶级,凡出卖劳动力者($+$，0，$+$)、(0，0，$+$)却属于被剥削阶级,阶级($+$，0，0)是个"灰色"区域,这一阶级的剥削状态是不确定的。

值得强调的是,阶级的形成和剥削状态的确定依赖于人们的初始资本拥有量和劳动供给。拥有越多资本的人,越可能成为资本家和剥削者,这和马克思对于阶级形成所做的描述相符。但人们的阶级地位同时还和他们的劳动供给有关,而劳动供给又取决于他们对劳动的偏好。有些人即使拥有很少的资本,却非常不喜欢劳动,如果给定市场均衡工资,这些人的劳动供给非常久因而他们的资本—劳动供给比仍会很高。结果拥有少量资本但对闲暇偏好高的穷人可能选择(0，$+$，0)或($+$，$+$，0)从而处于剥削者地位,而那些资本拥有量多但闲暇偏好低的富人倒并不一定都是剥削者。假定每个人的劳动偏好相同,阶级、剥削的出现可完全"归罪"于不平等的财产分配,正如马克思所宣称的那样。然而这样的假定显然与实际情况不符。阶级地位依赖于人们的效用函数这一发现建立了对剥削做伦理道德判断的经济分析基础。

4. 关于剥削的伦理学分析

我们已经看到，剥削或被剥削是理性经济单位在完全竞争经济中从事最优化（最大化效用函数）活动的结果。一个人被剥削，是因为他在其效用函数中赋予收入以较大的权重而不太在乎闲暇时间的多少。这样的效用函数产生很高的劳动供给，已知资本拥有量，他的资本—劳动供给比就会很低，他将选择被剥削来最大化其效用函数，即延长工作时间以增加收入。如果强令他摆脱被剥削的处境，他的效用函数反而要降低。同样，一个人成为剥削者，可能因为他更喜欢清闲。这些都是人们的自由选择，剥削是"好"是"坏"在这里没有多少可以讨论的余地。

除了对劳动的偏好，另一决定剥削状态的因素是资本拥有量，对于相同的劳动偏好，某些人可能通过资本积累拥有较多的资本而成为剥削者；马克思谴责剥削，是因为它是不平等资本占有的产物，而不平等的资本占有被认为是非正义的，不公平的。这个逻辑同样显得难以使人信服，简单地宣布不平等的资产分配为非正义不说明任何问题。如果资本积累过程非常"干净"，像前面所提到的对闲暇偏好低的工人可以通过劳动较长时间，即通过被剥削积累起若干数量的资本使得他在他的后半生中，或许还有他的后代，成为剥削者。对如此形成的不均等的资产分配，我们有何根据判断其"好"或"坏"呢？

笔者无意在这里为剥削正名，不过想说明马克思所定义的剥削（且不论其定义是否准确、合理）是所有商品经济所共有的现象，对剥削的伦理学分析并非正统马克思主义经济学家所想象的那样简单，即便对被剥削者来讲，剥削也不一定只有消极的含义。

四、利润率下降趋势

马克思认为，追逐剩余价值的资本家在竞争的压力下会不断采用新技术，以机器生产代替手工劳动，在生产过程中使用越来越多的资本投入（死劳动）和越来越少的直接劳动（活劳动）投入。由于剥削活劳动被认为是剩余价值以及利润的惟一来源，利润率（即利润对资本投入量之比）会呈现下降的趋势。

利润率下降趋势在马克思政治经济学中不单单是一个统计观察的推断，它有着重大的理论意义。首先，如果这一趋势持续下去，终有一天利润率跌至接近于零,资产阶级失去赖以生存的基础,资本主义社会就要崩溃。第二,为了阻止利润总量随利润率的下降而下降,资本家一方面扩大生产规模从而加剧整个社会生产的无政府状态,引发经济危机;另一方面强化对工人的剥削,造成工人阶级的相对甚至绝对贫困化,从而激化社会的阶级矛盾。在经济危机和工人运动的打击下,不等利润率降至零,资本主义制度就会灭亡。由此可见,利润率不断下降的断言实质上是资本主义社会的死刑宣判书。

但是,马克思在他的分析中忽视了两个事实:第一,如我们已看到的,剥削活劳动并非剩余价值及利润的惟一来源;第二,在完全竞争经济中,理性的资本家只采用那些可以降低单位成本的技术,而成本降低和资本有机构成提高并不是一回事,两者之间没有一元对应关系。换句话讲,新技术的应用不一定导致有机构成的提高,利润率随新技术的采用而降低的推论缺乏理论依据。相反,正如萨缪尔逊(1972)和罗默(1977)等人所证明的,在新的均衡价格下,随着成本降低型技术的应用,利润率会不断提高! 对实际数据的统计研究(韦斯科夫Weisskopf, 1979),也表明利润率并没有明显的下降趋势。

阻止利润率下降的最重要因素是技术进步。新生产技术的应用带来的利润增加使资本家可以拿出一部分钱来提高工人的工资以缓和阶级矛盾,无产阶级绝对贫困化和相对贫困化的断言不仅没有实际统计数据的支持,其逻辑分析前提,即利用率下降引起的剥削强化,也是站不住脚的。马克思正确地注意到了生产技术和社会关系之间的联系,但劳动价值论和不严谨的逻辑推论使他得出了无法为历史进程所证实的预言。

五、结 语

到此为止,引言中所提出的第一个问题得到了部分回答,上述西方学者的研究表明,马克思政治经济学本身的确存在着问题。这些问题的产生归纳起来大致有这样几个原因:1. 受分析手段的限制,马克思没有也不可能为他的政治经济学奠定一个微观经济学基础,加上数学分析方法的缺乏,使得马克思的整个逻辑分析体系显得很不完整,破绽时有发生;2. 不必要地坚持劳动价值论导致了理论上无法证明,实践中得不到验证的结论,例如平均利润率下降的趋势和无产阶级贫困化;3.运用辩证分析方法,马克思注意到了生产力和生产关系的相互作用,并认为生产力作为最活跃和最基本的因素,不断突破现存的生产关系为自己开辟进一步发展的道路,但是在生产力对生产关系的作用方式上,马克思没有贯彻他的辩证方法。生产力的发展既有突破现存生产关系的倾向,同时又为现存生产关系提供了进一步发展完善的可能性。因此,生产力和生产关系的矛盾的社会表现既可以是对抗,例如阶级斗争、社会革命,也可以是共存和阶级矛盾的缓和,正如我们在现实世界中所观察到的那样。

尽管如此,马克思仍不失为人类历史上一位伟大的思想家。像任何历史人物一样,他的思想不能不受到他所处时代的限制,当我们根据现代经济的发展,应用现代分析手段重新检验前人的思想时,我们不能苛求前人,而应该作客观的历史的评价。另一方面,如果认为前人的思想绝对正确,可以不加修正地应用于今天,同样也是不可取的态度。事实上,当西方学者对马克思政治经济学作学术分析的时候,西方非执政的共产党相继宣布放弃暴力革命和无产阶级专政;而东方的社会主义国家——南斯拉夫、匈牙利、中国、苏联,则以经济改革和实际经济政策的转变提出了时代的课题:是僵硬地固守落后于时代的教条,抑或发展新的理论,以适应新时代的要求?

参考文献

1. Braverman, H., 1974, Labor and Monopoly Capital, New York: Monthly Review Press.

2. Morishima, M., 1973, Marx's Economics, Cambridge: Cambridge University Press.

3. Morishima, M., and F. Seton, 1961, "Aggregation in Leontief matrices and the labor theory of value," Econometrica.

4. Roemer, J. '1977 "Technical change and the 'tendency of the rate of profit to fall'," Journal of Economic Theory 16, Dec.

5. Roemer, J. 1982, A General Theory of Exploitation and Class, Cambridge: Harvard University Press.

6. Roerner, J. 1986, Value, Exploitation and Class, Harwood Academic Publishers GmbHo.

7. Samuelson, P., 1972, "A note on 'understanding the Marxian notion of

exploitation'," Journal of Economic Literature 10.

8. Samuleson, P. , 1982 "The normative and positivistic inferiority of 'Marx's values paradigm," Southern Economic Journal 49.

9. Vegara, J. , 1979, Economia Politica y' Modelos Multisectorales, Madrid: Biblioteca Tecnos.

10. Weisskopf, 1979, "Marxian crisis theory and the rate of profit in the postwar U. S. economy," Cambridge Journal Of Economics 3.

(原载 1989 年《知识分子》)

信息、企业监控和流动性

——关于发展我国证券市场的几个理论问题

一、导　言

如果从上海证券交易所的正式营业算起，证券市场在我国已有 5 年的历史。这个市场虽然存在着各种各样的问题，但它在建立社会主义市场经济体系过程中发挥了、并正在发挥着不可或缺的作用。本文的主要目的并非总结其成功之处，而是就如何进一步发展这个市场、使它尽快成熟、走向规范化和国际化进行一些理论探讨。理论研究之必要性体现在两个方面：第一，若无认真深入的理论研究，政策制定者就不可能从宏观经济全局的角度认识证券市场的重要性、把握证券市场和国民经济其他部门的关联，在制定政策时难免头痛医头，脚痛医脚，忙于一时应急而放弃长远考虑；或者迫于民情舆论，乃至屈从利益集团的压力，作出对国民经济和证券市场长期发展不利的决定。第二，对于投资人、业者和上市公司来讲，缺乏理论分析往往导致非理性预期，例如不少股民认为入市就是要赚钱，而且要赚大钱，赚不到则归罪于政府政策，制造压力促使政府出面救市。一些机构则将炒作视为天经地义。心理预期的偏差导致非理性行为，不仅给投资人和业者造成经济损失，客观上扰乱市场秩序，迫使政府以行政手段进行干预，形成民众和政府之间一种"剪不断，理还乱"相互掣肘而不是相互推动的关系，对证券市场的成长极为不利。

浏览国内最近的报纸和刊物，涉及证券市场的文章和论述数量相当可观，俨然成为学界、商界、新闻界甚至政界的一大热点。仔细观察，不难发现这些出版物有以下两个特点：一是众多的文章均围绕二级市场而做,股价消息不绝于耳,股评专家不绝于途,偌大一个证券市场,似乎只有个人流通股这一点题材。二是泛泛而论者多(称为"泛滥"并不为过),专门研究特别是做实证研究和理论研究者寡。有关证券市场的一些最基本的问题,其中有些也是最根本的问题,反倒无人过问。例如,证券市场的经济功能到底是什么?它在社会主义市场经济体系中到底如何定位?对这些问题的回答很大程度上决定了政府及监管部门的政策取向,并构成投资人和业者心理预期的基础。又如,证券市场有哪些特点?这些特点反过来又如何影响其经济功能及政府监管方式?本文试图讨论这些问题,希望引起学界同仁的注意,并为制定政策提供理论依据。

二、证券市场的经济功能

我国学者具有很强的概括能力,我们经常可以看到"三大趋势""五个基本方面"之类的说法。依此惯例,我们将证券市场的作用分为四项:直接融资;转变企业经营机制(在本文中等同于建立现代企业制度);提高投资流动性,减少投资风险;中央经济当局实施间接货币政策的场所。这四项经济功能是互相关联的,不可能完全隔裂开来,例如企业的融资方式不可避免地会影响企业的经营机制。为了论述的方便,我们仍逐一分别予以探讨。由于本文的重点是资本市场,第四项功能涉及债券市场和货币政策,我们在这里略去不谈,集中分析前三项。

1. 直接融资

企业在证券市场上向公众发行股票和债券,不必以银行作为中介,可直接获得资金。这虽已为人们所熟知,但很少有人作进一步的思考:为什么我们希望通过证券市场进行融资而不走计划经济体制下传统的资金分配渠道?为什么要在证券市场上融资而不依靠银行?换句话说,通过证券市场融资比国家统一分配资金和银行贷款有什么优势?

首先看一下国家统配资金的问题。无论何种资金配置体系,为确保资金配置的效率,有两个条件是必不可少的:充分的信息以及有效的激励机制。所谓充分的信息指的是资金配置者要掌握资金投在哪些地区、哪些部门或哪些项目上,才能产生出最大的经济效益,资金配置者还要对投资风险作出尽可能准确的判断。信息的收集、整理、分析并不是无偿的,在中国这样的一个大国里作全国性的投资效益及风险分析,可以想象,信息成本会非常之高。其他暂且不论,为了建立一个信息从基层经济单位到国务院的传输系统,我们就必须维持一个庞大的行政机构群,这个行政机构群的效率和成本,我们是非常清楚的,如果过去它们是有效的话,就不会有今天的经济改革。

对于国家统配资金来讲,比信息成本更致命的问题是信息的准确性。中央依赖地方基层报数字,地方和基层出于自身利益的考虑,必然以数字引导中央作出有利于本地区和本单位的投资决策,数字中的“水分”是无法避免的,也就是说,由于地方和中央经济利益的不一致,中央政府缺乏有效的激励机制以保证地方上报信息的准确性。中央政府同样也有激励机制的问题,政府官员的个人利益和投资决策的成功失误与否没有直接的联系,他们没有积极性去核实下面报上来的数字和材料,况且核实本身又增加了一道成本。由于信息误差造成的投资损失,我们可能永远得不到确切的统计数字,几十年下来,若讲数以百亿甚至千亿计,恐怕不会夸张。

我们现在来看一下在一个有效的证券市场上资金是如何配置的。所谓有效市场按照美国经济学家法马的定义[①]是指这样一个市场,市场上每个公司股票的价格反映了所有关于该公司基本面的信息,例如公司的盈利,管理层的能力,业务和资产增长情况等等。特别需要说明的是,该公司所处地区和行业,中央政府经济政策的变化,都会对公司的经营发生影响,因而这些信息也应该反映在该公司的股票价格上。举例讲,设想甲、乙两个除地理位置外其他方面完全相同的公司,甲公司位于沿海,接近海外市场,易于获取国外先进技术,乙公司则地处内陆,较为闭塞。在一个有效市场上,股票价格应反映出两公司地理位置不同对盈利的影响,显然,甲公司的股票价格应高于乙公司。同样,具有增长潜力的公司例如高科技公司,其股票价格也应该反映出这些公司的远期盈利能力,从而使这些公司的股价高于传统工业公司。在市场上,资金自然流向利润高的企业,在股票价格的导向下,无需政府操作,市场可以自动实现资金的有效配置。需要强调的是,市场配置资金的效率,极大程度上取决于价格信号的准确性。

---

① 尤金·法马:《股票价格行为》,《商业杂志》,1965。

从投资者的角度讲,如果一个市场是有效的,投资者只要知道了股票价格,即可了解影响公司经营的所有因素,因为在一个有效市场上,价格已包含了所有关于公司盈利情况的信息。换言之,投资者只需要掌握股票价格的变动情况,就可以作出投资决策,和计划经济下庞大的信息收集系统相比,信息成本大大降低。当然,我们这里讲的是一个有效市场,一个理想的参照系,现实世界肯定要复杂得多,但我们不能以现实世界的复杂来否定理想参照系的重要性。物理学中,无摩擦的牛顿力学体系实际上是不存在的,经济学中,无交易成本的完全竞争市场也是不存在的,尽管如此,人们仍在研究它们。如果没有一个理想的参照系,所有科学,无论自然科学还是社会科学,就失去了根基,失去了共同的出发点,也就不成其为科学。从政策的角度讲,没有一个理想目标,制定政策就失去了方向,失去了依据。我们讨论有效市场,有一个理想状况下分析认识市场的经济功能,最终还是要回到现实中来,找出现实和理想的差距,研究如何提高证券市场汇集信息的效率。

证券市场不仅降低了信息成本,而且也解决了激励机制的问题。和国家官员不同,投资者在市场上是要赚取利润的,投资回报和信息量以及信息准确度直接相关,出于自身利益的考虑,投资者要求并监督上市公司提供充分和准确的信息。另一方面,上市公司若想将证券市场作为长期稳定的融资渠道,它们不敢以误导信息欺骗投资者于一时,而损害自己的长期融资能力,股民上当一次,以后谁来买你的股票? 这里当然还有法律和职业道德问题,但最根本的仍是利害关系,权衡近期利益和远期利益,上市公司应该提供准确信息,这是符合公司长远利益的,同时也有利于投资者。

在比较了国家统配资金和证券市场直接融资的利弊后,我们需要回答的另一个问题是:银行间接融资是否比证券市场直接融资更为有效? 为了分析的方便,我们假设银行是摆脱了行政干预、独立经营、以利润最大化为目标的金融企业。完全商业化的银行和完全商业行为的借贷人之间,激励机制不是一个很严重的问题,问题在于如果没有一个有效的证券市场,银行失去了一个重要的信息源,银行势必要像中央政府一样,建立一套信息收集和信息处理系统,从而大大增加信息成本。除此之外,维持银行运作的成本也相当可观。另有一点不同的是,作为债权人,银行一般不介入公司的日常操作,仅在公司经营发生困难、无法偿还债务时出面接收、拍卖公司的资产,这就决定了银行对公司的监控属于事后监控,也就是说,银行完全依赖破产对管理层形成的压力来保证其投资效益。在证券市场上,投资人同时也是上市公司的所有者,他们出席股东大会,进入董事会,对公司进行即时监控,防患于未然,而不仅仅是出了问题无法收拾时再来干预。显然,股东对企业的监控力度远远超过银行,从这个角度上讲,直接投资的风险小于间接融资。

讨论到这里读者会问,既然如此,还要银行做什么,何不让所有的企业上市。实际上即使在西方证券市场相当发达和成熟的国家中,直接融资也只占企业外部融资的一小部分(见表一),股票融资份额最高的加拿大,只不过占企业外部资金总量的 1/4,份额最低的美国,通过发行股票筹集到的资金只占外部融资的 2%。股票加公司债券之和,在美国也只有企业外部融资的 32%。按照所有资金(外部及内部)来源的重要性排序,第一是企业的自有资金,接下来是银行贷款,最后才是债市、股市直接融资。为什么会产生这样的现象?这就涉及前面所讲的证券市场汇集信息的效率问题。

表一　发达国家企业外部融资来源比重(%)

	美国	日本	德国	英国	法国	加拿大
银行贷款	62	60	58	63	70	29
股　票	2	5	6	14	18	25
债　券	30	5	1	8	2	15
其　他	6	30	35	15	10	21

资料来源:格兰·赫巴德,《金融体制、公司财务和经济发展》,芝加哥大学出版社,1990。

证券市场虽然为企业和投资人之间的信息交流提供了很好的激励机制,避免了计划经济体制下基层报假数、国家用假数的弊端,但市场并不能完全解决激励机制的问题,因为现实世界中并不存在我们前面所讲的完美的有效市场。在非完美市场上会出现什么问题,我们通过下面的例子给以说明。设想甲乙两个上市公司,甲公司股票的真实价值是 10 元,乙公司股票的真实价值是 4 元,再假定信息收集和分析是有成本的,例如股民不知道如何读企业的财务报表,需要花时间、交学费上课学习,订报纸经常阅读等等,如此用掉的时间和金钱就是信息成本。当信息成本高于股市投资预期收益时,投资者就不再收集更多的信息,这样,信息成本决定了股民不可能拥有完备的信息,不可能完全了解这两家公司股票的真实价值,而仅仅有一些粗略的概念。投资者可以利用手头有限的信息对这两家公司作出一般性的综合判断,比如说他们知道这两只股的平均价值是 7 元,但并不知道哪一家高,哪一家低。上市公司预见到股民没有完备信息,分辨不出"真假猴王",便利用此机会赚钱,具体讲,乙公司会设法滥竽充数,上市挂牌和甲公司一样,也报价 10 元。股民有一些信息,这些信息足以使他们认为 10 元的价格是不合理的,但却不足以使他们识破乙公司的假冒,股民于是在市场上坚持非 7 元以下的价格不买。结果如何?乙公司高高兴兴地将自己只值 4 元的股票抛出,实现每股 3 元的超额利润,甲公司则不愿将本公司价值 10 元的股票以 7 元的价格卖掉,甲公司别无选择,只能退出市场。

这个现象在西方经济学中被称为"非对称信息造成的负向选择",非对称信息是指上市公司比投资者更了解本公司的经营情况,拥有更多的信息。乙公司虽有更多信息,但出于上市揽钱的目的,不向投资者披露,更重要的是,即使乙公司将公司实际情况和盘托出,只要市场上有其他公司在提供误导信息,投资者就不会完全相信乙公司讲的话,既然实话人家也不信,何苦去讲。结果是诚实者为说谎者所累,市场不能自然选择绩优公司(甲公司),反而是"垃圾股"(乙公司)在市场上流行,这就是负向选择的含义,其道理和经济史上的"劣币驱良币"类似。国内现在的假冒伪劣所造成的危害,说穿了也是非对称信息下的负向选择,消费者没有完美信息,不能区别真伪,成本高的高质量产品无法和廉价的伪冒品竞争,最后是所有同类产品从市场上统统消失。对于证券市场来讲,负向选择不仅使市场萎缩,而且降低上市公司的总体素质,长久下去,最后必然是投资者丧失信心,股市关门大吉。

非对称信息下的负向选择可以很好地解释证券市场上的一些现象。为了减少负向选择,世界上所有的证券监督机构无一例外地制定并执行严格的信息披露制度,对违规者给予重罚。它也解释了为什么上市公司一般都是大型、知名公司。大公司的信誉是一笔非常宝贵的无形资产,大公司不愿为一时眼前利益而损坏公司声誉,投资者知道大公司的这种心理,相信大公司讲的话,容易对大公司产生信任,投资者和公司间的信息交流较中、小公司有效得多，股票价格因此可以较好地反映公司的经营情况。中小企业特别是不知名的小企业则不然，对它们来讲，很可能行骗一次赚的钱够花一辈子的，做一锤子买卖，不必顾及信誉。这样，非对称信息下的负向选择就解释了为什么股票上市在西方国家并不是企业融资的最重要渠道，其原因正在于为减少负向选择所造成的伤害，证券监管机构不得不将大量的中、小公司拒之股市门外。

从上面的讨论可以看出，证券市场说到底是个信息市场，融资效率的核心问题是股票价格能否及时、准确反映公司经营的基本面信息，也就是说市场效率的核心问题仍然是如何提高信息的充分性、准确性以及建立保证信息充分、准确的激励机制。笔者对上海100家上市公司股票1993、1994两年的价格变动做了一个统计分析，结果表明，上海股票价格的信息含量平均在40%左右，而纽约交易所价格的信息含量是88%。换句话说，60%的上海股价变动是由非信息因素如投机、市场操纵造成的，美国股票价格的非信息成分只有12%。我们将在第三节中分析与信息有关的政策问题。

2. 建立和转变企业经营机制

证券市场的这一作用在西方称为市场对企业的监控，这种监控大致通过三个渠道来实现：外部接管、签订以股票价格为基础的管理合同以及股东的直接干预。先说外部接管机制。如某上市公司的管理人员经营不善，在一个有效市场上，公司效益的下降必然表现为股票价格的不断跌落，当股价跌到一定程度时，比如说降到每股净资产以下，外部投资者会认为收购该公司是有利可图的，有可能通过大量购入该公司的股票达到控股的目地，然后以控股股东的身份撤换管理班子，改组该公司。股价越低，外部接管的可能性就越大，对管理层来说，外部接管意味着他们将失去工作，失去高工资以及与职位有关的种种特权。在外部接管的潜在威胁下，管理层不得不认真工作，努力提高公司效益，推动股票价格上涨。另一方面，外部接管机制也保证了股民的利益。需要强调的是，外部接管机制的有效性依赖于证券市场的有效性，即股票价格在多大程度上反映公司的经营业绩，如果因为投机炒作等因素，业绩差的公司其股价并不低，外部收购者不能以低价买到对公司的控制权，因此望而却步，外部接管对管理层就形成不了压力，管理层也就

330

没有动力去改善公司的经营。换句话说,低效的市场掩盖了上市公司管理层的失职,保护了效益差的公司。

证券市场对公司的这个监控机制在美、英等国表现为频繁的收购与兼并活动。德国和日本似乎是两个例外,我们并没有观察到很多的企业购并,这和两国的金融及公司体制有关,我们下面还会再讨论这个问题。

证券市场对公司监管的第二个渠道是股东以股票的市场价格为基础设计和管理层的合同,具体的做法是付给管理人员少量的现金工资和大量的本公司股票,以此将管理人员的个人利益和公司的市场表现直接挂钩,股价低,管理者的收入就跟着下降,股价上升,管理者的收入增加。美国克莱斯勒公司前总裁艾柯卡的工资账面上超过 500 万美元,其中只有 100 万是现金,其余都是克莱斯勒的股票。同样,管理合同机制的有效性也取决于证券市场的效率,如果股票价格不能有效反映公司的经营状况,股东和管理层的合同便失去依据。即使合同签了,也有可能起不到应有的作用,合同非但没有引导管理人员改进经营("经营再好不如庄家炒"),反而鼓励投机行为和短期行为,比如制造假消息,抬高股价,乘势兑现,先捞一把再说等等。

证券市场对公司监控的第三个机制是通过股东的直接干预而实现的。以股东为主体的监控可分为主动式和被动式两种:如果公司效益长期不好,股东可以随时向管理人员发出警告,并在必要时撤换高层管理人员,这是主动监控,所谓"用手投票",股东对管理层构成直接约束。被动监控是指主要股东在公司业绩差时,将手中所有股份抛出,这是所谓"用脚投票",一走了之。"用脚投票"对管理层形成的约束力度和主要股东的身份及特点有关,如果是分散的个人小股东,走了就走了,管理层并不在乎。但如果是大股东,或和本公司有着长期合作关系的大企业,特别是当这些大公司同时又是本公司的客户时,例如汽车总装厂持有汽车零件厂的股份,这些股东撤出所造成的后果可能是灾难性的,它意味着客户对本公司已经丧失信心,正在寻找其他零件厂作为合作伙伴。如果股东是持有公司债权的金融机构,这些股东的退出也会给公司带来很大的冲击,公司也许会因此失去重要的融资渠道,从而发生借贷困难。大股东在市场上的抛售,也可能造成公司股票价格的大幅度下跌,使管理层面临更大的压力。在所有这些情况下,管理层必须就兢业业,为股东的利益也是为了自己的利益而更加勤奋地工作。有资料表明,德国和日本的投资人主要利用股东监控的机制选择优秀的管理者,淘汰素质差的,并对在岗位上的高层管理人员形成有效的监督。

第三种监控机制看上去似不需证券市场作为基础,其实不然,为保证股东监控机制的有效性,必须有证券市场,这是因为证券市场有着两个其他机构所无法替代的功能:首先,在一个有效证券市场上,股票价格反映了公司经营的所有信息,包括股东无法从公司财务报表上了解到的信息,例如社会公众对公司的评价和信心,公众评价好很可能意味着公司产品销路好,或其他与公司盈利有关的因素。这样,股票价格成为股东决策的重要信息源,从而构成决策的重要依据。第二,若无证券市场,股东就不可能"用脚投票",想走也走不了,大股东的初始投资成了累赘,被公司或管理层握在手中当作"押金""人质"。如果股东是债权人比如说非银行金融机构,公司盈利再差,它们也不得不想办法追加贷款,只要帮助公司渡过难关,金融机构才有希望将新老贷款都收回来。公司和大股东的关系这样就变得类似于国家和国营企业之间的关系,企业成为投资者的"鸡肋",食之无味,弃又弃不掉;另一方面企业预期到投资人的这种心理,不会将全部心思用在经营管理上,而是设法将股东更深地拖下水,股东卷入越深,股东的利益和企业及管理层的利益越一致,管理者的地位就越稳固。计划体制下为什么企业争投资,铺摊子,其中的一个重要原因就在于此。

这也是证券流动性的作用,和一般所讲的二级市场、炒作的、以换手率衡量的流动性不是一回事。我们这里所谈的流动性是股东有可能"用脚投票",增加对企业的约束力度,有助于提高企业的经济效益,这样的流动性因此具有经济合理性。单纯的二级市场炒作如果不能对企业行为发生有利影响,而只是给国家创造税收和给证券公司带来手续费收入,这样的流动性除了助长投机之风,笔者实在看不出它的实际经济功能,因为即使国家税收和证券公司的利润说到底也是来自上市公司的盈利。如果没有新的资金进入股市,对于一般股民和机构来讲,作为一个投资总体,他们在股市上赚到的钱不可能超过所有上市公司的利润总额,股市上赚钱不可能有其他来源,股市不是魔术师,它不能无中生有。只要没有新的资金入市,在二级市场上如果有人赚,必然有人亏,单纯的二级市场炒作仅仅将资金在投资者之间进行重新分配,它本身并不能创造任何价值。当然,为了分散投资风险,一个活跃的二级市场还是有必要的,我们在下面还会涉及这个问题。

读者也许会问,股东何不对企业实施直接监控,而不过分依赖证券市场,不必通过"用脚投票"的方式达到提高企业效益的目的。一个可能的解释是,与主动监控相比,被动监控的成本低,在未做深入的实证研究之前,我们无法给以确切的回答,而只能做概念性的描述。"用脚投票"比较简单,把股票一抛了事。公司的大股东如想做主动监控不仅要承担跟踪监视企业的成本,而且还要和其他股东沟通,在作出重大决策之前,协调其他股东的行动。虽然作为股东所有投资者的利益是一致的,但一项决策可能使某些股东获利多,其他股东获利少,甚至受到损害,由此造成的沟通、协调成本会很高,在最坏的情况下,股东之间形成不了决议,也就是说协调成本这时趋向无穷大。

比较这三种监督控方式,外部接管可能不太适合东亚文化,中国人讲究"和为贵",再怎么样也不要伤了和气。更重要的是,还不仅要大幅调整管理班子,作为公司重组的一项措施,外部接管往往伴随着大规模的裁员,从而造成社会问题。美、英等国社会保障系统发达,公司及社会承担大量失业冲击的能力较强。由于根植于东亚文化中集群意识,不仅是中国,不仅是公有经济,东亚国家的传统是公司办社会,公司为员工提供医疗、退休、养老等社会保险(例如日本就没有美国式的社会保障系统),作为交换,员工视公司为家,尽心尽力。东亚社会中,群体和个体之间这种强有力的纽带一旦被割断,严重的社会问题随之而来。一个明显的例子是企业破产在中国非常之难,它不单纯是公有制的问题,长期以来形成的个体与群体之间的相互依赖如果被破产裁员所打破,社会上又没有现成的替代机构和机制,以执行企业的社会功能,在这种情况下,如何不产生社会问题?因此,考虑公司监控方式时不能忽视文化背景以及文化基础上所形成的社会结构的差异,社会文化背景的差异有可能正是造成美、英和德国、日本之间企业制度差异的原因,起码也是重要原因之一。

第二种借助于管理合同的监控机制同样受到社会文化的制约,为了提高合同对管理者产生的激励作用,股东要给高层管理人员大量的本公司股票。在美国,以百万美元计的股票工资合同是常见的事情,道理很简单,数量小了起不到作用。这种收入分配的极端化,社会民众心理能承担到什么程度是个值得认真研究的问题。日本大公司高级管理人员的年薪一般也就是几十万美元,比美国低一个数量级,这并不是偶然的现象,它不单反映了两国收入分配政策的不同,也表明了日本投资者对公司管理层的监控是通过其他渠道实现的。

笔者并不认为社会文化是决定对上市公司监控机制的惟一因素,正相反,经济效益始终应该是最主要判别指标,我们之所以强调社会文化的重要性,也正是由于社会文化对经济效益的影响,在美国行之有效的监控手段拿到日本就不一定行得通,反之亦然。假如我们认为第三种方式,也就是股东的直接监控(被动的或主动式的),较为适合中国的国情,接下来的问题是如何提高股东监控的有效性。

在对1993年所有深沪上市公司进行统计分析时,我们发现了一个有趣的现象,无论用何种指标衡量,深圳上市公司的效益与国家股比重成反比(国家股比重越大,企业效率越差),和法人股所占份额成正比,和个人股、职工股、B股比重无关。令人意外的是,上海上市公司的效益和股本结构全然无关。对这个统计结果的解释需要慎重,需要作进一步分析,也不排除统计误差的可能性,但毕竟这个结果起码表明了股东对企业的监控是有所不同的,而且在某几点上和我们的日常观察相符合。例如国有股,到现在为止,国有股股东是谁,谁来代表国家行使股东的权力,如何行使股东权力,都没有真正落实,国家股东对企业的监控从何谈起? 实际情况很有可能是国家股份额越大,越是无人关心企业资产增值,企业效益因而也就越差。关于个人股,西方学术界在20世纪30年代就开始研究企业所有权越来越分散,以及所有权和管理权分离所造成的问题,其中之一就是"搭便车"问题。由于小股东只握有某一公司的一小部分股票,比如说十万分之一,这个小股东投入时间、金钱去监督公司的经营管理,即使公司的盈利因此而提高了,这个小股东只能得到十万分之一的好处,却必须承担所有的监控成本,他自己得不偿失,其他股东没做任何事也可分享利益。在这种情况下,没有人愿意出面做监控工作,另一方面,所有的人都想搭便车,结果是"三个和尚没水吃",所有权形同虚设,企业经营无人过问,实际上还是管理者想怎么干就怎么干。

解决搭便车问题的办法之一是适度集中所有权,如果一个大股东握有某公司1/3的股份,在同等监控成本条件下,不难想象,这个大股东的监控积极性比小股东高得多,他可以拿到 1/3 加强监控带来的好处,而不是十万分之一。大股东不仅可从所获利润中补偿监控开支,由于它们的特殊地位,比如说本身就是一家大公司或金融机构,他们代表着现实的或潜在的商业联系,他们讲话的分量往往超过他们的股权份额,从而使他们的监控活动更为有效。日本公司之间的交叉持股,德国的商业银行控股,以及我国深圳上市公司效益和法人股之间的关系,是否都说明了股权适当集中的必要性和有效性?

如果我们初步的统计分析得到验证,一个必须回答的问题是:法人股东为什么没有对上海上市公司形成有效监控?在未做进一步研究之前,笔者很难给出准确的答案,只能在此提出一些供研究人员参考的思路和线索。一般业者、股民都认为上海市场集中了国内主要的金融机构,炒作投机之风较深圳更盛,炒作的结果是股价偏离公司的基本面,不能真实反映公司业绩。对于股东来讲,当然希望通过监控改善公司业绩,优良的业绩最终体现在股价上,如果一份监控得不到一份回报,股价主要由庄家炒家决定,监控还有什么意义?上海上市公司效益和公司股本结构没有任何关系,原因之一很可能是上海股市波动过大,股票价格很难准确反映公司业绩所致。

3. 提供投资流动性,减少投资风险

证券市场所提供的流动性的作用上面已提到一项:它给股东增加了一个选择,使股东有可能采用低成本的"用脚投票"方式监控企业。流动性的另一作用是分散投资风险,我们仍然用构造假想例子的方式来说明证券市场的这一功能。设想甲、乙两个公司,投资于这两个公司的预期回报相同,都是 10%,投资于两公司的风险假定也相同,均为 20%,也就是说每个公司经营失败破产关门的概率都是 20%,当发生破产时假设股东将丧失所有投资。如果某投资人有 100 元的资金,他若将所有资金投入甲公司,预期回报是 10%,如将所有资金投入乙公司,预期回报同样是 10%,在这两个方案下,投资风险都是 20%。现在考虑第三方案:50 元投入甲公司,50 元投入乙公司,由于两公司预期回报相同,50 元在甲公司获得 10%的回报,50 元在乙公司获得 10%的回报,加起来总的预期回报和前两个方案一样。方案三看起来并没有什么优势,其实不然,它的最大好处是在保证同样预期收入的条件下,大大降低了投资风险,这是因为甲、乙两公司同时都破产的概率只有

$20\% \times 20\% = 4\%$，这意味着投资者丧失所有 100 元资金的可能性只有 4%，如果采用方案一或二，丧失所有投资的可能性是 20%，投资风险相差 5 倍！俗话说"不要将所有鸡蛋放在一个篮子里"，讲的是同样的道理。

西方经济学家马柯维奇、米勒、夏普等人在分散投资风险这个简单道理的基础上建立了现代资产组合理论，三人因此而获诺贝尔经济学奖。根据这个理论，投资人要研究具有不同预期回报和投资风险的公司，选择一个最佳的组合，在给定的预期回报率约束下，将总体投资风险降到最低。不仅如此，投资者还要在经济环境发生变化时，及时调整资产组合，这就引出了证券市场的一个重要的经济功能：投资者（金融机构、公司企业或个人）依托证券市场，可以方便地进行最优资产组合以及资产组合的即时调整，为投资者实施风险管理开辟了另一渠道。如果没有证券市场和众多的上市公司，每个投资人都必须自己去寻找、评估投资机会，以实现最优资产组合，可以想象，分散的单独的寻找方式不仅效率低下、成本高，并且不可避免地会有大量的重复劳动，从而造成社会资源的浪费。

流动性的第三个作用是加快信息的流通，将信息尽快融汇到价格中去，提高价格反映信息的速度。我们前面已提到，所谓有效市场是指市场能够及时准确地反映所有有关公司基本面的信息，那么价格究竟是如何反映信息的呢？具体讲是通过二级市场上的交易。例如某投资人通过内部关系了解到某公司正在和外商洽谈一项引进技术，这项技术将使该公司在国内同业竞争中处于领先地位，公司前景实际比外界报道的还要好。这个投资者一定会利用这个信息，大量购入该公司的股票，以便日后在高价位上抛出套利，他买入的结果是拉动该公司投票价格上升，其他股民观察到价格的上涨，推测是利好消息所致。这样，信息通过交易，再经由交易造成的价格变动进入市场，在投资人之间传播开来，市场的流动性越高，越容易成交，价格变动越频繁，信息传播就越快。当然，这并不意味着流动性越高越好，我国证券市场的问题是流动性过高，超出正常，其危害我们在下一节讨论。

在转入政策分析之前，我们对上面关于证券市场（主要是股票市场）经济功能的讨论做一小结。需要强调的是，我们所说的经济功能指的是价值的创造或成本的节约，而不是收入的再分配。证券市场通过什么方式,如何创造价值?证券市场为什么能够并且如何降低信息成本、投资成本?证券市场如何提供对企业的有效监控,如何降低监控成本?这是本文试图要回答的问题,是本文的出发点和归宿,这也应该是学者研究问题、决策者制定政策的出发点和归宿。证券市场的经济合理性在于:(1)它可以大大降低投资者(再明确一下,投资者可以是金融机构、公司企业或个人股民)的信息成本;(2)投资者可以借助于证券市场建立对企业的有效监控机制,提高企业的生产经营效益;(3)投资人通过证券市场构造风险最小的最优资产组合,并根据经济形势和上市公司经营情况的变化随时进行调整。判断一个市场是否有效的准则就是要看它是否很好地发挥了这三项功能,当然实际上可能不止三项,政策的制定和监管方式的设计也要看是否有利于证券市场更好地发挥这些实际的经济功能。

三、政策与监管

由于对国内情况的了解有限,笔者不可能也无意在这里开出一张"十全大补"的药方,而仅以上面的理论讨论为线索,带出若干政策与监管问题。

1. 与信息有关的政策问题

我们已看到非对称信息下的负向选择对市场的有害影响,大公司顾及信誉,着重长期利益,易于获得投资者的信任,信息不完备的问题虽仍然存在,但没有中小公司那样严重。我国上市公司规模偏小,知名度高的大公司似乎很多都拿到香港和海外上市去了,可能是担心大公司上市对股市的冲击过大。将大公司放到海外对国内证券市场来讲,无异于釜底抽薪。没有一批蓝筹股公司作为骨干,中国股市就挺不起腰来,摆脱不了垃圾股市的阴影。股市上没有人认真做投资,除了其他原因,也实在是没有太多值得认真的对象。上市公司圈一把钱了事,券商、机构以炒作为生,散户无论输赢过一把瘾就死,如此股市,怎得长久?政府决策机关若想让资本市场起到有效配置资金的作用,必须提高上市公司的规模、质量和知名度,如果国家不认真,谁还和你动真格的?谁还能有长期行为?

关于证券市场汇集、传输信息的作用,国内普遍有一种误解,认为中国股市的一大问题是"消息市"和"政策市",殊不知股市就应该是消息市,就应该是政策市。股票价格若不反映信息,若不随着政府政策的变化而波动,这个市场反而是有问题的,说明它在汇集和传播信息方面是低效的,需要采取措施提高市场对信息的敏感度。笔者对美国股票市场(主要是纽约和 NASDAQ)观察得到一个印象:造成市场波动最大者莫过于联储局(美国中央银行)的货币政策,联储局主席在国会做听证时他讲话的每个词,甚至他讲话的语气和手势,华尔街都有专家做详细的分析,他讲话的前后几天,道琼斯指数往往呈现较大幅度的波动。货币政策影响国家经济的各个方面,包括上市公司的盈利前景,理所当然地要影响公司股票价格。世界上没有一个股市不受政策影响,没有一个股市不受消息的冲击。之所以产生那种误解,原因之一就是对证券市场的真正经济功能认识不清,理论上的误解导致股民和业者的非理性预期。令人感到困惑的是,学者们非但不出来澄清,反倒跟着数落消息市和政策市的弊端,抱怨的文章处处可见,决策部门白白做了冤大头,成了出气筒,天天顶着偌大的压力过日子。

证券市场的要害是信息,从这个角度看问题,我国证券市场的区域分布似应以沪深两家全国性市场为主,辅以若干地方性市场。这是因为中国幅员广阔,并且是一个发展中国家,通讯技术和装备仍比较落后,信息的传递很大程度上是区域性的。比如上海人对上海公司的了解就比对北京公司的了解深入,当地人在地方性市场上对本地区的公司掌握较多的信息,有助于减少负向选择,使资金流向效益好的企业。即使在发达国家中如美国,也仍然有波士顿、费城、旧金山等几个区域性证券市场,以本地公司为主要交易对象。

对于中国来讲,区域性证券市场另一潜在的作用是配合目前正在进行的国有资产优化组合。中国经济发展的一个特点是区域间的不平衡,产品、生产资料、劳动力市场很大程度上是地方性的,企业间的协作也往往局限于历史上形成行政区划单位内。这一特点估计在今后相当长的一段时间内不会改变。这一特点决定了以兼并和收购为主要方式的国有资产重新组合将是区域性的,在提高资产重组的效率以及加强对重组之后企业的监控等方面,区域性证券市场可能较全国性的市场更为有效。另一方面,市场的监管毫无疑问应是统一的,一律实行国家的证券法,地方无权制定任何形式的当地的证券条例,地方市场高层管理人员由中央任命,直接对中国证监会负责。

2. 机构投资人和企业监管

关于投资者透过资本市场对上市公司进行监管的问题,前面已经谈到,国有股和个人股比重似乎均与企业效益无关,只有法人股股东在深圳市场上能够有效监控上市公司,对公司效益产生积极影响。如果这个观察被进一步证实,我们有必要重新认识法人所有权,从建立社会主义市场经济体系的角度研究法人所有制。法人所有制仍然是公有制,法人所有制下的企业效率比传统的国家所有制和分散的 A 股个人所有制都要高,社会主义市场经济体系是否可以在法人所有制的基础上构造?这是一个涉及理论、法律、政策等多方面的、极为复杂的问题,显然已超出了本文的范围,我们在这里只能对与证券市场有关的问题进行一些探讨。如果法人股在经济上是有效的,培育法人投资主体,加强扩大法人股市场,制定相应的法人交易规则等政策措施就要提到政府决策部门的议事日程上来了。世界各国之中,德国与日本的证券市场向来就以机构投资人为主导。个人所有制最发达的美国,机构持股的市场份额也在 1992 年首次超过了 50%,并呈现稳定增长的趋势。美国的研究表明,机构持股不仅提高了股东对公司的监控力度,机构持股份额高的公司效益高于其他上市公司,机构投资人的参与还有助于稳定二级市场,减少股票价格波动。

法人投资主体,法人投资意识是建立法人所有权市场的前提,法人投资主体可以是企业、非银行金融机构、具有政府背景的投资管理公司。非银行金融机构包括信托投资公司、证券公司、财务公司、保险公司、退休养老基金、共同基金等,这些机构在我国近年来发展很快,但始终有一个关键问题没有处理好,即如何开拓业务,真正发挥其应有的投资和资产管理功能,这些金融机构或多或少、明里暗里在做着商业银行的业务,和商业银行抢饭吃,不仅导致金融秩序的混乱,而且造成国民经济急需的投资咨询和资产管理服务供给不足,最明显的例子是一方面国有资产的重组工作极为繁重和紧迫,另一方面却找不到能够承担这一任务的操作主体。经过十几年的改革,国家的投资及资产管理功能不断弱化,但是非银行金融机构却起不到投资银行的作用,我国的市场经济体系在这里出现了一个大的断环,若不设法解决这一问题,对中国经济的长远发展会产生非常不利的影响。

另一类法人投资主体是企业,我们需要研究如何加强企业的投资意识,如何促进企业间的交叉持股和相互监督、相互制约,应考虑从法律上和政策上给法人股所有者一些优惠的条件,比如说法人持股者的投票权可以大于他所拥有的股份,法人资本增值税率可适当低于个人资本增值税。第三类法人投资主体是具有国家背景的投资公司或资产管理公司。为避免政府行为,这类公司不应该在行政上从属于任何国家机关,管理上一律实行委托合同制,和专业的资产管理公司签署合同,说明管理公司的职责,对管理公司的奖惩办法,中止和延长委托管理合同的条件,用合同约束和引导管理公司确立国有资产的保值和增值的工作目标。关于法人投资主体,最后需要提出讨论的是商业银行的作用。由于我国《商业银行法》已规定商业银行不得持有非金融机构的股份,商业银行不可能成为工业企业的股东,很难在投资方面有很大的作为。这一法律条文从清理整顿金融秩序的角度看,有一定的合理性,但它是否有利于经济的长期发展却是非常值得探讨的。世界上发达国家中只有美国是商业银行业务与投资银行业务相分隔,其他国家在法律上没有限制性条文,美国国内要求废除这一条款的呼声近年来日渐高涨,联邦政府已作了若干修正案,实际上已允许商业银行和投资银行相互渗透对方的业务。如果修改我国《商业银行法》目前还比较困难,可考虑由商业银行组成的控股公司做法人投资代表,以扩大法人投资群体。

从理论上讲,法人所有制有很多优势,不仅因为法人所有制不是个人所有制,而且大量的法人持股有助于克服小股东的"搭便车"行为,提高股东对上市公司的监控力度,法人投资人在监控和协调股东方面还有规模经济的好处。此外,机构投资者承受风险的能力较小股东高得多,一般倾向于长线投资,这对于稳定市场,吸收外界冲击对市场的影响都是有利的。小股东的特点是"打一枪换一个地方",捞到一把或赔了一把就跑,增加市场波动,而且无法形成长期、稳定的股东—公司关系,对公司的监控几乎就谈不上。大型的法人持股就没有这些弊端。最后,在机构持股占主导的国家中如德国和日本,收入分配较以个人所有为主的国家如美国更为平均,这对于减少社会问题的意义是不言而喻的。

既然法人或机构投资有诸多好处,为什么我们在中国证券市场上看到的却是机构操纵,短线炒作,机构非但不能稳定市场,却连续制造了几件大案,甚至中断了市场的正常运行?很显然,机构的行为并不像理论描述的那样理想。原因何在?对于这个问题国内学者已作了一些研究,指出市场容量过小,个股盘子过小,机构的巨额资金量是造成市场垄断力量的重要原因。笔者同意这一分析,并在此作进一步的补充:机构的操纵还使个人投资者的行为发生畸变,散户预期到机构控制价格的能力,最优投资策略当然是跟进和跟出,而不是以基本面分析为基础的投资战略。个人投资者既没有积极性去分析企业的财务报表,也没有兴趣去过问企业的经营管理,而是挖空心思猜测、跟踪机构动向,这种投资倾向驱动的市场价格怎么可能充分反映有关企业基本面的信息?一旦价格信号扭曲,证券市场怎么可能有效配置资金,怎么可能有效监控企业?为了端正机构投资者的行为,大幅度的市场扩容和上大盘股是无法避免的选择。如果市场扩容余地有限,则只能调整证券业的规模,适度收缩,除此之外,别无出路。现在市场上明显是僧多粥少,券商为了生存,为了完成主管部门下达的不切实际的利润指标,不惜冒高风险,以求高回报,或者恶性竞争,将资源投入不能产生实际经济效益的领域中,例如各种各样的公关开支,和有效证券市场配置资源的方向正好相反。

如果担心市场扩容对投资者的心理影响,和对股价的下压作用,可以考虑先开辟一个法人股市场,类似美国 144A 法则下的机构投资人市场,将已有的国家股改造为法人股,或出售给机构,连同已有的法人股一起上市交易。扩容能否成功的关键不在股民做何反应,而是政府能否在舆论压力下坚持得住,始终如一。政府应该认识到,目前机构和股民的心理预期都带有非理性成分,例如,股市就是低风险赚大钱的地方,赔也赔不到哪里去,最后政府总是要出面救市的;股票就是要炒,不炒赚不了钱,等等。政府要沉得住气,无论股价砸到多低也不为所动,决不救市,你救一回就有第二回,只要你救市,这些非理性预期就无法纠正,证券市场也就永远无法走上健康发展的轨道。世界上采取过救市措施的只有 3 个地方,上海、深圳和台北,都在中国,这是中国人的一项吉尼斯纪录,并非偶然。国人好赌,实属秉性难移,政府去迁就甚至照顾就完全没有道理了。上证指数 300 点说不定是合理的价位,和上市公司的效益相符,你跑来救市,上证指数一两周内冲到 1000 点左右,上市公司的效益无论如何不会在两周内提高 3 倍,这是理性还是非理性?凡事缺乏经济合理性不可能持久,世上哪有永远的牛市?世上哪有人人都赚钱的地方?赔了钱后痛定思痛,调整预期,调整投资策略,或许这个市场可以朝我们设想的有效市场的方向发展。如果坚持非理性预期,迫使政府调整政策,最后的结果是投资人和这个市场一起下沉,消声匿迹。

  3. 流动性与政策。

  没有流动性的市场不能称之为市场,然而流动性本身并不是我们追求的目标。上面已经提到,流动性的作用一是为股东特别是大股东提供了"用脚投票"的机会,在丧失大股东的压力下,管理者不得不认真经营,企业效益从而得以提高。第二个作用是创造了随时调整最优资产组合以降低投资风险的可能性。第三个作用则是提高信息特别是内部信息的传播速度。需要强调的是,除了信息的传播外,我们并不需要高度的流动性,只需要适度的流动性就可以了。以"用脚投票"为例,大股东今天走还是明天走并不很重要,重要的是管理层清醒地意识到大股东如果想走随时可以走,只此一点足以保证管理层不敢掉以轻心。同样,如不发生战争、政变、股市崩盘等重大事件,资产组合的调整在一周内完成和在一个月之内完成并没有很大的区别,调整成本几乎也是一样的。

  流动性过高意味着短线投资盛行,股东缺乏长期眼光,追求短期企业效益或短期交易收益,不利于市场的稳定,不仅使企业难以执行长期发展战略,而且不利于形成相对稳定的股东群体,增加了股东监控企业的难度。高流动性的积极作用是加速信息的扩散。在考虑市场流动性的问题时,我们需要权衡利弊,适当把握尺度,特别要防止流动性、交易量越高越好的倾向。我国资本市场的问题可能是流动性过高,表二给出发展中国家换手率的统计数字,以及和美国、日本的比较,上海很不幸名列前茅,这说明即使按新兴市场的标准衡量,我国市场的换手率乃至流动性也还是偏高的。遗憾的是,如此高的换手率并没有使上海股票价格的信息含量增加多少。在第一节中已提到,上海股票价格的信息含量只有 40%,不到纽约的一半,很明显,上海市场高流动性的弊端大于获益,具体讲,短期投机的负面作用很可能远远超过加快信息传播的正面作用。为了降低换手率,交割清算时间可适当拉长,T+0 不仅没有必要,实际上可能是有害的。交易费用也可以适度提高,以减少频繁的短期交易,加长持有时间。在税收上,可考虑征收短期资本增值税和长期资本增值税,长期税率低于短期税率,鼓励长期持有。

表二　亚洲新兴市场*换手率和中国**、美国及日本的比较

	换手率(%)
印度尼西亚	29.4
中国香港	45.0
马来西亚	58.7
泰　国	60.9
新加坡	62.2
中国台湾	304.1
日　本	32.4
美　国	69.7
中国上海	679.0
中国深圳	279.4

* 1994 年数字。
** 1993 年数字。
资料来源:上海和深圳的数字根据《中国证券市场年报,1994》《上海证券年鉴,1994》和《深圳证券市场年报,1994》计算。其他各国和地区的数字摘自《国际财务公司年报,1995》。

中国经济正面临着以国有资产重组为核心的产业结构和企业结构的调整,其实质是要通过调整来提高资产收益,降低资产风险。我们前面已谈到,证券市场所提供的流动性可以大大减少调整成本,政府决策部门应考虑如何利用证券市场进行国有资产的重组,换句话说,不是用行政手段将国有企业推向市场,而是借助于市场将国有企业推向市场。

面向市场的经济改革不仅很大程度上改变了我国的经济体制,对我国经济学界也造成了很大的冲击。传统的马克思主义经济学只讲价值,认为价格只是价值的表象;现代经济学似乎只讲供给和需求,只讲价格而不讲价值,实际上并非如此。诺贝尔经济学奖得主迪布鲁的经典之作是关于完全竞争条件下市场效率的数学证明,该书的书名即为"价值理论",现代经济学和马克思主义经济学不同的地方仅在于对价

值的理解。在定义价值时,马克思只研究了生产一方,而且将劳动力视为惟一的生产投入;现代经济学认为资本、土地、技术也是要素投入,并认为除了生产之外,价值还和需求有关。改革开放十几年,我国学术界价值的概念淡漠了,甚至消失了,只要市场上卖得出价,而不问是否有价值、实际经济功能何在,殊不知缺乏经济合理性的事物是不能持久的。违反自然规律要受到惩罚,违反经济规律也要受到惩罚,不幸的是,惩罚往往落不到肇事者头上,整个国家、全社会代为受过。

(原载 1996 年《改革》第 5 期)

从企业本位论到股东本位论

——由《基金黑幕》引发的联想

  《基金黑幕》(下面简称《黑幕》)一文引起了相当大的争议,10家基金发表《严正声明》予以反驳,判断孰是孰非似乎并无太大意义。《黑幕》的作者以大量的数据说明了几乎人尽皆知的中国证券市场上存在的非规范操作,作者的勇气和严谨的研究态度令人钦佩;10家基金理所当然地重复了人人都会讲的"合规守法",也理所当然地回避了《黑幕》一文提出的具体问题。除此之外,基金又能做些什么? 在一个不规范的市场上,犯规或许是赚钱的必要条件,违法不过是高风险高回报的代名词。换句话讲,即使《黑幕》所述确为事实,也是基金的理性行为,当然理性并不意味着合法。

  "凡是存在的,都是合理的。"中国证券市场的种种不完善之处,并非源于市场参与者的非理性;市场的逻辑也基本是完整的,问题出在公理体系上。欧氏几何的公理只有一个:两条平行线永远不会相交,欧氏几何的所有定理均由该公理经逻辑推演导出。我国证券市场的公理似乎也只有一个:证券市场是企业融资的渠道。市场中种种看上去难以理解的现象,追本溯源都可以找到同样的逻辑出发点,即面向企业的市场结构和操作理念。与此形成对照,在发达市场经济中常见的关于证券市场的公理为:证券市场是投资者获取回报的场所。请注意两个公理的本质区别:前者从资金使用者的角度定义证券市场的功能,而后者强调资金提供者的利益。下面我们由这两个公理出发,分别推导市场参与者的行为,说明我国证券市场中违规犯法背后的逻辑,说明从面向企业的操作转为面向投资者操作的必要性和紧迫性。

  如果证券市场仅仅是企业的融资渠道,企业上市时当然要尽可能多地筹集资金,如何给资金提供者以回报被放在了第二位,在很多情况下甚至不在考虑之列。为了"多快好省"地为很多没有前景的企业圈钱,最常见的做法是资产分立与剥离:切出一块尚有盈利能力的资产,包装成一家公司,以满足上市发行的条件。上市之日就是关联交易开始之时,上市公司从投资者手中拿到的钱通过关联交易进入急需输血的控股母公司。作为回报,控股母公司通过关联交易为上市公司创造账面业绩。这种资产的分立和剥离使企业有可能不经认真的改造重组即可上市融资,造成我国上市公司的质量普遍低下,而关联交易则使投资者对上市公司丧失信心,丧失研究公司基本面的兴趣。企业的行为是理性的,如果拼拼凑凑就能拿到钱,何必费力做重组?投资者不看上市公司的基本面,盲目跟进也是理性的,因为即使财务报表不做假,投资者也看不清公司的真实盈利能力,一笔关联交易可以轻易地将上市公司的盈利做上去,再加上巨大的折扣差价,使一级市场发行几乎等同于送钱,难怪投资者趋之若鹜,唯恐不能中签。

未经认真改组的上市公司不但质量低劣而且盈利不断恶化,这是二级市场上投机炒作盛行的根源之一。证券公司要赚钱,投资者要回报,否则这个市场维持不下去。既然公司不能给股东以足够的回报,炒作就成了惟一的出路。国人炒作谋略之高明,技术之精湛,可以当之无愧地载入吉尼斯世界纪录大全。然而二级市场的买卖在短期内是一个零和博弈,炒作只能炒出价位,却炒不出业绩。理论上讲赚钱的只能是资金实力雄厚的大机构,众多的中小投资者赔了钱,应很快退出市场。实际情况却并非如此,散户的参与程度好像越来越高,这样的零和博弈究竟是如何维持的?除了不断地向市场注入新资金,我们理论上和实践中都找不到第二条路。

在新资金入市方面,我国证券市场近几年非常幸运。为了刺激内需以及减轻国有企业的债务负担,央行连续减息,大量储蓄资金涌入股市;随后又有证券公司的增资扩股和银行质押贷款的开放,三类企业入市,保险金入市;马上社保基金也要进来。零和博弈的可持续性就靠长江后浪推前浪,前面进去的赚后来人的钱。我国的证券市场就像一个巨大的老鼠会,靠不断的资金扩张维持生命,一旦扩张停止,随之而来的可能不是盘整,而是全面的崩溃。

二级市场的投机炒作,使上市公司感觉不到来自市场的改善业绩的压力,盈利水平自然要下降,二级市场投资者对公司的基本面更加没有信心,更加没有兴趣,做庄和跟庄成了天经地义的证券业务和证券投资的主要内容。不仅如《黑幕》一文所揭示的,基金联手接盘护盘,基金和券商的合作也发展到了相当的水平,券商和上市公司的协同作战亦屡有所闻。这样,一方面公司业绩不断下滑,另一方面二级市场上违规违法炒作日盛一日,两者相互"促进",形成恶性循环。

从道理上讲,严厉的制裁应足以制止违规违法行为,但实践中为何屡禁不止?增加监管和执法的力度看上去是再明显不过的对策,其实未必如此。且不论监管和执法的力量能否跟上,对违规违法的打击某种程度上打击了以企业融资为中心的证券市场的发展。既然上市公司不能给投资者满意的回报,若无二级市场上的违法炒作,证券机构何以维生?若无炒作赚钱的前景,何以吸引中小投资者?"水至清而无鱼,人至察则无徒",若无证券机构和中小投资者的参与,又怎能为质量低下的企业在一级市场上圈到钱?面向企业的证券市场的逻辑到这里陷入了一个(当然不是惟一的)悖论:不打击违规违法,市场无法进一步发展;打击违规违法,市场也不能发展。

由此看来,"凡是存在的,都是不合理的",理性的企业,理性的券商,理性的基金,理性的中小投资者,悖论产生于何处?只能在公理体系中。我们无意在这里用理性为基金辩护,再重复一遍,理性并不意味着合法,如果《黑幕》所揭示的都能得到证实,当事者必须受到法律的惩罚。我们想说明的是,若不解决我国证券市场的根本性问题,惩罚不可能到位,即使到位,也不可能防止类似事件的反复发生。

下面让我们来换一个思路,看看面向投资者的市场中情形如何。

如果股市是投资者获利的场所,企业若想上市,就必须显示出良好的盈利前景,管理层必须表示出为股东利益工作的强烈意愿。对于出资人来讲,谁都想尽可能地保护自己的利益,提高投资回报,减少投资风险。为实现这一目标,他们一定会要求上市公司披露足够而且准确的信息,以便监督管理层的工作。他们也一定会设法建立有效的公司治理机制,使得投资者有可能影响乃至更换管理层。在这样一个市场中,监管部门的作用也非常明确:通过法律法规的制定与执行,保证信息的充分披露,并且为公司治理机制的建立和维护创造一个良好的法律环境。

有了信息披露和治理机制,上市公司的效益可以不断提高。在此基础之上,公司或者以分红的方式或者通过股票的增值给投资者以回报。证券机构没有必要在二级市场上为投资者炒出回报。他们的作用是对公司做基本面分析,发现公司的价值,以价值指导投资者的决策。以公司基本面为主的二级市场研究和二级市场的交易会使股票价格趋向公司的价值,即长期盈利能力。股价的下跌将给公司管理层送去强烈的信号,督促他们加强管理,改善公司的财务指标。二级市场价格和公司盈利的密切相关反过来在一级市场上形成自动的筛选机制。没有业绩的企业不能获得具有吸引力的上市价格,市场对低盈利企业的限制进一步提高了上市公司的总体质量,从而进一步降低了二级市场上炒作的必要性。一级市场和二级市场相互促进,形成良性循环。在长达二十多年的经济改革中,我们经历了从政府本位论到企业本位论的思想转变,随着经济改革的深入,我们现在需要从企业本位论转向股东本位论,或者投资者本位论。人们或许要问,换一个公理有无必要? 黎曼几何的公理是两条平行线相交于无穷远处,它和欧氏几何并无相互矛盾之处。况且公理是无法证明的,也就谈不上优劣的比较。中国证券市场已经十年了,不是也过来了吗? 世界上奉行企业本位论的证券市场不止中国一家,日本、韩国的经济政策围绕着建造大企业展开,它们在历史上也都有过辉煌的时刻,何必庸人自扰?

这就涉及一个更深层次上的问题,我们从亚洲金融危机中到底吸取了什么教训? 如果将日本的 10 年萧条包括进去,我们从广义的亚洲经济危机中到底学到了什么? 这个问题超出了本文的范围,我们在这里仅做一个简短的探讨。企业本位论的弊端在于它的不可持续性。日本和韩国的大公司曾经将它们的欧美竞争对手逼到了墙角,而现在很多都成了人家的收购对象,或者已经被收购。企业卖给外国人并不是什么可怕的事,混不下去而被迫出售却另当别论。如果说韩国的企业是时运不济,受金融危机之害,日本就很难找到托辞了。日本的萧条始于 90 年代初,比亚洲金融危机早了七八年,而且当时的国际经济环境对日本相当有利,美国和欧洲的经济纷纷复苏,外部需求增长强劲。由于日本政府长期推行低利率政策,加上股本市场上的高市盈率,造成虚假的资金低成本。有此优越条件,日本公司如同中国的国有企业一样从事低成本扩张,盲目追求企业规模和市场占有率,资金使用效率也就是股东或债权人的回报率被放在次要的地位上,最多只是一个技术指标。讲究资本回报的美国似乎什么也没有耽误,不仅众多的一流企业在这块土地上成长起来,在不少的行业中领导着世界的潮流,美国的投资者也比他们的日本同行们赚取了更多的利润。

以企业为本位的证券市场之不可持续性在中国表现得更为明显。前面所提到的一级市场和二级市场间的恶性循环就是一个写照,它在监管方面逻辑上的悖论是不可持续性的另一佐证。笔者无意否定中国证券市场 10 年的成就。它从无到有发展到今天,对中国的经济改革和经济增长起到了巨大的推动作用。然而下一个 10 年如何走,是个更重要的问题,是否有必要重新思考,重新思考这逻辑的出发点?

(2000 年 10 月 7 日)

蒙代尔三难悖论和
汇率制度的选择

　　世界上的汇率制度大致有三类:完全固定、完全浮动和介于两者之间的一些中间形态。在完全固定的这一端有统一货币如欧元,欧元的实质是成员国之间的货币比价固定在一比一上,不可能发生任何变化。比统一货币的汇率固定程度低一些的有货币局制度,以及历史上曾经颇为流行的金本位制。我国香港地区于1983年建立货币局制度,港币的币值固定为一美元兑7.8港币,港币的发行和香港拥有的美元具有严格的一一对应关系,货币局因此可以看成是一种美元本位制。比货币局再灵活一些的有二战之后的布雷顿森林体系,在该体系内,世界各国的货币均盯住美元,对美元的汇率可以在正、负2.5%的区间内浮动,美元对黄金的比价则规定为一盎司35美元,这个体系大致相当于混合的黄金—美元本位制。

　　在各种中间形态里最常见的是有管理的浮动汇率制,例如引入欧元之前的欧洲货币联盟,很多发展中国家像1997年金融危机之前的东南亚各国也都采用了这种汇率制度。在有管理的浮动制度下,汇率只能在一个法定区间内波动,中央银行随时对市场进行干预,保证汇率不突破这个区间。中央银行还拥有调整法定汇率区间的权力,实践中也经常根据经济和市场的变化规定和宣布新的区间,法定汇率或汇率区间一般以本币对美元的价格定义,也有一些国家盯住美元、日元、德国马克等一揽子硬通货。欧洲货币联盟成员国之间则实行汇率区间的双边锁定,例如英镑对法郎,法郎对德国马克等等。完全的固定汇率制和中间形态的本质区别是前者有制度保证,而后者仅为政府的承诺。固定汇率的制度保证中最重要的一条是对货币发行的严格限制,例如港币的发行取决于发钞银行的美元拥有量,无论发钞行或准中央银行——香港金融管理局均无权根据自己的意愿改变港币发行量。

在汇率制度排列另一端的是美国,接近完全的浮动,美联储不仅没有设置美元的目标汇率,而且也很少在市场上对汇率进行干预,美元对其他各国货币的比价基本由市场的供给和需求决定。日本虽然也实行浮动汇率制,但日本央行对日元汇率的干预频率及力度都比美国高得多。浮动汇率制和中间形态的最根本区别是官方保证的目标汇率,实行浮动汇率制的国家都没有法定的汇率目标值或目标区间,中央银行因此也没有干预市场以维护官方汇率的义务。

中国于1995年进行外汇体制改革,将汇率制度由固定改为有管理的浮动。在实际操作中自1997年亚洲金融危机以来,我国将人民币汇率限定在一美元对8.3人民币左右的极为狭小的区间里,实际上又回到了固定汇率制。

关于汇率制度的选择,正如加州伯克利大学弗兰克尔教授所指出的,没有一个适用于所有国家的最优制度,甚至对一个国家来讲,也不存在着一个适用于所有时期的最优制度。我们需要根据本国经济发展的特点、经济结构、金融和财政制度的状况选择汇率制度,国际经济和金融市场的大环境是决定汇率制度的另一重要因素。尽管我们坚持认为汇率制度是一项国家主权,认为一个国家有权根据其国民的长远利益选择自己的汇率制度,但受到国内外各种条件的制约,主权国家在选择汇率制度方面其实没有很大的回旋余地,这一点由蒙代尔的三难悖论做了理论上总结。

蒙代尔三难悖论是指一个国家在(1)独立的货币政策,(2)固定汇率以及(3)开放的资本账户之间只能选择两项而不可能三项都要。一般来讲,对于大国经济像美国和日本,政府有必要运用货币政策调整经济的运行,减少经济波动,稳定物价。美国和日本确实也都选择了自主的国内货币政策和资本账户的开放,而放弃了固定汇率。美元和日元对世界其他货币的汇率基本上是自由浮动的,尽管政府在外汇市场上也进行干预,但并不存在官方的目标汇率,政府不会以牺牲国内货币政策为代价,将汇率保持在一特定的水平上。欧元区是另外一个极端,欧元成员国通过统一货币实现了完全的固定汇率,在保持了资本自由流动的同时,欧元区各国放弃了自主的货币政策,成立了欧洲央行,由欧洲央行统一决定欧元的供给。我国香港特别行政区也是选择了固定汇率和开放的资本账户而放弃了独立的货币政策,其利率政策完全跟随美联储。香港为小型的开放性城市经济,奉行独立货币政策的意义不大,而港币盯住美元则消除了汇率风险,对于巩固香港国际金融中心的地位具有重要的作用。在蒙代尔三项中香港选择了固定汇率和资本账户开放,这是符合本地经济条件,有利于本地经济发展的明智之举。

为什么一个国家只能选择两项而不能三项全要?其背后有着完整的经济学逻辑。假如三项全要,我们知道,其中必然有一项不具备可信度(credibility),因而不可能持久。例如在 1990 年代初,英国中央银行英格兰银行奉行独立自主的货币政策,英国的资本账户是开放的,作为欧洲货币联盟成员,英镑对欧洲其他主要货币的汇率被限制在法定的目标区间内,形成蒙代尔三项兼有的局面。为了将汇率稳定在目标区间内,英格兰银行必须在市场上买卖外汇,而这样做将引起国内货币供给的变化,影响国内经济的正常运行。换句话说,三项中的国内货币政策和汇率政策之间存在着矛盾,顾此就有可能失彼,一旦发生冲突,政府极有可能以国内货币政策为重,置汇率政策于从属地位,这就是官方汇率区间没有可信度的根源。

正是抓住了官方汇率缺乏可信度的弱点,国际上的对冲基金在英镑于 1992 年达到 2 美元的高位时对英镑发起了攻击。国际炒家的手法是预先买好英镑远期合同,然后从英国的商业银行大量借贷,在市场上猛烈抛售英镑,迫使英镑贬值。英格兰银行为了阻止对英镑的投机性攻击,除了动用外汇储备在市场上大量买进英镑外,还大幅度提高短期利率,企图增加国际炒家的借贷成本,减缓市场上的抛售压力,银行间 7 天拆借利率一度高达 40%以上。尽管英格兰银行拥有足够的外汇储备,但它的高利率政策被国际炒家认定缺乏可信度,因为高利率将对英国经济造成严重伤害,特别是英国的住房抵押贷款均为浮动利率,高利率将提高购房成本,抑制住房需求,不仅对经济有负面影响,而且会引起选民的广泛不满,有可能进一步演变为社会和政治问题。国际炒家不相信英国政府会牺牲国内经济来捍卫英镑汇率的浮动区间,在汇率管制和国内经济之间,英国政府肯定会以国内经济为重,于是不顾高利率的阻吓,在市场上继续放手冲击英镑。果然,当高利率对经济的负面作用开始显现时,英国政府停止了这场英镑保卫战,宣布英镑退出欧洲货币联盟,实行自由浮动,英镑大幅贬值,从每镑 2 美元跌到 1.5 美元左右。

1997—1998 年的亚洲金融危机再次验证了蒙代尔三难悖论,在国际热钱的攻击下,泰国、印尼、新加坡、中国台湾、韩国先后放弃了汇率管制区间,采用了完全的浮动汇率制。这些亚洲国家和地区仍坚持自主的国内货币政策和资本的自由流动,但不得不解除汇率管制。东盟各国中,马来西亚能够在短期浮动之后恢复了固定汇率制,是因为在 1998 年重新关闭了资本账户,牺牲了资本的跨国界自由流动,以保留蒙代尔三项中的自主的国内货币政策和固定汇率。我国人民币在危机期间长城不倒,很大程度上也得益于资本账户的管制。

当前中国同样面临蒙代尔三项中间到底要哪两项的问题。对于一个大国经济,显然不能放弃调整社会总需求两大政策之一的货币政策。人民银行掌握独立货币政策工具的另一个作用是履行最后贷款人的责任。我国金融体系由于种种原因积累了大量的坏账,现仍在清理过程之中,金融机构的挤兑风险比较高,人民银行作为最后贷款人在危机发生时必须投放基础货币进行救助,以防止危机的扩大,引起整个经济的震荡。如果像香港金融管理局一样放弃了自主的货币政策,一旦发生银行挤兑,金管局爱莫能助,因为它不能向商业银行提供紧急贷款,银行倒闭所在难免。考虑到央行调控经济和最后贷款人的功能,我们认为中国应该也必须拥有自主的货币政策。

余下来的问题是在开放资本账户和固定汇率之间两者取一,这个选择其实早在 1978 年就已经决定了,从国家的长远利益出发,毫无疑问应该是资本账户的开放。自 1978 年以来,我国实行改革和开放政策,国民经济高速增长,人民生活水平和中国的国际地位大幅度提高。总结过去二十多年我国经济所取得的成就,没有一项不是和这两大政策有关,今后也只有继续坚持这两大政策才能使我国步入先进国家之列。中国加入世界贸易组织是开放政策的继续,为了进一步提高中国经济的开放程度,我国历届政府多次表示要创造条件逐步开放我国的资本账户,最终实现人民币的自由可兑换。资本账户的开放不仅将促进国内和国际资本的流动,提高资源配置的效率,对深化我国的金融改革,推动我国金融市场的发展也具有不可替代的作用。开放资本账户当然有利有弊,正像固定汇率既有利也有弊一样,权衡利弊,继续开放对我国经济的积极促进作用显然超过了固定汇率的短期效益。

至此,汇率制度选择的讨论已有明确的结论:为了坚持运用货币政策对国内经济进行宏观调控,为了坚持对外开放,从长远来看,中国只能采用浮动汇率制。

当然,从有管理的浮动或准固定汇率制过渡到"无管理"的浮动汇率制需要相当长的时间,也需要其他方面的制度支持,不可能一蹴而就。然而在理论上确立了浮动汇率制的大前提下,我们应该为此积极地进行准备工作。首先要将我们的货币政策和财政政策规范化和制度化,以减少发生经济危机的可能性。发展中国家的经验证明,如果没有良好的货币和财政纪律,浮动汇率有可能造成更大的混乱。例如在一些拉美国家,财政开支的失控迫使央行大量发行货币以弥补财政赤字,过度的货币发行造成本币在市场上的过剩和随之而来的贬值,贬值的预期令国外金融机构不敢用本币对本国的企业和政府机构贷款,而要求用美元或其他的硬通货偿还,于是形成本币资产与美元负债的货币错配,为债务危机埋下种子。当本国货币大幅贬值比如说 50% 时,以本币计算的美元债务负担会加倍,如果超过债务人所能承受的范围,即爆发债务危机。这种资产和债务的货币错配对亚洲金融危机也起到推波助澜的作用,很多企业实际上还是赢利的,但在美元债务的沉重压力下宣布破产,大面积的企业破产引起了全国性的经济危机。

浮动汇率制要求政府部门、企业甚至个人有较强的适应环境变化的能力,以及较高的风险控制和自我约束能力。1980 年代后期,东亚各国和地区经历了本币对美元的大幅升值,它们或者调整产业结构,向高附加值和高技术含量的产品转移;或者增加海外投资,实现采购、生产和销售的当地化,以减少甚至消除汇率风险。由于及时采取了应对措施,本币的升值并未对这些经济的发展产生明显的负面作用,惟有日本在 1980 年代末资产泡沫破灭后进入了长达十几年的萧条。实际上不只是日本,韩国、中国台湾和香港、新加坡的货币升值都引起了程度不同的资产泡沫,而且泡沫很快也都破灭了,泡沫的破灭仅在日本造成了灾难性的后果,其他经济体并没有发生增长停滞或萧条的现象。微观经济单位的行为是否理性,经济中是否存在严重的结构性缺陷,政府政策是否得当,决定了金融和经济风险的大小。就日本而论,其十年萧条有深刻的内在原因,不能简单地归咎于"广场协议"后的日元升值。

货币升值引发经济萧条的说法既缺乏对传导路径的理论说明,也得不到实证研究的支持。

我们反对国际上汇率问题政治化的倾向,认为外界对人民币汇率的指责多为廉价的政治表演,因此是不能接受的。我们同时也认为在国际和国内经济发生着巨大变化的今天,有必要重新审视我国的汇率制度,认真研究各种方案的利弊和实施条件,有勇气有远见地做出适时调整,并积极推进相关的配套改革,争取实现平稳的过渡。

(2003 年 11 月 2 日)

信用、信誉和信息

　　市场经济是信用的经济,信用的使用可以减少交易成本,提高经济效益。信用体系的建立是一个缓慢的发展过程,在无数次商品交易中,人们感觉到如果双方给对方以信用,交易就可以顺利地完成。然而信誉的维护却需要完整的法律体系和有效的执法系统。法律的作用在于增加破坏信誉的成本,使人们自觉地也是被迫地遵守信用。本文仅讨论商业信用,国家信用在本质上和实践中都与商业信用不同。工业革命以及现代市场经济起源于法制比较发达的英国,应该不是一个历史的偶然。商品经济在各国的经济史上都有过一席之地,但是它成为主导的经济形式却源自于西欧,逐渐扩张到北美。局部的商品经济和市场经济之所以没有办法扩张为全国性的甚至世界性的市场,主要的原因在于没有一个信用体系,信用可以在局部地区或者一个规模较小的经济中存在,但是要扩张到全国,就必须要有法律系统的支撑。中国自秦以后,就没有法治传统,靠儒家的伦理道德治理国家,规范人们的行为,这也是中国为什么信用发展不起来,市场经济发展不起来的原因之一。在计划经济体制下,社会上只有一种信用,那就是国家信用。中央计划者统一安排生产、流通、交易以及伴随这些过程的金融活动,交易的双方都假定对方会按照事先的约定交钱和交货,因为交易双方的所有者均为国家,彼此并不怀疑对方,也不必担心违约所造成的后果,双方都知道违约所产生的问题会由国家来解决。在经历了二十多年的经济改革之后,经济的主体不再是国家,而是有着自己经济利益的国有法人、一般法人、集体和个人,国家信用涵盖的范围日益缩小,不同形态所有者之间的交易无法再依赖国家信用来完成,但另一方面商业信用体系还没有建立起来,在很多地区频繁发生诈骗和违约,交易成本迅速上升,甚至高到了交易无法进行的地步,市场配置资源的效率比中央计划还要低。中国的法制基础薄弱,适应社会主义市场经济的法律、法令、监管以及执法系统尚在形成过程之中,在近期之内不可能对建立和维护信用起到重要的作用,全国性的信用体系的建设要花十年甚至更长的时间,对这一任务的艰巨性、复杂性和长期性我们必须要有一个清醒的认识。预计在今后相当长的时间内,我们不得不依赖信誉代行信用的功能,而信誉的关键因素是信息。我们用以下经典的"囚徒困境"为例,说明信誉和信息在现代市场经济中的作用。

一个关于信誉的博弈模型

假定甲乙两方签订了一项合同,如果双方遵守合同,履行合同中所规定的条款,每人的收益为 10 万元,如果甲方履行合同而乙方违约,比如说甲方按照合同发了货,但乙方没有付款,甲方将损失 5 万元,而乙方会获利 12 万元。如果双方都违约,没有发生交易,任何一方的收益都为 0。在双方完全不了解对方的情况下,任一方都会做如下的计算,乙方会想如果甲方履行合同的话,他也履行合同的收益为 10 万,而他违约的收益为 12 万,因此乙方一定会选择违约。如果甲方违约的话,乙方若遵守合同将遭致 5 万的损失,乙方若也违约,乙方的收益为 0,乙方会选择违约。这样无论甲方履行合同还是毁约,乙方的最优战略都是违约。由于博弈的收益矩阵是对称的,甲方会做完全相同的计算,甲方的最优博弈策略也是违约。从全社会的角度来讲,没有交易发生,和交易顺利完成的情况相比,经济损失为 20 万元。这个简单的例子告诉了我们信用的作用,表明了信用对交易的完成是至关重要的。在这个例子里交易无法进行的关键是甲乙双方缺乏相互了解,甲不知道乙的信用历史,乙不知道甲违约的可能性有多大。我们可以证明随着双方所了解的对方违约概率的下降,交易成功的可能性会不断提高。在另一个极端的情况下,如果甲确切知道乙从未违约过,乙也有着同样的对甲的认识,这个博弈的结局就是双赢,交易完成每一方都获得 10 万元的收益。由此可见,信誉的基础是信息。

信誉作为建立信用的第一步

信誉是小范围内的、区域性的、尚未制度化的信用,比较容易建立但涵盖范围相对狭窄,所能发挥作用较全国性的信用体系也小得多,但它是建立全国性信用体系的第一步。建立信誉的关键是信息以及人们的心理预期。在上述经典的"囚徒困境"的博弈中,由于信息的不对称双方不能相互信任,在不信任对方的假设下他们做出的选择给他们带来的经济利益远远小于双方相互信任合作所产生的好处。所谓的信息不对称,我们在这里指的是双方知道自己的信用历史,但彼此并不了解对方是否值得信赖。在上面的这个博弈模型中,现在设想有第三方参与,他扮演信息传递者的角色,比如说定期发布信用评级报告,记录甲乙双方的信用历史,甲乙双方就可以根据这个评级报告估计对方的毁约概率,并选择自己的最优策略,设想如果双方都有 AAA 的评级,交易成功的可能性就会相当高。为什么一定要第三方来做,甲乙双方自己公布信用历史是否可以达到同样的效果?回答是否定的。这里的区别在于第三方是独立的,交易是成功与否对第三方的利益没有影响,第三方发布信息的可信度要比甲乙任何一方来做都要高得多。如果由甲或者乙来发布信息,另一方会怀疑信息发布者会从他自己的利益出发,选择性地公布信息,从而伤害另一方的利益,这样由交易关联方发布的信息就缺乏可信度,建立信用的难度会相应增加。第三方可以协助在这个博弈中建立和维护一个信誉市场,违约者将会受到惩罚,惩罚不一定来自于这个第三方,毕竟他仅仅是信息发布者,而不是执法者。然而正因为违约者为众人所周知,在今后的交易活动中,这个违约者可能不会获得任何合同,他的经济利益将受到损失。如果在未来时间里得不到合同导致的损失大于违约所带来的好处,这个社区内的每一个人就会自觉维护信誉,执行合同的概率上升,从而提高资源配置的效率。经验表明,世界各国中很多担保公司正是以这种第三者的身份出现,对建立和维护信誉市场发挥了至关重要的作用,虽然它们所做的工作带有一定社会公益性,信誉市场的形成降低了违约的概率也就是降低了担保公司的风险。从根本上来讲,信誉的基础是信息,在上面这个例子中第三方通过公布市场参与者的信用历史,减少了信息的不对称,提高了交易成功的可能性,为社会创造了价值。世界各国的担保公司无一不把信息的收集、整理、分析、发布作为最重要的一项工作,其原因也正在这里。我国信用担保业务也应该以信息为中心展开。从信息发展到信用代表着一个质的飞跃,和信誉的定义相对应,信用是大范围的、全国性的、已经制度化的信誉。实现这一飞跃的必要条件是有效的立法和执法,有了法律体系的支持,我们就可以实现信用的大规模扩张。当今世界上著名的跨国公司多产生于欧美,而东方盛行家族企业,前者借助法律系统进行信用的全球性扩张,在此基础之上建立了全球性的商业王国,而后者只能依赖家族声望或血缘关系维系的信誉,很难做到很大的规模。就中国目前的情况来看,如果没有全国性的信用体系,就无法建立一个全国性的市场经济体系。除此之外,法律的惩罚还提高了破坏信用的成本,大大降低了人们毁约的动机,从而也就降低了毁约的概率。

发展我国担保业的若干建议

以上面的分析为基础,对我国担保业的发展,我们提出以下建议供业内同行参考。离开了信誉和信息,担保业务的意义仅在于分散风险,我们称之为被动担保,因为它不能降低系统风险。在开展担保业务的同时建立区域性的信誉市场,加强信息数据库的建立将有利于降低系统风险,我们称之为主动式担保。主动式担保不仅能够降低担保公司的赔付率,而且还能够促进信誉和信用的建立,对我国市场经济的发展将做出巨大贡献。担保公司应逐渐实现所有权的多元化,加强他们作为中立的信息发布人的地位。在前面的例子里,我们已经看到独立于交易双方的中介人,由于没有利益联系更容易取得社会公众的信任,信息可信度高,可以比较有效地减少信息不对称所造成的种种问题。我国担保公司多为国家所有,当业务涉及非国有单位时,国有担保公司很难保持中立的地位,他们的社会公信力就会受到影响。当然,执行政策性担保的机构是个例外,他们的任务是将一般社会信用经过担保提升到国家信用的水平上来,这些机构可以做非商业性操作,资金来源也在很大程度上依赖财政。贷款担保不应成为公司的主要业务。担保公司和银行相比,并没有占有更多的关于客户的信息,保险业务人员对借贷者信用的分析很难超出银行人员自己所做的工作,从而很难创造新的价值。不仅如此,保险容易引起银行的"道德风险",也就是银行因为有贷款偿还保险,反而不去认真分析审查借贷者的信用,引起贷款质量的下降,这和有保险的司机事故率高于没有保险的司机的道理是一样的。而银行贷款质量的下降意味着担保公司的赔付率上升。欧美的担保公司很多都不做贷款担保,其中的道理也正在于此。在工程建筑、合同、商业担保等领域中,由于缺乏专门的机构收集信息,跟踪研究客户的信用,担保公司可以发挥很大的作用。要想在这些领域中成功地开展业务,关键依然是信息以及一支高水准的专业队伍。例如韩国信用保证基金对客户或者潜在客户都要做资信、业务、销售、财务结构甚至高层主管个人背景与经历的深入调查,系统地收集与管理信息。该基金从1990年开始采用计算机系统在总部与全世界的分支机构间操作上网数据,向客户提供全面的数据库服务。我们建议我国的担保机构将信息系统的建立、维护和不断扩大做为一项长期的战略性任务,并根据所掌握的信息开拓担保业务,在不具备充分信息的情况下,即使看到别人获得了成功,也不要贸然进入。担保公司的分支机构应注意和所在地的工商金融机构、社团和个人保持密切联系,营造社区性的或区域性的信誉体系,不仅可以发挥第三方信息发布人的作用,而且自己也可以较低的成本获取大量的信息。2001年的诺贝尔经济学奖颁发给三位研究非对称信息的经济学家,可见非对称信息在世界上都是一个难以解决的问题,担保业的经济功能正好是减少或消除信息的不对称,在这方面应该说可以大有作为。另一方面我国也正处在建设全国性市场经济体系的过程中,担保业的发展将推动全国性信用体系的建立和维护,降低交易成本,进一步提高我国经济的总体效率。

(2001 年 11 月 14 日)

宏观政策与经济周期

　　自凯恩斯之后,反周期的宏观政策开始在世界各地流行,无论是利益不同的社会团体,还是观点相左的学术流派,对宏观调控的必要性几乎是众口一词的肯定,形成多元现代社会中少有的一个社会共识。布什总统最近推出 1500 亿美元的财政刺激计划,获得两党的一致支持。我国正在实行价格管制,虽被批评为向计划经济的倒退,但也有不少人认为,此举乃抑制通胀所需,情有可原。

　　面对经济周期波动,宏观调控似乎已成为本能的反应,过热降温,遇冷发汗,而波动的根源却无人深究,就像医生只看体温而不问病灶为何一样,发烧就给两片阿司匹林,到底是病毒感染,抑或癌症所致,不在大夫关心之列。以美国为例,在经济处于衰退之际,美联储急忙降息,政治家大谈减税,经济学家争相推出刺激经济的"组合拳"。奇怪的是开方不问诊,很少有追究,这萧条到底是怎么产生的?

　　萧条的直接起因是美国金融市场的震荡和房地产市场的深度下调,探寻其源头,则是美联储货币政策的失误。"9·11"之后,格林斯潘领导的美联储保持低利率的时间过长,导致流动性泛滥。为了给多余资金找到出路,金融机构纷纷开发高风险的业务,次级按揭仅为其中之一。自 2007 年中以来,次按违约率不断上升,迫使市场重新估计风险,导致次按债券和房地产价格一起下跌,金融资产和地产价值缩水,通过财富效应拖累消费,将经济带到萧条的边缘。

　　由此可见,美国经济步入衰退,始作俑者是过度松宽的货币供应,原本应该稳定经济的货币政策,却成了制造经济波动的祸首。实际上,弗里德曼早已用翔实的数据说明,到 1980 年代为止的战后三十多年中,美联储的货币政策非但没有熨平周期,反而引发了经济的波动。

眼下美联储以减息应对可能的萧条,无异于用新的流动性缓解过剩流动性所造成的痛苦,饮鸩止渴,错上加错。退一步讲,就算为了挽回经济的颓势,减息作为临时性措施还可以考虑的话,也必须在减息的同时,认真地讨论一个更为重要的问题:如何防止类似次贷事件的再次发生,也就是如何避免流动性的再次泛滥?归根结底,如何从制度上管住美联储的印钞机?

这就带出了一个与中央银行同样古老的问题,货币政策的终极目标究竟应该是什么?为了实现既定的目标,货币政策的执行规则又应该如何设计?关于目标,世界各国的法律都规定,中央银行的首要任务是稳定币值,也就是控制通货膨胀,对此学界和政界似无异议,争论最大的是中央银行的"最后贷款人"角色。

所谓"最后贷款人"指央行向处于危机之中的金融机构发放贷款,由此延伸出央行解救金融机构的责任,并进一步推广到动用货币政策稳定金融市场。格林斯潘是扮演"最后贷款人"的大师,在其长达20年的任期内,多次在金融市场震荡之时,减息以帮助市场渡过难关。如1987年的"黑色星期一"和2001年的"9·11"。久而久之,华尔街形成了预期,戏称联储的政策为"格林斯潘期权",意思是股价下跌不必慌,待联储来救,再卖不迟。

美联储的货币政策实际上已从通胀的单一目标,演变为通胀与金融市场并重,而双重目标的必然结果就是顾此失彼。"9·11"之后的低利率虽然有助于保持金融稳定,但美联储万万没有想到,过剩的流动性回过头来对经济造成巨大的伤害,而首当其冲的,正是当初想要精心维护的金融体系。中国古代先贤所云"人算不如天算",实应为政策制定者戒。

世上事有人力所不及,原因在于信息。市场经济和金融体系发展到今天,若想把握其运行细节,所要求的信息量早已超出了一两个聪明脑瓜所能处理的范围。智慧者如格林斯潘,也不可能知道次级按揭的规模和风险,更不要说预见危机爆发的时间了。正像互联网的世界一样,功能再强的超级电脑,也不可能对网络上的信息作集中式处理,不可能统一调度信息的流动,而只能采取分散决策的方式,让信息存储在众多的个人电脑中,由每一台电脑的主人自行决定信息的流量与流向。

市场经济是一个更大和更为复杂的互联网,为了准确判断经济周期的阶段,在最佳的时点以恰到好处的力度干预经济,央行的官员需要多少信息和知识?如果美联储并不拥有更多的信息,如果联储主席并不比市场高明,货币政策极有可能加剧而不是减少经济波动,正像弗里德曼的数据所揭示的那样,宏观政策调节经济往往适得其反。

在弗里德曼看来,央行没有必要对经济进行主动和主观的干预,最好的政策是固定货币供应的增长率,比如说每年3％,以避免货币政策变化引起经济波动。对于一心想驾驭市场者,这样的政策建议听起来未免太过消极,殊不知消极乃最高形式的积极,古人云"无为而无不为",道理恐怕正在这里。

政府干预未必稳定经济反有可能引发震荡,我国经济过去十几年的周期波动也说明了这一点。众所周知,我国的投资高峰发生在1993年、1998年和2003年,每五年一次,且与政府换届重合。倘若这并非纯属巧合,其政策含义就不言而喻,当前固然有必要紧缩银根,降低通胀预期,但消除周期波动的根本之道却是政府退出经济,以防新官上任的三把火将经济烧到过热。

看似浅显的道理,为何伟大的经济学家如凯恩斯竟然忽视了?1930年代的"大萧条"使凯恩斯那一代人意识到市场的缺陷,很自然地建议非市场力量——政府进行干预,以改进市场的效率。凯恩斯于1946年逝世,没有看到他身后的宏观政策实践。弗里德曼这一代人总结了政策的实践,在认识到政府局限性的同时,并未全盘否定政府的作用,而是将政府的职能严格地限定在一个小得多的范围内,并将政策的制定从依赖个人的主观判断转变为遵循一定的规则。

从理论上分析,凯恩斯主义的反周期政策,其假设前提为非完美的市场和一个完美的政府,即政府拥有更为充分的信息,政府比市场更为高明,于是得出市场失灵靠政府的结论。在凯恩斯那里,政府是圣人和超人,而在弗里德曼这里,政府是你我这样的凡夫俗子,有着自己的利益追求,只具备有限的信息处理能力和认知能力,政府如同市场一样,也是非完美的。两学派政策建议之所以不同,根源即在于此。

凯恩斯主义在实践中的流行是因为它迎合了所有人的心理,在干预经济的过程中,政治家以救世主的姿态向选民证明了其存在的合理性;经济学家以先知的身份获得了特殊的社会地位;为柴米油盐而烦恼的大众则找到了精神的寄托与未来的希望。

理性不以人们的好恶为标准,因而是令人讨厌的,不是吗?

(原载 2008 年 2 月 3 日《经济观察报》)

凯恩斯主义还是邓小平理论？

很高兴来到燕山大讲堂。我非常赞同燕山大讲堂的传统，大学讲堂首先要坚持批判性，第二是建设性，第三是开放性，第四是独立性。知识分子一定要独立，否则没有任何价值，我希望燕山大讲堂能够沿着这条路一直走下去。受"文化大革命"的影响，"批判"这个词是贬义的，被批判的都是牛鬼蛇神。其实"批判"一词在英文中是中性的，对现有的结论、现有的观念永远持怀疑和批判的态度，只有这样才能推动学术的发展，才有助于公共政策的制定。

经济衰退来得异常猛烈

我们当前面临着一场"迟到的衰退"，我最近跑了两趟南方，去了一些受金融危机影响比较严重的地区，像广东的东莞、中山，看到企业减产、停产甚至关门，大量的工人被解雇。因为政府不让工厂解雇工人，于是就叫"停薪休假"，民工返乡潮也提前到来。外贸出口负增长、发电量负增长、工业企业的利润增长率迅速下降，9—11月份工业企业的利润增长率也是负的。

经济下滑的速度超乎所有人的预料，我们感觉到了衰退的到来，但是没有想到来得如此猛烈，这就促使每一个经济学家思考，中国经济到底怎么回事，世界经济到底出了什么事？上半年所有的政策还都是为了防通货膨胀，为了把过快的增长速度降下来，在几个月的时间里，政策180度大转弯，所有的政策都用来保证经济较快增长。通胀的危险在几周之间就消失了，现在的危险是通缩、经济衰退、失业的上升。政府在很短的时间内出台了四万亿财政刺激计划，标志着中国加入了世界上信奉凯恩斯主义国家的行列,凯恩斯主义能不能应用于今天的中国? 这个稍后我会讲到。

我们先来看看,为什么我们国家的经济在短短几个月内发生了戏剧性的变化,仅仅因为金融海啸和外部原因吗? 不是的。同样难以理解的是,在金融海啸的冲击下,为什么各国政府看不到方向,世界上最发达的经济体、实力最雄厚的美国被搞得狼狈不堪,美国的金融体系一度处于崩溃的边缘。危机的高潮是 2008 年的 10、11 月份,雷曼兄弟的倒闭使得整个金融市场冻结,人心惶惶,风雨飘摇。如果不是美国政府采取紧急措施,美国的第一大投行高盛、第二大投行摩根斯坦利都要倒闭,世界金融体系可能因此遭受灭顶之灾,美国政府费尽九牛二虎之力,才使整个金融大厦免于彻底崩塌。究竟是怎么回事? 说来话长,我下面所讲的,只是众多解释中的一个,既不是惟一的,也未必是正确的。

风起 2001 年

这要从 2001 年开始说起。2001 年世界经济舞台上发生了一件大事,中国加入了 WTO。当然,这是一个标志性的事件,在这之前,新兴市场国家融入世界经济体系的过程就已经开始了,而中国加入 WTO,标志着世界上的两大经济体,一个是美国为代表的发达市场经济,一个是以中国为代表的新兴市场经济,已经历史性地和不可逆转地联结为一体了。但是对于这种经济关联度的提高,世界各国政府,包括美国、中国政府,学术界、商界都认识不足,人们还带着过去的习惯思维,用过去的经验来处理这两大板块联结后的经济问题,结果犯了错误,种下了金融海啸的祸根。

在中国加入 WTO 之后,美国获得了什么收益?“中国制造”帮助美国人有效地抑制了通货膨胀。为什么这么说? 因为美国从中国进口了大量廉价产品,不仅如此,美国人突然发现,有中国这么一个庞大的世界工厂,在劳资双方的谈判中,资方处于前所未有的有利地位。美国的通货膨胀和中国不一样,中国的通货膨胀往往是由供给短缺引起的,比如四川的猪生病了,猪肉价格就狂涨。在市场比较发达的美国,供应方面几乎没有瓶颈,通货膨胀的最大推动力是工资成本的上升。当工资的增加超过了劳动生产率的改进,工人的报酬超过了劳动创造的财富时，就发生通货膨胀。正是在这个环节上，中国因素抑制了美国的通货膨胀，美国的资方对劳方说，你想加工资，我不同意，你要罢工，我就把厂关了，把订单下到中国去。就这样，来自中国的产品竞争和劳工竞争压制了美国的通货膨胀。

中国产品价格低廉，不单纯是因为劳动力便宜，而且还得益于大量显性和隐性的补贴。政府的价格管制人为压低了能源和土地的成本，在片面追求增长的政策鼓励下，企业不必为环境的破坏支付成本，同时，出口退税又进一步降低了中国出口产品的价格。从这个角度讲，中国为美国提供了价格补贴，为美国的低通胀做了贡献，低通胀又导致了美国货币政策的错误。

格林斯潘和资产泡沫

如果没有通货膨胀，货币政策当局就可以保持宽松的货币政策，只有在通货膨胀起来的时候，中央银行才会加息，紧缩银根，抑制社会总需求，防止通货膨胀抬头。由于中国等新兴市场国家加入到国际经济循环中，美国在很长时间里保持了经济的高速增长，同时又没有通胀，格林斯潘这时就有点迷茫，为什么高增长而没有通胀？他想加息，但又看不见通胀，高增长有什么不好呢？犹豫之中，格林斯潘把"9.11"以来的低利率保持了两年之久。

"9.11"时为什么要降息？恐怖袭击使美国金融系统陷入混乱，金融机构之间周转发生困难，美国工商界的信心受到很大的冲击。为了稳定金融系统，刺激投资和消费，避免美国经济陷入衰退，格林斯潘在"9.11"之后大幅度降息。当美国的金融和经济很快稳定下来后，格林斯潘本应及时加息，但在很长时间里他看不到任何通胀的迹象，所以他就等，一直等到2004年中，通胀在美国开始抬头，美联储才进入加息周期，收紧银根，但是已经太晚了。2001年到2004年美国的利率达到战后的最低水平，只有1%。当然，金融危机爆发后，美国今天的利率比"9.11"那会儿还低。

战后最低的利率保持了两年多时间，造成了流动性过剩，流动性就是钱，钱太多了。1%的利率，资金很便宜，美国的企业就借钱投资，家庭就借钱消费。另一方面，1%的利率金融机构也受不了，收益率太低，金融机构通过做量赚取利润,商业银行放出更多贷款,投资银行大搞金融创新。没人存钱,家庭、企业都不存钱,而是大量地借钱,结果是信用泛滥,流动性泛滥。我们是世界上最节俭的民族,我们的储蓄率接近50％,在世界上最高的。美国的储蓄率接近零,有几年储蓄率甚至是负的,借钱度日。一个经济体中钱太多了就不是好事,就要出问题。北京下一场雨、雪,大家都觉得这么干旱的地区下雨很好,很湿润,但是雨多了,二环桥底下就积水,车就开不过去。一个城市的水不能太多,一个经济体中钱不能太多。如果钱太多,超过了实体经济的需要,多余的钱就去寻找回报高的资产,当资产市场上也容纳不下时,就转变成资产泡沫。A股为什么可以从 1000 点冲到 6000 点,美国股市也同样,一路牛气冲天。

多余的钱进入楼市,造出另一个大泡沫。能够拿到贷款的人全都拿到了,剩下那些人是没有条件拿贷款的,但是商业银行和美国的政治家们给这些没条件的人创造了条件,让他们去借款,这就是"次贷",不合格的借贷人也拿到了贷款。在次贷的支持下,大量的资金进入房地产市场,把房地产市场的泡沫一天天吹大,再加上金融创新、MBS,把次贷贷款证券化,卖给投资者,风险就扩散到市场上和别的国家。

在国际经济一体化程度提高的时候,美国的政策制定者有点发懵,经济高增长低通胀,导致货币政策出现失误。今天,国际上公认格林斯潘是金融危机的罪魁祸首之一,他有两大错误:第一是货币政策操作失误,第二是金融监管的疏漏。格林斯潘本人前些天承认了第二个错误,我认为这是避重就轻,他到现在还不承认货币政策上的错误。所以奥巴马一当选,就把保罗·沃尔克请去做经济复兴委员会的主任,沃尔克是格林斯潘的前任,格林斯潘可能会感到失落,但也没有什么好抱怨的。这是美国这边的故事。

国际经济循环的中断

我们再来看全球经济一体化的这半边,中国是怎么回事。美国的钞票印多了,除了制造资产泡沫,还拿这些钱到国际市场上买东西,对中国出口产品的需求相当旺盛。别看"中国制造"的质量一般般,但因便宜,在外面卖的出去,能赚钱。外部需求刺激了国内企业的投资,增加生产供应能力。进入 21 世纪以来,我们经济的增长主要靠投资拉动,而驱动国内投资的力量一方面是国内需求,另一个来自于海外。在中国加入 WTO 之后,海外的强劲需求拉动国内投资,增加产能,再把产品出口到美国,两边拼起来,形成了完整的国际经济循环。

现在这个循环走不下去了,忽然之间,我们发现来自于美国的需求没了。我去广东了解情况,一些外向型企业和我说,11 月份整整一个月没有一张订单,不光是没有新订单,连老订单都取消了,从来没有见过这样的情况。为什么忽然像退潮一样,订单就消失了呢? 原来来自于美国和欧洲的外部需求是由宽松的货币政策支持的,银行信贷支持的。现在次贷危机爆发,美国的金融机构泥菩萨过江自身难保,再也不能像过去那样发放贷款,而一旦银行停止供血,美国的经济立即陷于停顿。为什么金融危机后三大车厂混不下去了? 美国老百姓跟我们不一样,别说买房子,买车也靠借款,一旦商业银行不往外放款了,家庭的购买力突然下降,汽车销售量跟着变成负增长,加上三大车厂自己也是负债经营,卖车的现金流入一断,公司就无法运转。当然,从长远来看,三大车厂的核心问题还是工会。银行停止贷款触发了经营危机,美国的老百姓无法再像过去那样买车了。

三大车厂之后是电器连锁销售商,类似国内的国美和苏宁,美国有"百思买"和"电器城",都不行了。美国人不光借钱买汽车,而且借钱买电视和冰箱,一旦贷款停止,电器的销售发生困难,"电器城"已进入破产保护,"百思买"的股价都跌到谷底。企业负债经营、家庭负债消费,美国政府更不用说,也是负债累累。美国人的问题是负债过多,中国人的问题是存钱太多。我们为什么老是买美国国债,美国人借债谁借给他? 当然是存钱的人借给他,所以中国买美国国债是非常符合逻辑的事情,存现金没有收益,借出去还能赚点利息。我们不要责备中央银行和外管局,在国际经济循环的过程中,中国必然要买美国国债。

可怕的过剩

金融危机打乱了美国人负债消费的生活方式和负债经营的商业模式,也打乱了我们的经营模式。过去我们不管生产多少东西,以为总会有人要,现在发现没人要了,大量的投资变成了过剩的库存和过剩产能,这一切似乎一夜之间从地里冒出来。为什么在过去几个月里,钢价暴跌,煤价暴跌,铁矿石价格暴跌?企业在不计成本地抛售库存。国际经济循环的链条,只要中间一个断掉,就引起连锁反应。

库存好处理,过剩产能怎么办?钢铁厂的人跟我讲,他们现在正在考虑炼钢的炉子怎么办,炼钢不能市场上有需求就多炼两炉,没有需求就停两天,炉子不能停,一停铁水冷却凝固,炉子就报废了。但市场上又没有需求,钢铁厂或者采取"闷炉"的方式,就像北方烧蜂窝煤,到晚上煤炉盖上盖子,留一个小气孔,让炉子缓慢燃烧,钢铁厂也用这个办法保持铁水不冻。但闷炉也有成本,还要供电、烧焦炭,如果成本太高,有些钢厂考虑把铁水放干,干脆把炉炸掉。

过去我们学习《资本论》,说资本主义生产方式的一个特点就是过剩。记得教科书上有照片,美国的农民把牛奶都倒沟里了,今天我们牛奶也倒沟里了,只不过原因不太一样,不仅牛奶倒掉,还要把好好的炉子给炸了。美国人在很痛苦地调整,我们也要调整,处理了过剩的库存处后,我们要面对过剩产能。牛奶可以倒掉,奶牛可以杀了,这些机器设备怎么办?厂房、矿山怎么办?全球经济的调整是个非常痛苦的过程,不仅痛苦而且可能漫长。我们发现旺盛的海外需求实际上是由美国发票子支持的,这个虚火一撤掉,我们过去大量的投资就变成多余的了。这些投资如果不能产生效益,对银行就意味着坏账,对社会就意味着失业。现在政府很着急,命令企业不许裁员,但着急也得讲究方式方法,不能乱来,企业经营不下去,不裁员怎么办呢?潮水退了,你能命令它不许退吗?

世界经济的新格局

过去中国经济的增长靠投资和外贸,给大家一个数量的概念,推动经济增长的三驾马车中,第一个是投资,占GDP45%左右,投资的增长率过去几年平均每年20%多;第二个是出口,平均每年增长20%到30%,净出口占GDP的9%;第三个是消费,居民消费只占GDP的35%,平均增长率大约在10%~15%之间。从这组数据大家就知道,中国GDP的增长,第一靠投资,第二靠出口,消费在这三架马车中是小兄弟,敬陪末座。现在出口已经负增长了,由推动经济的强大引擎,变成了拖累；投资正在熄火，有那么多过剩的产能，看不到需求在什么地方，谁还敢投资？能够撑起中国经济局面的就剩下消费了，但是当我们需要消费的时候，却发现消费占经济的比重在逐年下降，我们有数据说明这个趋势。

中国和美国的经济都必须进行调整，这里讲的中国代表新兴市场经济国家，美国代表发达市场经济。我想强调的是，这个调整不是在原有均衡上的简单的周期性循环，而是从一个旧的均衡向一个新的均衡过渡。这个调整不是旧游戏的简单重复，而是从旧的游戏跳跃到新的游戏上去，旧游戏和新游戏的规则有着根本的不同，具体体现在不同的预期上。

在新的世界经济格局中，人们的预期必须做永久性的调整，美国人再也不能幻想像过去那样借贷度日，美国家庭必须增加储蓄率，企业必须降低杠杆率。杠杆率是一个经济学的概念，就是资产负债率。为什么雷曼兄弟倒台了？杠杆率太高，有 30 多倍，自有的资本金只有 3％，抵御风险的能力非常低，它的资产只要出现 3％ 的坏账，就资不抵债。美国正在经历一个去杠杆化的过程，实际上就是降低负债。但是降低负债，企业就要缩减投资计划，家庭就要减少消费，这意味着社会总需求降低，导致经济活动收缩，所以美国经济陷入了衰退，恐怕短时间内走不出来，只要去杠杆化过程持续一天，美国的经济就没有复苏的希望。

美国的经济什么时候恢复？去杠杆化完成之后。再强调一遍，这不是传统的周期波动，三十年河东三十年河西，两个季度 GDP 收缩，第三个季度就好转了，不那么简单，这次是从旧均衡过渡到新的均衡，而不是在原有均衡上的循环。

中国将告别两位数高增长时代

对于中国来说，我们也要调整预期，国外对中国产品的需求不会像过去那样旺盛了，因为它们的货币政策将恢复到历史的正常水平。中国的出口不会再以 20％、30％ 的速度增长了，而只能跟着全球贸易量的增长而增长。大致来讲，全球的贸易量每年增长比全球 GDP 的增长高 2—3 个百分点，如果全球 GDP 是 4％ 的增长，那么全球的贸易量也就是 6%、7%的增长。与这一预期相适应,国内企业要调整投资计划,投资也不可能 20%多的增长了,没有那么多的需求。如果外贸增长降到 6%、7%,固定资产的增长降到 10%,中国的 GDP 每年可能只有 5%到 8%的增长,我们必须习惯一个新的时代,在这个新的时代中,GDP 只有中度的增长,两位数已经成为历史。如果我们展望未来,中国 GDP 增长也许只有 6%、7%,这意味着各位毕业之后找工作就困难了,这个困难今年已经发生。

我们已经习惯了 10%的增长,好像低于 10%我们的日子就过不下去。为什么?就业是个很大的原因,我们形成一种习惯性的思维,没有 10%的增长解决不了就业问题。

但是世界上有哪个国家像中国一样?我们的人口增长率比美国低,因为它有移民,它 3%的 GDP 增长是怎么解决就业问题的?我们靠高增长创造就业的问题在于经济结构不对。经济增长靠投资来推动,投资又大部分进入了制造业,特别是最近几年,进入了重型制造业。制造业是资本密集型行业,重型制造业更是如此,它不是劳动密集型。我们一些著名的经济学家说,中国的工业化以后要有二次工业化,二次工业化的特征是重型制造业,这是缺乏基本经济历史常识的著名经济学家们才能讲出来的话。世界各国走的道路都表明,在工业化完成之后,下一个阶段是经济的轻型化,是去工业化。下一个新兴产业不是重型制造业,而是轻型的服务业。有一点经济常识的人都不会讲出这样外行的话来。

我们还在鼓吹工业化、重工业化,无视世界各国经济发展的一般趋势和我们国家自己经济发展的趋势,结果是经济结构严重失衡,发展的重点放到了重型制造业上,而制造业不能创造足够多的工作机会,我们不得不依靠 10%以上的经济增长解决就业问题,能够有效创造就业机会的服务业则长期被忽视。

4 万亿扭转乾坤?

现在我们还是不谈产业结构,不谈经济结构的调整,想用 4 万亿来扭转乾坤,政府推出前所未有的财政刺激计划,要扭转中国经济增长下行的趋势,我们都成了"凯恩斯主义者",但 4 万亿里的问题没人讨论。

首先,这4万亿到底是新增的,还是原来预算中就有的? 假设2009年的财政支出原本是6万亿,现在有了这4万亿的刺激计划,分两年,每年2万亿,这2万亿是原来2009年的6万亿之中的,还是新增的呢? 换句话说,2009年的总预算是到底是6万亿还是8万亿? 如果是原来就有的,"4万亿"不过是提前宣布了一下,一点也不刺激,只有新增的才有刺激作用。对于这个问题,到目前为止,还没有看到一个明确的说法。

第二个问题,钱从哪来? 有1万亿已经清楚了,中央财政2009和2010年各发行特殊国债5千亿—6千亿,这1万多亿是落实的。算一下中央政府的负债和GDP,增发五、六千亿的国债,还能将政府赤字控制在国际警戒线附近,大约是GDP的3%。问题在于剩下的3万亿从哪里来,到现在也搞不清楚。我们国家的财政非常不透明,找不到数据,只好连猜带估。

有人说地方政府要出钱,我们就去找数据看地方政府有没有这个财力,结论是够呛。大家注意到了,现在好多地方政府都出台救楼市的计划。为什么? 因为土地财政难以为继。根据我们找到的一组数据,2008年1—11月份,7、8个城市卖地的收入仅为去年全年的1/3,有些城市甚至连1/4、1/5都不到。地方政府希望刺激楼市,把地价抬高,以增加卖地收入,政策效果目前看不甚理想。假如2009年的楼市不能恢复到几个月前那样火爆,地方财政连自己都保不住,哪里有钱投入到这3万亿中来?

第二个来源是银行,但银行出钱问题更大。我们经过了多年的努力,好不容易剥离了银行的坏账,通过注资、改组、改革,建立了基本的规章制度、治理机制和风险控制,然后在海外上市,进一步充实资本金,到现在我们的银行体系基本上是健康的,在国际金融危机的冲击下,我们这里没有发生大的动荡,一个重要的原因就是银行体系基本健康。好在我们前几年抓紧了银行改革,否则背着20%~40%的坏账,国际上大规模的金融危机是否会动摇国内的信心? 就很难讲了。我们虽有一些银行买了美国的次贷资产,但有足够资本金消化这些损失,改革的作用这时就体现出来了,所以还是要坚持改革。

银行刚刚做完手术,恢复了健康,你现在又要它给你放几万亿的贷款,拉动内需。银行左右为难,别忘了银行现在都是上市公司,要对股东负责，贷出去的款项风险和收益是否匹配？能不能回收？多长时间回收？如果没有效益怎么向股东交代？你能跟股东说，我知道这个贷款的收益低，回收期长，但要讲政治，响应政府号召，能这么说吗？股民买银行股票是为了赚钱，在座各位买股票时心里想的是什么？如果是想赚钱就对了，如果说是为了支持国家建设，我反而觉得你口是心非。

如果相应号召，为拉动内需而放款，我们的商业银行就又要回到政策性银行的老路上去了。我们这么多年吃了坏账的苦头，就是因为商业银行不是商业银行，政策性贷款银行。这条路不能再走了，不能好了伤疤忘了疼，再认为制造出一大堆坏账，不仅在股民那里没法交代，在全国老百姓面前也没法交代。

如果银行不能出这个钱，就只剩下企业了。这实际上是个悖论，如果企业愿意在这个时候投资，何必还要这4万亿呢？4万亿的隐含前提就是企业不愿意在这个时候投资。民营企业肯定不投，因为钱是他自己的，干吗要在经济下行时拿钱打水漂？当然，政府可以和国有企业讲政治，压国企出钱，可是别忘了国有企业的任务是资产保值增值，尽管我认为国企的这个定位是错的，但这是目前政府给它规定的目标，再经济不景气时投资，出现损失，国有资产亏了损谁负责？所以我们看到国资委领导讲话都非常艺术，"一方面"、"另外一方面"，"既要"、"又要"，既要支持扩大内需，又要控制风险。

算了一圈，除了中央的1万多亿外，不知道从哪筹集其余的3万亿。

4万亿可能无功而返

第三个问题，就算落实了4万亿的资金来源，扔下去能不能起作用？由于钱还没有花出去，效果还看不到，我们只能借助历史，来判断这4万亿到底能不能起作用。

人们一般认为，1933年的罗斯福新政结束了20世纪30年代的"大萧条"，这是"凯恩斯主义"的初次实践。罗斯福新政有两个主要内容：一是建立全国的社会保障体系；二是政府增加开支创造需求。但美国经济并没有因为罗斯福新政而走出低谷，"大萧条"从1929年开始持续了十年，到1939年才结束。1939年希特勒进攻波兰，第二次世界大战全面爆发，军备开支突增，政府预算在 1940 年以后占到 GDP 的 50％左右，这么大的财政刺激力度，才把经济拉出萧条。结束"大萧条"的不是罗斯福的新政而是希特勒的战争。这就是历史，当然历史经常被人改写。2008 年的诺贝尔奖获奖者是克鲁格曼，尽管我认为他拿这个奖不够资格，他获奖不是因为学术研究，而主要因为他是《纽约时报》的专栏作家，类似于流行歌星、球星，而不是经济学家。但是克鲁格曼讲了一句正确的话，"靠财政政策结束萧条，历史上只有一次，那就是第二次世界大战"。

日本是另一个案例。1989 年日本的，房地产和股票市场泡沫破灭，经济进入衰退。日本政府也捡起了凯恩斯主义，连续十几年实行扩张性的财政政策，财政赤字平均每年达到 GDP 5％以上，早就突破了国际的警戒线，在高峰的年份达到 GDP 10％以上。效果怎么样呢？日本经济今天仍然是半死不活。当然，有人会说，如果没有积极的财政政策，日本的情况会比今天的还糟。这句话有它的道理，但问题在于这样的财政扩张是无法持续的。在日本长期衰退的初期，也就是 80 年代末 90 年代初，国家债务对 GDP 的比例是 50％，今天是 160％，进一步举债的空间已经非常有限，如果再增发国债，国家有可能破产，日本政府在海外发行的债券就曾被评为"垃圾级"，说明投资者对日本政府的偿还能力产生怀疑。中国愿意走日本的道路吗？

有说人 1999 年我们也执行了扩张性的财政政策，经济不是结束了下行的趋势，而调头向上吗？确实是这样，但我们仔细分析数据后发现，财政政策虽起到了一定的作用，但 2000 年以来经济的反转最根本的原因有两个：第一，房地产投资突飞猛进，拉动了全社会的固定资产投资。1998 年我们推行住房改革，取消福利分房，把住房推向了市场，忽然间在国内打开了一个巨大的房地产市场，创造了一个新的产业，资金、土地、劳动力大量涌入，这个新兴产业支撑了经济发展，到今天房地产投资已占固定资产总投资的 1/3。这个市场的启动和财政政策没关系，多少万亿也没用，房地产市场的开开辟靠的是改革。

第二大原因就是前面讲过加入 WTO，又开辟出一块全新的外部需求。

解除过度管制是关键

所以在亚洲金融危机前后,中国经济调头向上,第一靠改革,第二开放。我在各种会上都讲,中国不需要凯恩斯主义,中国需要邓小平理论。邓小平理论就是坚持改革开放,培育新的经济增长点,让市场发挥作用,让民众的创造力充分涌现。我们国家的经济是有希望的,困难是有办法克服的。我在 4 万亿上看不到希望,在 4 万亿上得不到信心,我看到希望在改革和开放上。现在经济中碰到一些困难,没有什么了不起的,过去我们也碰到过,我们是怎么解决的? 不是靠政府花钱! 花钱! 再花钱! 而是靠改革开放,再改革,再开放! 相信民众的创造力,相信市场的活力。

为了培育新的增长点,为了让市场发挥作用,我一再呼吁要解除政府对经济的过度管制。刚才已经讲到了,为什么我们经济增长 10% 还解决不了就业问题,就是因为把经济发展的重点放在了制造业上,而长期忽视服务业,使得我们国家的服务业长期处于落后状态。我们服务业占 GDP 比重不到 40%,美国 80% 以上、日本 65%,连经济发达程度不如中国的印度,服务业占 GDP 的比重也有 50%。服务业长期的落后和政府的管制有着密切的关系。

我所说的服务业不仅是通常理解的洗头的、捏脚的,更重要的是金融服务、电讯服务、交通运输、港口机场、文化教育、医疗卫生、媒体娱乐,这些行业有巨大的发展空间,有很多的投资机会,能创造大量的工作岗位。拿金融服务业来说,我们 80% 以上的中小企业现在还没有得到相应的金融服务,几乎百分之百的农民没有得到相应的金融服务,如果把这个市场打开,我们能创造多少就业?

医疗卫生是另一个需求潜力巨大的行业,现在我们不敢去医院,没病都给你搞出病来,排大队、拥挤、服务态度差,供给远远落后于需求。

为什么医疗服务的供应长期跟不上? 行政管制。你想办个医院,先到卫生部报批,等着吧,两、三年也批不下来,也不告诉你为什么不批。民营医院想了各种各样的办法打擦边球,最后还是经营不下去,政府管的医疗体系,铁打的一统江山,阻碍资源的流入,结果就是供应的短缺,看病难。现在不去批评过度管制,把气都撒到大夫身上,说医德有问题。这不是医德问题,而是违反了市场规律。大夫的工资是政府管制的,不能根据市场的供给和需求决定医生的工资,医生的收入长期低于他的市场价值。但市场规律总是要顽强地表现自己,表现的方式就是红包。

不给医生涨工资,还骂他收红包是医德败坏,这不是市场经济的逻辑,这是计划经济的逻辑,我们在市场经济中老用计划经济的思维,把经济关系全搞扭曲了。医学院毕业不就那点工资吗,当医生还不如做公务员呢。大家知道不知道,公务员实际上不创造价值,他做的工作都是价值的重新分配。政府不创造价值,它手里的钱都是老百姓创造的价值,以税收的形式交到它那里去的。如果我们的青年才俊都不喜欢创造价值的工作,向往价值再分配的工作,长久下去,我们这个社会的发展是不是有些令人担忧?

对文化娱乐也是过度管制,一个片子出来三堂会审,关系搞得不好,就说你品位低下不能播。文化娱乐是老百姓喜闻乐见的事,有人愿意做,有人愿意看,你为什么要插一杠子评审呢?为什么你的口味就比老百姓高雅呢?这种无所不在的管制束缚了经济的发展。我们政府经常做两件事:第一是作茧自缚。中国还只是一个中等发达程度的经济,跟日本、美国不一样,我们有很大的潜力,但作茧自缚,潜力发挥不出来。第二件事就是"逼良为娼",以金融为例,如果没有地下钱庄,民营企业不可能有今天。为什么要地下经营呢?因为没有法,"非法集资"的大棒一挥,钱庄被迫转入地下。如果能在阳光下操作,大家去注册,政府可以收税、监管,既能解决中小企业的融资问题,又创造了就业,何乐而不为呢?

在经济碰到困难的时候,信心的动摇不是由于困难,什么时候没有困难?而是由于不当的应对方式。我们对中国经济的发展、民众的创造力和市场的活力始终充满着信心,缺乏信心的是政府的政策,改革开放在近几年的停滞不前令人深感忧虑。我们需要很好地总结过去30年改革开放的经验,坚持邓小平理论,坚持改革开放。即使地推进经济转型,眼前的困难是可以克服的,转型之后,中国的经济将进入新的发展阶段,GDP的增长也许不会像过去那样高歌猛进,也许只有5%到8%,但是这5%到8%是健康的,是可以持续的和高质量的,可以实现充分就业,可以维护社会稳定。我就讲到这,谢谢大家!

主持人：下面我们进入互动提问环节。

提问：许教授你好，请教您一个问题，您对中国目前国富民穷的状况怎么看，我们通过什么渠道能解决这个问题？

许小年：从技术的层面来讲，可以也应该减税。过去几年中，政府的财政税收增长速度显著高于老百姓的收入增长，就总体的趋势而言，是国家越来越富，而老百姓收入的份额却在下降。要改变这个局面，政府少收一点税，不仅为企业减税，也要为老百姓个人减税。

另外一方面，如同陈志武教授所讲的，要改变资产配置。我非常赞成中央在"十七大"提的口号，增加居民的资产性收入。但是要增加居民的资产性收入，首先要增加居民的资产。怎么增加居民的资产？农村土地分给农民，不要再犹抱琵琶半遮面，说农民的土地经营权长久不变，当时提的是农民的承包权"永久不变"。但因为下不了决心，就在语言艺术上下功夫，改成了"长久不变"，但是多长才算久呢？不知道，还是充满了变数。农民的资产就是土地，你不给他，他只有劳动性收入，而没有资产性收入。

从战略上讲，要调整国家和民众之间的收入分配，就要对政府在经济中的职能进行准确的定位，政府只做它该做的事情。政府该做什么？我想最好的答案就是亚当·斯密在200年前就给出的，政府在市场经济中就是规则执行者，只管游戏规则，而不直接插手游戏，既不用行政手段干预经济，自己也不经营资产，它只是一个裁判员。除此之外政府还有一个职责，亚当·斯密把它叫做"守夜人"，比如这栋楼着火了，政府灭火，火被扑灭了，就回去睡觉。大家可以去读一下亚当·斯密的书，还有弗里德曼的《资本主义与自由》。这几本书都从非经济学专业的角度，对政府职责给出了非常精采的论述。大家判断书的好坏时，不要看排行榜，好书永远是能经得起时间考验的，而不是畅销排行榜上名次。

（2008年12月27日在燕山大讲堂所作题为"迟到的衰退"的主题演讲）

自由市场制度遇到麻烦，但不会消亡

——答《南方周末》记者问

这次金融危机到底是市场失灵还是政府失灵？

南方周末：关于这次金融危机，有人认为华尔街（的贪婪与欺诈）是罪魁祸首，进而怀疑华尔街所代表的自由市场制度。您如何看？

许小年：说问题都出在华尔街的贪婪，这是不顾事实也是很不公平的。

我自己的经历说明贪婪人人有份。1997年香港出现"红筹股狂热"，当时我在美林证券做研究，我坚持认为这些红筹公司不值这么多钱，估值太高了，明显有泡沫。为此我承受了相当大的压力，压力大到了可能因此而丢掉工作。压力不仅来自于贪婪的华尔街投资银行家——美林的高管，而且来自于众多的机构投资者，他们几乎是逼着卖方的研究员写出他们希望听的话。如果没有券商的报告，这些基金经理就很难向他们自己的上级交代，老板会问："明明有泡沫，你怎么还要买呢？"他会说："你看看，美林、高盛都推荐了呀。"

那时和现在一样，大众街和华尔街一起疯狂。现在出事了，投资者摆出一副无辜受害者的样子，说上了华尔街的当。这已不是第一次了，2000年科技泡沫破灭后，投资者起诉大摩和美林的分析员，就是不说他自己在泡沫中做了什么。华尔街真有那么大的本事？就像我们A股从2000点冲到6000点，哪里是几家券商能造出来的行情，没有大众街的哄抬，指数怎么冲得上去？

历史上所有的泡沫,从郁金香泡沫、南海泡沫到 2000 年的科技泡沫,哪一个没有大众街的疯狂? 所以不单单是华尔街的贪婪,是人性的贪婪,是我们所有人的贪婪造成了这一切。大家还记得吗,在 2000 年时,巴菲特因为拒绝参与科技股投机,差点被投资者炒了鱿鱼!

这次美国爆发金融危机,根子在次贷造成的房地产泡沫。人们就此指责华尔街,说商业银行只顾赚钱,放出了这么多的次贷;投资银行利益熏心,为次贷打包,卖出了这么多的资产证券化产品。但是没人问问次贷的借贷者,本来收入没有达到那个水平,没有购房的能力,为什么偏要去借钱买房? 也没有人问政府,为什么对次贷睁只眼、闭只眼? 谁都知道,"居者有其屋"的承诺是捞选票的好办法,政客们绝不会去提醒民众,买房要注意自己的支付能力,更别说次贷的风险了。

在泡沫膨胀的过程中,投机和欺诈流行,这是不可否认的,但很少见到有人发出警报,即使有,大家也不把他当回事。这是一个很有意思的社会现象,每个人都参与其中了,每个人在泡沫中都有一份利益,明明知道是投机和欺诈,也没人想戳穿它,因为都想从中分一杯羹。在泡沫中,人们往往对投机和欺诈采取宽容甚至是怂恿的态度,有人把水搅浑,大家才好摸鱼啊。就像阿 Q 参加革命,想混进去抢一点浮财,事后才知道,还有砍脑壳的危险。

南方周末:人性的贪婪或疯狂,从来不乏例证,自从有市场的基本制度以来,有投资以来,基本上一次一次泡沫的性质和过程全都一样。但这是市场失灵还是政府失灵? 市场为什么没有能够进化出一套体系来,使贪婪受到遏制? 华尔街所代表的自由放任的资本主义模式遇到重大挫折,看起来,从 1980 年代到今天,历史的钟摆又到了从一端摆向另一端的时刻。您曾说过,您相信市场,现在您的看法是什么?

许小年:经济学中没有贪婪这个词,经济学开宗明义第一章就是消费者最大化效用,厂商最大化利润,投资者最大化回报,当然,是在一定约束条件下的最大化。贪婪无可指责,谁不贪婪? 充满贪婪的世界不会失序或者崩溃,因为有恐惧去平衡它。应该讨论的问题是,为什么在泡沫中人们无所畏惧。

美国这次泡沫,主要集中在房地产。我这儿有个图(见下图),能说明泡沫是如何产生的。

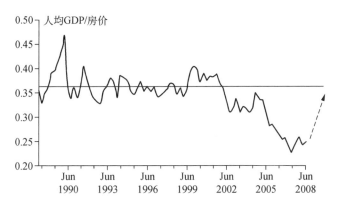

这是美国的人均GDP（把它当成人均收入的一个近似指标），看一下人均收入房价之比，这个比率很多年都稳定在一条直线上，但从2002年年中开始下滑。我们知道，那一年之后的人均收入一直在上升，这个比率的下滑只有一个原因——房价的上升超过收入的增加。从那时起到2008年，6年来房地产泡沫越吹越大，最近刚刚开始回调。从图上看，人均收入房价比要重新回到长期趋势线上来，还早着呢。

为什么从2002年开始出现房地产泡沫？因为美联储从2001年开始，连续减息，利率降到战后最低的水平。从时间上来说，降息在前，房地产泡沫在后，泡沫是由信用扩张吹起来的。为什么信用在那个时候扩张？货币超发，银根过松。

至于为什么要超发货币？那得问格林斯潘。格林斯潘前些天总算开口承认错误，说他不应该放松监管，但我觉得他是避重就轻，最重要的错误他不承认——为什么在经济和市场形势已经好转的情况下，他还要维持低利率？

这是他的一个巨大错误，但你不能责怪他一个人，因为智者千虑，必有一失。错在我们所有的人身上，因为所有的人都相信，格林斯潘比我们聪明，于是把这么重要的决策交到他一个人手里。这是集体所犯的一个愚蠢错误，它的愚蠢之处就在于，认为我们所有的人都比格林斯潘更愚蠢。

格林斯潘的判断出了什么问题？大家都知道，担心美国陷入通缩，像日本那样一通缩就十几年，格林斯潘在2001年后决定维持低利率，而且持续了这么长时间。他在这里犯了错误，没有搞清日本通缩的真正原因。

在过去十几年间,日本的货币政策实际上是非常松宽的,但银行就是不放贷,因为大多数金融机构已资不抵债,不敢再放贷,货币政策再宽松也没用,银行不会把基础货币转化为信贷,也就是货币政策的中间传导机制断掉了,不是心脏供血不足,而是血管堵塞。对日本来说,要想货币政策起作用,不是增加心脏的供血量,不是央行投放更多的基础货币,而是要尽快疏通血管,重整银行、金融体系。但是日本的政治家、金融界和民众怕痛,谁也不愿意改,一拖就是十几年。

格林斯潘误读了日本,把货币政策传导机制的失效看成是货币政策的失效,以为是货币供应不足。这是他个人的错误,而我们的错误在于假设格林斯潘是个神,让他去决定货币政策,结果他一失手,大家跟着倒霉。

弗里德曼很多年前就说,货币政策不能由中央银行来相机抉择。为什么呢?没有人能够准确判断经济未来的走势,并以此为基础,在正确的时点上、用正确的力度,进行恰到好处的货币政策操作。这是给神提出的要求,而我们之中没有神。由人来操作货币政策,错误是不可避免的,在弗里德曼和施瓦茨合作的研究中,他们用大量的数据说明,美国的货币政策非但不能熨平经济周期,反而制造了经济的周期波动,货币政策是波动的根源(见下图)。为了稳定经济,首先要稳定货币供应,所以弗里德曼提出货币供应的固定规则——比如说每年增长 3%,和经济增长基本保持同步。最好的货币政策就是无为而治,别瞎折腾,别假装你能先知先觉。

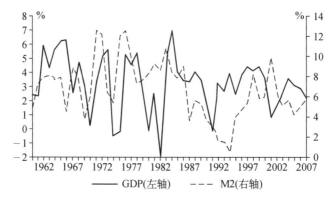

GDP(左轴) --- M2(右轴)

弗里德曼的思想受到奥地利学派的强烈影响,奥地利学派的货币理论虽然粗糙，但抓住了现代市场经济和货币之间的一些根本的关系，例如哈耶克就认为，货币供应的增加会导致利率低于均衡水平，从而刺激对资本的投资。当商业银行手中握有一大堆现金，当所有符合标准的申请人都已经拿到按揭贷款的时候，剩下的钱怎么办？银行一定要把它变成生息资产，否则每天还要支付储蓄者利息，只有成本，没有收益，次级按揭就应运而生，把钱贷给了不合格的人。

次贷的产生和银行的贪婪有关，和购房者的贪婪有关，和投资者的贪婪也有关，但最根本的原因还是货币发得太多了，超出了实体经济的需要，多余的钱就四处为害，制造泡沫。投资者买了那么多次贷产品，不就因为手里的钱太多了吗？金融机构的高杠杆，同样是因为流动性过剩。货币发行是谁的责任？中央银行。你说这是市场失灵还是政府失灵？

做次贷生意的，不只是雷曼兄弟和美邦保险（AIG），还有"两房"。"两房"是政府支持的企业（Government Sponsored Enterprise，GSE），拿着政府信用去做资产证券化，用格林斯潘的话讲是"风险国有化，收益私有化"，他在这个问题上倒是对的。"两房"占有美国房贷市场的半壁江山，得到参、众两院长期和有力的支持。为什么呢？"两房"表面上降低了民众的购房成本，政治上是得分的，而且"两房"为议员们提供了不少政治捐款。现在"两房"也出事了，你说这是市场失灵呢，还是政府失灵？

泡沫迟早要破灭，谁不怕股价下跌？但是没有关系呀，1998年"长期资本管理公司"破产，市场动荡，美联储就减息，稳定市场。"9·11"事件发生后，照例减息，华尔街戏称这种政策为"格林斯潘期权"，出事儿有格老撑着，你还怕什么？贪婪与恐惧失衡，你说这是市场失灵还是政府失灵？

我的看法是两类失灵都有。

南方周末：如果市场足够有效率，或者监管足够有效率，会不会有一种机制可以遏制泡沫？

许小年：在货币超发的情况下，要靠市场监管来防止泡沫是一件极为困难的事情，谁能预见到，次贷会闹出这么大的问题？还是要从源头上控制货币供应，货币多了就成祸水，一旦放出来，就很难管住。

中国的监管不可谓不严吧，当我们在稳定汇率的压力下，放出了大量货币的时候,到处可以看到泡沫,股票市场上,房地产上,还有实体经济中的泡沫——过剩产能。你管得住吗?我们这儿是强势政府,说打压房价、股价就打压,说不让投资上项目就上不了,这都控制不住。为什么中国的出口这几年势头这么猛?国内产能过剩,逼得没办法呀!不得不往海外走。在西方国家,政府的政策工具比我们还少,他怎么能防止泡沫?

南方周末:这次危机中有市场失灵的因素吗?金融衍生品泛滥是市场失灵还是政府失灵?

许小年:当然有市场失灵的因素。

货币超发,次贷大行其道,商业银行其实心里有数,次贷违约率高,是有风险的,他要把风险转移出去,于是就拉着投资银行搞资产证券化,把次贷打包切块,做成 MBS(抵押贷款证券化)、CDO(债务抵押债券),卖给投资者,回收现金。

市场可以分散风险,但前提是投资者知道如何为风险定价。CDO这类的产品过于复杂了,在 CDO 的基础上又做出了 CDO 平方,层层切块组合,直到今天也没人知道怎么定价。市场如果不能定价,当然就是失灵了。投资者这时就把定价的任务交给了评级公司,可是评级公司也没有定价公式。大家知道评级公司没有定价方法,只不过找到这么一个机构,有了一个说法,就可以开炒。投资者忘记了巴菲特的原则,不懂的东西千万别碰。由于搞不懂,心里毕竟不踏实,投资者就去弄一个保险,CDS(信贷违约掉期),美邦也乐得多卖个保险产品,谁想到后来正是 CDS 把美邦拖垮。

市场失灵怎么办?政府干预吗?禁止资产证券化?恐怕不行。商业银行永远面对着一个矛盾——短存长贷,贷款期限大于存款期限,资产的流动性低,风险高。资产证券化是一个极为重要的金融创新,有助于降低银行的风险,监管者不能因噎废食,卡住不让它发。在定价环节上靠政府吗?如果市场没有定价公式,为什么政府就有呢?布莱克和舒尔茨教授因推导出了期权定价公式,获得了诺贝尔奖,这不是件容易的事。在这里我们又假设了一个比我们任何人都聪明的政府,能在黑暗里照亮我们的道路,找出我们不知道的定价方法。如果政府也不知道如何定价,监管的依据又是什么呢?

当然,监管当局可以规定,太过复杂的金融衍生产品不准上市。但是政府怎么判断哪些过于复杂，哪些利大于弊，可以放行呢？它有足够的信息和金融产品的知识吗？还是那个问题，政府比市场更高明吗？所以市场失效并不意味着政府有效，靠市场还是靠政府，对具体案例要做具体分析。

南方周末：那政府的监管能起什么作用？

许小年：监管的作用主要体现在规则的制定和执行上，而不在具体产品和风险的判断上。比如要不要监管投资银行的资本充足率？现在回过头来看，是有必要的，防止杠杆率过高，这次雷曼、美林、大摩、高盛以及众多的对冲基金都吃了这个亏。第二，对冲基金要不要有最基本的监管，我认为也是需要的，可以考虑上报信息的要求，资本充足率的要求，但不能太多太细，避免把对冲基金管死。对冲基金有着实实在在的市场需求，有着实实在在的市场功能。第三，CDS那样的市场完全没有监管，恐怕也不行。

监管的另一作用提出公司治理机制的新的指引。这次金融危机暴露出华尔街的一些制度设计问题，投资银行高管们的风险和收益不对称。世道好的时候，每年可以拿几千万美元的奖金，世道不好的时候，照样活得很自在。于是大家都去冒险，冒险成功，收益他有一大份儿；如果失败，惩罚落不到他头上。把公司搞破产了，他在雇用合同中还有一个黄金降落伞的条款。不能给他黄金降落伞，要给他一个进监狱的通知单。

为什么在这次危机中，高盛损失最小？有人认为和它以前的合伙人制有关。对于上市公司，高管玩的是股民的钱。在合伙人制度下，高管也是公司的所有者，在拿自己的钱赌，风险意识和风险控制肯定会比上市公司强。什么形态的金融机构更好一些，这是值得思考和研究的。

华尔街的确存在问题，但这些问题不是道义谴责所能解决的，要靠新的制度安排和激励机制，政府可以发个指引，具体落实是股东、董事们的事，是市场的自我改正。

特别需要注意，监管在发挥作用的同时，可能带来另一类危害，那就是阻碍创新，过度管制而窒息金融体系的活力。这类危害在国内看得太多了，由官员自身的激励所决定，监管总是倾向于保证绝对安全，因为出一点事，他就有可能丢乌纱帽，而创新的收益又没有他的份儿。过度监管的另一原因就是寻租，一个发审会的名单就可以卖几十万。

你看我们的企业债市场,不就是给管死的吗?

要区分监管和市场基础制度的建设,更多的靠制度,而不是监管。监管机构有多少人,他哪里盯得过来,他怎么能判断哪些是好的风险,哪些是坏的风险?把风险减少到零,即使可能,也不可取,因为金融市场的基本功能就是识别风险,为风险定价和分散风险,你把风险控制到零,金融市场也就没有存在的必要了。风险等于零的时候,收益也是零,金融机构活不下去,也没有必要活下去。

应对市场失灵,要做成本效益的分析,更多地从市场基础制度的调整上来想办法,而不是一出问题就加强监管,监管是最后一道防线,也往往是成本最高的。

我从来没有讲过市场是万能的,但也从来也不相信政府是万能的。制定公共政策,一定要考虑到监管的成本,成本包括信息和人员成本,更重要的是抑制创新对实体经济造成的伤害。公众在这里有两个选择,一个是缺乏监管,金融机构在利润驱使下过度创新引起的风险;另一个是在求稳心态和寻租冲动下的过度管制。我们要在两个"魔鬼"中选一个(The Lesser of Two Devils),并不是在魔鬼和天使中进行选择,别搞错了。请注意"魔鬼"和"天使"这两个词,在这里没有任何道德褒贬的含义,只不过是"成本"和"收益"的拟人化说法。

所有凯恩斯主义者的错误也正在这里,他们正确地看到了市场失灵,却错误地认为政府干预和市场失灵如同天使与魔鬼,而没有想到这是在两个魔鬼之间的权衡。两个魔鬼之间会达到某种平衡或者均衡吗?可能要通过不断地试错才能找到一条比较合理的道路。大萧条是一次试错的过程,这次危机也是一个试错的过程。

如何防止类似的事情再次出现?不要把货币政策交给个人,重温弗里德曼的政策建议,按固定的增长率供应货币。固定规则有一个问题,就是中央银行无法行使最后贷款人的职责,如果处在当前这样的金融危机中,固定规则会束缚央行的手脚,没法增加货币供应以解金融机构和金融市场的燃眉之急。但是这个问题不难解决,在法律程序上可以设立授权标准,当金融体系出现崩溃的危险时,可以由立法机构授权中央银行来救援,一旦局势稳定,重新回到固定规则。

南方周末:您如何看待那么多的声音批评自由市场制度?

许小年:这是一种有意思又很奇怪的社会心理。中国人讲面多加水、水多加面，一看市场出问题了，大家马上就觉得市场是个妖魔，得有人来管管，而且人们对于自己管理市场的能力，总是估计过高。过去我们常说，"认识自然的目的是改造自然"，现在不提改造了，现在的口号是"保护自然"，"与自然和谐相处"。为什么有这个变化？人类学聪明了，认识到自己的渺小，认识到自己能力有限。

人们总觉得经济和自然不同，经济体系是我们自己搭起来的，为什么不能管得好一点呢？但我们有没有想到，人类创造过很多东西，最后也超出了自己的能力所及。比如说互联网，它的运作方式现在有谁能说得清楚？没有，就这么创造出来了，有谁想过要建立一个统一的模型，全面地描述互联网的运行，以便于我们进行集中的管理和调度？

这实际上是个哲学问题，即便是人类自己创造出来的系统，也会像自然界的宇宙一样，像环境一样，永远有人无法认识的内容。市场体系是同样的，经过每一次危机，我们都对市场有了新的认识，都会采取措施防止危机的再次发生，但是由于我们不可能完全理解市场运行的规律，将来还会发生危机。对于这一点，人们在心理上很难接受，这也许和"不可知论"的名声不好有关，人们总把"不可知论"和消极、宿命联系在一起。

金融危机还在发展之中，现在不急于下结论。有些事已经看得比较清楚了。首先，像货币供应，千万不要超出实体经济的需要太多。其次，问题不在华尔街的贪婪，人性生来贪婪，大家都一样，要问的不是如何抑制华尔街的贪婪，抑制华尔街的贪婪等同于抑制每个人自己的贪婪，而是要问应该进行怎样的制度设计，使金融机构和金融市场实现贪婪和恐惧的平衡。

到目前为止，关于制度重构的讨论很少，连货币政策规则都不讨论，忙着指责这个，指责那个，用"甲不好，乙就一定好"的逻辑，否定自由市场制度。自由市场制度的确遇到了麻烦，但这不是它的终结，在可以预见的将来，自由市场制度仍将是资源配置的主导机制，尽管它不完美，而且问题不断。

凯恩斯主义与凯恩斯主义者

南方周末：您认为自由市场制度不会崩溃，这是一个理性分析后的结论吗？

许小年：自由市场制度会不会崩溃？我们可以看一下历史。1929年"大萧条"，西方各国有着不同的反应，以英、美、法为代表的各国，选择了继续坚持自由市场经济的道路；而德国和日本选择了国家资本主义，并从国家资本主义走向了战争。二战之后，西方世界经历了艰难重建，尽管各国的政府职能在加强，但基础还是自由市场制度。如果自由市场制度能够在"大萧条"的冲击下生存下来，有什么理由认为它将毁于这次金融危机呢？

二战前后，政府在经济中的作用得到了提升，这在相当大的程度上和战争有关。打仗的时候，政府出面，以全社会的名义把经济转入战时轨道，管制价格，安排生产以保证军需，用配给应对消费品的紧缺。这一传统在二战之后继续了下去，特别是在欧洲，重建欧洲的马歇尔计划是政府对政府的计划，只能通过政府执行，强化了政府的经济职能。

在战后的几十年中，欧洲的国有部门长期效率低下，冗员充斥，亏损累累。1980年代撒切尔－里根主义的兴起并不是偶然的，不是说出了一个哈耶克，出了一个弗里德曼，又正好碰上里根和撒切尔夫人认同他们的主张，掀起了解除管制和私有化的浪潮，而是解决国有部门效率问题的一个对策。里根和撒切尔夫人必须要这样做，否则共和党在美国，保守党在英国，就不可能获得选民的支持。

哈耶克和弗里德曼坚持自由市场制度，坚持自己的理念，之所以得到广泛的支持，很大程度上和当时的社会氛围有关，和经济发展的客观形势有关。原来的选择遇到了问题，国有部门搞不好，必须寻找其替代方案，就像中国的经济改革一样。实践已证明，计划经济此路不通，无论是邓小平还是其他领导人，要在老百姓的拥护下长久执政，都会选择改革开放。

南方周末：现在美国次贷危机正逐渐演化为一场全球经济危机，是不是意味着各国政府又要寻求另一个根本不同的解决方案？

许小年：在寻找替代方案时，要问一下有什么可以选择的，用计划经济替代自由市场制度吗？即便发生了金融危机，恐怕也没有人建议回到计划经济，东欧、苏联和中国的经验证明，计划经济是毫无希望的。

自由市场制度不完美，过去有问题，现在碰上了问题，今后也还会发生各种各样的问题，但迄今为止，它是人类所能找到的最好的资源配置的机制。

为什么这么说？哈耶克指出，现代经济活动极为复杂，涉及成万上亿的消费者和厂商，有多少种产品和服务？又有多少种资源要配置？如果靠政府完成这个任务，最多几千名的中央计划官员不可能收集并处理如此大量的信息。社会只能把资源配置的问题化整为零，变成个人和企业的分散决策，由13亿人自己去收集和处理信息，自己做决策。

也许有人会问，个人和企业都自己做决定，那不就陷入无序状态了吗？谁来协调整个社会的经济活动呢？哈耶克说，自由市场是非常有秩序的，秩序靠价格机制维持，社会的经济活动由价格进行协调，不需要超社会的机构去统一调度和管理。产出品和投入品的价格告诉每个企业，你应该生产什么，用什么生产和生产多少。消费品的价格告诉每个消费者，你应该买什么和买多少。我们国家的经济现在不就是这样运行的吗？

金融危机改变了哈耶克的这个结论了吗？没有。有人认为，金融危机说明自由市场制度不行了，但又讲不出道理来，也拿不出替代方案。自1930年代的"大萧条"到今天，自由市场制度的基本构架没变，以私人产权为基础，在以法治为核心的一整套制度的支持下，企业和个人分散决策，根据价格信号进行资源的配置，政府干预仅仅作为矫正"市场失灵"的一个手段。金融危机没有改变这个基本构架，我也看不出有什么理由要改变它。

对于金融危机后的经济体制，需要讨论的，不是以中央计划代替自由市场制度，不是政府主导或者管制下的"鸟笼经济"，而是针对金融危机所暴露出来的政策失误和市场缺陷，通过制度和政策的调整，提高市场配置资源的效率。政府在这里的职能是"协助之手"（Helpping Hand），协助市场这个"无形之手"（Invisible Hand），而不是取代它。

在讨论"协助之手"时，要注意一点：所有引起市场失灵的那些因素，同样对政府发生作用。比如说信息不对称引起的市场失灵，如果市场参与者的信息是不完美的，为什么要假设政府就有完美信息？如果政府的信息也不是完美的，为什么要把政府干预看成是克服市场失灵的妙药呢？

第二，市场上有交易成本，政府干预也有成本。第三，要考虑到"协助之手"变成"攫取之手"（Grabbing Hand）的可能性，华尔街贪婪，白宫和国会就不贪婪了吗？无非是一个贪钱，一个贪权。

市场不完美，政府也不完美。凯恩斯主义者逻辑上的矛盾就在这里，市场不完美，政府却是完美的。魔鬼遇上天使，结论还用说吗？

南方周末：那么，当前世界各国采取的措施，包括正在密集讨论的全球集体救援计划，难道不是政府干预市场吗？如大家所说，现在"人人都是凯恩斯"。

许小年：在评价美国政府的金融救援时，人们把非常时期和正常时期混为一谈，政府的职能在这两个时期是截然不同的。

美国财政部提出7000亿救援计划时，金融市场上已经是草木皆兵，人人自危，恐慌迅速蔓延。这是一个非常时期，需要政府采取紧急措施，如同在战争状态中一样。学术界有人把凯恩斯主义经济学称为萧条经济学，这是十分准确的。萧条经济学而不是常态经济学，你看凯恩斯的原著《通论》，讲的全都是非常时期。

后来的凯恩斯主义者犯了个错误，把常态混同于危机时期，在常态下推行非常时期的政策，用非常时期的政府干预，论证常态下的政府越位。就这一点而言，凯恩斯主义者背离了凯恩斯的原意。

正常时期和危机时刻的区别在哪里？从理论上讲，就在于正常时期人们的预期是稳定的，而在危机时刻，人们的预期发生剧烈的变化，导致平时见不到的极端行为。在预期不稳定的情况下，怎样设计经济政策，这是凯恩斯主义应该研究的新课题。凯恩斯本人当时没有研究这个问题，他只是说当人们的预期和正常时期不一样时，政府应该做什么。凯恩斯没有回答这个问题的后半段：政府采取行动后，人们的预期会发生怎样的变化。

这次美国政府所有的措施都指向一个目标——尽快把预期稳定下来。政府不断地尝试，看这7000亿怎么个花法有效，2500亿入股银行，担保商业票据的交易，收购有毒资产，目的都是将预期恢复到危机前的正常状态。

实际上，从1997—1998年亚洲金融危机到现在，如何稳定市场预期是一没有得到解答的问题，需要理论经济学家作更多的努力。芝加哥学派假设的是常态下的稳定预期，凯恩斯学派的前提是萧条时期的预期，搞清楚两类预期之间是如何转换的，是理解危机和有效应对危机的关键。

一旦危机过去，预期回复到常态，政府也应该回归正常时期的职能，从已经入股的银行中撤出来，取消对卖空的限制，不再担保市场交易。政府如何在危机和常态间转换职能？香港特区政府在1998年的所作所为，堪称典范。当联系汇率制受到冲击时，港府艰难地决定入市干预（当时我在香港，赞同这个行动），执行凯恩斯主义了。港府同时明确表示，香港的自由市场地位保持不变，一旦局势稳定，就立即退出市场。港府履行了自己的承诺，在危险解除之后，港府把手中的股票做成基金，让港人凭身份证购买，还富于民，政府退出市场，重新回到斯密所讲的"守夜人"的角色上。

南方周末：危机时刻，市场预期没法自我稳定吗？

许小年：在危机时刻，如果政府不采取行动，市场参与者自发达到新的稳定预期会需要较长时间，时间拖久了，可能等不到预期稳定，金融系统就崩溃了。政府干预可以加速预期形成过程，避免更多的损失。

雷曼兄弟倒闭后，大家担心自己的交易对手是下一个雷曼，纷纷捂紧钱袋子，金融市场冻结，交易量急剧萎缩。别说衍生品市场，传统的银行间市场、信贷市场都不能正常运转，就像发现了三聚氰胺的牛奶市场一样。这时政府的作用是打破"囚徒困境"（Prisoner's Dilemma），在没有沟通和协调的博弈中，相互猜疑的结果是什么？每个人都选择了最差的策略！惜贷、退出市场交易。金融的本意是资金的融通，现在变成了资金的沉淀和冻结。政府入股银行，将政府信用暂时借给商业银行，扭转银行倒闭的预期；政府担保交易和收购有毒资产，降低交易对手风险（Counter-party Risk），逐步恢复市场信心。从危机期间的猜疑，到常态下的相互信任，预期转变过来，就有可能打破"囚徒困境"，回到正常的双赢博弈。

为什么要政府充当预期的协调人？花旗银行来做行不行？其实私人机构出面也未尝不可，历史上J. P. Morgan就做过这样的事。但私人机构有两个问题，一个是它有自己的利益，它来组织协调，别人会怀疑它乘机扩张自己的势力，而政府则是中立的。第二，政府干预力度大，不仅有财政做后盾，而且因掌握了货币发行，拥有无限的信用供应能力。由于这两个优势，政府牵头时，大家才愿意跟进。所以我并不是一概反对政府介入市场，而是强调要搞清政府干预的道理，政府在什么地方比市场强，为什么比市场强。

美国政府的救市是否开始起作用？从资产价格指数看，市场依旧信心不足，但有迹象表明，对金融体系崩溃的担忧，正在让位于对上市公司盈利的担忧，市场参与者的预期似乎已开始从危机转向常态。

搞清楚了两种状态下的不同预期，就知道我们国内这些年救市措施的性质了，其实不是"救市"，而是"托市"。投资者对上市公司盈利的信心不足，这不是很正常吗？股价的下跌没有动摇投资者对我国金融体系的信心。没病，你在救什么呢？

在不完美的市场和不完美的政府之间

南方周末：现在，在美国，去监管化（deregulation）成了一个贬义词，除了危机时刻的紧急措施之外，在正常时期，政府干预发挥怎样的作用？

许小年：上面说到过，政府的非完美性表现在政策是有成本的，其次，政府也有自己的利益诉求。凯恩斯主义的理论缺陷就在这两点上，假设政府干预的成本为零，假设政府最大化社会福利，也就是假设了完美的政府。当市场失灵时，如果有一个完美政府，答案当然是政府干预。如果政府也是不完美的，对策是什么？

以一个典型的市场失灵——自然垄断为例，纠正市场失灵的政策有几个，到底选哪一个，要看政策的成本和效益的比较。

自然垄断的问题是厂商拥有完全的定价权，它根据利润最大化而不是社会福利的最大化定价，自然垄断价格因此高于我们希望的社会最优价格，这样就伤害了公众的利益。

对于这样的市场失灵，大概有这样几个可供选择的对策。第一个是市场化方案，政府可以拍卖垄断经营权，像德姆塞茨证明的，如果拍卖市场组织得比较好，拍卖所得等于垄断利润，政府就通过拍卖事先抽走了全部垄断利润，再拿这些钱补贴社会公众。

第二个方案叫监管方案。因为是垄断行业，政府不允许厂商定那么高的价格，政府定价并进行监管。传统的经济学分析到此为止，但人们忘记了，监管的方案是有成本的。政府需要大量的信息，以便决定什么水平的价格是合适的。监管成本不仅体现在信息上，而且在获取信息的过程中，厂商肯定要误导你，他会虚报成本，因为定价方法是成本加一定的利润，成本越膨胀，他得到的价格越高。如果政府根据厂商提供的数据定价，结果还是不能很好地保护消费者的利益。

监管还有一个隐性成本，虽然是隐性的，但非常重要，那就是被监管企业的效率低下。由于定价是成本之上加利润，企业没有降低成本的积极性，雇了很多冗员，管理费用高居不下，他没有成本意识，浪费多少没关系，反正最后都打到价格里，政府报销。监管不仅有成本，而且有可能不起作用。垄断厂商、内部人收买监管者，监管变成寻租工具，公众的利益还是得不到有效保护。你看王益的案件，一个曾负责监管的高级官员，自己违法谋利；你看各地交通厅有多少官员落马，就知道为什么政府部门总喜欢讲加强监管。

第三个方案是国有化，政府出面经营。但政府经营的成本也很高，官员管企业，既没有专长，也没有足够的激励，企业的效率能高吗？国有化的另一倾向是用行政垄断代替市场垄断，排斥和抑制竞争，降低经济的总体效率，而且国有企业自己也想赚钱，国有资产要保值增值呀，于是照样抬高价格，倒霉的还是公众。

第四个方案是没有办法的办法，如果上面这三个方案的成本都太高了，还不如放任自由——不如让市场垄断算了，细算一下成本和收益，最后可能发现，市场垄断的社会净损失是最小的。

所以在非完美市场和非完美政府的情况下，如何制订公共政策，要算算账，要做成本和效益分析，不存在"市场失灵靠政府"的简单公式，政府干预不一定就能避免下一次金融危机。

政府的非完美性是因为它和你我一样，都是凡夫俗子，都有自己的利益追求。对公众来说，你是愿意忍受寻租贪腐之苦呢，还是愿意忍受市场上的垄断贪婪之苦？你不是在天使和魔鬼之间进行选择的，而是在两个魔鬼之间挑一个危害小的，挑一个成本低的。

监管还是"去监管化"，也是两个魔鬼之间的取舍，各有利弊。至于我们的金融监管，其实在很多情况下不是监管，而是行政管制。监管和行政管制的区别是什么？市场失灵时，才考虑监管；市场有效时也管，就是管制。管制一定要解除，否则我们的金融没创新，机构没创新，产品也没有创新。官员管市场，就怕出事，出事要丢乌纱帽！保证不出事的最好办法是不做事。我们现在的问题不是监管，而是如何把市场的活力和民间的创造力从过度管制下解放出来。

南方周末：尽管存在两个不完美，但这次金融危机使人们重新思考自由市场制度，重新思考凯恩斯主义，是否意味着此后一个时期内各国政府干预都会增强？

许小年：政府干预可能会加强，但也会有制约。自由市场制度的兴起，说到底是近代个人主义的兴起。个人权利意识的上升，个人发展的强烈冲动，要求社会提供一种环境，尊重个人权利，承认个人自由，使每个人都有平等的机会实现自己的价值，实现自己的梦想。和这样一种需求相适应的经济制度，除了自由市场，还能有什么呢？

监管（真正意义上的监管）可以降低风险，但另一方面会限制自由，限制机会。现在华尔街就面临这样的权衡。为了生存，高盛和摩根士丹利不得不将自己变成金融控股公司，这样就可以吸收存款，有了低成本的、稳定的现金流入。但存款涉及公众资金，你就要接受更严格的监管，而监管要限制你的商业自由，影响你的利润。在安全和自由之间，你要选个平衡点。不光是华尔街，对于正在经历金融危机的美国民众，同样要权衡安全和自由。所以监管可能有强化的趋势，但不会毫无制约。

如果你想要绝对安全，计划体制最安全，铁饭碗，没有失业的危险，银行控制在国家手里，金融机构不会倒闭，安全有保障，但没有选择的自由。问问你自己，在两极之间，你想在哪一点上找到平衡？

近代个人主义的兴起不仅是意识的觉醒，生产力和科技的发展也在推波助澜，过去只有贵胄之家、豪门子弟才敢做的梦，现在普通人都可以实现了，像比尔·盖茨、杨致远这样的人，出身微寒，成功后可以在社会上享有比过去国王还要高的地位。看到这样的可能性，个人的追求就不再是温饱了，个人意识的崛起就毫不奇怪了。

个人主义是市场经济的社会观念基础，市场经济的发展又极大地推动了个人主义思潮的高涨。西方的知识分子和民众要问自己，在自由换安全的路上，你们愿意走多远？只要个人主义存在一天，市场经济就是必然的选择。

自由市场制度遇到麻烦，但不会消亡。

次贷危机：
清算格林斯潘　考验伯南克

美国次级房贷危机爆发,过剩流动性在料想不到的地方决堤,引发全球金融市场剧烈波动。

始作俑者谁也? 美联储前主席格林斯潘。

泛滥的"格林斯潘期权"

或许是受到美国经济学家弗里德曼的影响,格林斯潘对金融体系中的流动性保持了高度的关注。在研究上世纪 30 年代"大萧条"的起因时,弗里德曼发现,1929 年纽约股市崩盘后,美联储没有及时向银行系统注入资金,反而收紧了货币供应,致使商业银行在基本面尚属健康的情况下,因头寸短缺无法周转而破产。银行系统的瘫痪令经济陷入混乱,酿成长达十年的大萧条。

格林斯潘接任美联储主席后,每逢金融市场震荡,必出手干预以稳定局势。从 1987 年的"黑色星期一",到 1997 年东南亚金融危机,乃至 1998 年大型对冲基金长期资本破产,美联储均通过公开市场操作、贴现率的调整或者减息,缓解市场上的短期流动性紧缺,保证金融系统的平稳运行。危机时刻的干预成为常规,市场于是形成预期,并戏称这样的政策为"格林斯潘卖出期权",意思是碰上价格下跌不必惊慌,等格林斯潘放水,市场反弹时再卖不迟。

2001 年 9 月 11 日纽约遭到恐怖袭击,金融系统一片混乱。格林斯潘主持的美联储照例打开贴现窗口,紧急注入流动性,避免了大面积的金融机构倒闭。美联储随后又大幅度减息,基准利率从 3.5% 降到

1％,意在刺激需求,防止经济衰退。2001年四季度美国经济增长率下滑到接近于零,但在2002年初即掉头向上。美国经济躲过一劫,货币政策功不可没。

到了2002年年中,各方面的迹象都表明,危险已经过去,美国经济正从复苏步入繁荣,但美联储仍将基准利率保持在1％,直到2004年年中才开始加息。美联储迟迟不加息,据说是担心出现像日本那样的通缩。格林斯潘显然误读了东亚的经济,将结构型问题混同于一般的景气周期波动。日本通缩的根本原因是银行系统的瘫痪,与货币政策并无多少关系。

且不论何种动机,放水必然会形成积水,长期宽松的货币政策终于造成流动性的泛滥。更为糟糕的是覆水难收,重新紧缩银根也无法消除过剩的流动性。自2004年7月到2006年7月,美联储连续17次加息。以往每逢加息周期,政府长期债券利率随之上升,这次长债利率不升反降。有人将此归咎于对美国政府债券的旺盛需求,养老金等机构投资者以及包括中国在内的外国政府大量购买,推高了债券价格。但同样不可否认的是,在过剩流动性追逐有限资产的情况下,债券收益率很难上扬。

另类投资应运而生

资产长期的低收益迫使华尔街寻找比传统投资回报更高的品种,"另类投资"(alternative investments)应运而生。所谓另类投资,指传统的股票、债券和现金之外的金融和实物资产,如房地产、证券化资产、对冲基金、私人股本基金、大宗商品、艺术品等,其中证券化资产就包括了次级房贷为基础的债券以及这些债券的衍生金融产品。

被视为罪魁祸首的次级房贷是过剩流动性的直接后果,商业银行可贷资金多,可贷对象少,于是竞相放宽房贷标准。首付的要求一降再降,直到零为止,拿不出收入证明或抵押品不足的家庭也拿到了贷款,月供款可以推迟3到6个月后开始。对于这些次级也就是不符合标准的房贷,商业银行多收几十个基点的利息,再请投资银行将它们打包做成证券,切块卖给投资者,以转移和分散风险。

市场的确具有分散风险的功能,但前提是参与者能够为风险准确定价。经过多道金融工程的包装与分割,包括商业银行、投资银行、对冲基金在内的投资者既不知如何为复杂的金融产品定价,也不了解源头的风险——次级房贷债务人的信用级别和违约概率。当次级房贷的实际违约率不断上升时,人们才如梦方醒,重新估计次级房贷债券和相关衍生品的风险,纷纷减持抛售,引起市场的下跌。

由于金融机构彼此并不了解各家在次级房贷投资上的损失,担心对方因流动性困难而违约,在市场上拆出资金的意愿低落,银行间市场的资金供给不足,引起短期拆借利率的剧烈波动,迫使各国央行紧急注资。过剩流动性竟导致流动性最好的货币市场上的流动性短缺! 这不能不说是一个绝大的讽刺。

明知另类投资风险高,为什么金融机构和投资者仍长时间地乐此不疲? 原因正在于"格林斯潘期权"。期权相当于一种担保机制,如同买了汽车保险的人开车更加粗心一样,自己的错误由别人承担后果,显性或隐性的担保引起投资者行为的畸变,经济学称之为"道德风险"。不怕另类投资出问题,到时美联储不会不管,在这种信念支配下,投资者更加大胆地卷入高风险的投资活动。

实际上确实如此,日渐流行的对冲基金不仅投资风格激进,而且大量借贷以提高股本回报。银行正愁找不到客户,双方一拍即合。高杠杆操作增加了风险,并在这个过程中进一步放大了银行信贷,流动性更加过剩,形成风险和流动性之间的恶性循环。

轮到"伯南克期权"?

次级房贷问题暴露后,美联储进退维谷,坚持央行的独立性,还是在政府、华尔街以及民间的压力下放松银根? 美联储现任主席伯南克与美国联邦政府高官多次强调,绝不为投资者的失误埋单,美联储刚开始也还能顶住压力,仅向货币市场注入资金,迅速恢复商业银行的正常运转,甚至降低贴现率(美联储向商业银行提供贷款的利率),仍算是没有违反原则。

但到了 9 月 18 日,美联储似乎再也无法坚持,宣布减息 50 个基点,理由当然不是次级房贷和金融市场的形势,而是美国经济面临衰退的危险,显然是言不由衷。减息将缓解供款者特别是次级房贷债务人的燃眉之急,违约下降,房价反弹,民众与华尔街皆大欢喜,政府于危急时刻"救民于水火",想必在选民那里也得分不少。

看似"多赢",实际上代价沉重。美联储丧失了独立性,其政策公信力大打折扣,市场怀疑它是否仍以控制通胀为货币政策的首要目标。减息之后,政府长债收益率不降反升,反映了市场预期通胀的恶化。无论伯南克讲得如何冠冕堂皇,也暂且不论经济衰退的可能性有多大,即使发生衰退,也是因为房地产市场的深度调整,通过财富效应减少了私人消费所致。减息以防止经济衰退的逻辑相当于补贴次级房贷的债务人和投资者,挽救房地产泡沫,让过剩的流动性继续在经济中和市场上游荡。格林斯潘后继有人,市场开始谈论"伯南克期权"。

泡沫的破灭极为痛苦,最好的办法是防患于未然,而关键的第一步就是拒绝救助过去的泡沫受益者,以杜绝"道德风险"。不如此,金融机构就会搞出其他的"次级产品",投资者将继续低估风险,泡沫就会不断地困扰金融市场,而泡沫的破灭则可能一次又一次地将实体经济拖入萧条。

市场已对格林斯潘作出了公正的评价,如何处理他伟大前任的遗产——兼顾资本市场的货币政策以及过剩流动性,伯南克面临严峻考验。如果本周联储再次减息,"伯南克期权"恐怕就会从戏言变成现实了。

(原载 2007 年 11 月 1 日《第一财经日报》)

要监管监管者

——在国际货币体系的未来论坛上的演讲

谢谢,刚才各位都讲了很好的意见,我从学术性研究的角度来看一下现在的货币政策以及货币政策目标怎么定位。

次贷危机以来,美联储的备受批评。在几个月的时间里,对格林斯潘的评价发生了戏剧性的变化,从有史以来最伟大的中央银行家,变成一手制造了次贷危机的罪魁祸首。格林斯潘当然要为自己辩解,但我们看到他的辩解越来越苍白无力。

次贷危机既没有引起国人的重视,也没有引起世人的重视。现在大家在事后都说美联储监管不力,说应该监管次贷,应该监管资产证券化,但我们有没有看到,美联储实际上就是次贷的根源,它的错误货币政策在市场上造成流动性的过剩,次贷不过是流动性太多的产物。如果能够看到这一点的话,下一个问题就是,既然格林斯潘和美联储也会犯错误,把国家的货币政策交到几个人的手里,由他们来作决定是不是一个非常可靠的做法?为什么我们要假设,有些人比我们都聪明?少数的几个人可以审时度势,发现经济周期的规律,发现金融市场的危险在哪里,并且在他们的准确判断的基础之上,调整货币政策,保证经济的平稳运行,这样的假设现实不现实?如果这样的假设不现实的话,那么货币政策应该怎样操作呢?

讲到这里,我想起一个人的论述,他把货币政策的操作分为两种,一种是审时度势、由央行的几个聪明大脑根据经济的情况随时调整;另一种叫做基于规则的货币政策。这个人就是弗里德曼,他主张从法律上规定货币发行的数量,比如说每年增加 3%,不管是美联储还是格林斯潘,任何人都没有决定货币供应数量的权力。弗里德曼为什么提出这样的建议？因为他不相信超人，不相信有人可以先知先觉。如果央行行长是像你我一样的凡夫俗子，为什么我们要把货币政策的大事交给他呢？

纸币的发明使我们摆脱了贵金属对货币发行的限制，想印多少钞票都可以，但是任意发行纸币给我们带来了很多的灾难，通货膨胀、流动性过剩、次贷危机都是例子，怎样能在使用纸币的同时，减少纸币的危害呢？现在回过头来再看当年货币学派的论证，感到是非常有道理的，要管住中央银行，禁止它乱印钞票，每年不得超过 3％。

今天我们在讲国际货币基金组织的重新定位，讲货币政策的国际协调。谈归谈，这些目标都太大了，大家的认识在短期内不可能取得很大的进展，如果不能形成一致意见，不能采取一致的行动，现实世界中的事怎么办？我认为更为重要的事情是要约束各国的中央银行，防止货币的再次泛滥，防止滥发货币再次引起金融危险。

防止货币的再次泛滥，就涉及另外一个理论问题，货币政策到底应该是单一目标的还是多目标的？现在大家公认美联储在这个问题上犯了错误，但是在几个月之前人们还在顶礼膜拜格林斯潘，现在大家又去批评他，检查他错在什么地方。我们自己的货币政策是单一目标还是多目标的？如果是单一目标，我想可以避免一些他犯的错误。在格林斯潘当美联储主席的 18 年中，他是双重目标，一个是控制美国的通货膨胀，另外一个是稳定金融市场。但这两个目标之间是相互矛盾的，经常发生冲突，为了解救金融机构，稳定金融市场，格林斯潘发行货币，向金融系统注入资金，结果是什么？流动性泛滥，闹出了次贷，引起金融体系的震荡，通胀也管不住了，想兼顾的结果是顾此失彼，哪边也顾不上。

美联储推行低利率政策时间太长了，从 2002 到 2004 年的基础利率只有 1％，二战之后就没有过这么低的利率，而且这么长时间。现在我们知道了，都是低利率惹的祸，但如果因为这个问题指责格林斯潘一个人，我觉得也不太公平，谁让你把货币政策交给一个人？总结教训应该在货币政策的规则和制度层面上进行。

到底我们是相信让几个聪明的大脑，让他们决定货币政策，还是制定政策规则？货币政策是单一目标还是多目标？这是我们在货币经济学上一定要研究的两个问题，这也是长时间以来一直争论不休的问题。

从次贷的危机来看,依靠少数个人判断一个国家的经济形势,决定一个国家的货币政策,我认为这是风险极高的一件事,恐怕是基于规则的货币政策更为妥当,它带来的负面作用和危害可能更小一些。

所以我提出一个说法,叫做要监管监管者,还有一个是货币政策应该坚持单一目标。我想不仅在理论上要进行探讨,而且还要对过去的货币政策实践做出更为深入的总结。

我就讲到这里,谢谢大家。

(2008 年 5 月 23 日)

圣徒弗里德曼

弗里德曼(1912—2006年)辞世，人间少了一个上帝的圣徒。经济学家信奉的上帝是市场，最懂得市场的人是弗里德曼。

市场超越所有君王、圣贤和政府，如同上帝一般，不可管制，无法驾驭。市场所到之处，供给充分，物价稳定，经济繁荣，莫说"鸟笼"关不住，地球上最强大的"有形之手"也不得不低头退让。过去三十年间，英、美的私有化和自由化浪潮、中国的改革、苏联与东欧经济的转型，无不显示市场力量之浩荡，也无不留下弗里德曼的鲜明印记。

市场之神奇在于效率，效率则源于激励的协调。自愿基础上的交易，乃市场经济的最基本活动。因其自愿，必然是互惠的，否则不会成交。互惠意味着"有人受益而无人受损"，每一项交易因此都代表了帕累托改进，也就是资源配置效率的改进。当所有潜在的交易完成时，即效率改进的机会均已穷尽时，社会资源的配置就达到了最优状态。无需政府，不必计划，在自身利益驱动下，经济个体不断寻找交易机会，通过交易不断改善资源配置，最终实现效率的最大化。

自愿交易形成市场均衡价格，由于自愿，价格必然大于或等于卖方的成本，因为世上没有甘心亏损的厂商；同样由于自愿，价格必然低于或等于买方的效用，因为无人想当得不偿失的傻瓜。市场价格于是含有丰富的真实信息，准确反映了供应方的成本和需求方的效用，交易的自愿性和互惠性保证了信息的真实性和准确性。当价格将供需信息传递到经济的每一个角落时，企业依此决定生产什么和生产多少，家庭与个人依此决定消费什么以及消费多少。无需政府，不必计划，价格指导了全社会的资源配置。市场效率的实质是信息效率，哈耶克首先揭示其中奥妙，弗里德曼则在《价格理论》一书中，详细解说了市场汇集信息和配置资源的魔力。

最优并非万能，市场也有失效的时候。新凯恩斯主义指出，非对称信息下，市场无法实现资源的最优配置，政府因而有必要进行干预。这种"市场失效"找政府的思维，将经济学等同于"面多加水，水多加面"的馒头制作工艺。殊不知政府的信息更为贫乏，依靠政府克服信息不对称引起的"市场失效"，其逻辑就像请中学生为博士生答疑，即使诊断正确，也是开错了药方。

政府未在市场中摸爬滚打，不可能拥有更为充分的信息。政府当然可以向基层发问卷、要报表，但基层会以数字游戏应对，诱导政府的决策朝向有利于自己的方向发展。从"大跃进"时期的亩产万斤，到近年各省的 GDP 增长，政府所获信息的失真，已是公开的秘密。信息的缺乏也使政府对经济的微观管理四处碰壁，看病吃药太贵，政府就去管制价格。然而"上有政策，下有对策"，厂家旧药换个包装，当作新药上市，价格反而更高。数千上万种药品，审核部门如何搞得清楚，政府若无信息优势，又怎么可能纠正"市场失效"？

面对非对称信息，政府同样失效，失效的根本原因是上下激励的不协调，导致激励不协调的又是利益的不一致。激励不协调在这里具有双重含义，一是在寻求实现社会目标时，政府的激励与市场参与者的不协调，二是政府本身的激励往往导致对原定社会目标的背离。

以最为经典的"市场失效"——自然垄断——为例，凯恩斯主义者建议由政府管制或国家经营自然垄断行业。然而在实践中，政府干预的结果不过是简单的置换，行政垄断代替了自然垄断，厂商照旧坐享丰厚的利润，消费者不得不继续忍受超高的价格。更为糟糕的是准入管制的无限延伸，将能源、电信、金融、航空等竞争性行业变为行政保护下的寡头垄断。斯蒂格勒用数字和事实说明了管制的实质：在抑制垄断的大旗下，政府成为利益集团而不是公众利益的保护者。为了改变消费者的无助地位，弗里德曼以圣徒般的激情与坚韧，不遗余力地在世界各地推动解除管制。

如果不靠政府干预，克服"市场失效"的出路何在？仍然要靠市场，面多其实不必加水。污染曾是令市场失效的一项典型"外部效应"，传统上一直认为政府应进行干预。实践证明，污染权的交易市场能够极大地降低控制污染的成本，将令人头痛的"外部效应"内部化。政府的干预既无必要,也不会有效,因为政府要么没有充分信息,要么得到的大多为扭曲信息。政府可以和应该做的,是立法以明确污染权市场的交易规则,是执法以保证市场的平稳运行。

即便对于自然垄断,鲍莫尔证明,如果取消准入管制(而不是强化行政管制),在潜在的进入竞争威胁下,垄断厂商不得不降低价格,消费者由此而受益。德姆塞茨建议政府拍卖垄断经营权(而不是自己垄断经营权),将垄断利润转化为财政收入,用于社会福利开支。受到这一思想的启发,移动通讯等经营许可证的拍卖市场日益流行。

在弗里德曼等人的影响下,人们意识到,自然垄断的范围比原来想象的小得多,如果电厂与电网分离,发电就属于竞争性行业,不存在政府专营的道理。铁路的物理网络全国只有一个,但若多个运输公司租用同一网络的不同时段,竞争便立即成为可能。需要重新思考的,是政府部门垄断的合理性。至于国家利益和民族工业的说法,既无严格定义,也没有经济学理论的基础,并不构成政府垄断的依据。如果担心外国人的控制,尽可放手对内开放。

政府失效的根本原因是激励不协调,而市场的效率正来自于激励协调的自愿交易。弗里德曼从这里出发,界定政府的职能。政府应保证经济活动的自发性和自愿性,尊重人们从事经济活动的自由,在市场与经济之外,通过立法和执法,维护市场规则和市场秩序。反之,政府干预则意味着对经济自由的限制,缩小经济个体自由选择的范围,降低经济的竞争程度。

弗里德曼一生不懈地与凯恩斯主义斗争。对于这两大派的对峙,有人说是"三十年河东,三十年河西",将双方的争论与世人的认可视为风气的轮换转移。两派的是非功过或许应留给历史学家评论,从学术的角度考察,弗里德曼拥有方法论上的优势,他的逻辑是连贯和一致的(consistent);而凯恩斯学派一方面假定经济个体是受到资源制约的自私和理性的动物,另一方面则构想了一个无私且无所不能的政府,其作用就是解救尘世间分散决策、只顾自己的经济个体。

政府在凯恩斯主义者那里是超尘脱俗和法力无边的上帝,超尘脱俗指的是政府的目标被假定为最大化社会福利,法力无边的含义是政府能够以零成本实现任何既定目标。凯恩斯需要这样一个造物主以弥补理论体系上的漏洞,例如外部效应、自然垄断和非对称信息引起的

"市场失效"。政府对于凯恩斯,如同上帝对于牛顿,缺少了上帝的"原始推动",牛顿的天体运行理论就不能自圆其说。与其说政府干预是凯恩斯经济学的结论,不如说无所不能的仁慈政府是凯恩斯经济学的逻辑起点。

作为新凯恩斯主义的代表人物,斯蒂格利茨曾批评新古典经济学不过是证明了市场有效的假设。其实这个批评同样适用于新旧凯恩斯主义,超尘脱俗和法力无边的政府也是一个假设,凯恩斯所证明的,不过是他的假设。两大学派的争论看上去变成了宗教问题,到底是相信政府还是相信市场;实际上,问题并不是这样简单。

弗里德曼恢复了政府凡夫俗子的本来面目,政府如同市场中的厂商和消费者,其行为也是在一组约束条件下最大化自己的利益。判别市场与政府的优劣,必须坚持同样的方法,采用同样的标准,对政府干预和市场化方案分别进行成本和效益分析,在净收益计算的基础上得出政策建议。一旦用同一尺度衡量市场和政府,即如弗里德曼在讨论自然垄断时所言,在民间企业垄断、政府垄断和政府管制的三个"魔鬼"中,民间垄断往往是危害最小的。"市场失效"的市场化解决方案之所以成本最小,除了激励的协调,还有竞争的压力。

文如其人,弗里德曼的理论简单、通俗,同时又严谨而深刻。市场上的自愿交易意味着激励协调与竞争,政府干预则导致利益冲突和垄断,市场与政府的本质区别正在于此。弗里德曼倾毕生精力向世人说明的,也正是这一道理。

未曾师从,不敢自称门徒,谨以简陋的学生习作,追忆一代宗师的杰出贡献。

(原载 2006 年 11 月 30 日《南方周末》)

都是斯密的孩子

1976 年弗里德曼获得诺贝尔经济学奖时,记者问他谁是本世纪最伟大的经济学家,弗里德曼不假思索地答道:"约翰·梅纳德·凯恩斯。"

一个从不隐瞒自己观点的学者,在事业的峰巅向学术对手致以崇高的敬意。这敬意并非佯作大度,与谦虚和礼貌也没有任何关系,弗里德曼对凯恩斯经济学的批判是众所周知的。正是这一批判将经济学推向了一个新的高度,也正是在这个意义上,毫不夸张地说,没有凯恩斯就没有弗里德曼。

20 世纪 30 年代,大萧条横扫西方世界,主流的古典经济学一筹莫展,它既无法解释萧条的产生,也不能提供有效的政策建议。凯恩斯大胆抛弃了传统的经济学分析方法,不再固守完美竞争的市场,不再视价格为具有充分弹性的供需平衡器,在价格刚性的假设下,导出了长期萧条的可能性,并提议政府增加开支以补充私人部门的需求不足,从而赋予政府前所未有的经济功能。

凯恩斯简单假设了价格和工资刚性,但未给出刚性的微观理论解释,这一缺陷由后来的新凯恩斯主义者部分弥补。凯恩斯学派另一更关键也更致命的假设,是"无所不能与仁慈的"或"聪明且意愿良好"的政府。这里"意愿良好"的含义,是政府最大化社会福利。令人诧异的是,迄今没有几个凯恩斯主义者对此基本假设作过认真和系统的说明。

弗里德曼不得不肩负起这一任务。政府真的比市场聪明吗?以引发凯恩斯革命的大萧条为例,弗里德曼用数字和事实揭示了那场灾难实际上源于"政府失灵",而不是"市场失灵"。1929 年纽约股市崩盘,美联储未能及时向金融系统注入资金,反而收紧银根,致使商业银行在基本面尚属健康的情况下,因头寸短缺无法周转而破产。银行系统的瘫痪令经济陷入混乱,酿成长达十年的萧条。

在弗里德曼与施瓦茨的里程碑式著作《美国货币史》中,两人以大量数据说明,截至 20 世纪 60 年代,美联储的货币政策非但没有稳定经济的运行,反而直接造成了经济的周期波动。政府能否先知先觉,在恰当的时点上,以恰到好处的政策力度调节经济,在理论上和实践中都没有保证。如果政府不比市场聪明,为什么要让政府调节经济呢?

至于"意愿良好"的政府,更是凯恩斯主义者为了搭建理论体系的方便,信手拈来的一块积木。诺贝尔经济学奖得主诺斯指出,近代史上,英国首先实现经济发展的飞跃,完善的产权保护为重要的原因;但这并非出于英王政府的良好意愿,而是宪法与议会对国王形成了有效制衡。相比之下,享有绝对王权的法国和西班牙政府,恣意侵犯民众产权,阻碍了市场的发展,使两国经济长期落后于英国。

即使到了现代,世界上也鲜有"意愿良好"的政府。格林斯潘在他的新书中就认为,小布什发动伊拉克战争是为了石油,布什家族和副总统切尼都与得克萨斯石油财团有千丝万缕的联系。老布什也曾抱怨过这位美联储前主席没有在 1992 年大选前放松银根,创造更多就业以争取选票,害得他输给了克林顿。若非法律和制度保证了美联储的独立性,货币政策就可能沦为总统牟取政治利益的工具。

如果政府也是理性经济人,有其自身的利益追求,"聪明且意愿良好"的假设便失去意义,公共政策的设计与执行就不可能像凯恩斯主义者设想的那样简单:经济萧条时增加政府开支和放松银根,过热时削减开支和提高利率。现实中永远是花钱容易紧缩难,对选票的考虑时常压倒一切,调节经济的需要反而沦为制定政策的次要因素。欧洲的福利国家就在这种政策和选票的博弈中膨胀,今天已到了难以为继的地步。监管的实践也说明"意愿良好"这一假设的虚幻性。政府干预自然垄断,原本应促进竞争,降低价格,保护消费者利益,结果却是行政垄断代替自然垄断,公众继续承受高价之苦。又如政府出面规范市场,原本目的是降低交易成本,结果演变为部门利益的扩张,行政审批代替了法制规范,交易成本不降反升。

施莱弗等经济学家证明,当政府也是理性经济人同时又缺乏有效的公众监督时,政府干预的成本有可能超过"市场失效"所带来的损失。这一结论的政策含义不言而喻,与其行政垄断,还不如自然垄断;与其政府规范,还不如市场自律;与其政府干预,还不如放任自流。转了一圈,又回到市场,回到斯密关于政府职能的定义,政府的作用不在市场之内,而在市场之外界定和保护私人产权。

毫无疑问,凯恩斯和弗里德曼都对经济学发展做出了巨大贡献,然而这一学科的公认奠基人是斯密。斯密第一个对人类经济活动进行了理性分析,天才地论证了市场的有效性,无论今后涌现出什么样的大师,经济学家都将永远是斯密的孩子。

(原载 2007 年 12 月 24 日《财经》)

适时反思现代化
——答《中国经营报》记者问

《中国经营报》编者按：

从中国人民大学走出，负笈求学，归国进入金融界，千点论一语成谶，再到中欧课堂……自诩"随机行走"的许小年，二十年来一直游走于中国经济发展的核心话语圈。回首三十年改革，反思高速增长，冷观股市热潮，他会带给我们什么新的理念？本报记者在上海专访了许小年教授，追溯经济发展的真正根源。

现代性不能简单等同于现代化

《中国经营报》：听说你最近在关注社会转型问题，能谈谈吗？

许小年：前一阵子《大国崛起》很热门，最近我在读《通往现代性的不同道路》，思考这方面的问题。我认为需要厘清两个概念，一个是modernization，也就是现代化，另一个是 modernity，也就是现代性，这两个相关但不同的概念经常被混为一谈。过去我们一直把一个民族、一个国家的现代性等同现代化，也就是等同于物质上、经济上、技术上、商业上的进步。如果仅仅是这样的话，实际上现代化的一切努力也就没有超出当年洋务运动、实业救国的范畴。从长远来看，单纯靠发展经济是没有办法实现向现代社会转型的，即使就经济而言，一些问题、一些经济中的长期失衡也源于转型过程中的困难，能不能将现代性等同于现代化，这个问题值得研究。

《中国经营报》：你刚才谈到中国的转型存在把现代性简单等同于现代化的问题，这不仅仅是中国的问题，应该在后发国家尤其是亚洲国家中都普遍存在的问题吧?

许小年:是的,我在课堂上也常常给学生举德国和日本的例子。19世纪初,普鲁士在1806年的耶拿战役中全军溃败,输给了拿破仑,从一个欧洲强国沦为三流国家。这场战争对于普鲁士的意义类似我们当年的中日甲午战争,普鲁士全国上下大受刺激,开始改革,走富国强兵之路,大力推进工业化,这也类似我们的"百日维新"。普鲁士也就是后来所谓的"德意志道路"的特点是经济加科技,政府自上而下地推动现代化,经济发展很快,而社会、文化、思想、政治制度则落在后面。

德国传统上一直是君主专制,一次大战之后的魏玛共和国非常软弱,而且也很短暂,德国出现俾斯麦甚至希特勒,并非偶然现象,而有着更深层次的思想和社会原因。一战之后,德国不服气,抱着"WE WILL COME BACK"的心态,要卷土重来,但二战之后就不一样了,德国开始反省现代化问题,反省富国强兵和对外扩张给德意志民族带来的灾难,政府与民间的心态也与一战之后完全不一样。如果说耶拿战败引发的改革是德国现代化的开端,二战之败可以说是德国走向现代社会的开端。1970年联邦德国总理勃兰特在波兰犹太人墓前的下跪,标志着德意志民族告别传统,对于至今仍不愿检讨的个别亚洲国家来说,这样真诚的忏悔是无法想象也无法理解的。

《中国经营报》:刚才谈了不少关于现代转型国家的案例,那么你具体如何定义现代性呢?

许小年:现代性描述了现代社会的基本特征,现代社会有三个组成部分:现代的社会意识、市场经济以及适应现代社会意识与市场经济的制度体系。三部分中最核心的是现代的观念,承认、尊重和保护个人权利与个人自由的观念。德国与日本当年的现代化不仅缺少这样的价值观念,而且为了富国强兵会压制个人发展的需求。既然个人的权利作为价值体系的核心,现代性自然要求自由市场经济作为基础,而不是德国、日本历史上那样的以国家为主导的经济。以德国和日本为代表的"赶超型国家"会走上国家主义的道路,原因是多种多样的,其中之一是历史上的启蒙运动形成了不同的社会意识和思想体系。德国启蒙运动接近法国,但和英国不同,俾斯麦、拿破仑式的集权可以在大陆欧洲赢得赞誉,却不可能出现在英国。法国启蒙运动强调"公意"(General Will),英国人讲"公利"(General Interest),而公利不过是所有个人的利益之和。"赶超型国家"在现代化过程中往往将公民权利置于从属于国家利益的地位,公民权利服从于国家利益,而在英国启蒙思想家那里,公民权利至上,国家的功能是提升公民利益,也就是我们讲的"为人民服务"。

投资拉动的经济存在增长极限

《中国经营报》:你刚才提到日本的经济问题,日本经济的萧条与复兴也是最近大家谈得比较多的话题。

许小年:日本二战之中损失惨重,城市被炸得几乎一片废墟,希望尽快恢复经济,走了一条具有日本特色的资本主义道路。但是现在看来可能走不通,因为任何系统都要求内部的一致性,移植来的外来制度往往会引起内在的排斥,两者未必能够协调,最后可能不伦不类。日本经济曾经有二十多年的高速增长,主要是靠投资拉动,投资占 GDP 比例大约 30% 多。但是以投资驱动的增长模式注定不能长久,上世纪 70年代的第一次石油危机之后,投资率下降,日本经济增长跟着放缓,从上世纪 90 年代至今又陷入了长达 15 年的经济萧条。

《中国经营报》:那么以投资拉动经济增长的经济模式根源在哪儿呢?

许小年:中国经济和亚洲各国其他经济一样,模式还是来自日本,也就是大部分经济增长靠投资推动。在亚洲区中可能我国台湾的情况不太一样,台湾是以个体为中心的经济模式,所以投资率并没有高到离谱的地步。日本以投资拉动的经济增长模式源于它的政治经济体制,政府、企业、金融三位一体,所谓"日本株式会社"。政府制定产业政策,通过金融管制压低资金成本,银行给企业提供廉价资金,企业盲目扩张。只要政府在经济增长中起到主导作用,就一定会追求增长速度最大化。增长靠什么拉动?消费取决于家庭收入,出口取决于国外需求,最便捷的就是刺激投资。

《中国经营报》:和日本的情况有些类似,目前中国固定资产投资的增长也令人忧虑,你如何看待呢?

许小年:去年中国投资增长速度是 28%,GDP 增长大概是 12%,投资增速是 GDP 增速的 2 倍还多。投资增长超过 GDP,结果是投资占 GDP 的比例不断提高,去年已高达 45％,以投资拉动的经济增长的模式没法持续,因为投资率不可能无限提高。国际上现在谈中国奇迹,其实在这之前,我们也见过日本奇迹、韩国奇迹等等,都是高储蓄、高投资、高增长、低通胀,但如果经济内部和外部的失衡不能及时解决的话,很有可能积累起来一起爆发。投资和消费的失衡,出口与国内需求的失衡,资源的短缺和环境的破坏等都是问题。目前我们单位 GDP 能耗是日本的七八倍,GDP 为日本的 1/3,如果经济总量赶上日本,需要多少能源? 出路不是继续投资拉动,而是调整经济结构,提高能源利用效率,转向能源消耗低的服务业。

《中国经营报》:中国的一些宏观调控措施到现在成效不大,一些领域比如说房地产价格甚至越调越高,你如何看待中国经济现象背后的深层原因?

许小年:人无远虑,必有近忧,头疼医头脚痛医脚是不行的,中国经济目前最大问题还是在经济增长模式上。美国的投资占 GDP 比率是 15％,而且长期稳定在这个水平上,它的经济增长靠技术进步,而不是投资。中国的投资率不断上行,到了理论极限值 100％之后怎么办? 投资率 100％就是一年创造的价值全部用于投资,不吃不喝不消费。实际上不到 100％时就可能出问题,日本和韩国的投资率最高没有超过 40％,我们已到 45％。如果不及时转变增长模式,亚洲金融危机那样的事情发生在中国不是没有可能。

顺带提一下,有一种观点认为,1997 年东南亚国家的经济危机是偶然的,祸首是索罗斯,这一观点低估了增长模式对经济的长远影响。日本的经济就没有任何热钱冲击,但是也发生了金融危机和经济萧条,危机的根源是长期积累的经济失衡和效率低下。

《中国经营报》:以投资拉动的经济增长模式风险在哪儿,我们又应该如何改进?

许小年:以投资拉动经济增长,这种模式的危险性在于投资会不断产生新的生产能力,供应能力超过国内市场需求。日本、德国那时候的崛起也是靠投资,国内市场的消费跟不上,就发动战争进行海外扩张。现在不能打仗,只能依赖国际贸易,于是和欧盟以及美国的贸易摩擦不断。如果不是投资驱动,而是大力发展服务业,既可创造更多的就业机会,又降低了对海外市场的依赖。服务业才是真正的劳力密集型产业,而要发展服务业,就必须解除对金融、电信、航空、水运这些服务行业的管制,政府退出,给民营资本平等的进入渠道。

股市无法逃脱市场规律的作用

《中国经营报》:作为曾经被誉为国内最大的"唱空派",你如何看待近一年多来中国的股市? 中国目前的股市风险比日本1989年的泡沫时期还要严重,遗憾的是现在大家都不看风险了。

许小年:我不是"唱空派",不过是认为价格不可能长期脱离价值。股市涨跌有它自己的规律,应该摆脱政策市的阴影。股市涨上来不要打,跌下去也不应该抬。中国目前的股市风险比日本1989年的泡沫时期还要严重,遗憾的是现在大家都不看风险了。不能清醒地估计风险就是最大的风险,从管理层到股民都没有心理准备,市场一旦调整怎么办?

《中国经营报》:你提及股市存在风险,具体表现在什么方面? 如果中国股市要继续健康发展,还需要在哪些方面做工作?

许小年:股市一般来讲存在两个风险,一个是市场风险,目前散户看不到这点,新入市的投资者没有经历过深度下跌;另一个是政策风险,但是从"印花税事件"之后,这个风险在淡化。为什么股民都相信持续上涨的市场不会跌? 这种预期从何而来? 还是政策市,相信党代会之前没风险。现在连买菜的老太太都是"股神",不是六亿神州尽舜尧,而是十三亿神州尽舜尧。凡是风险,总要释放,经济规律最终要起作用。

《中国经营报》:目前CPI指数一路走高,物价上涨幅度比以前明显偏高,你如何看待呢?

许小年:这一轮物价上涨可以看做是成本推动型通胀,粮食涨价,又赶上猪生病,猪肉涨价,工资也涨了百分之十几,生活费用上升,生产成本上升,厂家为了消化成本的增加自然要加价。

《中国经营报》:前阵子方便面集体涨价几乎受到千夫所指,但是你站出来支持了涨价,能再谈谈吗?

许小年:看到行政部门严令方便面厂商"立即改正",很令人费解,我们有执法机构,如果方便面涨价违法,应该提出公诉,由法院判决而不是采用行政命令。方便面和猪肉涨价很正常,工资不是也涨了吗?而且比物价涨得多。如果股市可以涨到 5000 点,猪肉价格为什么就不可以上涨?我认为涨价有理,只要企业没有串谋,没有违反法律,政府就不该管。政府应该做的是用货币政策调控总体价格水平,注意,宏观调控指的是总体价格水平,而不是调控具体产品的具体价格。政府管具体的价格,那不是回到计划体制去了,那还是市场经济吗?从法理上讲,政府管制价格是不是也属于"价格操纵"?也妨碍了市场竞争?市场经济中的价格上上下下都非常正常,"无形之手"正是通过价格的改变配置资源,你把手指头都捆起来,它怎么能起作用呢?物价上涨,低收入阶层生活有困难,政府应该提供补贴,而不是去管制价格。

《中国经营报》:有观点认为,目前流动性过剩的局面形成的原因之一是央行过于宽松的货币政策目标,你如何看待这一观点?面对无处不在的流动性,有什么应对之策?

许小年:目前流动性过剩的原因是金融过分依赖银行,太多的资金进入银行体系,商业银行要放贷你拦不住。目前银行的贷存比为 65%,而存贷利差依然是银行的主要利润来源,银行自然会主动创造信贷。如果控制信贷,银行 35% 的资金不能动用,但还要支付利息,对银行盈利的负面影响就大了。抑制过剩流动性的有效方法,短期来看也只有加息。解决流动性过剩的根本出路在于建立更多分流资金的渠道,比如直接投资、债市、楼市、股市等,需要加大金融改革力度,创造更多非银行投融资渠道,非银行金融机构,非银行金融产品,这就需要解除金融管制,开放市场。

《中国经营报》:这几年是中国经济超速发展的几年,也是暴露问题最多的几年,民生问题,分配问题、社会公平问题,改革反思问题都是讨论的热点,很多经济学家也认为可以通过深化改革来解决这些问题,有些则认为是改革路径出了问题,你如何看待这些观点?

许小年:我认为是改革的力度还不够,改革这 30 年的成果有目共睹,应当继续深化改革,该交给市场管的都交给市场。

《中国经营报》:那么你认为目前中国国内最紧迫的改革应该是什么?

许小年:我感觉最紧迫的还是解除对经济的管制,打破行政垄断,创造平等机会,把政府的经济职能转变为社会职能。一个国家的 GDP

增长为了什么？经济增长最终还是为了国民的福祉。一个好的社会不是给每个人发一样的工资，而是为每一个人创造平等的机会。最近颁布了《反垄断法》，但对最大的垄断——行政垄断轻描淡写。现在部门立法盛行，立法者本来应该是利益无关方，执法部门、行政部门立法，结果当然是扩大部门权力。为什么垄断企业的工资那么高？为什么民企不能经营石油、电信？这些都是机会的不公平，不打破垄断怎么能公平？下行政命令控制垄断行业的工资水平，治标不治本，高工资来自于超额垄断利润，根子在垄断，而不是企业的工资政策。

《中国经营报》：随着中国经济的改革，经济学家也日益赢得话语权，你如何看待经济学家在转型社会的作用？

许小年：经济学家应该保持独立，不能成为利益集团的代言人。学者为利益集团说话，究其根源，还是体制问题：中国知识分子的待遇太低了。如果一个教授靠工资不能过中等阶层的生活，自然难以安心学术，只能出来赚外快。儒家说人人皆可成尧舜，哪有这回事，人不是尧舜，人是经济动物。大家都知道美国没有铁饭碗，惟一的例外是大学，工资虽然不高，但足以让教授们过小康偏上的生活，不必为五斗米折腰，才有可能独立于利益团体。从知识分子的角度讲，从属于利益集团就失去了作为知识分子的意义，知识分子应该只对学术负责，只对自己的良心负责，只对真理负责。

（原载 2007 年 9 月 25 日《中国经营报》）

历史地和前瞻地对待"原罪"

"原罪"问题是历史原因造成的,我们应以发展的和改革的眼光来对待这一问题,解决"原罪"问题是为了促进社会经济发展,最好的办法是不再纠缠所谓原罪问题。

产权保护是改革开放以来人们一直讨论的问题,到今年年初,全国人大正式通过宪法修正案,将保护私有产权写入了《中华人民共和国宪法》。产权保护写入宪法并不意味着在实际经济生活中,所有产权保护的问题就一劳永逸地解决了。产权保护的工作不仅是在立法上,更多的是要在执法过程中加以贯彻执行,要解决一系列的具体问题以落实对产权的保护。

民营资本的"原罪"问题

在私人产权保护方面,我们面临一个无法回避的问题,就是所谓民营资本的"原罪"。因为谈到产权保护,人们都强调保护合法产权,而不能保护那些通过非法手段积累起来的财富。如何看待"不干净"的资产?这个问题如果不解决的话,在民营资本的产权保护方面,就永远存在着一个挥之不去的心理阴影和一个巨大的法理障碍。

在我看来,原罪的提法是感情和道德判断多于理性分析,到底什么是原罪,至今没有看到一个准确的定义。根据我个人的理解,人们谈到原罪时,隐含的意义有两条,一是不符合现有法律,企业家的财富积累与现有法律相冲突;第二是积累财富的手段违背了社会公平与正义的原则。这个理解是否可以作为原罪的定义,我不能确定,但在讨论问题的时候总要先有一个定义。讨论是不同观点的交锋,然而对不同观点的判断需要一个共同的基点,这个基点就是定义。

如果这两条关于原罪的定义成立的话,我们接下去就应该注意到经济发展和法律之间的动态关系,就应该在这个动态关系的背景中考察财富积累的原罪问题。具体来讲,现有法律是对现有或者原有生产方式的承认和保护,法律是对现状的反映和对现状的保护,法律不可能预见将来,不可能超前地涵盖和适应未来的生产方式。这就决定了新的生产方式出现时,不可避免地要冲击已有法律,不可避免地要突破已有法律框架的束缚。这时我们应该怎么做? 答案是不言自明的:修改现有法律以适应新生产方式的需要,促进新生产方式的发展。如果从这样一个动态过程来看我国的民营经济,是否可以将民营资本、民营企业视为一种新的生产方式,这种生产方式冲击了以计划经济为基础的现有法律体系? 倘若回答是肯定的,我们就应该检查现有的法律、法规和政策,看它们在哪些方面已不适应新的生产方式的需要,探讨如何做出修正和调整,而不是倒过来追究所谓民营资本的原罪。

改革史上的"原罪"

中国的农村改革是新生产方式突破原有法律框架的典型案例。1978 年,安徽凤阳县的小岗生产队 20 名社员私下订立了大包干分田到户合同,为什么要分田到户? 因为再不分田到户可能就会有人饿死了。在人民公社的体制内,生产效率低下,农民辛辛苦苦忙了一年,连基本口粮都保证不了。于是在队长的带领下,20 名社员私下订了一个合同——包产到户。毫无疑问,他们的做法在当时违反了所有的法律和政策。如同所有的新型生产方式,中国的农村改革是在一个非常艰难的法律和政策环境中产生和发展起来的。

幸运的是,在小岗村的包产到户被披露出来后,作为安徽省委书记的万里同志,并没有根据当时的政策和法律追究这些社员的"原罪",而是采取了积极支持的态度,说只要老百姓有饭吃,能增产就是最大的政治。万里还及时将这一情况报告了当时主持中央工作的邓小平同志。1980 年 5 月 31 日,邓小平在接见外宾的讲话中肯定了安徽的农村改革。1982 年 1 月 1 日中共中央转批了《全国农村工作会议纪要》,指出包产到户、包干到户等等都是"社会主义集体经济的生产责任制"。

1993 年家庭联产责任承包制正式被写入宪法。从 1978 年安徽小岗村农民的包产到户开始，至包产到户正式写入宪法，成为合法的生产方式，中间十几年过去了。如果当时追究安徽农民违法经营的原罪，我们还会有今天中国农村的繁荣吗？

社会公正与"原罪"

也许有人会争辩说，法律除了代表现有的生产方式，还体现了人类对社会公平与正义的追求，法律中起码有一部分是跨越经济发展阶段的，是任何生产方式都不能违背的。这一说法可以成立，但我们又会因此陷入社会公正和经济理性的矛盾之中。以国有资产的积累为例，新中国成立后，为了改变中国在过去几百年间积贫积弱的状况，保证国家的独立和免遭列强的侵犯，中国必须迅速实现工业化。而要实现工业化又必须进行资本积累，我们选择了通过国家进行资本积累的方式。在一个农业大国里积累资本，惟一的途径是剥夺农民，国家以工、农业产品价格"剪刀差"的方式，以牺牲农民利益为代价，获取进行大规模工业建设所需要的资金。显然，这对农民是不公平的，但迅速实现工业化是当时国家和民族最为紧迫的任务，社会公正不得不让位于经济理性。

毋庸讳言，民营资本的积累过程中不乏违反社会公正的做法，然而正如同我们不应追究国有资产的"原罪"一样，在民营资本的问题上，理性的思考比感性的说法将更有利于我国市场经济的建设和发展。

不仅对民营资本，对所有形态的资本积累都应该从历史的角度以动态发展的眼光予以考察。在各种形态的资本积累过程中，几乎都有和当时法律以及当时的社会观念相冲突的地方，我们不能因为存在这些冲突就认为这些资产的积累带有"原罪"的性质，否定这些资产的积累。"原罪"说从研究的角度来讲是站不住脚的，在实践中会影响对产权的有效保护，阻碍经济的发展。

"处理遗留问题为的是向前看"

应该看到，民营经济是在早期极端困难的条件下产生的，经过艰苦的努力，不断发展壮大，今天已经成为中国经济中最重要的一支力量，成为解决就业问题的主力。中国经济的发展趋势是民营部门的继续扩张，以及国有经济通过改革和民营化继续缩小。在这个大背景下，我们必须以历史的眼光，从经济发展的整体出发看待民营资本的积累，而不应再纠缠所谓的原罪问题。就具体措施而言，社会上现在提出来的两个方案，都可以给予认真考虑，一个是大赦，另一个是过期免予追究。

无论大赦还是过期免予追究，都要注意防范"道德风险"，也就是防止赦免的预期引发将来的违规、违法活动。为此必须提高法律、法规的可执行性和守法的自觉性，建立起新的、有效的游戏规则。以一向为人们所诟病的税收问题为例，为了提高税收的可执行性和纳税的自觉性，有必要进行由纳税人和税收部门等社会各界广泛参与的税制改革，遵循已定的"宽税基、低税率"的原则，在平衡纳税人意愿与能力和政府财政需求的基础上，经过人大和政协的充分讨论，调整税法和税率。税制改革不是单纯的国家财政收入的问题，而和产权保护有密切的关系，需要社会各界密切合作，共同努力，予以解决。

在这里我们想再一次引用邓小平同志所讲的话："处理遗留问题为的是向前看。"我们建议不再纠缠"原罪"问题，为的是中国经济的发展，为使中国经济中最有效率的民营部门获得足够的投资和创新的动力。中华民族是一个道德观念强烈的民族，有时甚至强到了压制理性的地步；我们的民族同时又是一个智慧的民族，产生了邓小平那样的伟大的现实主义者。相信在建设市场经济的过程中，我国人民和政府能够再一次展现其大智大勇，以历史的和前瞻的眼光妥善处理好这一问题。

（原载 2004 年 7 月 15 日《东方企业家》）

民族主义双重标准探源

当社会观念落后于经济发展，自相矛盾的双重标准是不可避免的结果。

可口可乐收购汇源果汁，保护民族品牌的呼声立即高涨。各项民意调查显示，大多数受访者反对这一收购。网上留下的评论中，不乏"怒发冲冠"的指责和"壮怀激烈"的愤慨。

于是我们再次看到言行不一的怪现象："喝着可乐骂汇源"——以自己的实际行动支持外国品牌，却让别人去捍卫"国家利益"。两者似乎可以并行不悖，不知这是什么逻辑？

双重标准探源

双重标准的现象，汇源收购案既不是第一件，也不会是最后一桩。当初，凯雷收购徐州工程机械，四下警钟长鸣，谨防外资的"斩首行动"成为一时流行的口号；而对于汽车工业早被洋人"砍了头"的事实却泰然处之，每天开着大众、丰田，忧患意识全无。如果说汽车不同于工程机械，因为外国品牌的前面还有个本国车厂的名字，是合资而非全资，以此来自我安慰的话，"五十步笑百步"的典故恐怕就要重新注释了。又有谁知道，这些企业合资多年，核心技术仍掌握在人家手里；真正的民族品牌也仅在小排量的市场上举步维艰。如此精神胜利法，想必阿Q都自叹不如。

退一步讲，就算"一汽·大众"可以当作民族品牌，又为何不能接受"汇源·可乐"呢？

"斩首"不行，"洗脑"却OK。出于望子成龙心切，中国的父母们无不告诫自己的孩子学好英文,无不寻找各种机会将孩子送到海外深造,想必反对汇源收购案的家长们亦是如此。英文相对古文的重要性,在于就业的前景与薪酬的差别,而民族文化的传承起码眼下不在考虑之列。看到大使馆前等候留学和移民签证的长龙,百货店里外国品牌受到的热情追捧,方知民族工业的命运不在嘴上和网上,而在国人的手中和脚下。

笔者无意在这里倡导抵制可乐而改喝王老吉,也并不赞同停开丰田而换乘奇瑞。恰恰相反,根据自己的喜好选择商品,是消费者不可侵犯的权利,任何他人、机构、政府乃至社会都不得以任何名义——无论国家利益还是民族尊严,干预消费者的决策。

同样的道理,企业家出售自己的资产,也是一项不可剥夺的权利,就像股民卖出自己的股票一样,什么时候卖,卖多少,以什么价格卖,均由资产所有者根据收益的计算来决定,与他们的精神境界和社会责任感没有任何关系。

经济活动由利益驱动,利益是“中性”的,本无褒贬可言,但在传统中国社会中,却总要受到社会价值和道德的审判。古代先哲曾有“君子喻于义,小人喻于利”的教诲,“义”高于“利”,君子不可见利忘义。虽然“不义之财”在社会上遭到一致的鄙视与谴责,但无论商贾巨富还是升斗小民,私下里都知道义与利的孰重孰轻——毕竟人要先有饭吃,活着才能修成圣贤。如何在义重如山的社会压力下谋取物质利益?人们不得不以假话和空话敷衍,虚伪成为美德,双重标准不仅被心照不宣地原谅了,而且成为人人奉行的社会潜规范。

“义利之辩”导致双重标准,看上去是由于“义”与“利”的纠缠不清,根子却在于对“义”的解释。在现代社会中,“不义之财”已有了明确的定义,那就是“不法之财”。只要合法,任何个人、任何企业可以用任何方式最大化自己的利益。在法律的框架内,他们拥有完全的、不受任何伦理道德约束的行动自由。厂商可以理直气壮地提价,而不必在意“哄抬物价”的指责;上市公司可以理直气壮地发行股票,而不必担心“恶意圈钱”的罪名;企业家可以理直气壮地套现资产,而不必理会“民族品牌流失”的议论——特别是指手画脚者自己也在喝着可乐的时候。

民族主义滥用"国家利益"

传统思维难以接受"合法即为义"的概念；即使合法，当个人利益与国家利益相冲突时，小利不应服从大利吗？而大利不就是义之所在吗？

为了回答这个问题，首先需要说明到底什么是大利，什么是国家利益。古今中外，我们只见过两个定义，一是"朕即国家"，二是国家利益等同于所有国民的利益。前一定义由法王路易十四给出，源头是否中国的秦始皇，有待考证；后一定义始见于英国启蒙哲学家约翰·洛克，值得在这里进一步展开讨论。

依照洛克的理论，国家利益等于国民——张三、李四、王五……等13亿个人利益的总和。这个定义的合理性显而易见。它的逻辑是"小河无水大河干"，从源与流的角度确立个人与国家的关系，真正体现了"以人为本"的精神；与此相对照，集体主义的"大河无水小河干"则给人以本末倒置的感觉，而且它无法回答"大河之水哪里来"的问题。最后只能托辞"黄河之水天上来"，实质上仍视神仙和皇帝为个人权利的终极根源。

如果承认了国家利益等于国民利益之和，逻辑上也就否定了"个人服从集体"。因为没有个人就不存在集体，国民个人利益和国家利益没有高低上下之分，谁服从谁的问题当然也就无从谈起。同时，保护国家利益意味着保护国民的利益，例如建设强大国防的目的不是开疆拓土，而是保证13亿国民的安全。所以，国力是提升国民福祉的手段，而不是目的本身。反过来讲也一样，伤害国民个人的利益就是伤害国家利益。

国家利益之所以频繁见诸官方文件和媒体报刊，主要原因是利益集团的借用与滥用。例如美国的政客就曾指控，廉价中国产品的出口损害了美国的国家利益，主张对中国产品征收惩罚性关税。这项议案背后的推动力量实际上是丧失市场份额的美国公司，以及不得不改换工作的少数劳工，而广大的美国消费者从中美贸易中受益良多。很明显，中美贸易摩擦的核心问题并非国家利益，而是中、美企业和消费者多方之间的利益博弈。惩罚性关税将提高中国输美产品的价格，有助于美国公司收复失地，但美国的消费者不得不为此支付更高的价格，所以，关税的实质是让美国消费者补贴美国的厂商。对于这一点，美国的政客和厂商讳莫如深，他们以笼统和抽象的"国家利益"替换具体的"国民利益"，再将厂商利益隐藏在国家的大旗之下，以争取社会舆论的同情，通过对自己有利的贸易法案。

这个案例清楚地表明，利益冲突只可能发生在国民之间，并不存在国民利益和国家利益的对立。需要形成社会共识的，不是国民个人服从国家的必要性，而是利益不同的国民之间的妥协。具体而言，因为主张抵制中国产品者从来就没有给出过国家利益的具体内涵，所以不能要求美国的消费者从国家利益出发，抵制中国产品；而是要问，美国消费者的受益是否大于美国厂商的损失？若是，则如何协调与平衡消费者和厂商两大集团的利益？

在利益冲突面前，现代社会以自愿交易和在法律框架下的博弈进行调节，而非传统社会中的晓以大义或者服从权威。

"喝着可乐骂汇源"的现象反映了转型社会的尴尬，当社会观念落后于社会经济的发展时，当人们用传统社会的思维审视现代社会的经济活动，用传统社会的道义与情理压制现代社会的权利时，自相矛盾的双重标准就是不可避免的结果。

中国为什么不出巴菲特

根据《福布斯》杂志的最新排名，美国股民巴菲特以620亿美元的身家成为世界首富，长期占据这一位置的比尔·盖茨跌至第三，第二位为墨西哥电信大亨夺得，全球最富有的华人李嘉诚位居第十一。

世界最富有的10人中，印度人4名，美国人2名，墨西哥、俄罗斯、瑞典和德国各占一席。在拥有10亿美元以上家产的1125人中，中国大陆有42人，虽然比去年增加了22人，但无法和美国的469人相比，也低于印度的53名。大陆首富在福布斯榜上排第125位，印度的首富米塔尔则紧随盖茨排第四位。可见超级富豪的产生和经济的发达程度有一定关系，却又不是决定性因素。以美国作为比较的标准或许不大合适，更有意义的问题是"中国为什么不出米塔尔"。

造就富豪当然不是经济发展的目标，富豪多了对社会却无疑是件好事。在自愿交易的市场经济中，企业首先要为社会创造价值，才能售出产品和服务，企业家才能从销售收入中获取利润和积累个人财富。巴菲特的620亿美元来自他为股东创造价值的分成，股东用货币投票的方式承认了他的贡献。同理，微软公司的软件极大地提高了电脑的使用效率，盖茨的580亿美元仅仅是微软所创社会价值的一小部分。

承认个人对经济和社会发展的推动作用，对勇于承担风险者给予充分的肯定和足够的经济补偿，只有这样，才能激发个人的想象力和创造力，而个人潜能的发挥是保持社会活力的根本之道。任何社会都是先行者寡，跟随者众，大众如何对待少数先行者以及如何制度化地激励先行者，在很大程度上，决定了社会发展的路径。

中国传统社会的哲学是"枪打出头鸟"，"不患寡而患不均"，以中庸为至善，以迎合多数为美德，歧视和压抑作为少数的先行者，于是保守、落后和愚昧伴随了我们两千多年。在中文的语境中,"富豪"一词的内涵似乎就是"为富不仁"和"巧取豪夺",表面尊崇,实为贬斥,而"商人"的称呼就总带有"无商不奸"的意味。古代中国社会被划分为士、农、工、商四个阶层,商人处于最底部,高居金字塔尖的是科举出身的官员。

马克斯·韦伯指出,主流的儒家意识形态鄙视经商和营利,近代资本主义生产方式不可能在传统中国社会中产生(《儒教与道教》,江苏人民出版社,2003),而"以赚钱为天职"的英国商人则抓住了蒸汽技术革命的历史机遇,带领英国率先进入工业社会(《新教伦理与资本主义精神》,陕西师范大学出版社,2002)。韦伯追溯历史,将英国商人地位的改变归功于宗教改革,特别是新教的兴起。新教一扫商人富有但卑微龌龊的社会成见,视经商为上帝指定的职业,认为履行职业义务而获取财富不仅在道德上是可取的,并且是信徒必须身体力行的。新教"为新型企业家的生活提供了道德基础和支持",商人从此挺起胸膛做人,理直气壮赚钱。

尽管后人对韦伯的研究颇多争议,例如信奉天主教的意大利,历史上也曾出现过"资本主义萌芽",但韦伯的核心观点为各家所接受——虽然并非充分条件,社会观念的转变却是近代经济生成与发展的必要条件。换言之,新的精神和伦理未必导致新的经济形态,而旧有的意识环境却绝无可能支持新的生产方式。从传统社会向现代社会的转型,必须破除和抛弃传统观念,但仅有这一点是不够的,其他方面也要跟上,尤其是技术和制度上的创新。

韦伯论及意识对经济的影响,英国并非孤证,从近代资本主义的诞生地荷兰,到后起的瑞士、德国和美国,新教国家构成了世界发达市场经济的主体。我国的改革开放也提供了东方的案例,若非当年小平同志主张"让一部分人先富起来",若不形成"致富光荣"的社会风气,就不可能有民营企业的蓬勃发展,而民营企业为社会所创造的价值有目共睹,它们奠定了中国经济长期繁荣的最重要基础。

虽然"致富光荣"表面上已为社会所接受,真的有人富起来之后,反而有可能因此而增添了一份"原罪",陷入天然的社会舆论劣势。今年的"两会"上,工商界委员提案修改《劳动法》和降低最高所得税率,立即被指责为替少数富人谋利,有违全国政协赋予的崇高使命;而来自国有电力公司的委员呼吁提高电价,却不见民情激愤。同样履行自己的职责，为自己所代表的利益集团说话，为何社会反应截然不同？可否解释为士、农、工、商的潜意识回潮，或者叫做转型社会中的双重标准？

政协委员不是慈善家，他们不可能也不应该"兼善天下"，保障农、工利益靠议政和立法机构中的农、工代表。在法制的框架下，农、工、商各讲自己的话，各自争取本集团的利益，通过公平和透明的博弈，达成利益调整的各项协议。我国政协和人大为各方的利益博弈提供了一个很好的平台，需要进一步完善的，是增加农、工、商的名额，降低"士"也就是官员的比例，因为从理论上讲，"士"并非独立的利益主体，"士"所代表的国家利益归根结底是农、工、商的利益，是13亿国民个人利益的总和。

回到本文的题目，中国为什么不出巴菲特（或者米尔塔）？答案如同沙漠里种不成庄稼一样，皆由土壤和气候所致，与种子并无太大关系。产生巴菲特的土壤是产权制度，尊重和保护私人产权，任何人不得以任何名义侵犯他人产权，无论产权的所有者是富豪还是低收入阶层，也无论侵权的名义是公益还是提携弱势群体。

巴菲特和盖茨所需要的气候是一种社会意识，它承认和尊重价值创造者，承认和尊重由此而积累起来的财富。形成这样的社会意识要有理性作为基础，不要问你的财富比巴菲特和盖茨少多少，而要问如果没有他们，你的财富是否会更少？你愿意生活在没有他们的均平世界上，还是有了他们而你的生活会更好的社会中？熊掌和鱼不可兼得，均平世界不可能产生巴菲特与盖茨，收入一旦平均分配，巴、盖之辈即失去冒险和创新的激励。最根本的问题是你到底想要什么，是"他拿大头，我拿小头"，还是"宁可我少得，也不让他多得"？

市场经济需要理性，有理性才有平常心。当人们对富豪不再是嫉恨与羡慕交集，不再是口诛笔伐而心向往之，对私人产权的保护就会更加有力，价值创造者的社会地位就越高，巴菲特与盖茨就会不断涌现出来，不仅给社会带来更多的新产品、新技术、新模式和新思维，而且也会以他们两位为榜样，捐赠财产，回馈社会。毕竟财富再多100亿，对他们的物质生活已无实质影响，而只代表人生价值的更进一步。财富产生幸福感之大，莫过于报答社会，这也是富豪应有的理性。

（原载2008年4月10日《经济观察报》）

从秦到清不是封建社会

  这是中国历史研究中最大的"冤假错案"。从秦始皇到清宣统，明明两千年的专制王朝，硬被张冠李戴地定性为封建社会，致使天下以讹传讹，谬误流行至今。适时纠正这一错误，准确判断这两千年的性质，不仅有助于理解中国社会的发展何以长期停滞不前，而且可以为研究传统社会向现代社会的转型，提供一个新的思路。

  何谓封建？由《大英百科全书》可知，封建主义（Feudalism）一词最早出现在17世纪，用于描述中世纪的西欧社会。在各种著作和研究中，这个词的含义不尽相同，最宽泛的定义涵盖了西欧中世纪全部的经济、法律、政治和社会关系，而最狭义的用法仅指具有贵族身份的封君（Lords）和封臣（Vas-sals）之间的契约关系。

  定义无论宽窄，封君和封臣的契约关系为封建社会所特有，画龙点睛地道出了封建社会的实质。封君赐予封臣一份领地或采邑，为封臣提供保护；作为交换，封臣宣誓对领主的忠诚，以及承诺进贡、劳役和兵役等义务。封臣在自己的领地上享有较为完整的治理权或统治权，主要包括司法、财政和军权。土地与治理权是否结合在一起，封臣是否拥有治理权，这是区分封建社会与其他社会形态的关键。

  在中文文献中，"封建"一词经常被简化地拆解为封土建国或封爵建藩，建国或建藩准确地说明了封建社会的实质——政权的逐级承包。西欧历史上大致有国王—诸侯—骑士的三级承包，日本为幕府—大名—武士，而中国的西周则是周天子—诸侯—大夫三个等级。下级封臣均拥有治理权，诸侯、大夫等封臣不仅形同而且基本上就是自己领地上的国王。

  公元前221年，秦统一中国，始皇采纳丞相李斯的建议，"废封建，立郡县"，由皇帝直接派出郡守，通过从中央到地方的官僚网系，统治幅员辽阔的大帝国。虽然郡守、县令在辖区内拥有巨大的权力，他们却与昔日之诸侯不可同日而语，两者的根本区别在于权力的来源，以及由来源决定的权力性质。

官员经皇帝授权进行统治，而诸侯则以承担义务换取治理权。前者为上下级的单向命令关系，而后者为双向的契约关系。封建社会中的国王得到封臣的忠诚和义务承诺的同时，必须尊重和保护封臣的权利。如果国王破坏契约，侵犯封臣的权利，封臣可以用包括军事在内的各种手段反抗。

专制主义的皇帝则待官员如奴隶，所谓"君令臣死，臣不得不死"，官员不但没有自主的治理权，甚至丧失了生命的权利。简言之，官员的权力是皇帝给的，封臣的权力来自契约保障的权利。

至于历代皇朝所封的王、侯，除了少数几个朝代的初期，如西汉、西晋和明朝，大多数仅有爵位和收入，而无实际的地方治理权，与封臣享有的权利相比，不啻天壤之别，史家称为虚封而非实封，虚就虚在只封爵而不建国。汉高祖刘邦实封同姓九国，结果吴王刘濞造反，汉景帝平乱撤藩，此后所封诸王又回复到虚位上。如此只封不建，岂可称为封建社会？

从秦到清的两千年间，中国政体的主要形态是中央集权的皇朝专制，经济上以家庭为单位的小农经济为主体，与西欧封建社会的采邑或庄园经济又有着本质的不同。在庄园中耕作的农民只有土地的使用权，而无所有权。农民接受庄园主的保护，对庄园主承担忠诚、劳役等义务，一如封臣之对于封君。中国的自耕农则拥有土地和人身自由，不必依附别人，除了向国家纳税（包括徭役），再无其他义务。

从秦到清不是封建社会，学术界早已有共识，现举数例如下，有兴趣的读者可参考冯天瑜教授所著《封建考论》（武汉大学出版社，2005）。周谷城提出，从周武王灭商到秦统一，中国的政治是封建制度，之后变为统治于一尊的郡县制（《中国社会之结构》，1930）。瞿同祖研究了封建社会的土地、宗法、阶级和政治制度（《中国封建社会》，1936），认为周武王在全国建立了系统的封建组织，而秦统一天下，结束了封建社会。钱穆在《国史大纲》（1939）的引论中说："以政制言，中国自秦以下，即为中央统一之局，其下郡、县相递辖，更无世袭之封君,此不足以言'封建'。"

西汉诸王仅"衣租食税"而已,封邑内的治理,仍由国家委派官吏主持。钱穆又指出,秦以后的土地可自由买卖,地主和农民为经济契约关系,不似封建社会中地主即封君,佃户为依附封君的农奴。梁漱溟也以人身依附关系作为封建制的特征(《中国文化要义》,1949),在他看来,封建制仅存于周朝,秦汉之后,进入地主—自耕农经济和官僚政治。胡适称殷商西周为封建时代,秦汉以下为专制一尊主义时代(《中国哲学史大纲》,1926)。

否定秦至清的封建说,这些学者也指出了产生这一谬误的根源。从方法论上讲,不顾中国的具体情况,生搬硬套西欧社会发展阶段论的一家之言,结论不是产生于研究之后,而是先有原始社会—奴隶社会—封建社会—资本主义—社会主义的五阶段模式,再削足适履,裁量修改中国历史,以便与预定模式相契合。国情的特殊性湮没在对普遍规律的信仰之中,对社会的复杂演进过程的研究退化为简单公式的机械套用。

冯天瑜教授的专著显示,秦至清封建说的首倡者为陈独秀。陈氏于明治末年多次游学日本,适逢日本思想界批判封建遗毒。陈深受影响,将清廷比作德川幕府,为保守、落后、愚昧和反动势力的总代表。明治维新推翻幕府,铲除封建制度,陈认为欲使中国现代化,也必须打倒清廷,于是提出反封建的口号。清廷的确已成中国发展之障碍,但并非因为封建制,而是压抑和窒息社会活力的集权专制。

郭沫若为主张封建说的另一大将,郭氏着重从经济的角度论证,中国社会的发展亦遵循"五阶段"模式,商周为奴隶制,秦汉之后则是封建制(《中国古代社会研究》,1930)。由于郭一向大胆假设和大胆立论,其观点飘移不定,不能保持首尾一致。

1939年毛泽东发表有关文章,为中国社会正式定性,"这个封建制度自周秦以来,一直延续了三千多年……如果说周是诸侯割据称雄的封建国家,那么自秦始皇统一中国之后,就建立了专制主义的中央集权的封建国家。封建社会的主要矛盾是农民阶级与地主阶级的矛盾。"在此之后,关于中国社会性质的争论相对沉寂,一些学者也相应修改了自己过去的观点。

从学术界公认的定义可知,既然封建指封土建国,或政权的逐级承包,封建社会必然是政治分权,不可能与中央集权并存。至于主要矛盾说,暂且不论在人类社会的每一发展阶段上,社会演进是否皆由两大阶级的斗争推动,世界各国封建社会的历史表明,国王和诸侯以及诸侯和诸侯之间的矛盾往往主导了社会发展的方向,农民的作用则极少见诸史册。

以英国为例,自诺曼征服(1066)全面建立封建制后,王室、教会和贵族间的冲突主导了历史的进程,对英国历史有着重大影响的《大宪章》(1215),就是国王和贵族斗争的结果,双方达成妥协,以法律的形式确定了贵族的权利和义务。英国封建制的衰落与瓦解是个漫长的渐进过程,与王权和法律的扩张、经济的发展、人口的变动、农民的反抗等多种因素有关,并非主要因农民斗争而崩溃。我国春秋战国时期,王室衰微,群雄并起,激烈的军事与政治竞争迫使秦国进行改革,率先废除封建制,建立中央集权的郡县制,再经秦始皇的兼并战争,推广到全国。可见封建制之消亡,并非农民和地主的斗争所致。倒是秦统一之后,皇朝的更迭大多通过农民起义完成,农民和官僚地主之间的冲突,反有可能构成集权专制社会的主要矛盾,这正说明了秦汉以降,中国不是封建社会。

应当指出的是,马克思本人并不赞同社会发展遵循普遍规律的命题,反对将西欧模式普适化,认为前资本主义的社会形态可以是多样的,例如亚细亚生产方式、斯拉夫形态的所有制、东方专制主义等,资本主义不一定非要从封建社会脱胎而来(详见冯天瑜《封建考论》,2005)。马克思还批评了"封建"概念的任意延伸和滥用,强调封土封臣、人身依附(包括封臣对封君的依附和农民对领主的依附)作为封建社会的特征,并且明确表示,君主专制和封建主义是不相容的,君主专制产生于封建制衰落之时,没有巩固而是摧毁了封建社会。秦始皇废封建、立郡县,就是集权专制与封建制度不可并存的明证。

围绕着中国社会性质的判断,学界曾有中国历史分期的论战,从"五四"运动开始,至今仍未形成共识。尽管参与者众,那场论战的学术价值并不高。在社会发展"五形态"的同一前提下,争论集中于封建社会的起始点,始于春秋,还是战国,抑或秦、西汉……直到魏晋南北,每朝都有一派。无论起点在哪里,各派均以清朝为封建社会的终止点。这是因为在"五形态论"的框架下,封建社会只能在清朝结束,如果划断在其他朝代比如宋元,则明清就是资本主义,无法自圆其说。起点百家争鸣,终点高度一致,这论战不显得有些怪诞吗?思维定式之害,于此可见一斑。

就学术而论,可视"五形态论"为探讨西欧文明演化规律的尝试之一,它既不是惟一的,也谈不上"放之四海而皆准"。社会学的奠基人韦伯就另建体系,将西欧的历史分为古代社会、传统社会和现代社会三个阶段。英国历史学家汤因比认为,单一的直线式社会演进模式与历史不符,主张从多线式的和多模式的动态相互作用中理解历史。在"宏观历史"研究中,马克思以经济为主线,在韦伯那里是观念,而汤因比的《历史研究》则以宗教提纲挈领。角度不尽相同,各有自己的道理,复杂的人类文明历史,恐怕也只有从多方面综合考察,才可窥得真相的一二。从秦到清不是封建社会,这两千年的社会性质是什么?虽然众说纷纭,共同的一点是专制主义。如果此说成立,中国近代史的研究就要换个思路,资本主义生产方式未在中国出现,原因不在封建剥削和压迫,而是集权专制。市场经济所要求的权利、契约和法治意识在封建社会中并不缺乏,却遭到集权主义的压制和破坏,"资本主义萌芽"在明清之际的夭折可能不是由于封建社会太长了,而是因为封建社会太短了。

中国封建社会过早地结束于秦统一之时,六百多年之后,日耳曼人方在西欧揭开封建社会的序幕。难怪梁漱溟说,中华文明是一个早熟的文明。

(原载 2008 年 2 月 18 日《经济观察报》)

从战争、斗争到竞争

  自 1840 年的鸦片战争始,中国的命运就和世界永远地联系在了一起。虎门销烟升起之时,天朝帝国就再也无法按照自己的轨迹运行,延绵不断的皇朝循环被打破,社会的发展进入了"三千年来未有之大变局"。

  以黄河流域为中心的华夏文明曾经充满着自信,尽管以往多次与外部世界发生碰撞与冲突,也多次为外族所征服,然而正如清朝历史所表明的,军事上的征服非但没有动摇反而巩固了汉文化的地位。努尔哈赤的子孙们夺取了政权,新皇帝的登基却要由被征服者的儒教来加冕。随着爱新觉罗氏的公主下嫁孔府的衍圣公,华夷的高下之分依旧,八旗军只不过是忠孝礼义殿堂中新到的朝圣者。

  1840 年之后的形势则完全不同。不仅在洋人坚船利炮的打击下,帝国的军队土崩瓦解,面对严密完整的西洋思想体系,科举精英们遍寻祖宗留下来的国粹,也找不出可与舶来品匹敌的思想武器。传统儒学如寒风刺破的灯笼,千疮百孔,黯淡无光,其狼狈与窘迫丝毫不亚于战场上丢盔弃甲的绿营兵。

  清朝官僚知识阶层开始并未意识到问题的严重性,以为中国之劣势仅在于技术,试图在"中学为体,西学为用"的框架下,回避根本性的制度改革,通过洋务运动,达到富国强兵的目的。1894 年甲午中日战争爆发,清军的惨败宣告了洋务运动的彻底破产。国人猛然醒来,方知儒家经典不足以应付外来文化的挑战,尽管它在过去成功地化解了外来民族的冲击。与骑马的蒙古人和满洲人相比,除了军力的强大,乘船而来的洋人有着自己发达的文化,凭借文化产生的物质力量,在工业革命后短短的几十年间,西方就崛起成为世界的主流,而昔日居天下之中的华夏帝国则被推到了舞台的边缘。

华裔美籍学者余英时指出，边缘化的危机感导致了思想的激进化。在如何对待外部世界的问题上，康有为、梁启超等维新人士比洋务派激进，孙中山又比康梁激进，"三民主义"的第一条就是民族主义。孙中山逝世后，国民党在北伐中提出了"打倒列强"的口号。到了"文化大革命"，国人干脆将自己封闭起来，断绝了和外界的往来。耐人寻味的是，近代史上越是激进的对外政策，似乎越能够得到民众支持。

20世纪70年代，对外政策开始从激进朝着理性化的方向转变。国际上，殖民主义的终结提高了发展中国家的地位。国内方面，执政党确立了改革开放的两大国策，意识形态之争让位于发展社会生产力的需要，竞争双赢取代"阶级斗争为纲"，成为新的时代主题。

从经济学的角度看问题，斗争与竞争的本质区别在于前者为零和博弈，而后者为正和博弈。零和是指博弈双方的总收益等于零，甲方的收益就是乙方的损失，为了获得收益，每一方都必须进行斗争，尽可能地打击对方。预期要遭到对方的打击，零和博弈最可能的结果是没有博弈，双方均选择退出，关起门来各干各的。这就是为什么斗争的时代往往营垒分明，例如冷战期间，美苏两个超级大国形成对峙，基本不相往来。

正和博弈意味着双方的总收益大于零，这时双方既有斗争又有合作，我们称之为竞争。斗争是为了讨价还价，增加总收益中己方的份额，而合作是为了保证博弈的持续进行，一旦发生中断，双方都会丧失原本可以获得的好处。这里合作是第一位的，斗争是第二位的，因为仅在合作的前提下，斗争才有意义。如果不合作，总收益等于零，还有什么好争的呢？合作要求博弈双方具有理性，不能以感情代替冷静的利益计算；双方也要懂得妥协，避免类似敌我的对立倾向。

中国的开放就是一个双赢的正和博弈。单以制造业为例，国际贸易成就了我国世界加工中心的地位，创造了大量的国内就业，而廉价中国产品的出口不仅惠及世界各国的消费者，而且降低了国外厂商的成本，提升它们的利润。正因为如此，尽管汇率、贸易保护等问题不断，中外双方都不愿放弃这互利的博弈。在可以预见的将来，中外关系将继续保持竞争双赢的格局，双方的斗争与合作将长期并存，既不会片面强调斗争而伤及合作，也不会在合作中停止斗争。

我国的开放已近三十年,我们正从百年前的世界边缘重回世界的中心,值得注意的是,在这个过程中,自信的恢复似乎又唤起了当年的激进情怀。加入WTO的谈判被指责为"卖国";和平的抗议活动演变为打砸外国驻华使馆;国有银行上市吸收境外战略投资者,原本是执行多年的一项改造国企的有效措施,不知何故,被扣上"贱卖国有资产"的帽子。

为激进化推波助澜最力者,莫过于各色各样的"阴谋论"。1985年的"广场协议"据说是阴谋,美国人迫使日元升值,导致日本经济泡沫化,泡沫最终破灭,日本经济由此便一蹶不振。"广场协议"阴谋论的推论——人民币决不能升值。阴谋论者不是忘记了历史就是缺乏逻辑,1985年的世界仍处于冷战之中,作为遏制苏联与中国的桥头堡,日本是美国在亚洲的最重要盟友,美国人为什么要搞垮日本?倘若真是如此,那岂不是自毁长城?

"广场协议"似嫌不够,新近更有不负责任者,穿凿附会地演绎出一场巨大的国际金融阴谋,并且冠之以战争的名称以强化视听效果。水煮的故事可为饭后茶余的闲谈助兴,编它两个,倒也无妨,但若因此而愤慨和激动起来,重回"帝国主义亡我之心不死"的斗争年代,就令人大惑不解了。如前所述,正和博弈中的斗争以合作为前提,强硬的立场或许能够博得情绪化的喝彩,却未必符合民族的长远利益,激进的态度虽然迎合了民间的心理,却无助于理性政策的制定。

三十年前,关于改革开放,曾经有过"姓资"还是"姓社"的激烈交锋,小平同志指出,不要争论姓什么,凡有利于发展社会生产力的都可以试验。三十年后,在对外开放不断扩大的今天,仍时常看到按照"姓中"或"姓外"划线。当中国的进出口总额已超过了GDP的70%时,当大街小巷满是丰田和通用的汽车时,当每一个家庭都为孩子能到国外读书而感到骄傲时、为他们能在外资企业就职而感到欣慰时,这样的划分还有什么意义吗?

在全球经济一体化的时代,一个理性和自信的民族应当多一些竞争的精神,少一点斗争的心态,更没有必要从斗争升级到潜意识中的战争。历史已经证明,竞争则双赢,战争则双输。

(原载 2008 年 1 月 14 日《经济观察报》)

机会平等是公平的核心

公平与效率的关系以及收入分配等问题正成为社会上关注的焦点,舆论界不乏情绪化的宣泄,脸谱化的归类和指责,却鲜有认真的理性分析。人们或许认为,涉及利益,理性已无能为力。其实不然,正是由于理性的缺失,关于利益分配的讨论至今不能形成社会共识,也无法对公共政策的制定发挥指导作用,在大多数场合,甚至连公平的严格定义都没有。

争论是不同意见的交锋,交锋如同拳击比赛,必须在同一平台上进行,关于公平性的争论也必须在同一定义下展开。隔着楚河汉界的叫骂不是交锋。

公平的核心:机会平等

与市场经济相适应的公平概念是"机会的平等",而不是"收入的平等"。我们主张用"机会平等"定义公平,因为这一准则更容易为全体社会成员所接受,以机会平等为目标的公共政策因此更具实际可操作性。反之,若按"收入平等"定义公平,根本就找不到一个全社会认可的标准。贫富差距过大时,有人不高兴;收入分配绝对平均时,也会有人不高兴。衡量收入分配的基尼系数等于多少才算公平?公平不公平又由谁做最后的判断?

强调机会平等的第二个原因是两类平等之间的关系,机会的不平等是本和源,而收入的不平等是末和流。前者为因,后者为果。实际上,当前引起社会问题的主要原因也是机会的不平等,例如官商勾结、以权谋私、歧视性的市场准入、区别对待的政策、各种形式的垄断和市场操纵等。若只调整收入分配,而不去触动引起收入分配恶化的机会不平等,就不可能从根本上解决公平性问题。

根据机会平等定义公平,则公平与效率之间不存在矛盾。在平等的机会面前,所有社会成员都有足够的激励去努力工作,因为他们知道,在这样的社会中,有几分努力就有几分回报。机会越公平,经济的效率就越高,关于公平与效率的孰为主、孰为次,或者如何兼顾的讨论其实并不应该引起那么大的社会关注。效率优先可以兼顾公平,反之不然。

如果一定要定义公平为收入的平等,公平和效率之间确实存在着反向关系,这时必须确立效率优先的原则,因为经济学原理告诉我们,效率优先有可能兼顾公平,而公平优先却无法兼顾效率。

为了说明效率优先公平的道理,设想由甲和乙两人组成的社会,两人必须通力合作才能完成生产活动,创造 100 元的价值。甲因能力较强,其价值贡献为 60 元,乙的贡献为 40 元。如果乙认为收入的平均分配才是公平的,并强迫甲接受这一分配方式,则甲的预期收入只有 50 元,低于其实际贡献,甲会因此降低努力程度,生产效率受到影响,两人合作只创造了 70 元的价值,平均分配,每人得到 35 元。我们称这个简单博弈的两个均衡为效率优先的均衡和平等优先的均衡。

博弈的最终结果如何,取决于社会成员的公平观。倘若甲和乙都是理性的,认同按贡献分配收入,则总产出为 100,甲和乙的个人收入分别为 60 元和 40 元。如果乙坚持平均分配,并且能够将自己的公平观强加于甲,则总产出为 70,每人的收入为 35 元。在平等优先的均衡中,乙是非理性的,即患有"红眼病",他宁可要绝对平均主义的 35 元,也不要按贡献取酬的 40 元,宁可自己少得,也不让别人多得。此种行为,除了非理性,没有其他解释。

当然,这只是一个假想的例子,数字的选取也带有很大的任意性,但它的含意明确无误:关于公平性的讨论需要在理性的基础上展开;需要将注意力集中在如何做大蛋糕而不是如何切分上;需要紧紧围绕收入分配规则的公平而不是所得份额的大小;需要将分配方式对总产出的影响考虑在内,而不是静态地假设总产出不变。若不如此,非理性思维将导致分配规则的不公平,而不公平规则下的激励扭曲造成效率损失即总产出的下降,势必伤害包括弱势群体在内的所有社会成员的福利。

我们由此提出,分配制度的调整应以能够增加总产出为原则,也就是效率准则,这在经济学中称为"卡尔多—希克斯准则"。蛋糕做大了,就可以改善所有社会成员的福利。效率优先不仅对甲而且对乙也是公平的,因为乙的收入从绝对平均主义的35元提高到40元。正是在这个意义上,我们认为效率优先公平,也正是在这个意义上,法律经济学家波斯纳说:"效率就是公平。"当然,要想在一个社会中确立"卡尔多—希克斯准则",所有社会成员都需要有理性思维。如何按贡献分配?

理性经济人会选择看上去不大公平的按贡献分配,下一个问题是贡献应该如何确定。市场经济中,土地、资本和劳动都参与了价值的创造,因此也都有权参与收入分配。需要注意的是,这里劳动并不专指体力劳动,还包括了发明创新、管理、专业技能、企业家精神等脑力劳动要素。市场经济的基尼系数一般大于计划经济,主要原因就是土地、资本、管理等非体力劳动的要素参与了收入分配,以及非体力劳动要素个人占有的不均。

那么社会是否应谋求非体力劳动要素个人占有的平均化? 在一个理性社会中,回答是否定的。资本应该更多地配置给具有企业家精神和管理技能的人,或者具有创新精神和创新能力的发明家,以产生更大的社会效益,更有可能提升所有社会成员的福利。由于管理技能和创新能力等"无形"要素不能在个人之间转移,"无形"要素的个人占有就无法平均化,由此决定了资本、土地等"有形"要素的配置也不可能平均化,社会所能实现的只有机会的平等,即所有社会成员都有从事任何经济活动的平等机会,都有获得资本、土地等"有形"要素的平等机会。

从上面的分析可以看出,即使根据收入平等定义公平,公平的核心与实质依然是机会的平等。

法治:通向公平之路

机会平等意味着法治(Rule of Law)是实现公平的惟一途径,而追求收入的平等则不排斥包括暴力在内的其他手段。"今天下不平,吾为汝均之",这似乎是历史无法走出的谜团:以均贫富为号召,以战争为手段,不问产权,不问积累过程合法与否。然而以情理代替法理的同时,也就埋下了日后天下重陷不均的种子,新皇朝对农民的剥夺如同农民对前朝权贵的剥夺一样顺理成章。在"揭竿而起"与朝代更换之间,产权制度始终建立不起来,农民的利益缺乏保护,又一次的揭竿而起只是时间问题。如此循环往复两千多年,古代社会原地踏步,直到西方列强以坚船利炮敲开天朝的大门。

在机会平等的公平旗帜下,只要不存在违法活动,收入差别不受道义的谴责,财富的积累也不构成罪恶,社会因此没有理由在违反人们意愿的情况下改变收入分配。收入分配的调整只能在尊重现有产权的基础上进行,既尊重弱势群体的权利,也尊重强势群体的权利,并且只能通过修改分配规则来实现。由于产权与规则均属于法律的范畴,社会对公平的追求以及对收入分配的调整都必须纳入法治的轨道。

不言而喻,通过法治实现社会公平,立法和执法过程本身必须公平。法律的制定与修改需要有广泛的社会参与,要给各个利益集团表达自己诉求的机会,特别当涉及财政和税收政策时,例如个人所得税起征额、物业税、遗产税、中外企业所得税、对国有企业和金融机构的补贴、证券市场平准基金等,因影响到收入分配,全国人大应举行公开的听证会,请所有的利益相关方到会陈述观点并提出政策建议,在充分讨论与辩论的基础上,根据事先约定的程序形成法律。

经历了 27 年的改革之后,一个具有几千年历史的民族正面临巨大的挑战。根植于小农经济的传统均平思想和市场经济发生了激烈的冲突,今天公共政策的性质和复杂性也远远超出了昔日包公、海瑞们所能理解的范畴。我们能否在机会平等的基础上形成社会的公平观,能否在法治的基础上找到协调不同利益的机制,对于今后相当长时间内我国经济和社会的发展都具有十分重要的意义。

(原载 2006 年 3 月 9 日《第一财经日报》)

"文化革命"后的文化冲击

对我们这一代人来说,"文化大革命"浪费了整整十年的光阴,这一代人因此特别渴望学习。1978年恢复高考重返大学时,正赶上改革开放初期,从当时得到的一些零散材料和信息,感到这十年间国外的文化、教育、社会、经济都在突飞猛进,而我们是停滞的十年,中国教育也中断了十年,尽管大家为有机会上学而高兴,但都感觉所学知识的陈旧,还有很多新的东西在我们的学校里是学不到的。

我作为"文化大革命"后第一批研究生,毕业之后进入国务院技术经济研究中心工作,在其他人眼中这是个非常好的工作机会,但我更希望有机会接触到世界上最先进的东西。碰巧美国普林斯顿大学的邹至庄教授联系了一些美国大学,在中国选拔学生到美国去念博士,我很幸运地通过了邹至庄项目的考试,被推荐到美国留学。

海外学习最大的收获是什么?文化冲击。我们这一代的很多人,包括我自己在内,长期处于一个封闭的社会中,当我们第一次看到西方世界、看到市场经济的时候,我们惊呆了,市场经济的繁荣和国内经济的落后有如天壤之别。在经历了初期的震荡之后,开始冷静下来思考问题,为什么人家这样发达而我们如此落后?结果是遭遇了第二次也是更为深刻的文化冲击,发现东西方价值体系的差异甚至比经济发达程度的对比反差还要大。

我们从小接受的是民族主义和爱国主义的教育,个人从属于集体,个人利益服从集体利益。这也难怪,中国自"鸦片战争"以后的多年积贫积弱,长期面临亡国亡种的危险,尽快实现工业化以保证国家的独立,成为压倒一切的任务,由此产生了一个高度集中的中央计划体制,利用强有力的行政手段把如同散沙一盘的中国人和资源组织起来,为了富国强兵的共同目标而努力。再看美国,那是个人至上的国家,不存在一个强大的中央政府,强制性地要求所有的美国人在一个统一的目标下工作。那里的哲学是"人人为自己,上帝为大家"。但就是在这样的价值体系下,美国还是建成了世界上最强大的经济体,依然是全球极具影响力的国家。这对我的触动非常大,在国内也读过亚当·斯密,只有在美国学习时,教授们用非常严格的数学形式证明了斯密的论断——"无形之手"是配置资源最有效的手段时,才认识到斯密的伟大,才理解了为什么个人主义是实现社会利益最大化的有效途径。

1997 年我回国工作,发现我们的体制已经不能适应市场经济的需要,在国内工作时间越长,这种感觉就越强烈。邓小平是一代伟人,1978 年他提出改革开放,这是中国几千年历史上的一个重要的甚至可以说是最重要的转折点,我们接受了市场经济,决定了要在中国建设市场经济。经济基础变了,上层建筑一定要跟着变,现在的问题是上层建筑的变化落后于市场经济的发展。上层建筑就是现代经济学所讲的制度,包括思想观念和意识、产权、法律体系、监管体系、治理机制等等。就说观念吧,个人主义、个人的权利在市场经济中是天经地义,但受儒家"小人喻于利"的影响,我们到现在还是"犹抱琵琶半遮面"。市场经济要求法治,我们是人治了几千年,一直延续到今天。我们有着沉重的历史包袱,制度的变革、新制度的建立不是一蹴而就的事。改革开放到现在已经 27 年了,将来可能还需要两个、三个甚至十个 27 年,并且能不能过渡到比较成熟、比较健康的市场经济现在还不知道。我们这代人接受过正统教育,包括了古代知识分子的"先天下之忧而忧",自己图个温饱以外,思考中国未来的人不在少数。我在工作过程中也思考一些问题,写文章跟大家交流,希望引起讨论,能够使我们向市场经济过渡得更顺利一些。即使做这样的事,也碰到文化冲突,中国人信奉中庸之道,讲话不可过激,语气稍强就会有人觉得难以接受。从我个人来说,不愿意耸人听闻,哗众取宠,但碰上麻木的听众,有时也不得不提高嗓门。每个人在社会上都有自己的角色定位,我认为自己还是知识分子。知识分子应该是自由的、批判的、独立的、先行的,这就决定了他们注定会被人们误解,起码在初期,注定会在很长时间内无法为社会所接受。

在回国以来的经历中，我最看重的是在中金公司工作时所提倡的价值投资理念。价值投资现在作为证券市场投资的主流思想被越来越多的人所认可，今后也会主导市场的走向。

（原载 2005 年 12 月 12 日《商务周刊》）

图书在版编目(CIP)数据

自由与市场经济/许小年著.—上海:上海三联书店,
2009.2(2024.9 重印)
　ISBN 978 - 7 - 5426 - 3012 - 4

　Ⅰ.自…　Ⅱ.许…　Ⅲ.社会主义经济:市场经济-
中国-文集　Ⅳ.F123.9-53

中国版本图书馆 CIP 数据核字(2009)第 017024 号

自由与市场经济

著　　者 / 许小年

责任编辑 / 黄　韬
装帧设计 / 范峤青
监　　制 / 姚　军
责任校对 / 张大伟

出版发行 / 上海三联书店
　　　　　(200041)中国上海市静安区威海路 755 号 30 楼
邮　　箱 / sdxsanlian@sina.com
联系电话 / 编辑部：021 - 22895517
　　　　　　发行部：021 - 22895559
印　　刷 / 上海展强印刷有限公司

版　　次 / 2009 年 2 月第 1 版
印　　次 / 2024 年 9 月第 13 次印刷
开　　本 / 640 mm×960 mm　1/16
字　　数 / 450 千字
印　　张 / 29
书　　号 / ISBN 978 - 7 - 5426 - 3012 - 4/F·535
定　　价 / 78.00 元

敬启读者,如发现本书有印装质量问题,请与印刷厂联系 021 - 66366565